멘토르Mentor 는

그리스신화에 나오는 오디세우스의 친구입니다.

오디세우스는 트로이 전쟁에 출정하면서 아들 텔레마쿠스를
친구인 멘토르에게 맡깁니다.

이후 멘토르는 엄격한 스승이며 지혜로운 조언자,
때로는 아버지로서 필요한 충고와 지도를 하여
텔레마쿠스를 강인하고 현명한 왕으로 성장시켰습니다.

오늘날 멘토 또는 멘토르는 충실하고 현명한 조언자
또는 스승이라는 의미로 쓰이고 있습니다.

멘토르출판사는 독자 여러분의 인생에 좋은 길잡이가 되는
책을 만들고자 늘 노력하겠습니다.

· 내 업무 반으로 줄이는 ·

파워포인트 2010 필수 기능

| 채종서 저 |

내 업무 반으로 줄이는
파워포인트 2010 필수기능

초판 1쇄 발행 | 2011년 10월 20일
초판 2쇄 발행 | 2011년 11월 5일

지은이 | 채종서
펴낸이 | 정연금
펴낸곳 | 멘토르출판사

기획 | 문진주 · 최근혜 · 여성희 · 이수정 · 김미숙
진행 | 전정아
본문편집 | 김보경
표지디자인 | 엔드디자인

마케팅 | 이운섭 · 나길훈
경영지원 | 이동영 · 박은정

등록 | 2004년 12월 30일 제302-2004-00081호
주소 | 서울시 마포구 서교동 366-10번지 창원빌딩 3층
전화 | 02-706-0911
팩스 | 02-706-0913

ISBN 978-89-6305-094-2(13000)

Homepage | http://www.mentorbook.co.kr
Email | mentor@mentorbook.co.kr
Twitter | @mentorbook

2011년도 벌써 겨울을 향해 달려가고 있습니다. 올 한 해를 마무리해 가면서 또 하나의 결과물로 독자님들과 만나 뵙게 되어 하염없이 기쁩니다.

1996년 모기업의 교육부서를 출발로, 교육컨설팅회사의 컨설턴트로, 전문적인 강사로서 프레젠테이션과 파워포인트를 강의하면서 수 많은 교육생 분들과 현업 담당자 분들을 만났습니다. 제가 만난 모든 분들의 공통점은 모두 파워포인트로 문서를 작성하고 있고, 또 자신들이 사용하고 있는 파워포인트로 멋진 디자인과 프레젠테이션을 하고 싶어하셨습니다.

직장 생활을 하면서 파워포인트를 활용하는 능력은 이젠 선택이 아니라 필수라고 감히 말씀드릴 수 있습니다. 그러나 아쉽게도 많은 분들이 새로운 버전이 출시되면 그 버전의 장점과 바뀐 부분에 대해 정보를 얻지 못해 제대로 활용하지 못하는 경우를 많이 봐왔습니다.

또한 전문적인 프레젠테이션을 하는 직종을 제외하고 일반적인 직장생활에서는 파워포인트를 통한 화려한 디자인 문서를 만드는 것보다는 빠르고 정확하게 업무를 처리할 수 있는 주요 기능들을 정확하게 익히는 것이 필요합니다.

이 책은 파워포인트 2010의 핵심적인 기능과 새롭게 추가된 기능들을 통해 쉽고 빠르게 문서를 작성할 수 있도록 만들어졌습니다. 따라서 이 책을 통해 여러분들은 빠른 시간 안에 완성도가 높은 프레젠테이션 문서를 디자인할 수 있습니다.

어떤 일을 잘하고 싶다면 가장 먼저 그 일을 좋아해야 합니다. 파워포인트도 마찬가지입니다. 좀 더 효과적인 프레젠테이션 문서를 디자인하고 싶다면 먼저 파워포인트와 친해지십시오. 그 과정에 이 책이 여러분을 좀 더 빠르게 파워포인트에 익숙해 질 수 있도록 인도할 것입니다.

제게 큰 은혜를 주신 분들께 감사 인사 올립니다. 언제나 힘드셔도 밝은 모습과 미소로 저자가 편안하게 집필할 수 있도록 도와주시고 격려해주시는 정연금 대표님 진심으로 감사드립니다. 그리고 프레젠테이션이라는 세계에 도전장을 내밀 수 있도록 도와주신 영원한 스승 김경태 원장님과 C&A Expert 신익상 본부장님, 자주 뵐 수는 없지만 늘 따뜻하고 밝은 모습으로 격려해주시는 송용호 MVP님과 이상훈 MVP님, 항상 넉넉한 마음으로 후배의 길을 묵묵히 밀어주시는 제현형님, 믿음으로 저를 지켜주시는 한국감성스킬센터 함규정 박사님, 그리고 새로운 동반자로 빈 곳을 채워주는 친구 배준오 MVP, 형들을 위해 헌신을 다하는 도원이, 그리고 사랑하는 나의 아내와 예진 예윤이, 마지막으로 불혹을 넘긴 아들 걱정 아직도 해주시는 아버님, 어머님 사랑합니다.

그리고 이 책을 쓸 수 있도록 저를 채찍질하고 격려해 주셨던 수 많은 교육생 분들과 독자 분들께 진심으로 감사드립니다.

2011년 10월 선선한 가을 바람과 함께

채종서

내 업무 반으로 줄이는 시리즈(업무 반 시리즈)는 대한민국 NO.1 파워포인트 마스터가, 대한민국 직장인의 퇴근시간을 사수하기 위해 기획된 프로젝트입니다.

1

하나, 기능 설명

누구나 다 알고 있는 기본 기능, 어떻게 이해했느냐에 따라 적재적소에 잘 활용할 수 있는 능력이 결정됩니다. 장황하지 않지만 깊이가 있고, 예제 화면을 통해 눈이 먼저 움직이도록 구성하였습니다. 외우거나 기억하려 노력하지 않아도 기능들을 자연스럽게 이해할 수 있습니다.

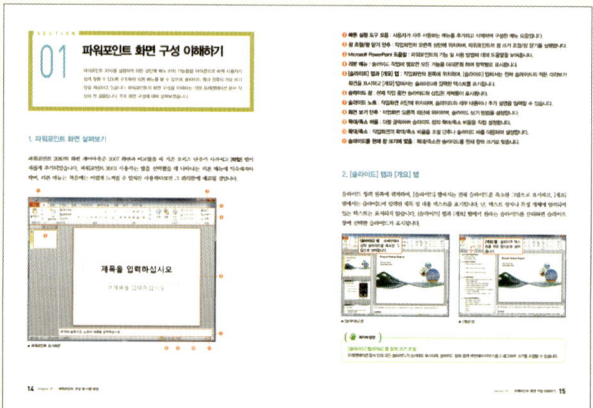

2

둘, 수준 높은 예제

회사에서 꼭 필요한 기본 실무 문서, 이 책을 통해 미리 만들어 본 후 실제 업무에서 늘 첫 번째 파워포인트 문서 작성 메이커가 되어 보세요.

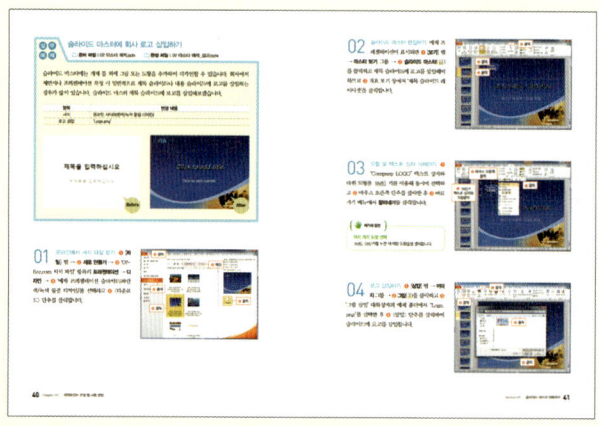

셋, 자주 묻는 질문

파워포인트 고수인 저자가 카페를 통해 6년 동안 7만 여명의 회원들로부터 받은 질문을 정리하여 시원하게 그 해결책을 알려줍니다. 파워포인트 초보자들이라면 누구나 궁금해하던 질문, 누구에게, 어떻게 물어봐야 할지 몰라 속앓이만 하고 있었던 것들을 시원하게 해결함으로써 업무가 반으로 줄어드는 신기한 체험을 하게 됩니다.

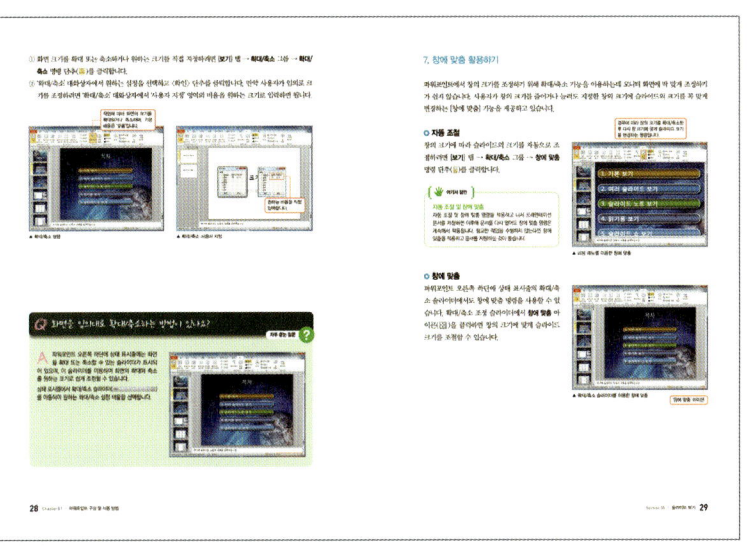

넷, 내 업무 반으로 줄이는 파워 팁

어느덧 회사에서 파워포인트를 제일 잘하게 되어 너도나도 "이것 좀 부탁해" 하며 들이밀 때, 업무가 늘어난다고 고민하지 마세요.
'내 업무 반으로 줄이는 파워 팁'이 여러분의 파워포인트 지존 자리를 지켜 줄 것입니다.

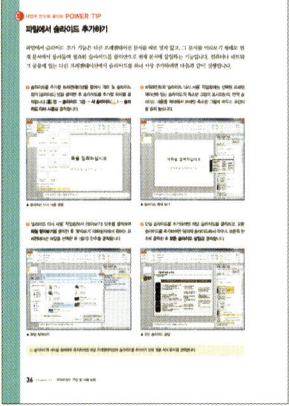

이 책은 크게 기능 설명, 실무 예제, 자주 묻는 질문, 파워 팁으로 구성되어 있습니다. 이 책의 구성을 이해하면 파워포인트 2010의 기능을 좀 더 쉽게 이해하는데 도움이 될 수 있습니다.

기능 설명

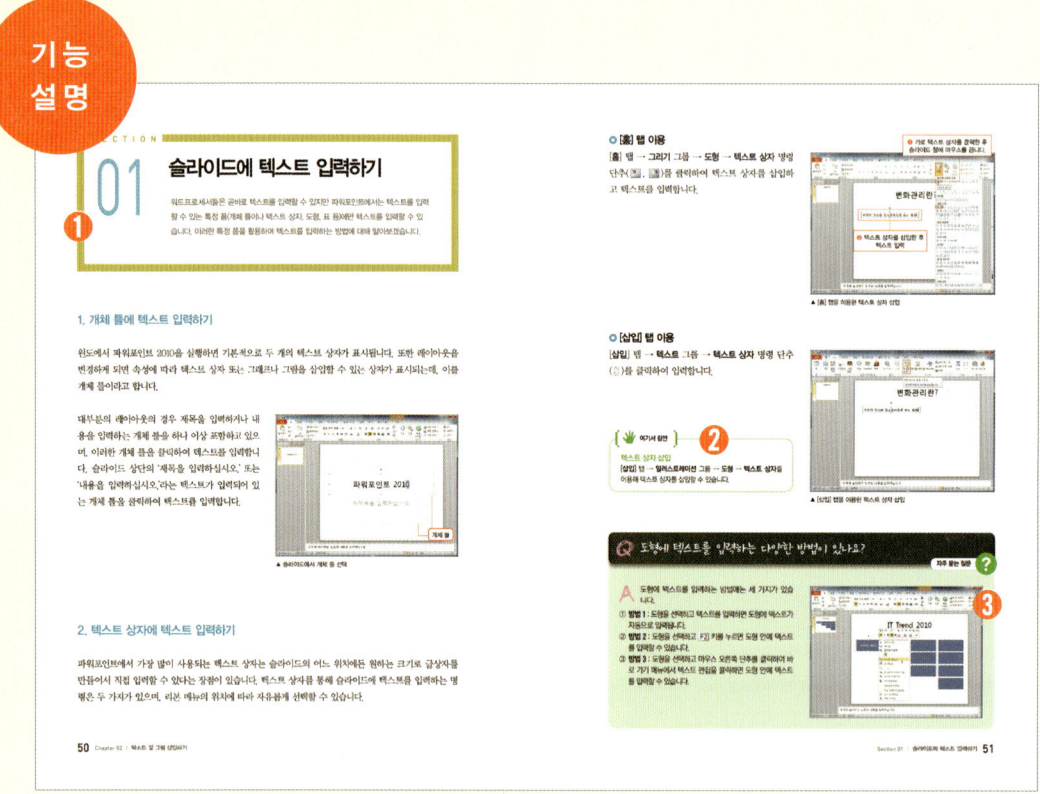

❶ **SECTION 도우미** : 이 섹션에서 반드시 알아야 할 사항을 전반적으로 정리하여 개념 파악의 지침서가 될 수 있도록 정리해 주었습니다.

❷ **여기서 잠깐** : 개념에 대한 참고 사항, 주의할 점, 기능을 수행하기 위한 다른 방법들을 수록하여 폭 넓은 개념을 이해할 수 있도록 내용을 보완해 줍니다.

❸ **자주 묻는 질문** : 실제 업무를 수행하면서 가장 궁금해 하는 것들을 질문과 대답 형식으로 정리하여 궁금증을 해결해 주고자 하였습니다.

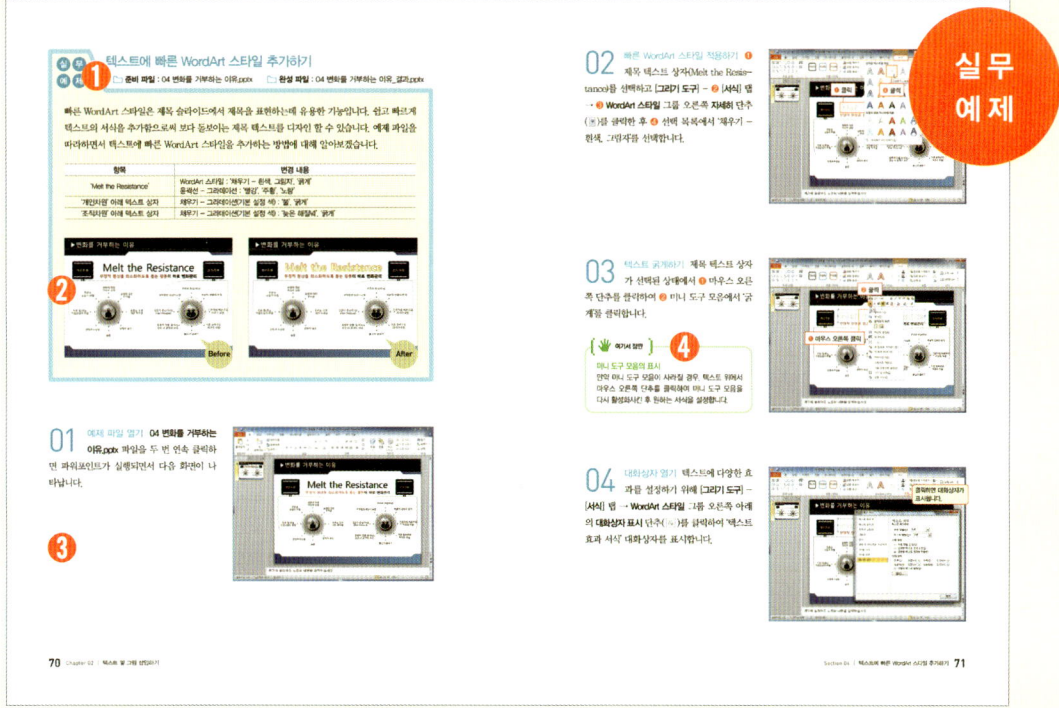

실무 예제

❶ **준비 파일** : 실무 예제에서 사용할 예제 파일을 제시해 줍니다.

❷ **Before, After** : 문제 해결 전의 화면과 파워포인트로 문제를 해결한 후의 화면을 제시해 줌으로써 문제의 이해도를 높여줍니다.

❸ **따라하기** : 문제를 해결하는 과정을 수행하기 위한 간략한 제목과 함께 따라하기 형식으로 풀이해 줍니다.

❹ **여기서 잠깐** : 문제 해결을 위한 유용한 팁과 알아두면 좋은 다양한 기능을 제시해 줌으로써 문제 해결의 깊이를 더해줍니다.

예제 파일 다운로드받기

각 Chapter의 Section별로 다뤄지는 실무 예제의 예제 파일은 멘토르 출판사 홈페이지 http://www.mentorbook.co.kr의 자료실에서 다운로드받을 수 있습니다.

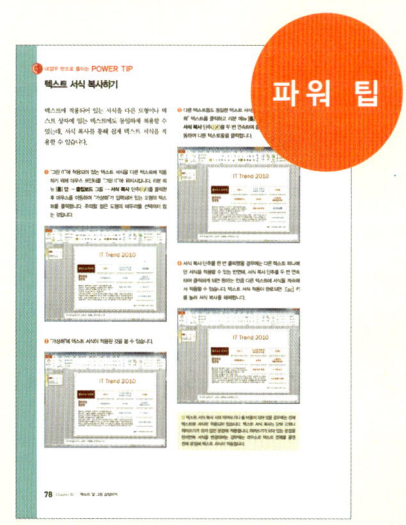

파워 팁

Power Tip : 사용자가 실무에서 유용하게 사용할 수 있는 기능을 모아 좀 더 실력을 향상시킬 수 있도록 해주며, 파워포인트 2010의 기능을 좀 더 다양한 방법으로 활용할 수 있는 비법을 전수해 줍니다.

CONTENTS

CONTENTS

Chapter
04

표 및 차트
삽입하기

Chapter 01

파워포인트 구성 및 사용 방법

파워포인트 2010은 프레젠테이션 슬라이드를 제작하는 전문 프로그램으로, 많은 청중에게 효과적으로 메시지를 전달하여 설득하고자 할 때 사용합니다.

이번 장에서는 파워포인트 2010을 처음 실행했을 때 나타나는 화면 구성을 이해하는 것을 시작으로 신규 문서를 만드는 방법, 슬라이드를 편집하는 모든 방법에 대해 알아봅니다.

POWER POINT 2010

파 워 포 인 트 2 0 1 0 의 화 면 구 성

구조화된 리본 메뉴 이해하기

슬라이드 탭과 개요 탭

파 워 포 인 트 문 서 만 들 기

서식 파일을 활용하여 새 문서 만들기

다른 저장 위치의 폴더에 파일 저장하기

슬 라 이 드 의 활 용

2010에서 새로 추가된 읽기용 보기를 포함한 보기 형태 활용하기

같은 레이아웃의 슬라이드 추가 및 삭제하기

자유로운 슬라이드의 이동, 복사, 복제하기

슬 라 이 드 마 스 터 및 테 마

슬라이드 마스터 이해하기

모든 테마 정보를 저장하는 슬라이드 마스터 활용하기

01

파워포인트 화면 구성 이해하기

파워포인트 2010을 실행하게 되면 상단에 메뉴 바의 기능들을 아이콘으로 바꿔 사용자가
쉽게 찾을 수 있도록 구조화된 리본 메뉴를 볼 수 있으며, 슬라이드 창과 왼쪽의 개요 보기
창을 제공하고 있습니다. 파워포인트의 화면 구성을 이해하는 것은 프레젠테이션 문서 작
성의 첫 걸음입니다. 주요 화면 구성에 대해 살펴보겠습니다.

1. 파워포인트 화면 살펴보기

파워포인트 2010의 화면 레이아웃은 2007 화면과 비교했을 때 기존 오피스 단추가 사라지고 [**파일**] 탭이
새롭게 추가되었습니다. 파워포인트 2003 사용자는 탭을 선택했을 때 나타나는 리본 메뉴에 익숙해져야
하며, 리본 메뉴는 처음에는 어렵게 느껴질 수 있지만 사용하다보면 그 편리함에 매료될 것입니다.

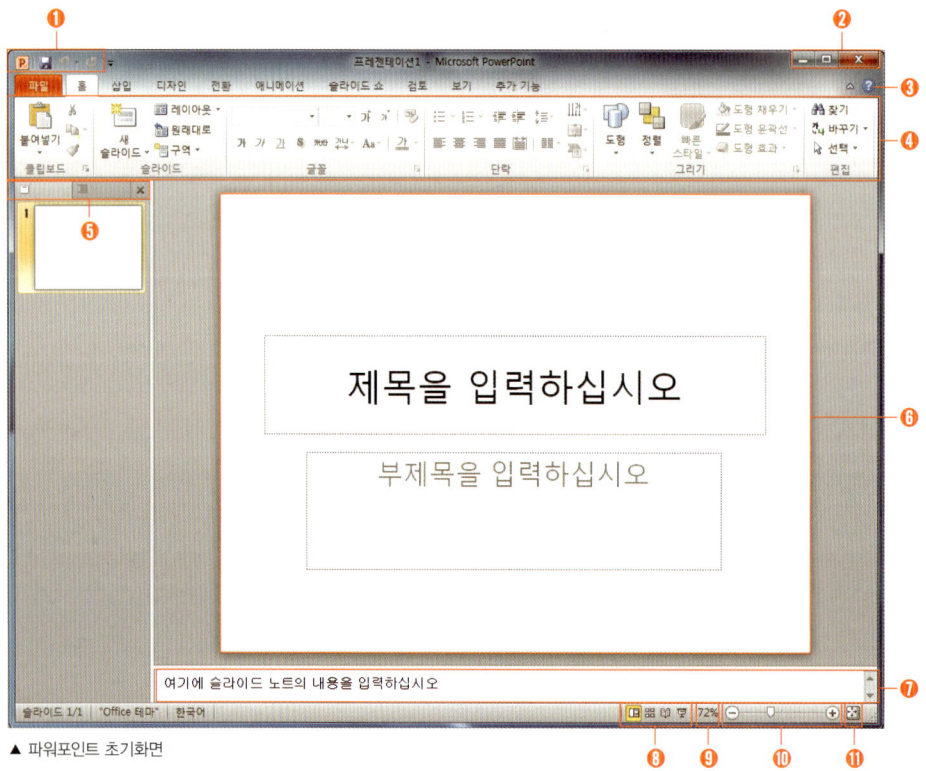

▲ 파워포인트 초기화면

❶ 빠른 실행 도구 모음 : 사용자가 자주 사용하는 메뉴를 추가하고 삭제하여 구성한 메뉴 모음입니다.

❷ 창 조절/창 닫기 단추 : 작업화면의 오른쪽 상단에 위치하며, 파워포인트의 창 크기 조절/창 닫기를 실행합니다.

❸ Microsoft PowerPoint 도움말 : 파워포인트의 기능 및 사용 방법에 대해 도움말을 보여줍니다.

❹ 리본 메뉴 : 슬라이드 작업에 필요한 모든 가능을 아이콘화 하여 영역별로 표시합니다.

❺ [슬라이드] 탭과 [개요] 탭 : 작업화면의 왼쪽에 위치하며, [슬라이드] 탭에서는 전체 슬라이드의 작은 미리보기 화면을 표시하고 [개요] 탭에서는 슬라이드에 입력된 텍스트를 표기합니다.

❻ 슬라이드 창 : 현재 작업 중인 슬라이드와 삽입된 개체들이 표시됩니다.

❼ 슬라이드 노트 : 작업화면 하단에 위치하며, 슬라이드의 세부 내용이나 추가 설명을 입력할 수 있습니다.

❽ 화면 보기 단추 : 작업화면 오른쪽 하단에 위치하며, 슬라이드 보기 방법을 설정합니다.

❾ 확대/축소 비율 : 더블 클릭하여 슬라이드 창의 확대/축소 비율을 직접 설정합니다.

❿ 확대/축소 : 작업화면의 확대/축소 비율을 조절 단추나 슬라이드 바를 이용하여 설정합니다.

⓫ 슬라이드를 현재 창 크기에 맞춤 : 확대/축소한 슬라이드를 현재 창의 크기로 맞춥니다.

2. [슬라이드] 탭과 [개요] 탭

슬라이드 창의 왼쪽에 위치하며, [슬라이드] 탭에서는 전체 슬라이드를 축소판 그림으로 표시하고, [개요] 탭에서는 슬라이드에 입력된 제목 및 내용 텍스트를 표기합니다. 단, 텍스트 상자나 특정 개체에 입력되어 있는 텍스트는 표시되지 않습니다. [슬라이드] 탭과 [개요] 탭에서 원하는 슬라이드를 클릭하면 슬라이드 창에 선택한 슬라이드가 표시됩니다.

▲ [슬라이드] 탭

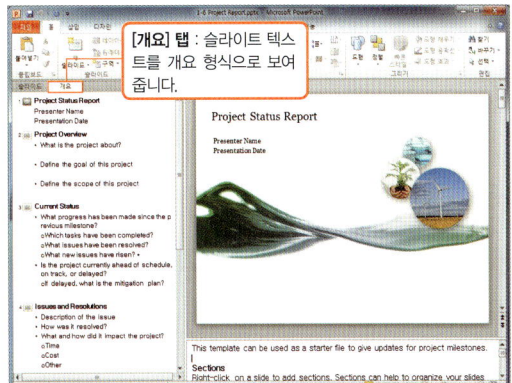

▲ [개요] 탭

여기서 잠깐

[슬라이드] 탭/[개요] 탭 창의 크기 조정
프레젠테이션 문서 안의 모든 슬라이드가 순서대로 표시되며, 슬라이드 창의 경계 부분에서 마우스를 드래그하여 크기를 조절할 수 있습니다.

3. 화면 보기 및 슬라이드 확대/축소 단추

파워포인트 오른쪽 아래에는 화면 보기를 네 가지 형태로 바꿀 수 있는 〈화면 보기〉 단추와 슬라이드 창의 크기를 조절하는 〈확대/축소〉 단추 및 슬라이드가 있습니다. 이전 버전과 다른 점은 화면 보기에 프레젠테이션을 창에 맞는 크기로 볼 수 있도록 읽기용 보기가 추가되었습니다.

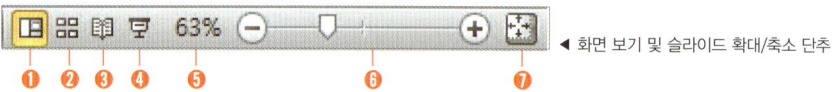

◀ 화면 보기 및 슬라이드 확대/축소 단추

❶ **기본** : 개요 및 슬라이드 보기, 슬라이드 창, 슬라이드 노트로 구성된 기본 작업화면을 표시합니다.

❷ **여러 슬라이드** : 프레젠테이션의 모든 슬라이드를 작은 화면으로 볼 수 있습니다.

❸ **읽기용 보기** : 프레젠테이션을 창에 맞는 크기로 볼 수 있습니다.

❹ **슬라이드 쇼** : 슬라이드를 화면 전체로 표시하여 슬라이드 쇼 보기 할 수 있습니다.

❺ **확대/축소 비율** : 슬라이드 창의 크기를 늘리거나 줄일 수 있습니다.

❻ **확대/축소** : 슬라이드 창의 크기를 슬라이드 바를 이용해 임의대로 조절할 수 있습니다.

❼ **슬라이드를 창에 맞춤** : 슬라이드를 현재 창의 크기에 맞춥니다.

▲ 읽기용 보기

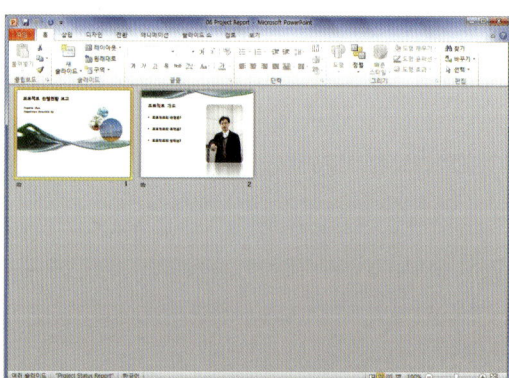

▲ 여러 슬라이드

 보다 강력해진 파워포인트 2010의 기능에는 어떤 것이 있나요?

자주 묻는 질문

A
- **리본 메뉴** : 가장 자주 사용하는 명령이 메뉴나 도구 모음 아래에 감춰져 있지 않고 새로운 리본 메뉴에 표시되어 작업 시 원하는 명령을 매우 쉽게 찾을 수 있습니다.
- **실시간 미리 보기** : 슬라이드 디자인 시 배경과 도형 서식 등을 적용하기 전에 스타일 갤러리의 실시간 미리 보기를 통해 이들 서식이 적용된 모습을 미리 볼 수 있습니다.
- **SmartArt 그래픽** : 새로운 SmartArt 그래픽 기능은 새로운 다이어그램 유형과 보다 많은 레이아웃 옵션을 제공하며, 이 기능을 사용하여 글머리 기호 목록 등의 텍스트를 다이어그램으로 변환할 수 있습니다.
- **멀티미디어** : 비디오나 오디오 클립에 트리밍과 책갈피 기능이 추가되어 보다 편리하게 멀티미디어를 제어할 수 있습니다.

리본 인터페이스 이해하기

파워포인트 2003 버전 사용자 같은 경우 파워포인트 2010을 처음 시작하면 이전 버전과
비교하여 모양이 많이 달라진 것을 알 수 있는데, 파워포인트 2007 버전부터 일부 프로그
램의 메뉴와 도구 모음이 리본 메뉴로 바뀌었습니다. 이러한 리본 메뉴의 구성에 대해 자
세히 알아보겠습니다.

리본 메뉴는 작업을 완료하는 데 필요한 명령을 신속하게 찾을 수 있도록 디자인되는데, 사용자가 선택하
는 개체에 따라 상황별 리본 탭이 자동적으로 활성화됩니다. 명령은 탭 아래에 논리적 그룹으로 구성되며,
각 탭은 삽입, 디자인, 애니메이션, 전환, 슬라이드 쇼 등과 같은 작업 유형과 관련됩니다.

1. 리본 메뉴

탭 표시줄에서 각 탭을 클릭하면 관련 명령 단추들이 그룹별로 구성되어 표시됩니다. 또한 세밀하고 정교
한 작업을 할 수 있도록 해당 그룹의 오른쪽 아래에 **대화상자 표시** 단추(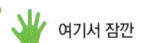)가 제공되어 있어 이를 클릭하
면 개체를 편집할 수 있는 대화상자가 표시됩니다.

> 🖐 여기서 잠깐
>
> **대화상자 표시 단추**
> 대화상자 표시 단추(▣)는 모든 그룹에 제공되는 것은 아니고, 서식을 변경할 수 있는 명령들이 있는 그룹에서만 제공됩니다.

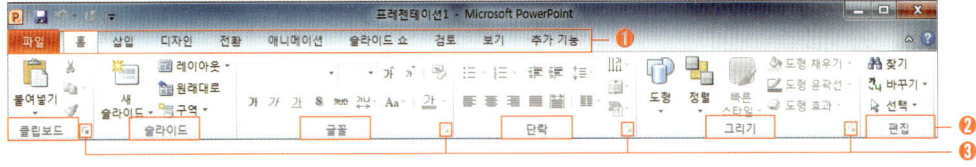

❶ **탭 표시줄** : 해당 탭을 선택하면 각 명령 단추들이 그룹화 되어 표시됩니다.

❷ **그룹** : 탭의 하위 개념으로, 관련 기능들로 명령 단추들이 표시됩니다.

❸ **대화상자 표시 단추** : 각 그룹에 해당하는 대화상자가 표시됩니다.

2. [파일] 탭 NEW 2010

2010 버전에서 새롭게 포함된 탭으로, **[파일]** 탭에서는 새로 만들기, 열기, 저장, 인쇄, 공유, 옵션 사용 등의 작업을 실행할 수 있습니다.

[파일] 탭을 클릭하면 Microsoft Office Backstage 보기를 볼 수 있습니다. Backstage 보기는 숨겨진 메타 데이터 또는 개인 정보 만들기, 저장, 검사 및 옵션 설정 작업을 수행할 수 있는 파일 및 파일에 대한 데이터를 관리하는 공간입니다. 즉, 파일에서 수행하지는 않지만 파일에 대해 수행하는 모든 작업을 의미합니다.

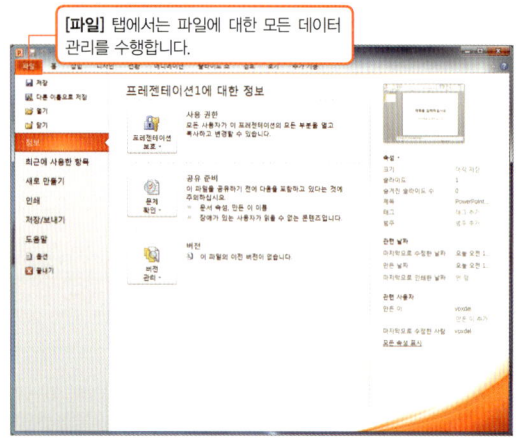

▲ [파일] 탭 – 프레젠테이션에 대한 정보

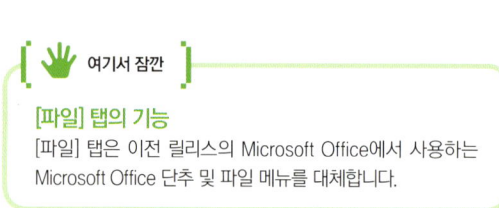

[파일] 탭의 기능
[파일] 탭은 이전 릴리스의 Microsoft Office에서 사용하는 Microsoft Office 단추 및 파일 메뉴를 대체합니다.

Q 리본 메뉴가 공간을 너무 많이 차지하는데, 이를 최소화시킬 수는 없나요?

자주 묻는 질문 **?**

A 리본 메뉴는 작업을 완료하기 위해 필요한 명령을 빨리 찾을 수 있도록 디자인되어 서로 관련 있는 명령이 탭 아래 논리 그룹으로 한데 모아 구성됩니다. 각 탭은 쓰기 또는 페이지 레이아웃 지정과 같은 작업 유형과 관련되어 있어서 화면이 복잡해지지 않도록 일부 탭은 필요할 때만 표시되며, 리본 메뉴가 최소화되면 탭만 표시됩니다.

리본 메뉴는 삭제하거나 이전 버전 오피스의 도구 모음 및 메뉴로 대체할 수는 없지만 사용할 수 있는 화면 공간을 늘리기 위해 리본 메뉴를 최소화할 수는 있습니다. 최소화되어 있는 리본 메뉴를 사용하려면 사용할 탭을 클릭하고 원하는 옵션이나 명령을 클릭합니다.

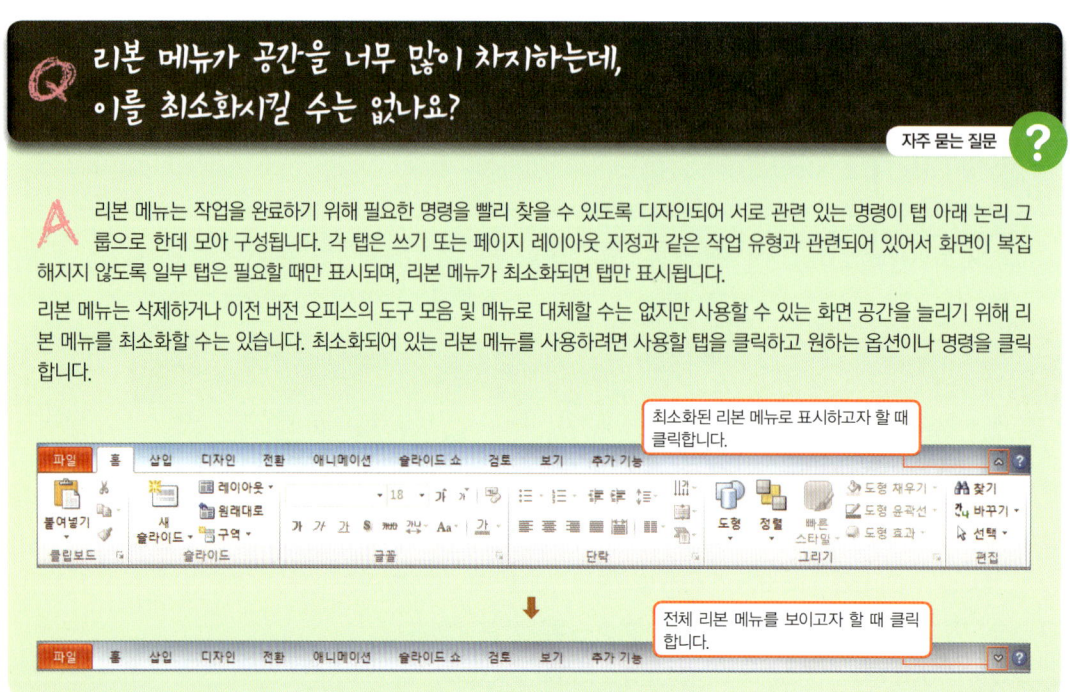

03 새 문서 만들기

파워포인트 2010에서는 이전 버전에서 사용되던 오피스 단추 대신 [파일] 탭이 새롭게 적용되어 오피스 단추의 명령들을 사용할 수 있게 되었습니다. 새로 만들기 명령 또한 [파일] 탭에 위치하여 신규 문서를 작성하도록 구성되어 있습니다. 새 문서를 만드는 다양한 방법에 대해 알아보겠습니다.

1. 서식 파일을 활용하여 새 문서 만들기

서식 파일은 텍스트 및 슬라이드 디자인과 같은 미리 구성된 설정을 제공하므로 빈 문서에서 시작하는 것보다 빠르게 프레젠테이션을 만들 수 있는 장점이 있습니다. 따라서 파워포인트에서 기본으로 제공되는 서식 파일 및 테마를 활용하여 새 문서를 만들 수 있습니다.

① 서식 파일을 활용하여 새 문서를 작성하려면 [**파일**] 탭 → **새로 만들기**를 클릭합니다.
② '사용 가능한 서식 파일 및 테마'가 표시되면 다음 중 하나를 선택하여 새 문서를 만듭니다.

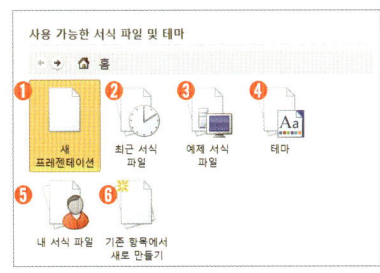

◀ 새 프레젠테이션

❶ **새 프레젠테이션** : 내용이 들어 있지 않은 빈 문서를 만듭니다.
❷ **최근 서식 파일** : 최근에 사용했던 서식 파일을 표시합니다.
❸ **예제 서식 파일** : 파워포인트 내에 기본으로 제공되는 예제 서식을 표시합니다. 사진 앨범, 달력 및 일정을 위한 다양한 서식 파일과 많은 프레젠테이션 리소스를 제공하므로 서식 파일을 사용하면 멋진 프레젠테이션을 빠르게 만들 수 있습니다.
❹ **테마** : 파워포인트에서 기본으로 제공하는 테마를 표시합니다. 테마는 테마 색 모음, 테마 글꼴 모음 및 테마 효과 모음으로 구성된 서식 모음으로, 만약 전문가 수준의 디자인으로 꾸미고자 한다면 문서 테마를 적용하면 됩니다.

❺ **내 서식 파일** : 파워포인트에서 기본으로 제공되는 서식과 사용자가 추가한 서식 파일을 표시합니다.

❻ **기존 항목에서 새로 만들기** : 이미 작성되어 있는 프레젠테이션 문서의 서식을 가져와서 새 문서에 적용할 수 있습니다.

2. Office.com 서식 파일 활용하여 새 문서 만들기

Office.com은 Microsoft Office용 온라인 서비스를 무료로 받을 수 있는 웹 사이트입니다. Office.com에서 제공되는 다양한 서식 파일을 내 컴퓨터로 다운로드하면서 바로 새 문서를 작성할 수 있는데, 단 인터넷에 연결되어 있을 경우에만 활용이 가능합니다.

① [**파일**] 탭 → **새로 만들기**를 클릭하면 하단에 Office.com 서식 파일의 카테고리와 검색 창이 표시됩니다.

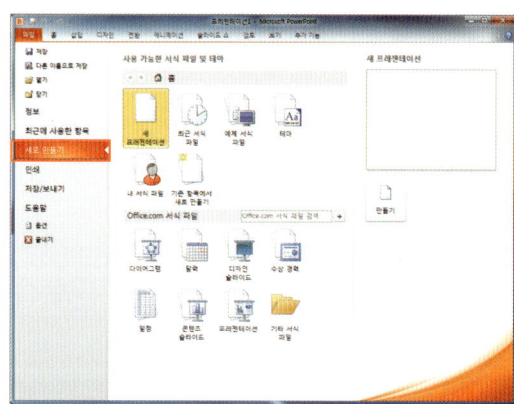

▲ Office 서식 파일

② 카테고리를 클릭하고 Office.com에서 제공하는 서식 파일 중에서 원하는 파일을 선택한 후 〈다운로드〉 단추를 클릭하면 서식이 적용된 새로운 문서를 생성합니다.

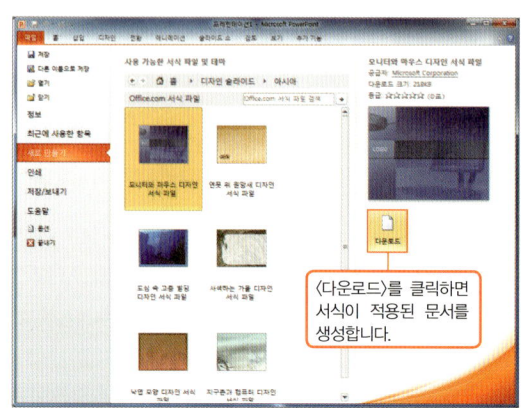

〈다운로드〉를 클릭하면 서식이 적용된 문서를 생성합니다.

▲ 서식 파일 다운로드

04 파일 저장 및 공유하기

하드 디스크 드라이브나 네트워크 위치, 디스크, CD, 바탕화면 또는 다른 저장 위치의 폴더에 파일을 저장할 수 있습니다. 이 경우 저장 위치 목록에서 대상 위치를 확인해야 하며, 그 밖의 저장 과정은 어떤 위치를 선택하든지 동일합니다. 파일 형식에 맞게 저장하는 다양한 방법을 알아보겠습니다.

1. 파일 저장하기

작성된 프레젠테이션 문서는 저장하지 않으면 모든 내용을 잃게 되므로 반드시 문서 작성이 완료되면 저장해야 하며, 가급적이면 문서 작성 중간에도 단축키를 이용해 저장해 주는 것이 필요합니다.

① 파일을 저장하려면 [**파일**] 탭 → **저장**(또는 **다른 이름으로 저장**)을 클릭하거나 단축키 `Ctrl` + `S` 를 누릅니다.

② 새 문서를 저장할 경우에는 '다른 이름으로 저장' 대화상자에서 '파일 이름'에 원하는 파일 이름을 입력하고 〈저장〉 단추를 클릭하여 원하는 위치에 프레젠테이션을 저장합니다.

> **여기서 잠깐**
>
> **파일 저장**
> 빠른 실행 도구 모음에서 저장 명령 단추()를 클릭하여 프레젠테이션 문서를 저장할 수 있습니다.

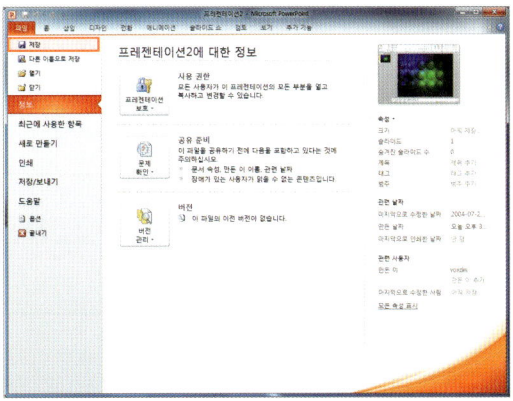

▲ [파일] 탭을 이용한 저장

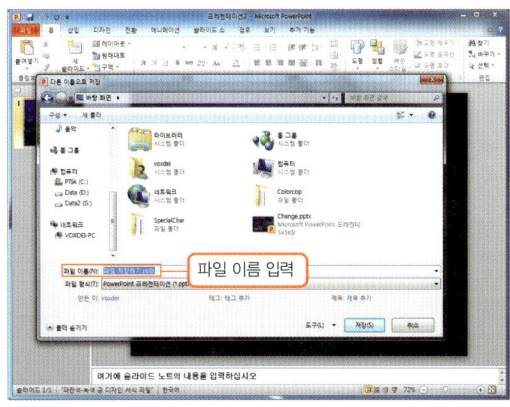

▲ 파일 이름 설정 후 저장

2. 파일을 다른 형식으로 저장하기

프레젠테이션을 다른 형식으로 변경하는 방법은 **다른 이름으로 저장**하는 방법과 **저장/보내기**의 파일 형식을 활용하는 방법입니다.

● 다른 이름으로 저장하기

프레젠테이션을 다른 형식으로 저장하려면 **[파일]** 탭 → **다른 이름으로 저장**을 클릭한 후 '파일 이름'에 새 파일 이름을 입력하고 '파일 형식' 목록에서 저장하려는 파일 형식을 선택한 후 〈저장〉 단추를 클릭합니다.

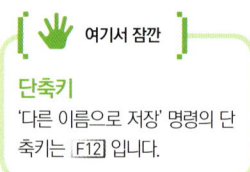

여기서 잠깐

단축키
'다른 이름으로 저장' 명령의 단축키는 F12 입니다.

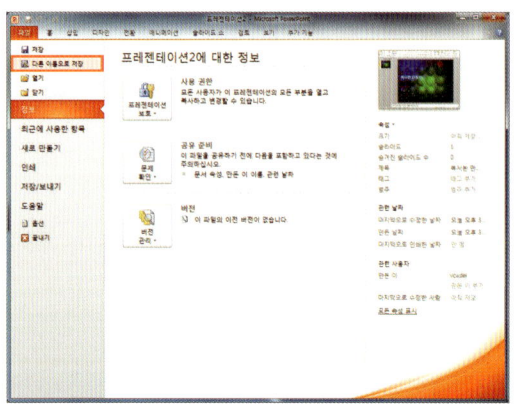

▲ 다른 이름으로 저장

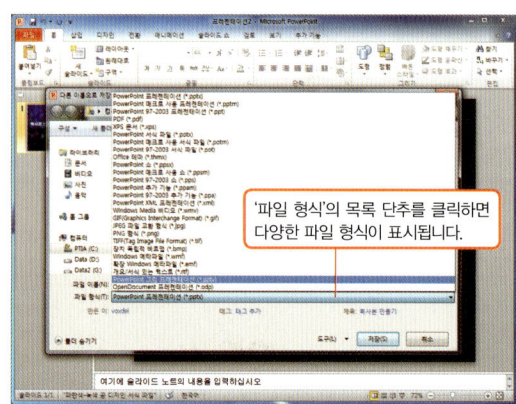

'파일 형식'의 목록 단추를 클릭하면 다양한 파일 형식이 표시됩니다.

▲ '파일 형식'을 선택하여 저장

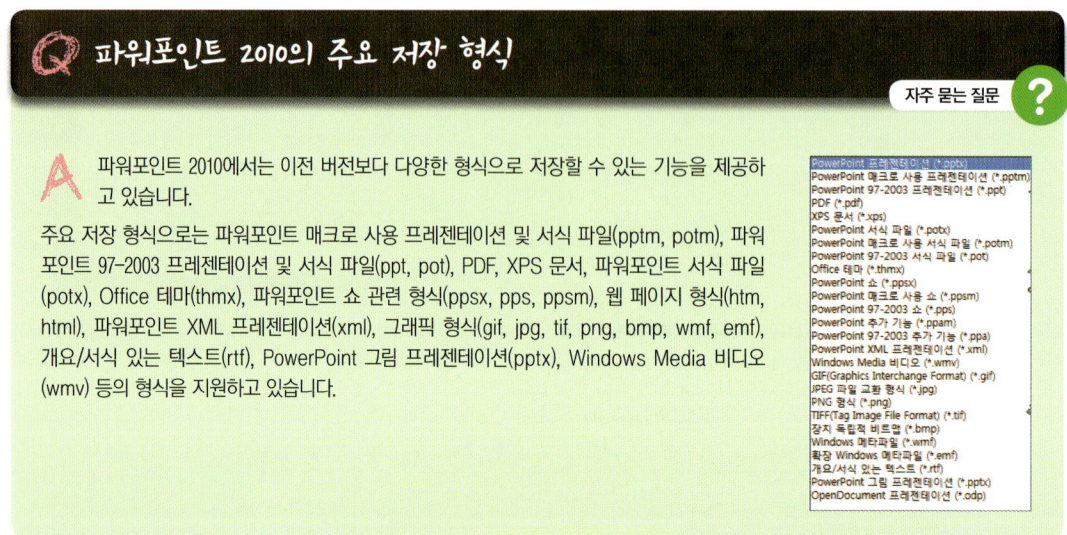

Q 파워포인트 2010의 주요 저장 형식

자주 묻는 질문 ?

A 파워포인트 2010에서는 이전 버전보다 다양한 형식으로 저장할 수 있는 기능을 제공하고 있습니다.

주요 저장 형식으로는 파워포인트 매크로 사용 프레젠테이션 및 서식 파일(pptm, potm), 파워포인트 97-2003 프레젠테이션 및 서식 파일(ppt, pot), PDF, XPS 문서, 파워포인트 서식 파일(potx), Office 테마(thmx), 파워포인트 쇼 관련 형식(ppsx, pps, ppsm), 웹 페이지 형식(htm, html), 파워포인트 XML 프레젠테이션(xml), 그래픽 형식(gif, jpg, tif, png, bmp, wmf, emf), 개요/서식 있는 텍스트(rtf), PowerPoint 그림 프레젠테이션(pptx), Windows Media 비디오(wmv) 등의 형식을 지원하고 있습니다.

PowerPoint 프레젠테이션 (*.pptx)
PowerPoint 매크로 사용 프레젠테이션 (*.pptm)
PowerPoint 97-2003 프레젠테이션 (*.ppt)
PDF (*.pdf)
XPS 문서 (*.xps)
PowerPoint 서식 파일 (*.potx)
PowerPoint 매크로 사용 서식 파일 (*.potm)
PowerPoint 97-2003 서식 파일 (*.pot)
Office 테마 (*.thmx)
PowerPoint 쇼 (*.ppsx)
PowerPoint 매크로 사용 쇼 (*.ppsm)
PowerPoint 97-2003 쇼 (*.pps)
PowerPoint 추가 기능 (*.ppam)
PowerPoint 97-2003 추가 기능 (*.ppa)
PowerPoint XML 프레젠테이션 (*.xml)
Windows Media 비디오 (*.wmv)
GIF(Graphics Interchange Format) (*.gif)
JPEG 파일 교환 형식 (*.jpg)
PNG 형식 (*.png)
TIFF(Tag Image File Format) (*.tif)
장치 독립적 비트맵 (*.bmp)
Windows 메타파일 (*.wmf)
확장 Windows 메타파일 (*.emf)
개요/서식 있는 텍스트 (*.rtf)
PowerPoint 그림 프레젠테이션 (*.pptx)
OpenDocument 프레젠테이션 (*.odp)

● 저장/보내기의 파일 형식 활용하기

파일 형식은 다섯 가지로 구성되어 있으며, 프레젠테이션을 다른 형식으로 저장하려면 [**파일**] 탭 → **저장/보내기**를 클릭한 후 원하는 파일 형식을 선택합니다.

▲ [저장/보내기]의 파일 형식

❶ 파일 형식 변경 : 프레젠테이션을 문서, 이미지, 기타 파일 형식으로 저장합니다. 저장 옵션을 활용하여 슬라이드 하나 하나를 모두 그림 파일로 만들 수도 있습니다.

❷ PDF/XPS 문서 만들기 : 프레젠테이션을 고정 형식으로 저장하며, 파일을 쉽게 수정할 수 없도록 저장하면서 공유/인쇄할 수 있도록 할 경우에 유용합니다. 오피스 2010에서는 추가 소프트웨어나 추가 기능 없이도 파일을 PDF 또는 XPS 형식으로 변환할 수 있습니다.

❸ 비디오 만들기 : 디스크, 웹, 전자 메일을 통해 배포할 수 있는 고화질 비디오를 만듭니다. 파워포인트 2010에서는 애니메이션 및 멀티미디어 프레젠테이션을 올바르게 재생할 수 있도록 Windows Media 비디오 파일(.wmv)로 저장할 수 있습니다.

❹ CD용 패키지 프레젠테이션 : 파워포인트가 설치되지 않은 컴퓨터에서도 볼 수 있도록 패키지로 저장합니다. CD, DVD 뿐만 아니라 개인용 USB에도 저장이 가능합니다.

❺ 유인물 만들기 : 워드에서 편집하고 서식을 지정할 수 있는 유인물을 만듭니다. 워드를 이용하여 유인물의 레이아웃과 서식을 지정하며, 만약 프레젠테이션 변경 시 유인물의 슬라이드는 자동적으로 변경됩니다.

05 슬라이드 보기

파워포인트에서 프레젠테이션 화면을 보는 방법으로 기본 보기, 여러 슬라이드 보기, 슬라이드 쇼 보기, 슬라이드 노트 보기, 그리고 파워포인트 2010에서 새롭게 추가된 읽기용 보기가 있습니다. 이러한 보기 방식은 필요에 따라 문서 작성 및 편집 시 서로 용도에 맞게 유용하게 사용됩니다.

1. 기본 보기

기본 보기는 프레젠테이션을 작성하고 디자인할 때 사용하는 주 편집 보기로 네 가지 작업 영역이 있습니다. [보기] 탭 → 프레젠테이션 보기 그룹 → 기본(🖫)을 클릭합니다.

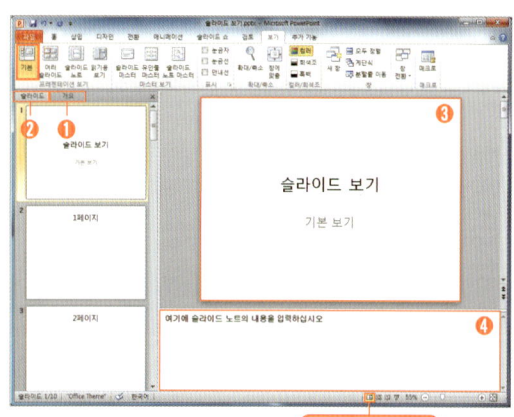

▲ 프레젠테이션 기본 보기 화면 구성 　　　기본 보기 아이콘

▲ 기본 보기

❶ [개요] 탭 : 이 영역은 내용 작성을 시작하기에 적합한 곳으로, 아이디어를 구상하고 발표 방법을 계획하고 슬라이드와 텍스트를 이동할 수 있으며, 슬라이드 텍스트를 개요 형식으로 보여줍니다.

❷ [슬라이드] 탭 : 편집하는 동안 프레젠테이션의 슬라이드를 축소판 그림으로 보기에 적합한 곳입니다. 축소판 그림을 사용하면 쉽게 프레젠테이션을 탐색하고 디자인 변경 결과를 확인할 수 있습니다. 또한 슬라이드를 쉽게 다시 정렬하거나 추가 또는 삭제할 수 있습니다.

> **여기서 잠깐**
>
> **개요 보기 표시**
> [슬라이드] 탭과 [개요] 탭 간에 전환할 수 있으며, [슬라이드] 탭과 [개요] 탭은 창이 너무 작아지면 기호로 표시됩니다.

❸ **슬라이드 창** : 파워포인트 창의 오른쪽 위 구역에 있는 슬라이드 창에는 현재 슬라이드가 크게 표시됩니다. 이 슬라이드 창에서 텍스트를 추가하고 그림, 표, SmartArt 그래픽, 차트, 그리기 개체, 텍스트 상자, 동영상, 소리, 하이퍼링크 및 애니메이션을 삽입할 수 있습니다.

❹ **슬라이드 노트 창** : 슬라이드 창 아래에 있는 슬라이드 노트 창에서는 현재 슬라이드와 관련된 노트를 입력할 수 있으므로 나중에 이 노트를 인쇄하여 발표할 때 참고할 수 있습니다. 또한 노트를 인쇄하여 청중에게 나누어 줄 수도 있고 청중에게 보내거나 웹 페이지에 게시하는 프레젠테이션에 노트를 포함할 수도 있습니다.

2. 여러 슬라이드 보기

여러 슬라이드 보기는 슬라이드를 축소판 그림 형태로 표시하며, 한 화면에 여러 슬라이드를 모두 보여주기 때문에 전체 내용의 순서와 흐름을 알고자 할 때 유용합니다. 이 보기 상태에서는 슬라이드의 이동, 복사가 매우 유용하게 사용되며, 확대/축소 배율을 조정하면 슬라이드 개수와 크기도 조정됩니다. [**보기**] 탭 → **프레젠테이션 보기** 그룹 → **여러 슬라이드**( )를 클릭합니다.

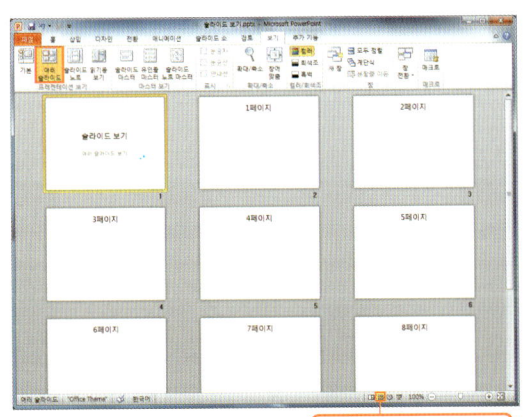

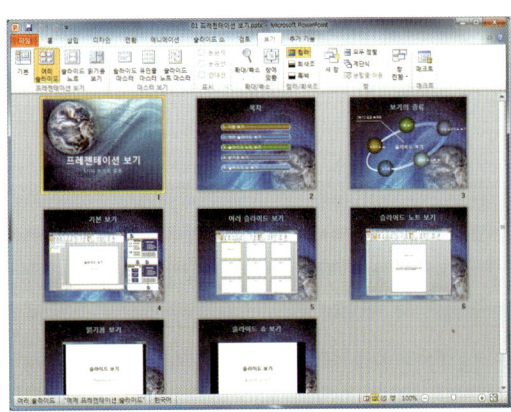

▲ 여러 슬라이드 보기 화면 구성   여러 슬라이드 보기 아이콘   ▲ 여러 슬라이드 보기

3. 슬라이드 노트 보기

슬라이드 노트는 프레젠테이션 시 발표할 내용을 간략하게 요약하기 위해 사용되며, 기본 보기에서 슬라이드 창 바로 아래에 있는 슬라이드 노트 창에 노트를 입력할 수 있으나 전체 페이지 형식으로 노트를 보고 작업하려면 슬라이드 노트를 이용하는 것이 좋습니다.

[**보기**] 탭 → **프레젠테이션 보기** 그룹 → **슬라이드 노트**( )를 클릭합니다.

▲ 슬라이드 노트 보기 화면 구성

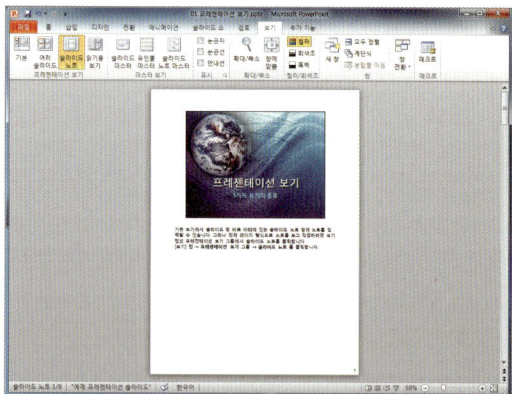

▲ 슬라이드 노트 보기

> ✋ **여기서 잠깐**
>
> **슬라이드 노트 화면 전환**
> 슬라이드 노트는 오른쪽 하단의 화면 보기에서는 전환되지 않습니다. [보기] 탭 → **프레젠테이션 보기** 그룹 → **슬라이드 노트**를 클릭하여 각 슬라이드의 슬라이드 노트를 따로 보거나 인쇄 미리보기에서 확인해야 합니다.

4. 읽기용 보기 `NEW 2010`

파워포인트 2010에 새롭게 추가된 보기 기능입니다. 프레젠테이션을 대형 화면에서 청중에게 표시하는 것이 아니라 특정인이 자신의 컴퓨터에서 프레젠테이션을 보도록 할 때 읽기용 보기를 사용합니다. 즉, 프레젠테이션을 전체 화면 슬라이드 쇼 보기가 아니라 쉽게 검토할 수 있는 간단한 컨트롤이 포함된 창에서 보려는 경우에 사용자 컴퓨터에서 읽기용 보기를 사용합니다.

[보기] 탭 → **프레젠테이션 보기** 그룹 → **읽기용 보기**(▤)를 클릭합니다.

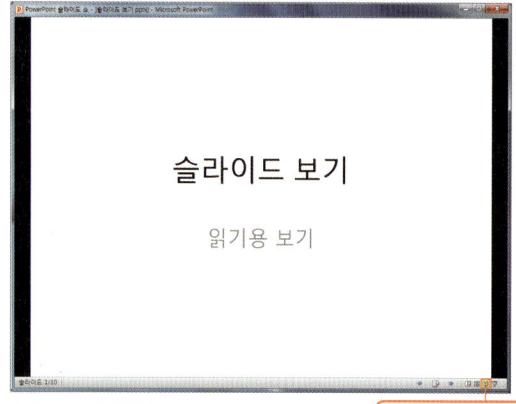

▲ 읽기용 보기 화면 구성   읽기용 보기 아이콘

▲ 읽기용 보기

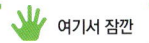
읽기용 보기
두 개 파일의 슬라이드 쇼를 동시에 보여줄 수 있는데, 화면에 두 개의 프레젠테이션 파일을 열어 놓고 '읽기용 보기'로 전환하면 창의 크기에 맞게 슬라이드 쇼를 볼 수 있습니다.

5. 슬라이드 쇼 보기

슬라이드 쇼 보기는 실제 프레젠테이션처럼 전체 화면으로 표시되는데, 이 보기에서는 청중이 보는 것과 동일한 프레젠테이션을 보게 됩니다. 그래픽, 타이밍, 동영상, 애니메이션 효과 및 전환 효과가 실제 프레젠테이션에서 어떻게 보이는지 확인할 수 있습니다. [**슬라이드 쇼**] 탭 → **슬라이드 쇼 시작** 그룹 → **처음부터**( )를 클릭합니다.

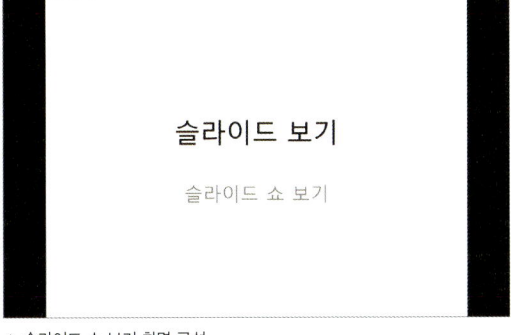

▲ 슬라이드 쇼 보기 화면 구성

▲ 슬라이드 쇼 보기

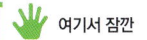
슬라이드 쇼 보기
오른쪽 하단의 화면 보기 아이콘 중 〈슬라이드 쇼〉 아이콘( )을 클릭하면 슬라이드 쇼가 처음부터 진행되지 않고 현재 슬라이드부터 슬라이드 쇼가 진행됩니다.

6. 슬라이드 크기 조정하기

파워포인트에서 문서 작업 시 정교한 작업을 위해 화면을 확대해서 볼 경우가 있습니다. 또한 애니메이션을 적용 시 작업화면 이외의 공간을 활용하기 위해 화면을 축소하면 훨씬 작업이 수월합니다. 작업화면의 크기를 확대/축소하려면 파워포인트에서 다음과 같이 실행합니다.

① 화면 크기를 확대 또는 축소하거나 원하는 크기를 직접 지정하려면 [보기] 탭 → 확대/축소 그룹 → 확대/축소 명령 단추(🔍)를 클릭합니다.

② '확대/축소' 대화상자에서 원하는 설정을 선택하고 〈확인〉 단추를 클릭합니다. 만약 사용자가 임의로 크기를 조정하려면 '확대/축소' 대화상자에서 '사용자 지정' 영역의 비율을 원하는 크기로 입력하면 됩니다.

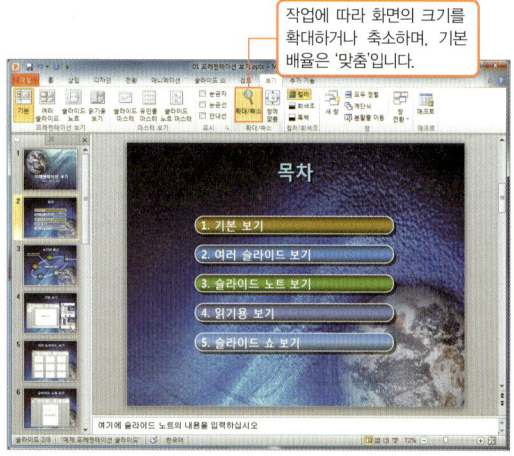

▲ 확대/축소 명령

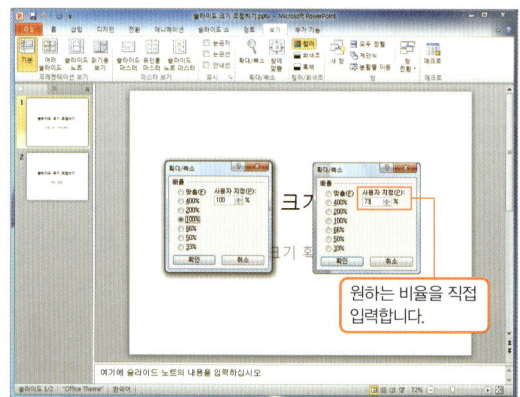

▲ 확대/축소 사용자 지정

Q 화면을 임의대로 확대/축소하는 방법이 있나요?

자주 묻는 질문 ?

A 파워포인트 오른쪽 하단에 상태 표시줄에는 화면을 확대 또는 축소할 수 있는 슬라이더가 표시되어 있으며, 이 슬라이더를 이용하여 화면의 확대와 축소를 원하는 크기로 쉽게 조정할 수 있습니다.

상태 표시줄에서 확대/축소 슬라이더(90% ─ ● + ⊡)를 이동하여 원하는 확대/축소 설정 비율을 선택합니다.

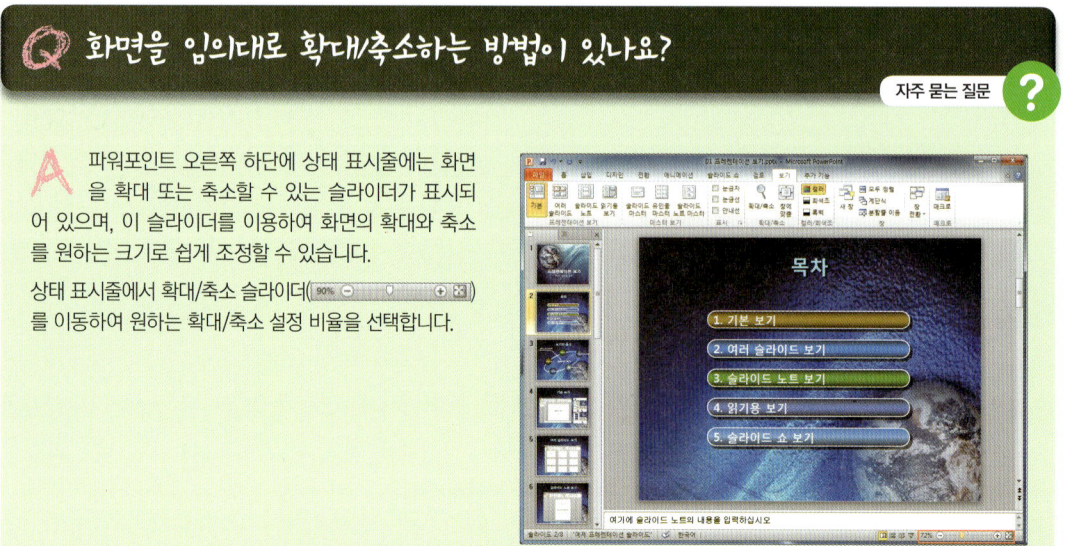

7. 창에 맞춤 활용하기

파워포인트에서 창의 크기를 조정하기 위해 확대/축소 기능을 이용하는데 모니터 화면에 딱 맞게 조정하기가 쉽지 않습니다. 사용자가 창의 크기를 줄이거나 늘려도 지정한 창의 크기에 슬라이드의 크기를 꼭 맞게 변경하는 [창에 맞춤] 기능을 제공하고 있습니다.

○ 자동 조절

창의 크기에 따라 슬라이드의 크기를 자동으로 조절하려면 [보기] 탭 → 확대/축소 그룹 → 창에 맞춤 명령 단추()를 클릭합니다.

> **여기서 잠깐**
>
> **자동 조절 및 창에 맞춤**
> 자동 조절 및 창에 맞춤 명령을 적용하고 나서 프레젠테이션 문서를 저장하면 이후에 문서를 다시 열어도 창에 맞춤 명령은 계속해서 적용됩니다. 정교한 작업을 수행하지 않는다면 창에 맞춤을 적용하고 문서를 저장하는 것이 좋습니다.

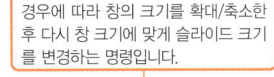
경우에 따라 창의 크기를 확대/축소한 후 다시 창 크기에 맞게 슬라이드 크기를 변경하는 명령입니다.

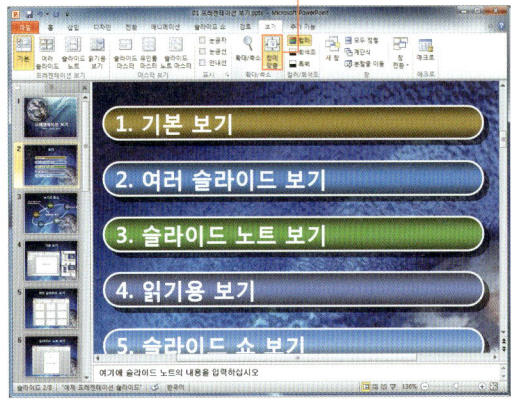
▲ 리본 메뉴를 이용한 창에 맞춤

○ 창에 맞춤

파워포인트 오른쪽 하단에 상태 표시줄의 확대/축소 슬라이더에서도 창에 맞춤 명령을 사용할 수 있습니다. 확대/축소 조정 슬라이더에서 **창에 맞춤** 아이콘(□)을 클릭하면 창의 크기에 맞게 슬라이드 크기를 조절할 수 있습니다.

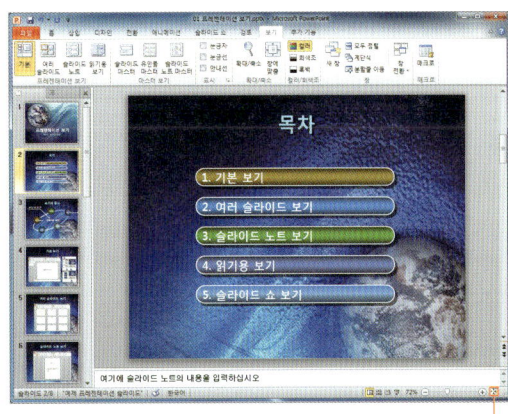
▲ 확대/축소 슬라이더를 이용한 창에 맞춤

'창에 맞춤' 아이콘

06 슬라이드 추가/삭제하기

문서 작성 시 슬라이드를 추가, 삭제하는 일은 가장 빈번하게 이루어지는 일이라 할 수 있습니다. 문서에서 슬라이드를 추가하거나 삭제하는 방법과 문서에서 특정 슬라이드를 삭제하지 않고 슬라이드 쇼에만 슬라이드를 숨기는 방법에 대해 알아보겠습니다.

1. 새 슬라이드 추가하기

슬라이드를 추가하는 것은 문서를 작성할 때 필수적인 요소입니다. 슬라이드는 제한없이 새롭게 추가할 수 있지만 슬라이드가 많아지고 삽입되는 개체의 수가 많아지면 문서 파일의 크기가 지나치게 커지게 되어 문서를 열 때나 편집 시에 시간이 많이 소요될 수 있으므로 주의해야 합니다.

새로운 슬라이드를 추가하는 새 슬라이드 명령 단추는 두 가지 방식으로 사용할 수 있습니다. [홈] 탭 → **슬라이드** 그룹 → **새 슬라이드**(🖼) 아래 부분(②번)을 클릭하거나 새 슬라이드에 이전 슬라이드와 같은 레이아웃을 지정하려는 경우 슬라이드 아래 부분를 클릭하지 않고 새 슬라이드 그림(①번)만 클릭하면 됩니다.

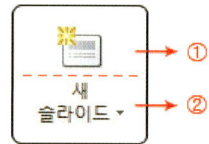

① **동일한 슬라이드 추가** : [홈] 탭 → **슬라이드** 그룹 → **새 슬라이드**(🖼)를 클릭하면 이전 슬라이드의 레이아웃과 동일한 슬라이드가 추가됩니다.

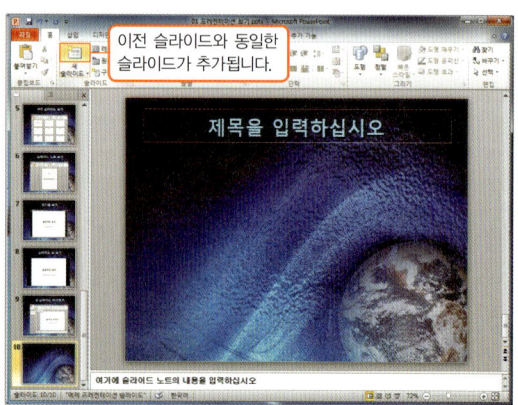

▲ 새 슬라이드(그림) 이용

여기서 잠깐

단축키
새 슬라이드를 만드는 단축키는 Ctrl + M 입니다.

② 레이아웃 변경할 슬라이드 추가 : [홈] 탭 → 슬라이드 그룹 → 새 슬라이드() 아래 부분(새 슬라이드) 을 클릭하여 레이아웃 선택 목록의 슬라이드 축소판 그림에서 원하는 레이아웃을 선택합니다.

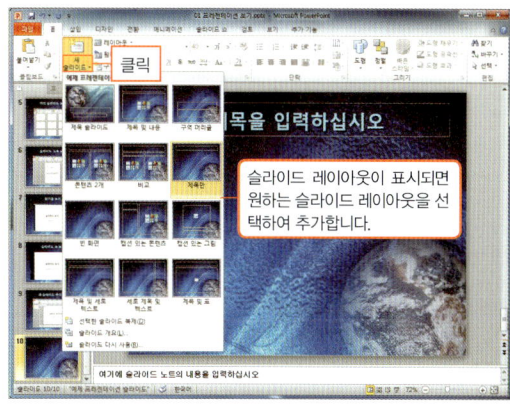
▲ 새 슬라이드(아래 부분) 이용

슬라이드 레이아웃이 표시되면 원하는 슬라이드 레이아웃을 선택하여 추가합니다.

✋ 여기서 잠깐

레이아웃이란?
레이아웃은 슬라이드 마스터의 한 부분으로서, 슬라이드에 표시될 내용의 위치 정보를 정의합니다. 레이아웃에는 개체 틀이 있으며, 개체 틀에는 제목, 글머리 목록 등의 텍스트와 Smart-Art 그래픽, 표, 차트, 그림, 도형, 클립 아트 등의 슬라이드 콘텐츠가 들어 있습니다.

2. 슬라이드 삭제하기

내용에 맞지 않거나 요약본을 작성할 때 굳이 들어가지 않아도 되는 슬라이드는 삭제를 합니다. 그러나 이후에 다시 슬라이드가 필요할 수 있으므로 슬라이드 삭제 후 문서를 새로운 문서로 버전을 달리해서 저장하는 것이 좋습니다. 불필요한 슬라이드를 삭제하는 방법은 다음과 같습니다.

방법 1 개요 보기에서 삭제하려는 슬라이드에서 마우스 오른쪽 단추로 클릭하고 바로 가기 메뉴에서 **슬라이드 삭제**를 클릭합니다.

방법 2 슬라이드 축소판 그림을 선택하고 Delete 키를 누르면 슬라이드가 삭제됩니다.

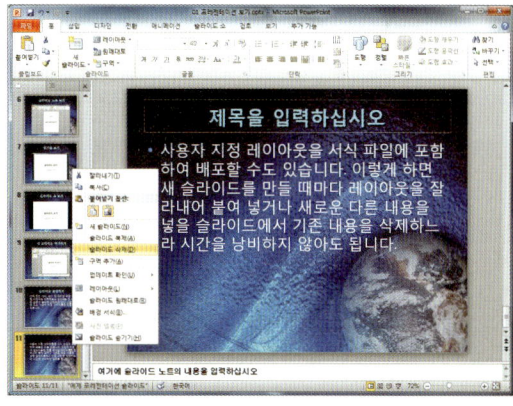
▲ 바로 가기 메뉴에서 슬라이드 삭제

✋ 여기서 잠깐

이전으로 되돌리기
슬라이드를 삭제하는 일은 매우 신중해야 합니다. 중요한 슬라이드나 내용을 잘못해서 삭제하였을 경우 단축키 Ctrl + Z 을 눌러서 되돌릴 수 있습니다.

07 구역 기능 활용하기 NEW 2010

슬라이드가 많아지면 때에 따라서는 수정 보완을 원하는 슬라이드를 찾기 위해 마우스를 스크롤하거나 여러 슬라이드 보기에서 찾는 작업을 반복합니다. 파워포인트 2010에서는 같은 문서 내에서 슬라이드 그룹을 만들어서 구분을 할 수 있도록 슬라이드 구역 기능을 새롭게 제공합니다.

1. 구역 추가하기

목차 슬라이드와 내용 슬라이드 사이에 구역을 구분합니다. 먼저 내용 슬라이드를 선택하고 [홈] 탭 → 슬라이드 그룹 → 구역 명령 단추(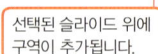)를 클릭한 후 선택 목록에서 구역 추가를 클릭하면 선택된 슬라이드 위에 구역이 표시됩니다.

선택된 슬라이드 위에 구역이 추가됩니다.

▲ 추가된 구역

2. 구역 이름 변경하기

구역 이름을 변경하기 위해 삽입된 구역을 선택하고 [홈] 탭 → 슬라이드 그룹 → 구역(구역▼) → 구역 이름 바꾸기를 클릭합니다. '구역 이름 바꾸기' 대화상자에서 '구역 이름'을 "프로젝트 배경 및 목적"으로 변경하고 〈이름 바꾸기〉 단추를 클릭합니다.

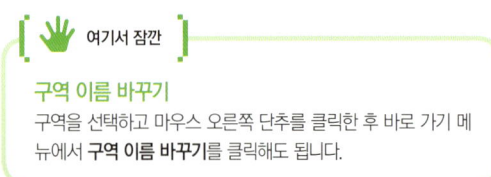

여기서 잠깐

구역 이름 바꾸기
구역을 선택하고 마우스 오른쪽 단추를 클릭한 후 바로 가기 메뉴에서 **구역 이름 바꾸기**를 클릭해도 됩니다.

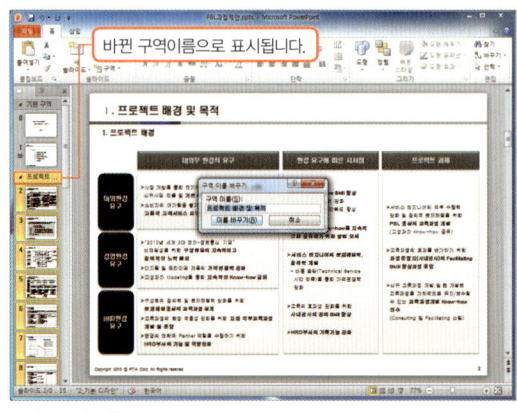

바뀐 구역이름으로 표시됩니다.

▲ 바뀐 구역 이름

3. 구역 축소하기

구역만 표시하고 구역 내 슬라이드는 보이지 않도록 구역을 축소하기 위해 [홈] 탭 → **슬라이드** 그룹 → **구역**(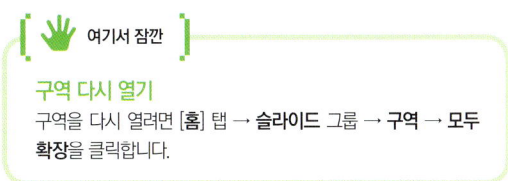) → **모두 축소**를 클릭하면 모든 구역이 축소됩니다. 특정 구역을 클릭하면 해당 구역 내의 슬라이드가 나타납니다.

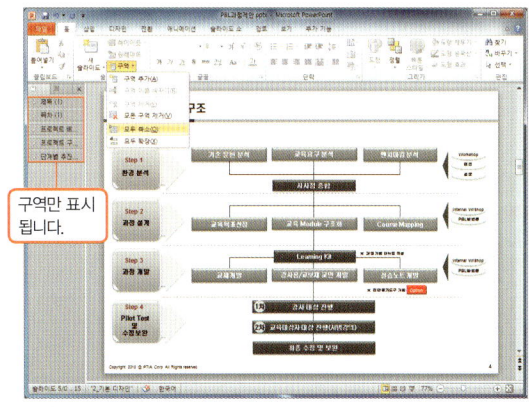

▲ 축소된 모든 구역

4. 구역 이동하기

선택한 구역으로 이동하기 위해 이동할 구역을 선택하고 마우스 오른쪽 단추를 클릭하여 바로 가기 메뉴에서 **구역을 위로 이동** 또는 **구역을 아래로 이동**을 클릭합니다.

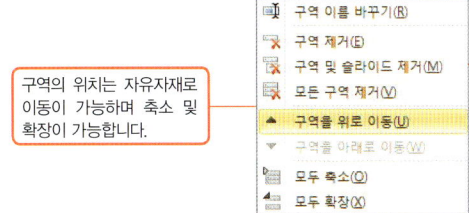

구역의 위치는 자유자재로 이동이 가능하며 축소 및 확장이 가능합니다.

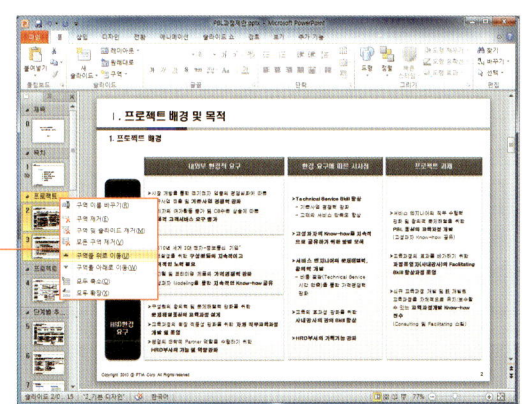

▲ 위로 구역 이동

5. 구역 복사하기

구역 복사는 명령이나 단축키를 제공하지 않으므로 구역을 선택하고 단축키 Ctrl + C 를 눌러 복사합니다. 복사할 구역 위치를 선택하고 단축키 Ctrl + V 를 누르면 구역 내 슬라이드가 복사되는 것을 볼 수 있습니다.

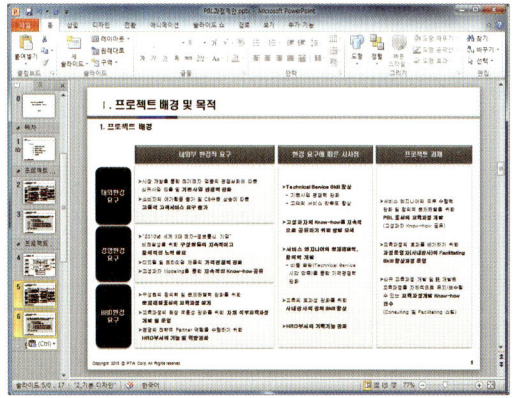

▲ 복사된 구역

08 다중 실행 창을 이용한 슬라이드 이동하기 `NEW 2010`

파워포인트 2010에서 새롭게 추가된 기능 중 파워포인트 창의 다중 실행(여러 창에서 프레젠테이션 파일 작업)이 있습니다. 다중 실행은 이전 버전들과 달리 파워포인트 문서가 열릴 때마다 새로운 창이 하나씩 생기는 개념으로, 각 파일마다 독립적으로 파워포인트를 열어서 문서를 표시하는 것입니다.

예를 들어 파워포인트 문서를 다섯 개 열었다면 파워포인트 2010이 각각 독립적으로 다섯 개가 열렸다고 이해하면 됩니다. 따라서 문서 간 슬라이드 이동 시 두 파일을 화면에 반씩 차지하게 배열하고 슬라이드를 끌면 이동이 가능합니다.

서로 다른 파워포인트 문서를 윈도 7의 맞추기 기능을 활용하여 화면에 세로로 정렬하고 두 문서 모두 여러 슬라이드 보기로 전환합니다.

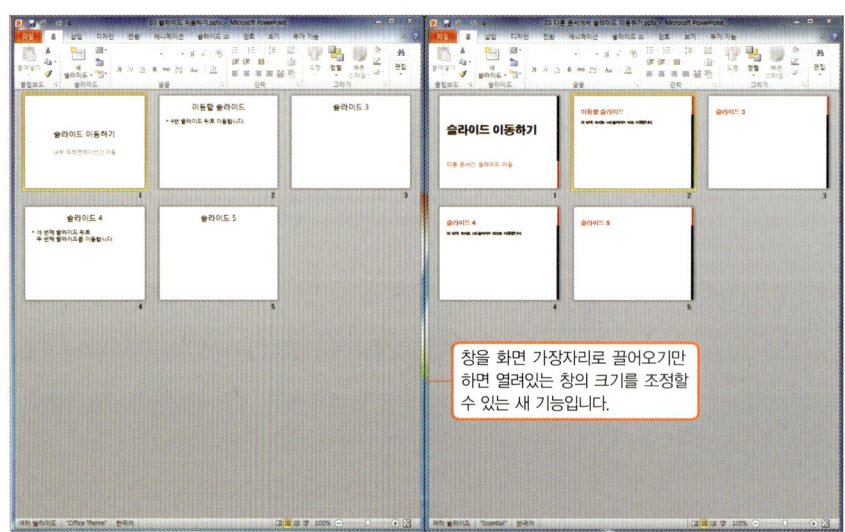

창을 화면 가장자리로 끌어오기만 하면 열려있는 창의 크기를 조정할 수 있는 새 기능입니다.

▲ 다중 실행 창으로 여러 슬라이드 보기

 여기서 잠깐

맞추기 기능
윈도 7의 맞추기 기능을 이용하면 이동하는 가장자리(위쪽이나 아래쪽, 왼쪽이나 오른쪽)에 따라 창이 수직으로 확장되거나 전체 화면 보기로 커지거나, 두 개의 창이 같은 크기로 나란히 배치됩니다. 맞추기 기능은 창의 내용을 보거나 정리하고 비교하는데 크게 도움됩니다.

문서 간 슬라이드를 이동하기 위해 한쪽 문서에서 이동시킬 슬라이드를 선택한 후 마우스로 끌어서 다른 한쪽 문서의 원하는 위치로 이동시킵니다.

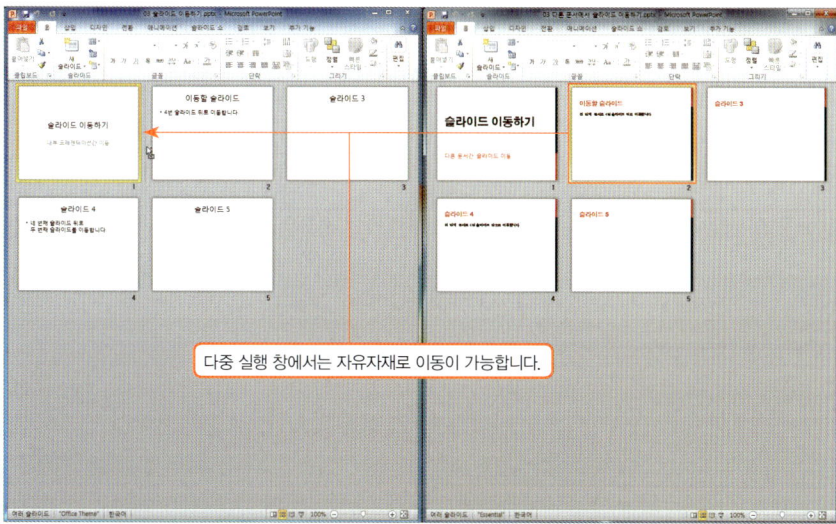

▲ 다중 실행 창에서 슬라이드 이동

다른 문서로 슬라이드가 이동된 것을 확인할 수 있습니다. 이 때 슬라이드의 테마는 이동한 프레젠테이션 문서의 테마를 따르게 됩니다. 붙여넣기 옵션을 클릭하여 **원본 서식 유지**를 클릭합니다.

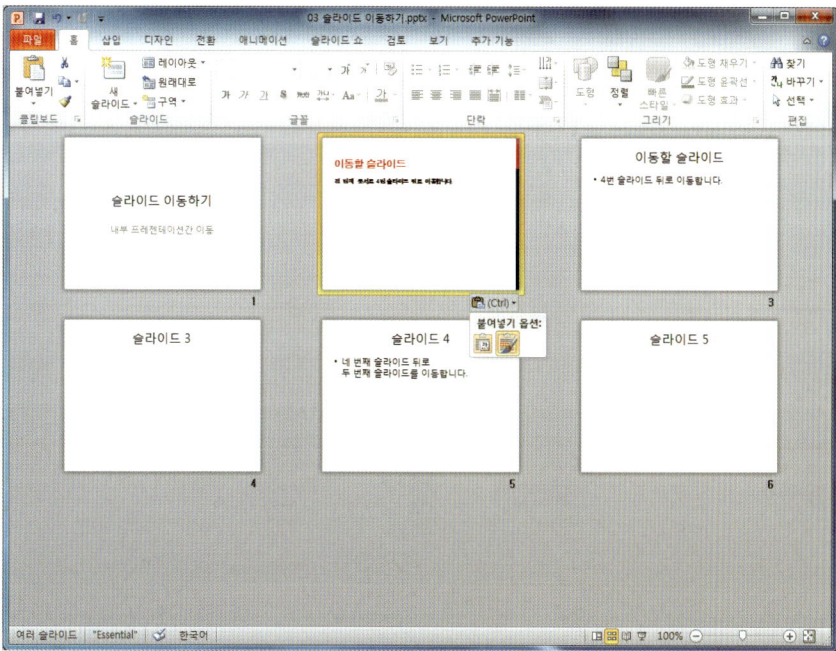

▲ 이동된 슬라이드

파일에서 슬라이드 추가하기

파일에서 슬라이드 추가 기능은 다른 프레젠테이션 문서를 따로 열지 않고, 그 문서를 미리보기 형태로 현재 문서에서 불러들여 필요한 슬라이드를 클릭만으로 현재 문서에 삽입하는 기능입니다. 컴퓨터나 네트워크 공유에 있는 다른 프레젠테이션에서 슬라이드를 하나 이상 추가하려면 다음과 같이 실행합니다.

❶ 슬라이드를 추가할 프레젠테이션을 열어서 개요 및 슬라이드 창의 [슬라이드] 탭을 클릭한 후 슬라이드를 추가할 위치를 클릭합니다. [홈] 탭 → **슬라이드** 그룹 → **새 슬라이드**(🖼) → **슬라이드 다시 사용**을 클릭합니다.

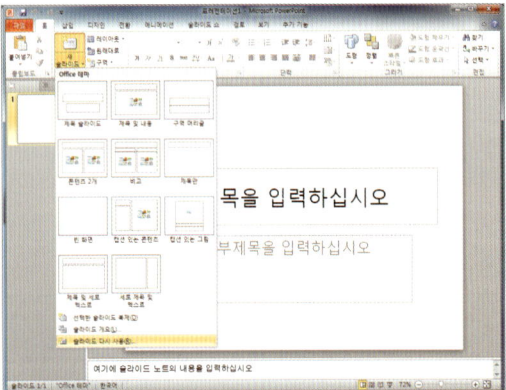

▲ 슬라이드 다시 사용 명령

❸ 파워포인트의 '슬라이드 다시 사용' 작업창에는 선택한 프레젠테이션에 있는 슬라이드의 축소판 그림이 표시되는데, 만약 슬라이드 내용을 확대해서 보려면 축소판 그림에 마우스 포인터를 올려 놓습니다.

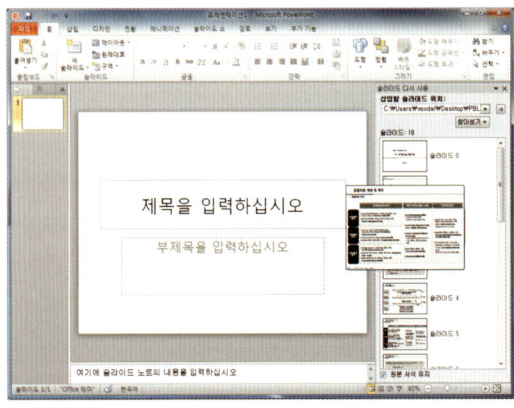

▲ 슬라이드 확대 보기

❷ '슬라이드 다시 사용' 작업창에서 〈찾아보기〉 단추를 클릭하여 **파일 찾아보기**를 클릭한 후 '찾아보기' 대화상자에서 원하는 프레젠테이션 파일을 선택한 후 〈열기〉 단추를 클릭합니다.

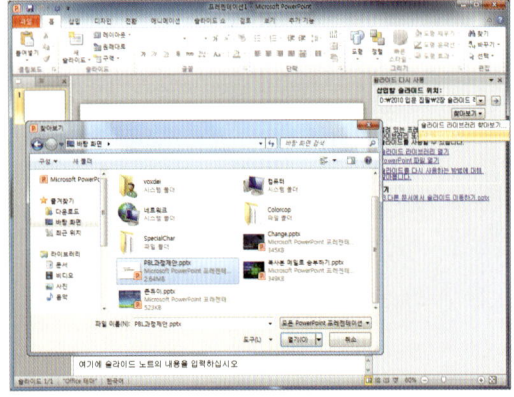

▲ 파일 찾아보기

❹ 단일 슬라이드를 추가하려면 해당 슬라이드를 클릭하고, 모든 슬라이드를 추가하려면 임의의 슬라이드에서 마우스 오른쪽 단추로 클릭한 후 **모든 슬라이드 삽입**을 클릭합니다.

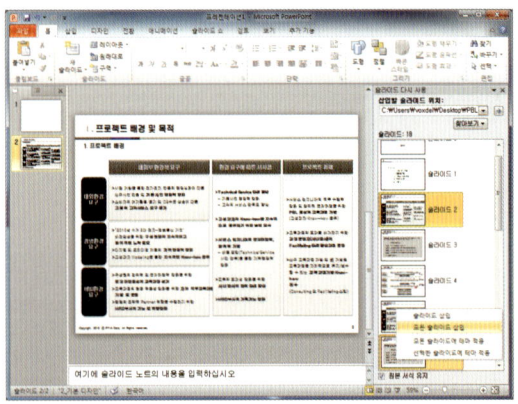

▲ 모든 슬라이드 삽입

🔎 슬라이드의 서식을 원래대로 유지하려면 대상 프레젠테이션에 슬라이드를 추가하기 전에 '원본 서식 유지'를 선택합니다.

09 슬라이드 마스터 이해하기

슬라이드 마스터는 슬라이드 계층 구조에서 배경, 색, 글꼴, 효과, 개체 틀 크기 및 위치를 포함하여 프레젠테이션의 슬라이드 레이아웃과 모든 테마 정보를 저장하는 최상위 슬라이드입니다. 슬라이드 마스터를 작성하면 설정된 서식이 프레젠테이션 문서의 모든 슬라이드에 적용되므로 같은 작업을 반복해서 작업해야 할 경우에 매우 편리합니다.

1. 마스터의 종류

마스터란 프레젠테이션의 모든 슬라이드나 페이지의 서식을 정의하는 슬라이드 보기 또는 페이지입니다. 슬라이드 마스터의 가장 큰 장점은 많은 양의 슬라이드에서 같은 작업을 반복할 때 일관된 스타일을 지정하면 매우 효율적으로 작업할 수 있다는 것입니다. 프레젠테이션마다 슬라이드, 제목 슬라이드, 발표자의 설명, 유인물 등 각 주요 구성 요소를 위한 마스터가 하나씩 있으며, 파워포인트에서 사용되는 마스터의 종류에는 슬라이드 마스터, 유인물 마스터, 슬라이드 노트 마스터 세 가지가 있습니다.

○ 슬라이드 마스터

슬라이드마다 동일한 기본 서식을 지정하는 곳으로, 매 슬라이드마다 서식을 지정하는 것이 아니라 마스터를 작성함으로써 전체 문서에 자동으로 일정한 서식이 지정됩니다. 슬라이드 마스터 보기로 전환하려면 [**보기**] 탭 → **마스터 보기** 그룹 → **슬라이드 마스터**()를 클릭합니다.

> ✋ 여기서 잠깐
>
> **마스터 작업 종료**
> 마스터에서 빠져 나오려면 [**슬라이드 마스터**] 탭 → **닫기** 그룹 → **마스터 보기 닫기**를 클릭합니다.

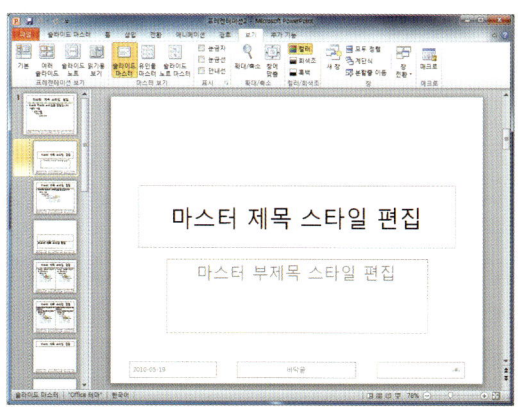

▲ 슬라이드 마스터 명령

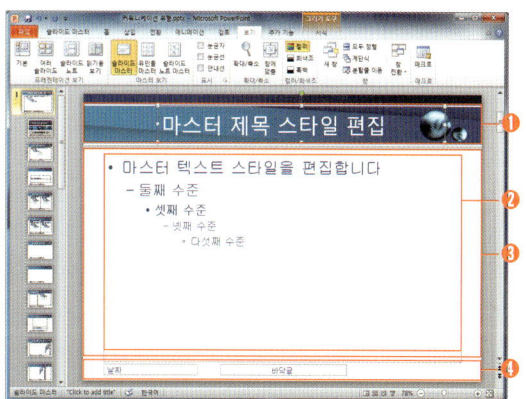

▲ 슬라이드 마스터 보기

❶ 제목 영역 : 슬라이드 레이아웃의 제목에 해당되며, 제목의 서식을 편집합니다.

❷ 본문 영역 : 슬라이드 레이아웃의 텍스트 상자에 해당되며, 개체 틀의 크기와 텍스트 서식 및 글머리 기호 등을 편집합니다.

❸ 배경 : 슬라이드의 배경에 해당되며, 배경 서식 등을 편집합니다.

❹ 날짜, 바닥글, 번호 : 슬라이드의 날짜, 바닥글, 페이지 번호 등을 편집합니다.

◉ 유인물 마스터

인쇄된 유인물의 디자인 및 레이아웃을 변경할 수 있는 곳으로, 유인물 마스터 보기로 전환하려면 [**보기**] 탭 → **마스터 보기** 그룹 → **유인물 마스터**(▦)를 클릭합니다.

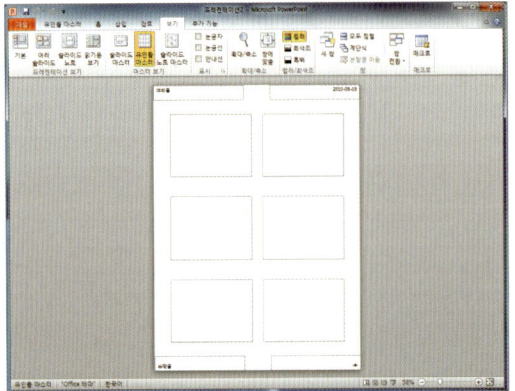

▲ 유인물 마스터 명령

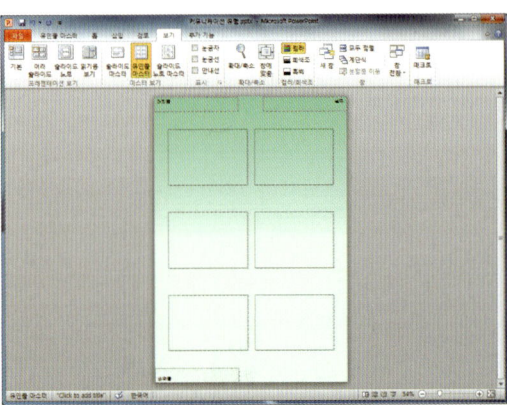

▲ 유인물 마스터 보기

◉ 슬라이드 노트 마스터

슬라이드 노트의 디자인 및 레이아웃을 변경할 수 있는 곳으로, 슬라이드 노트 마스터 보기로 전환하려면 [**보기**] 탭 → **마스터 보기** 그룹 → **슬라이드 노트 마스터**(▦)를 클릭합니다.

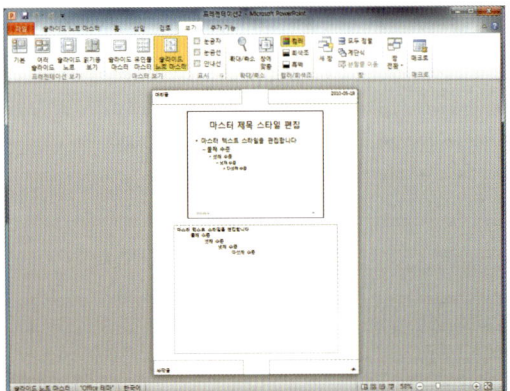

▲ 슬라이드 노트 마스터 명령

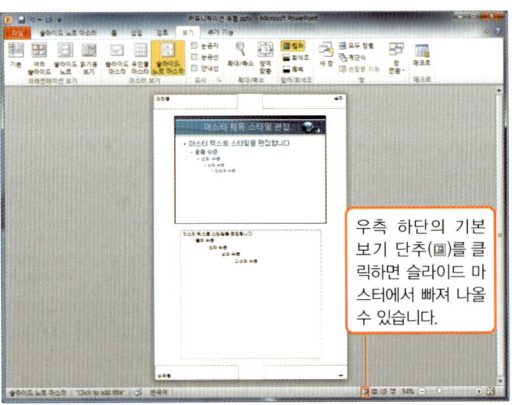

▲ 슬라이드 노트 마스터 보기

우측 하단의 기본 보기 단추(▣)를 클릭하면 슬라이드 마스터에서 빠져 나올 수 있습니다.

2. 슬라이드 마스터 개요

작업 중인 프레젠테이션 파일에 있는 모든 슬라이드의 제목 서식이나 본문 서식을 같은 유형으로 변경하려면 일일이 슬라이드 하나씩 찾아가면서 변경을 하게 되면 매우 불편할 것입니다. 이 경우 슬라이드 마스터를 이용하여 한번만 서식을 설정해 두면 모든 슬라이드에 자동으로 지정된 서식이 적용됩니다. 따라서 슬라이드 마스터를 활용하면 문서 내의 모든 슬라이드에 배경과 색상 등의 통일성을 유지할 수 있습니다.

슬라이드 마스터는 전체 프레젠테이션의 모양에 영향을 주기 때문에 슬라이드 마스터 또는 해당 레이아웃을 만들고 편집할 때 슬라이드 마스터 보기에서 작업하게 됩니다.

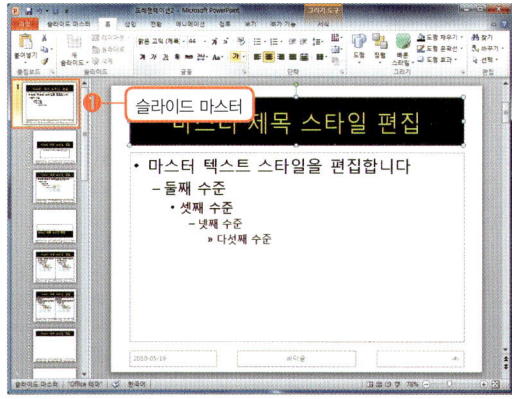

▲ 슬라이드 마스터

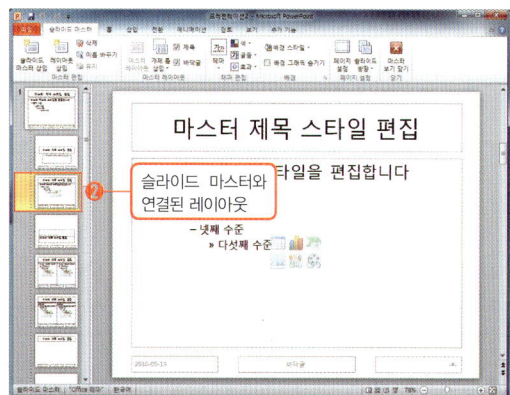

▲ 슬라이드 마스터와 연결된 레이아웃

슬라이드 마스터에서 하나 이상의 레이아웃을 수정하면 기본적으로 슬라이드 마스터가 수정됩니다. 각 슬라이드 레이아웃은 서로 다르게 설정되지만 지정된 슬라이드 마스터와 연결된 모든 레이아웃은 같은 테마(색 구성표, 글꼴 및 효과)를 포함하고 있습니다. 또한 슬라이드 마스터를 사용하면 같은 정보를 여러 슬라이드에 입력할 필요가 없어 시간을 절약할 수 있으므로 슬라이드 마스터는 많은 슬라이드로 구성된 매우 긴 프레젠테이션에 특히 편리합니다.

 여기서 잠깐

마스터 스타일 변경
모든 프레젠테이션에는 슬라이드 마스터가 하나 이상 포함되어 있습니다. 슬라이드 마스터를 수정하면 나중에 추가된 슬라이드를 포함하여 프레젠테이션의 모든 슬라이드에 스타일의 변경 내용이 일괄적으로 적용됩니다.

슬라이드 마스터에 회사 로고 삽입하기

📁 **준비 파일** : 마스터 예제.pptx　　📁 **완성 파일** : 마스터 예제_결과.pptx

슬라이드 마스터에는 개체 틀 외에 그림 또는 도형을 추가하여 디자인할 수 있습니다. 회사에서 제안서나 프레젠테이션 작성 시 일반적으로 제목 슬라이드나 내용 슬라이드에 로고를 삽입하는 경우가 많이 있습니다. 슬라이드 마스터 제목 슬라이드에 로고를 삽입해보겠습니다.

항목	변경 내용
서식	온라인 서식(파란색/녹색 물결 디자인)
로고 삽입	"Logo.png"

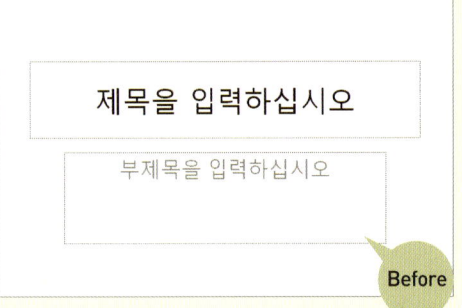

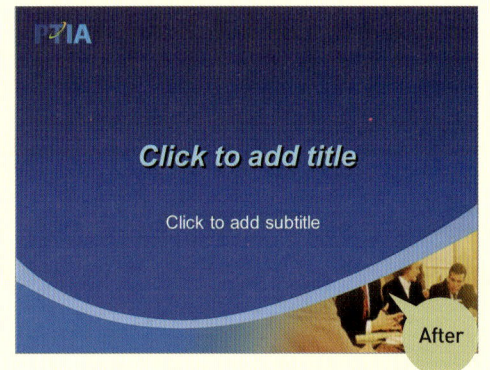

01 온라인에서 서식 파일 받기 ❶ [파일] 탭 → ❷ 새로 만들기 → ❸ 'Office.com 서식 파일' 항목의 **프레젠테이션** → **디자인** → ❹ '예제 프레젠테이션 슬라이드(파란색/녹색 물결 디자인)'를 선택하고 ❺ 〈다운로드〉 단추를 클릭합니다.

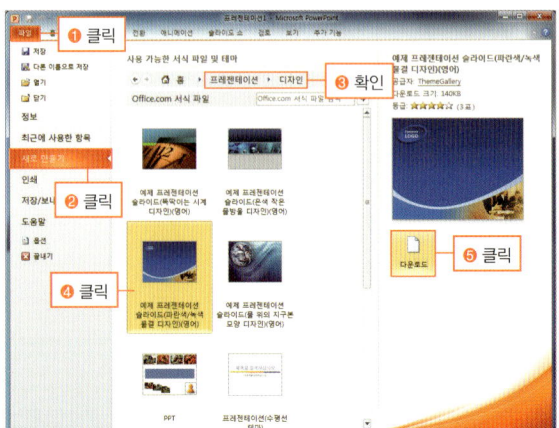

02 슬라이드 마스터 편집하기 예제 프레젠테이션이 표시되면 ❶ [보기] 탭 → 마스터 보기 그룹 → ❷ 슬라이드 마스터(🖥)를 클릭하고 제목 슬라이드에 로고를 삽입해야 하므로 ❸ 개요 보기 창에서 '제목 슬라이드 레이아웃'을 클릭합니다.

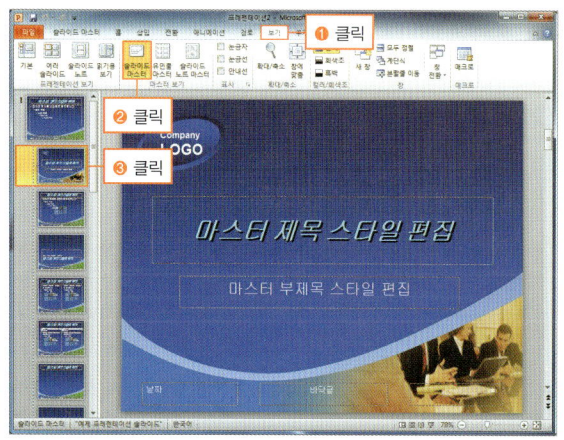

03 도형 및 텍스트 상자 삭제하기 ❶ "Company LOGO" 텍스트 상자와 타원 도형을 Shift 키를 이용해 동시에 선택하고 ❷ 마우스 오른쪽 단추를 클릭한 후 ❸ 바로가기 메뉴에서 잘라내기를 클릭합니다.

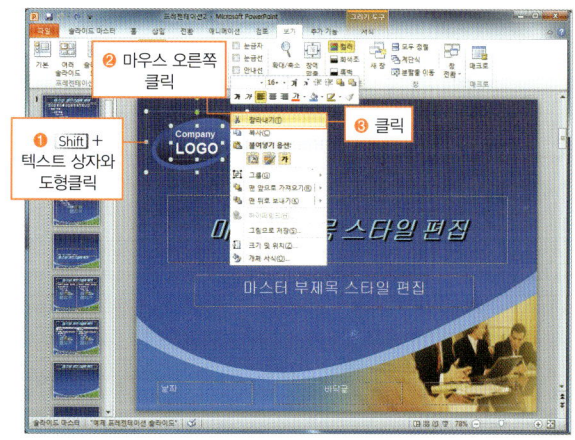

🖐 여기서 잠깐

여러 개의 도형 선택
Shift, Ctrl 키를 누른 채 해당 도형들을 클릭합니다.

04 로고 삽입하기 ❶ [삽입] 탭 → 이미지 그룹 → ❷ 그림(🖼)을 클릭하고 ❸ '그림 삽입' 대화상자의 예제 폴더에서 "Logo.png"를 선택한 후 ❹ 〈삽입〉 단추를 클릭하여 슬라이드에 로고를 삽입합니다.

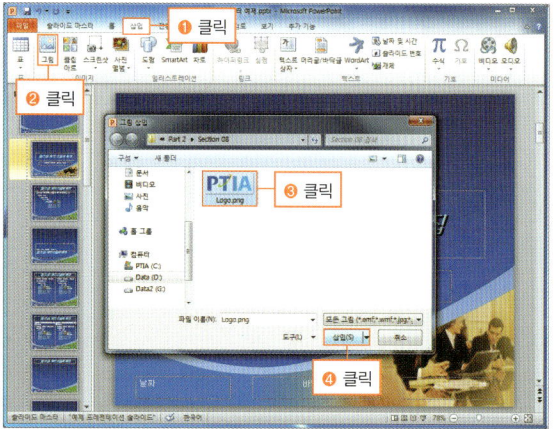

05 로고 위치 조정하기 삽입된 로고를 선택하고 마우스로 끌어서 슬라이드의 왼쪽 상단에 위치시킵니다.

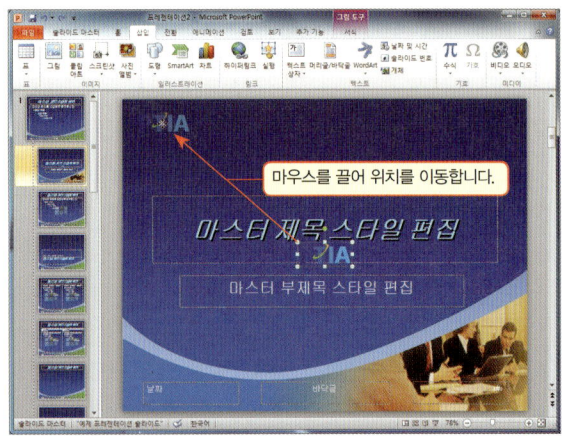

06 슬라이드 마스터 닫기 ❶ [슬라이드 마스터] 탭 → 닫기 그룹 → ❷ 마스터 보기 닫기()를 클릭하여 작업화면으로 돌아옵니다.

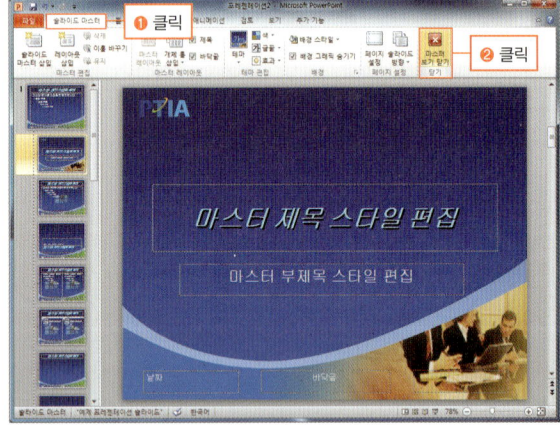

> 🖐 여기서 잠깐
>
> **[슬라이드 마스터] 탭 닫기**
> [슬라이드 마스터] 탭이 표시되면 다른 탭으로 이동하더라도 [슬라이드 마스터] 탭은 사라지지 않으므로 반드시 **마스터 보기 닫기** 명령을 클릭하여 닫아야 합니다.

07 결과 확인하기 제목 슬라이드에 로고가 삽입된 것을 볼 수 있습니다. 로고는 제목 슬라이드 레이아웃에 삽입되어 있기 때문에 내용 슬라이드에는 표시되지 않습니다.

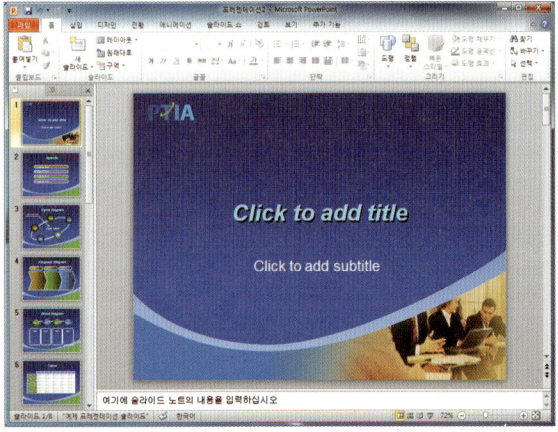

미니 도구 모음의 활용

텍스트를 선택할 때 미니 도구 모음이라고 하는 반투명의 편리한 축소 도구 모음을 표시하거나 숨길 수 있습니다. 미니 도구 모음을 사용하여 글꼴, 글꼴 스타일, 글꼴 크기, 맞춤, 텍스트 색, 들여쓰기 수준, 글머리 기호 기능 등을 설정할 수 있습니다. 파워포인트에서 슬라이드나 도형에서 텍스트를 선택할 때 나타나는 반투명 도구 모음의 모양은 다음과 같습니다.

미니 도구 모음에 포인터를 놓으면 미니 도구 모음이 다음과 같이 표시되며, 도구 모음을 사용하려면 원하는 명령을 클릭합니다. 다만, 미니 도구 모음은 사용자 지정할 수 없습니다.

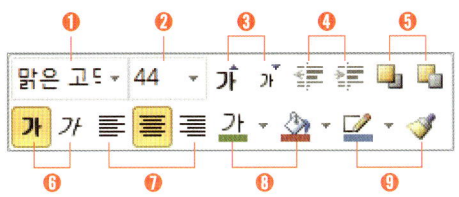

❶ 글꼴   ❷ 글꼴 크기
❸ 글꼴 크기 크게/작게   ❹ 목록 수준 줄임/늘림
❺ 앞으로 가져오기/뒤로 보내기
❻ 굵게, 기울임꼴
❼ 텍스트 왼쪽 맞춤/가운데 맞춤/텍스트 오른쪽 맞춤
❽ 글꼴 색/도형 채우기   ❾ 도형 윤곽선/서식 복사

미니 도구 모음을 사용하지 않으려면 다음과 같이 합니다.

❶ [**파일**] 탭 → **옵션**을 클릭합니다.

❷ 'PowerPoint 옵션' 대화상자에서 [일반]을 클릭하여 '사용자 인터페이스 옵션' 항목의 '선택 영역에 미니 도구 모음 표시' 확인란을 선택 해제합니다.

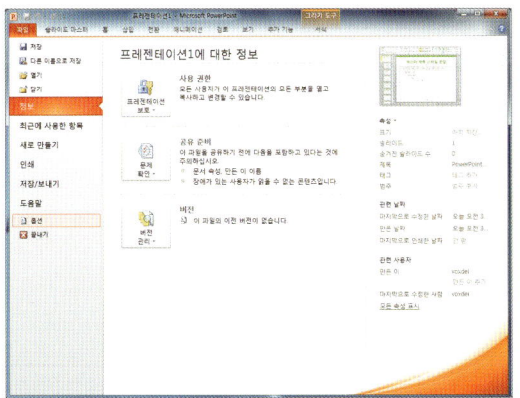

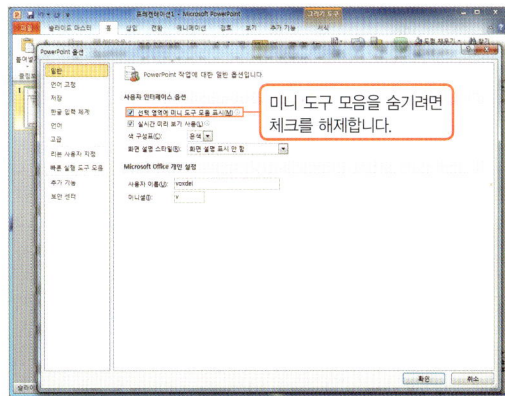

미니 도구 모음을 숨기려면 체크를 해제합니다.

테마를 이용하여 디자인 적용하기

테마는 테마 색 모음, 테마 글꼴 모음 및 테마 효과 모음으로 구성된 서식 모음으로, 파워포인트, 워드 또는 엑셀을 사용하여 만드는 모든 문서에는 테마가 포함되어 있습니다. 또한 테마에는 파워포인트에서 사용하기 위한 슬라이드 마스터와 슬라이드 배경 디자인이 들어 있습니다. 테마를 이용하여 간단하게 디자인을 적용하는 방법을 알아보겠습니다.

1. 테마와 슬라이드 마스터

파워포인트를 실행하면 기본 마스터가 적용되어 배경에 아무 효과도 적용되지 않은 흰 색 슬라이드가 나타나는데, 이러한 기본 마스터에 미리 세팅되어 있는 서식, 즉 테마를 추가하여 멋스러운 디자인을 적용할 수 있습니다. 슬라이드 마스터에 테마를 적용하는 방법은 두 가지가 있으며, 슬라이드에 빠르게 테마를 적용하려면 **[디자인]** 탭을 활용합니다.

○ [디자인] 탭 활용

[디자인] 탭 → **테마** 그룹 → 테마 선택 목록에서 원하는 테마를 선택합니다.

❶ 테마	테마 그룹의 테마 종류	❹ 효과	테마 효과(선, 입체 등)
❷ 색	테마에 적용할 색	❺ 배경 스타일	테마의 배경 스타일
❸ 글꼴	테마 글꼴	❻ 배경 그래픽 숨기기	테마의 배경 그림을 표시하지 않음

○ [슬라이드 마스터] 탭 활용

[보기] 탭 → **마스터 보기** 그룹 → **슬라이드 마스터**를 선택한 후 **[슬라이드 마스터]** 탭 → **테마 편집** 그룹 → **테마** 선택 목록에서 원하는 테마를 선택합니다.

2. 테마 적용하기

테마를 적용하면 문서 전체의 서식을 전문가 수준의 세련된 디자인으로 빠르고 간단하게 지정할 수 있습니다. 미리 정의된 다른 테마나 사용자 지정 테마를 선택하여 테마를 변경할 수 있으며, 테마를 적용하면 문서에서 바로 적용됩니다.

[디자인] 탭 → **테마** 그룹에서 원하는 테마를 클릭하거나 미리 정의된 테마를 적용하려면 **자세히** 단추(▼)를 클릭하여 사용 가능한 모든 테마를 표시한 후 사용할 테마를 클릭합니다.

만약 원하는 서식의 테마가 존재하지 않는다면 **테마 찾아보기**를 클릭하여 내 컴퓨터에 저장된 다른 테마를 찾아 선택할 수 있습니다.

컴퓨터에 저장된 다른 테마를 찾기 위해서 클릭합니다.

▲ '테마' 선택 목록

3. 선택한 슬라이드에만 테마 적용하기

테마를 모든 슬라이드에 적용하거나 선택한 슬라이드 또는 마스터 슬라이드에만 적용할 수 있는데, 만약 문서 내에 성격이 다른 내용을 구분할 때 두 개 이상의 테마를 활용하여 디자인 할 수 있습니다.

[디자인] 탭 → **테마** 그룹 오른쪽 **자세히** 단추(▼)를 클릭하여 사용 가능한 모든 테마를 표시합니다. 그런 다음 목차 슬라이드에만 다른 테마를 적용하려면 마우스 오른쪽 단추를 클릭한 다음 **선택한 슬라이드에 적용**을 클릭합니다.

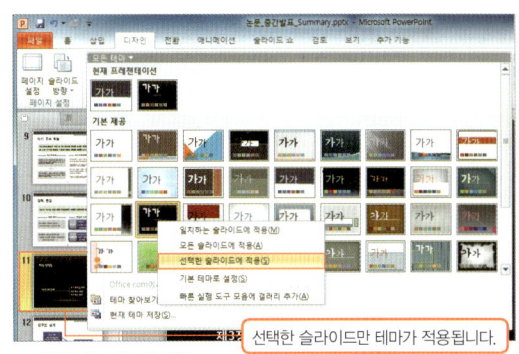

선택한 슬라이드만 테마가 적용됩니다.

▲ 선택한 슬라이드에 적용

02

텍스트 및 그림 삽입하기

텍스트는 멀티미디어의 기본적인 구성 요소로 프레젠테이션 문서 작성 시 가장 많이 사용되는 미디어입니다. 텍스트 자료는 저장 공간을 적게 차지하면서도 많은 정보를 전달할 수 있기 때문에 가장 많이 사용되는 자료 형식이라고 할 수 있습니다.

그림 또한 프레젠테이션 디자인 시 중요한 역할을 하는 미디어로, 파워포인트 2010의 그림과 관련된 기능은 이전 버전과 달리 꾸밈 효과나 색 보정을 통해 거의 포토샵 수준의 이미지 편집이 가능해졌습니다.

이번 장에서는 슬라이드에 텍스트와 여러 종류의 그림을 삽입하고 자유롭게 서식을 변경하는 방법에 대해 살펴보겠습니다.

POWER POINT 2010

텍스트 입력 및 서식

텍스트를 입력할 수 있는 특정 폼에 텍스트 입력하기

글꼴 서식 / 단락 서식 지정하기

텍스트 스타일 갤러리인 빠른 WordArt 스타일 활용하기

훨씬 쉬워진 텍스트 효과, 채우기, 윤곽선 서식 지정하기

그림 삽입 및 보정

인터넷상의 그림, 상품 이미지나 회사 로고 등을 삽입하기

다양한 그림 스타일을 적용해 원하는 스타일로 변경하기

그림을 자유롭게 조정하고 잘라내어 이용하기

01 슬라이드에 텍스트 입력하기

워드프로세서들은 곧바로 텍스트를 입력할 수 있지만 파워포인트에서는 텍스트를 입력할 수 있는 특정 폼(개체 틀이나 텍스트 상자, 도형, 표 등)에만 텍스트를 입력할 수 있습니다. 이러한 특정 폼을 활용하여 텍스트를 입력하는 방법에 대해 알아보겠습니다.

1. 개체 틀에 텍스트 입력하기

윈도에서 파워포인트 2010을 실행하면 기본적으로 두 개의 텍스트 상자가 표시됩니다. 또한 레이아웃을 변경하게 되면 속성에 따라 텍스트 상자 또는 그래프나 그림을 삽입할 수 있는 상자가 표시되는데, 이를 개체 틀이라고 합니다.

대부분의 레이아웃의 경우 제목을 입력하거나 내용을 입력하는 개체 틀을 하나 이상 포함하고 있으며, 이러한 개체 틀을 클릭하여 텍스트를 입력합니다. 슬라이드 상단의 '제목을 입력하십시오.' 또는 '내용을 입력하십시오.'라는 텍스트가 입력되어 있는 개체 틀을 클릭하여 텍스트를 입력합니다.

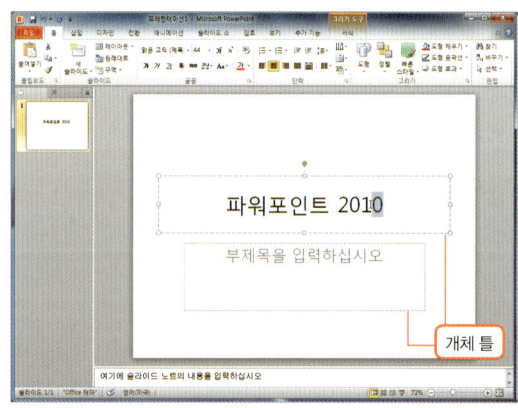

▲ 슬라이드에서 개체 틀 선택

2. 텍스트 상자에 텍스트 입력하기

파워포인트에서 가장 많이 사용되는 텍스트 상자는 슬라이드의 어느 위치에든 원하는 크기로 글상자를 만들어서 직접 입력할 수 있다는 장점이 있습니다. 텍스트 상자를 통해 슬라이드에 텍스트를 입력하는 명령은 두 가지가 있으며, 리본 메뉴의 위치에 따라 자유롭게 선택할 수 있습니다.

● [홈] 탭 이용

[홈] 탭 → **그리기** 그룹 → **도형** → **텍스트 상자** 명령 단추(가, 가)를 클릭하여 텍스트 상자를 삽입하고 텍스트를 입력합니다.

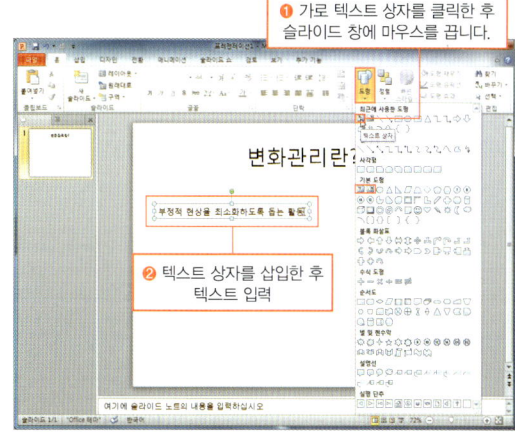

❶ 가로 텍스트 상자를 클릭한 후 슬라이드 창에 마우스를 끕니다.

❷ 텍스트 상자를 삽입한 후 텍스트 입력

▲ [홈] 탭을 이용한 텍스트 상자 삽입

● [삽입] 탭 이용

[삽입] 탭 → **텍스트** 그룹 → **텍스트 상자** 명령 단추(가)를 클릭하여 입력합니다.

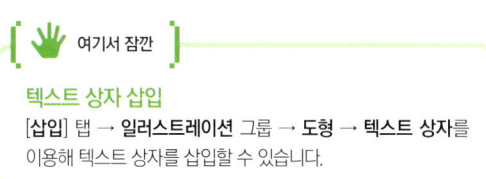

여기서 잠깐

텍스트 상자 삽입
[삽입] 탭 → **일러스트레이션** 그룹 → **도형** → **텍스트 상자**를 이용해 텍스트 상자를 삽입할 수 있습니다.

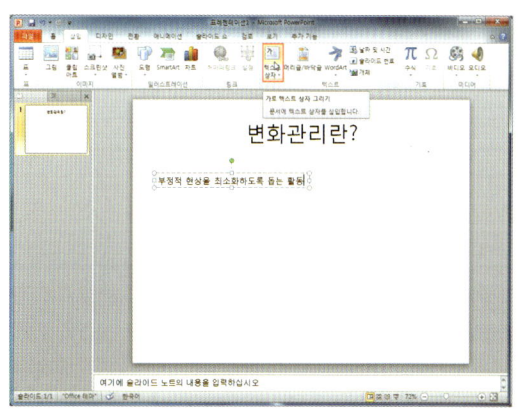

▲ [삽입] 탭을 이용한 텍스트 상자 삽입

Q **도형에 텍스트를 입력하는 다양한 방법이 있나요?**

자주 묻는 질문 **?**

A 도형에 텍스트를 입력하는 방법에는 세 가지가 있습니다.

① **방법 1** : 도형을 선택하고 텍스트를 입력하면 도형에 텍스트가 자동으로 입력됩니다.

② **방법 2** : 도형을 선택하고 F2 키를 누르면 도형 안에 텍스트를 입력할 수 있습니다.

③ **방법 3** : 도형을 선택하고 마우스 오른쪽 단추를 클릭하여 바로 가기 메뉴에서 텍스트 편집을 클릭하면 도형 안에 텍스트를 입력할 수 있습니다.

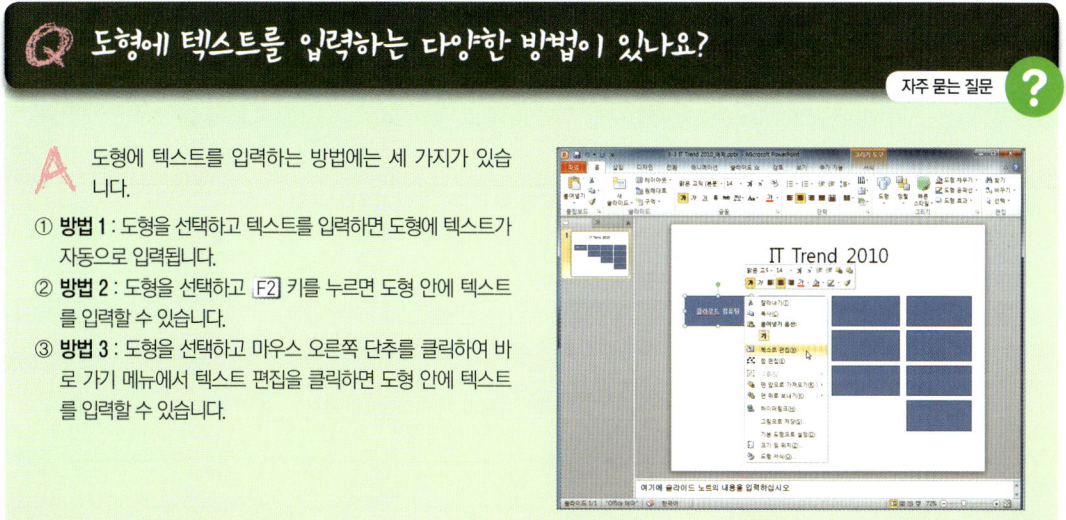

3. 도형에 텍스트 입력하기

일반적으로 도형의 크기나 스타일을 유지하기 위해 도형 위에 텍스트 상자를 삽입하고 텍스트를 입력하는 방식을 많이 사용하지만 그렇게 되면 슬라이드의 개체가 많아져서 이동이나 수정할 때 불편함이 있습니다. 따라서 도형 안에 직접 텍스트를 삽입하고 서식 복사를 활용하면 작업 속도를 향상시키는데 도움을 줄 수 있습니다.

텍스트를 입력하고자 하는 도형을 마우스로 클릭한 후 원하는 텍스트를 입력합니다.

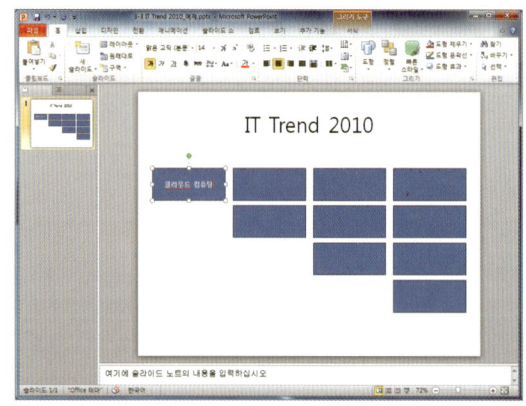

▲ 도형에 텍스트 입력

 텍스트 상자를 만들 때 크기를 조정하기 위한
특별한 노하우가 있나요?

 자주 묻는 질문

 텍스트 상자를 만들 경우에는 클릭 방식과 드래그 방식의 두 가지 방식을 사용할 수 있습니다.

① **클릭 방식** : 리본 메뉴에서 텍스트 상자를 선택한 후 슬라이드 창에서 클릭만 하고 텍스트를 바로 입력하는 방식으로, 텍스트를 입력할 때마다 텍스트 상자의 크기가 자동으로 늘어납니다.
② **드래그 방식** : 리본 메뉴에서 텍스트 상자를 선택한 후 슬라이드 창에서 마우스를 끌어서 텍스트 상자의 크기를 먼저 지정해 놓고 텍스트를 입력하는 방식입니다.
일반적으로 긴 문장을 입력할 경우에는 클릭 방식이 편리하고, 특정 영역에서만 텍스트를 입력하는 경우는 드래그 방식이 편리하다고 할 수 있습니다.

별도의 프로그램 설치 없이 수식 입력하기 `NEW 2010`

문서 작성 시 공학을 다루는 경우 수식을 입력하는 경우가 많습니다. 파워포인트 2010에서는 새롭게 삽입 메뉴에 수식을 입력할 수 있는 기능이 추가되었으며, 간단하게 수식을 삽입하는 방법을 알아보겠습니다. (불러올 예제 : 수식, 기호, 특수문자 입력하기_예제.pptx)

Microsoft Equation : 수식이 포함된 프레젠테이션 자료를 만들다 보면 수학 공식을 입력해야 할 필요가 있습니다. 파워포인트에 수학 공식을 입력하려면 파워포인트 2003과 2007에서는 함께 제공되는 Microsoft Equation이라는 프로그램을 별도로 설치해야만 수식을 입력할 수 있었습니다. 그러나, 파워포인트 2010은 별도의 프로그램을 설치할 필요 없이 수식을 입력할 수 있도록 리본 메뉴에 수식 입력 명령 단추를 추가해 놓았습니다.

❶ 수식을 입력하기 위해 [**삽입**] 탭 → **기호** 그룹 → **수식** 명령 단추(π)의 아래 부분(수식)을 클릭한 후 선택 목록에서 '푸리에 급수'를 클릭합니다.

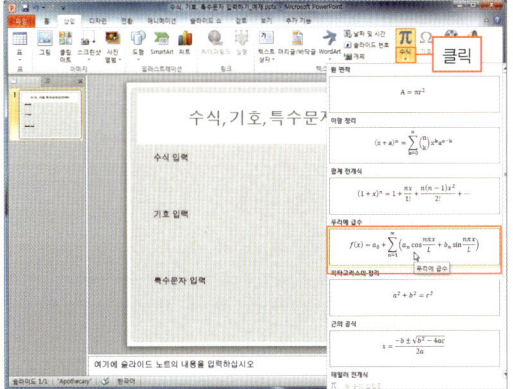

❷ 수식 상자를 선택하고 [**수식 도구**] – [**디자인**] 탭 → **도구, 기호, 구조** 그룹의 명령 단추를 활용하여 수식들을 쉽게 추가할 수 있습니다.

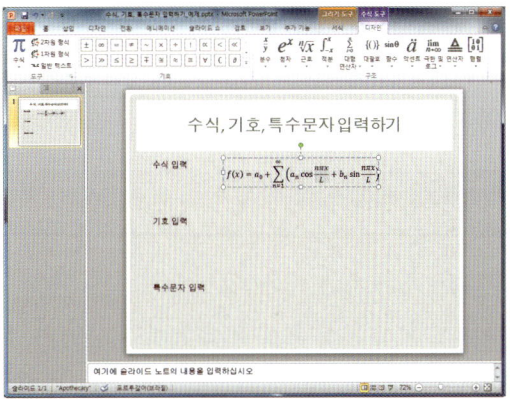

02 텍스트 글꼴 서식 설정하기

프레젠테이션 문서에서 텍스트의 가독성을 높이는 것은 청중의 주의를 집중시키는데 있어 매우 중요합니다. 텍스트의 가독성을 높이기 위해서는 텍스트의 크기를 크게하거나 굵은 서체의 활용, 텍스트 색의 변경 등 강조를 활용하는 것이 일반적입니다. 다양한 글꼴 서식을 텍스트에 적용시키는 방법에 대해 알아보겠습니다.

1. 글꼴 서식 추가하기

프레젠테이션 문서의 삽입된 개체에 글꼴 서식 그룹의 명령을 활용하여 텍스트 서식을 추가하거나 변경하여 쉽고 빠르게 세련된 문서를 만들 수 있습니다. 리본 메뉴에서 텍스트 서식을 변경할 수 있는 글꼴 그룹에 대해 알아봅니다.

글꼴 그룹의 구성

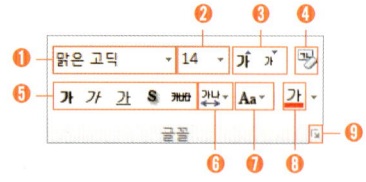

❶	글꼴	❺	굵게, 기울임꼴, 밑줄, 텍스트 그림자, 취소선
❷	글꼴 크기	❻	문자 간격
❸	글꼴 크기 크게/작게	❼	대/소문자 바꾸기
❹	모든 서식 지우기	❽	글꼴 색
		❾	'글꼴' 대화상자 표시

● **글꼴**(HY견고딕 ▾)

단일 단락이나 구, 개체 틀에 있는 모든 텍스트의 글꼴을 변경하려면 마우스로 끌어서 모든 텍스트를 선택하거나 개체를 선택한 후 **[홈]** 탭 → **글꼴** 그룹 → **글꼴** 선택 목록에서 원하는 글꼴을 선택합니다.

> 글꼴의 명칭을 알고 있는 경우 입력창에 직접 글꼴 명칭을 입력하여 글꼴을 바꿀 수 있습니다. 다만 띄어쓰기는 맞춰서 입력해야 합니다.

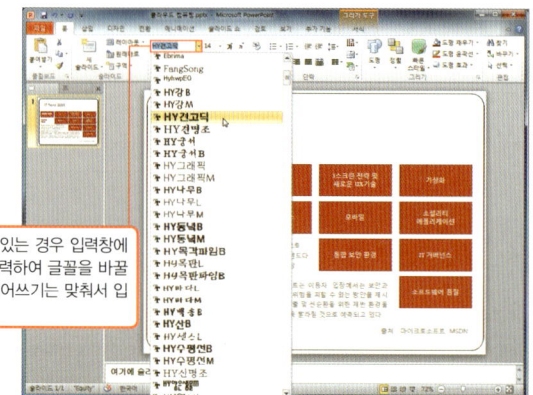

▲ '글꼴' 선택 목록

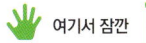
● 글꼴 크기(14 ▾)

단일 단락이나 구, 개체 틀에 있는 모든 텍스트의
글꼴 크기를 변경하려면 마우스로 끌어서 모든 텍
스트를 선택하거나 개체 틀을 선택한 후 [**홈**] 탭 →
글꼴 그룹 → **글꼴 크기** 선택 목록에서 원하는 글꼴
크기를 선택합니다.

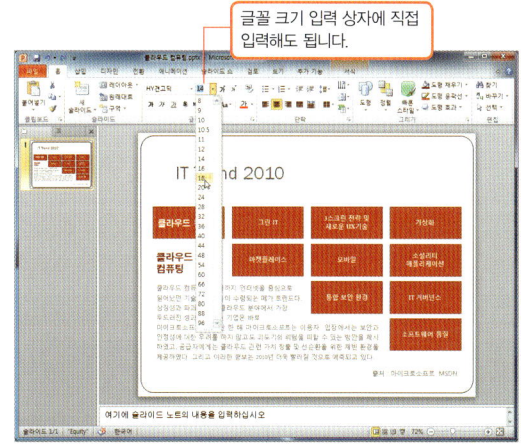

글꼴 크기 입력 상자에 직접
입력해도 됩니다.

▲ '글꼴 크기' 선택 목록

● 글꼴 크기 크게, 글꼴 크기 작게

① "글꼴 크기 크게" 단추(가᷆)

도형이나 텍스트 상자를 선택하고 [**홈**] 탭 → **글꼴**
그룹 → **글꼴 크기 크게** 단추(가᷆)를 클릭하면 클릭
할 때마다 현재 텍스트 크기가 글꼴 크기 선택 목
록에 있는 근사치의 바로 다음 크기로 커지게 됩
니다.

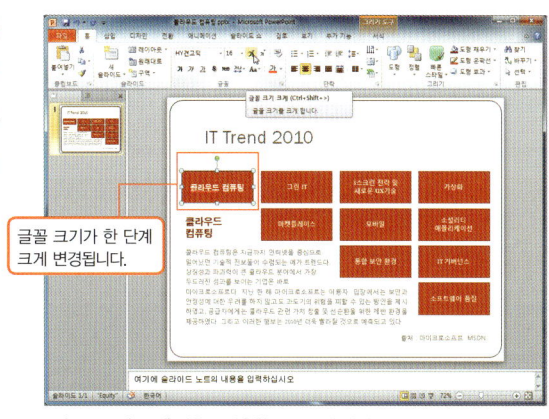

글꼴 크기가 한 단계
크게 변경됩니다.

▲ '글꼴 크기 크게' 단추를 이용한 글꼴 크기 설정

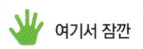

② "글꼴 크기 작게" 단추()

도형이나 텍스트 상자를 선택하고 [홈] 탭 → **글꼴** 그룹 → **글꼴 크기 작게** 단추()를 클릭하면 클릭할 때마다 현재 텍스트 크기가 글꼴 크기 선택 목록에 있는 근사치의 바로 아래 크기로 작아지게 됩니다.

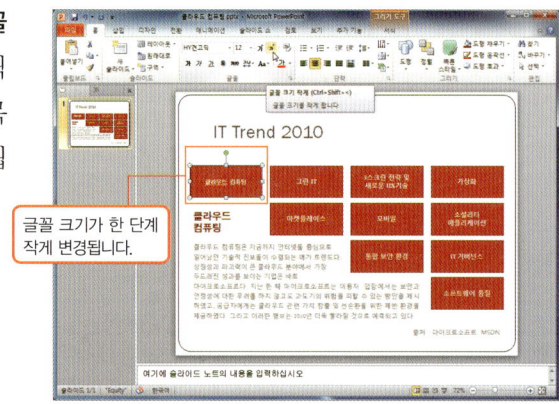

▲ '글꼴 크기 작게' 단추를 이용한 글꼴 크기 설정

○ 모든 서식 지우기()

일반 텍스트만 남겨 두고 선택 영역의 모든 서식을 지웁니다. 단일 단락이나 구, 개체 틀에 있는 모든 텍스트의 글꼴을 변경하려면 마우스로 끌어서 모든 텍스트를 선택하거나 개체를 선택한 후 [홈] 탭 → **글꼴** 그룹 → **모든 서식 지우기**를 클릭합니다.

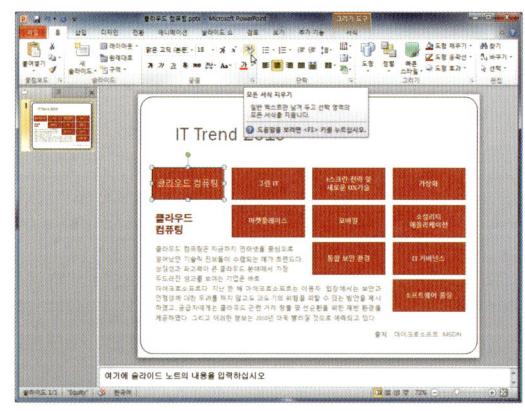

▲ 모든 서식 지우기 설정

👋 여기서 잠깐

모든 서식 지우기
일반 텍스트만 남겨 두고 선택 영역의 모든 서식을 지우고, 명령 실행 후에는 문서의 기본 테마 글꼴로 글꼴이 변경됩니다.

○ 굵게(가), 기울임꼴(가), 밑줄(가), 텍스트 그림자(S), 취소선(ab)

텍스트를 굵게, 기울임꼴, 밑줄이나 텍스트 그림자 또는 취소선을 설정합니다. 단일 단락이나 구, 개체 틀에 있는 모든 텍스트를 굵게, 기울임꼴, 밑줄, 텍스트 그림자, 취소선을 각각 적용하려면 마우스로 끌어서 모든 텍스트를 선택하거나 개체를 선택한 후 [홈] 탭 → **글꼴** 그룹 → 굵게, 기울임꼴, 밑줄, 텍스트 그림자, 취소선을 클릭합니다.

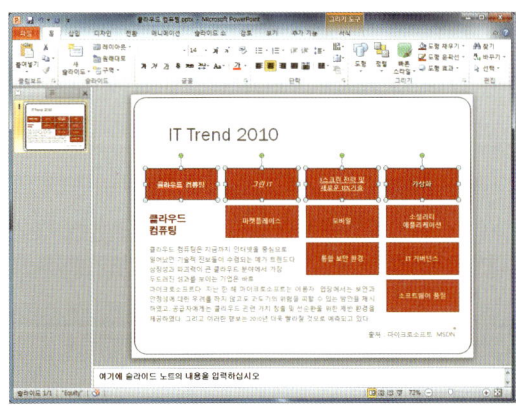

❶ **굵게** : 텍스트를 굵은 글씨체로 설정합니다.

❷ **기울임꼴** : 텍스트를 기울임꼴로 설정합니다.

❸ **밑줄** : 텍스트에 밑줄을 삽입합니다.

❹ **텍스트 그림자** : 텍스트에 그림자를 설정합니다.

❺ **취소선** : 텍스트에 취소선을 설정합니다.

○ 문자 간격(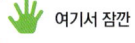)

단일 단락이나 구, 개체 틀에 있는 모든 텍스트의
문자 간격을 변경하려면 마우스로 끌어서 모든 텍
스트를 선택하거나 개체를 선택한 후 **[홈]** 탭 → **글꼴**
그룹 → **문자 간격** 선택 목록에서 원하는 간격을 선
택합니다.

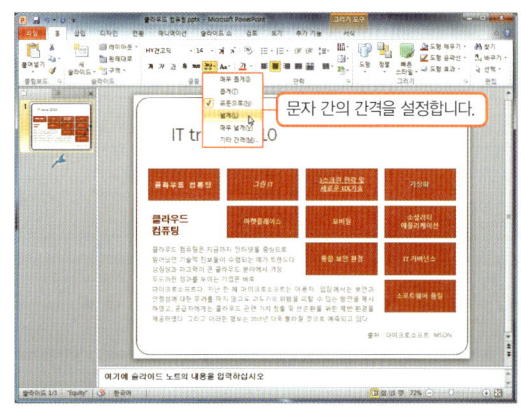

문자 간격 설정 ▶

○ 대/소문자 바꾸기(Aa▾)

단일 단락이나 구, 개체 틀에 있는 모든 텍스트의
대/소문자를 변경하려면 마우스로 끌어서 모든 텍
스트를 선택하거나 개체를 선택한 후 **[홈]** 탭 → **글꼴**
그룹 → **대/소문자 바꾸기** 선택 목록에서 원하는 옵
션을 선택합니다.

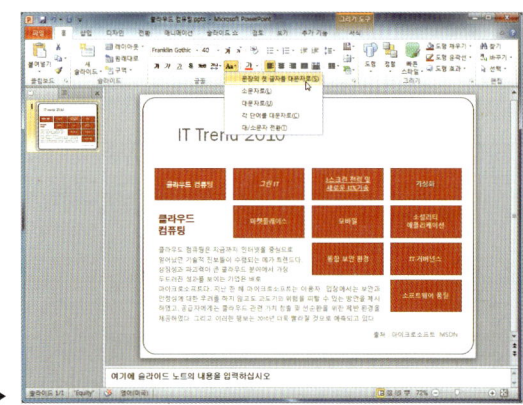

대/소문자 바꾸기 옵션 ▶

✋ 여기서 잠깐

대/소문자의 설정
영문으로 텍스트를 입력할 경우 자동으로 첫 텍스트는 대문자로 변환됩니다. 첫 텍스트를 대문자로 쓰지 않으려면 표시되는 **자동 고침** 옵션
에서 **자동 대문자화 취소**를 선택합니다.

◎ 글꼴 색()

단일 단락이나 구, 개체 틀에 있는 모든 텍스트의 글꼴 색을 변경하려면 마우스로 끌어서 모든 텍스트를 선택하거나 개체 틀을 선택한 후 [홈] 탭 → 글꼴 그룹 → 글꼴 색 선택 목록에서 원하는 글꼴 색을 선택합니다.

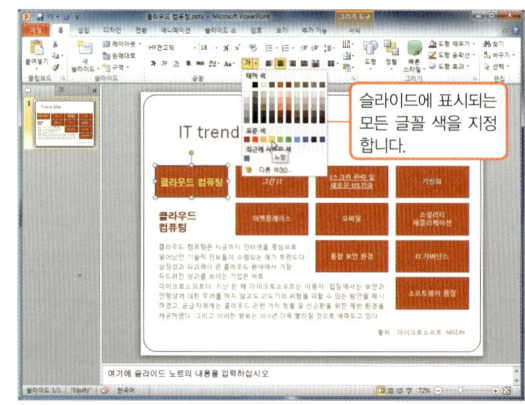

슬라이드에 표시되는 모든 글꼴 색을 지정합니다.

▲ 글꼴 색 변경

[✋ 여기서 잠깐]

프레젠테이션 시의 글꼴 색
프레젠테이션에서의 글꼴 색은 기본적으로 무채색을 사용하는 것이 좋습니다. 즉, 흰색 또는 검정만 사용하며 때로는 강조색을 사용하는 것은 좋습니다.

◎ '글꼴' 대화상자

글꼴 서식에 대해 좀 더 세밀한 작업을 위해 '글꼴' 대화상자를 표시합니다. 단일 단락이나 구, 개체 틀에 있는 모든 텍스트의 세부적인 설정을 변경하려면 마우스로 끌어서 모든 텍스트를 선택하거나 개체를 선택한 후 [홈] 탭 → 글꼴 그룹 오른쪽 아래에 대화상자 표시 단추(⬚)를 클릭하여 '글꼴' 대화상자를 표시합니다.

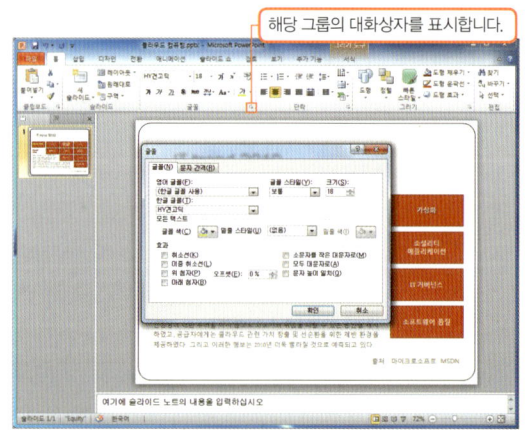

해당 그룹의 대화상자를 표시합니다.

▲ '글꼴' 대화상자 표시

2. 미니 도구 모음 활용하기

파워포인트 2010에서는 미니 도구 모음의 서식 옵션을 사용하여 텍스트에 빠르게 서식을 지정할 수 있습니다. 미니 도구 모음은 텍스트를 선택하면 자동으로 표시되며, 텍스트를 선택하고 마우스 오른쪽 단추를 클릭할 경우에도 메뉴와 함께 반투명의 편리한 축소 도구 모음이 표시됩니다. 미니 도구 모음은 빠르게 글꼴 서식을 변경할 수 있도록 관련 명령을 모아놓은 유용한 도구로, 미니 도구 모음을 사용하면 글꼴, 글꼴 스타일, 글꼴 크기, 맞춤, 텍스트 색, 들여쓰기 수준, 글머리 기호 기능 등을 쉽게 설정할 수 있습니다.

변경할 텍스트를 선택하면 반투명의 미니 도구 모음이 표시되며, 마우스 포인터를 이동하면 미니 도구 모음이 활성화됩니다. 이때 미니 도구 모음이 사라지면 텍스트 위에서 마우스 오른쪽 단추를 클릭한 후 미니 도구 모음에서 글꼴 색 등을 클릭하여 원하는 글꼴 서식을 선택합니다.

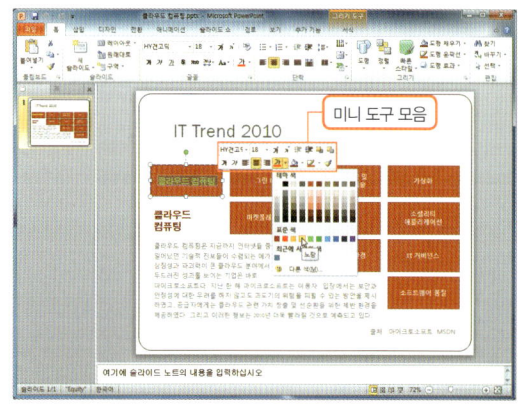

 여기서 잠깐

미니 도구 모음
미니 도구 모음은 사용자 지정할 수 없으며, 사용자에 의해 원하는 명령을 추가하려면 빠른 실행 도구 모음을 활용해야 합니다.

 미니 도구 모음을 숨기기 할 수 있나요?

자주 묻는 질문 ?

A 사용자에 따라 미니 도구 모음의 사용이 불편할 수도 있으므로 사용자의 선택으로 숨겨놓을 수 있습니다.

① 미니 도구 모음을 숨기려면 [**파일**] 탭 → **옵션**을 클릭합니다.
② 'PowerPoint 옵션' 대화상자에서 [**일반**]을 클릭하고 '사용자 인터페이스 옵션' 항목에서 '선택 영역에 미니 도구 모음 표시'를 선택 취소합니다.

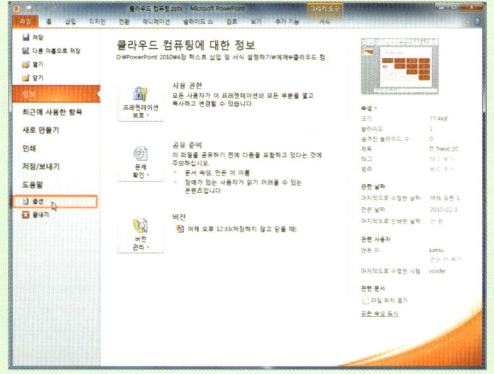
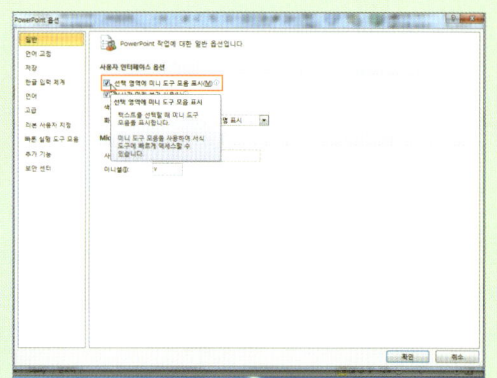

03 텍스트 단락 서식 설정하기

많은 양의 텍스트를 삽입할 경우 텍스트의 간격, 수준의 조정, 맞춤 등을 알맞게 설정한다는 것은 보기에도 좋고, 청중의 이해를 높이는 데 매우 중요합니다. 파워포인트에서는 이러한 텍스트의 배열과 관련된 서식 명령들을 단락 그룹으로 묶어서 제공하고 있습니다. 단락 서식 명령을 이용해 보기 좋은 문서를 작성하는 방법에 대해서 알아보겠습니다.

1. 단락 그룹 살펴보기

프레젠테이션 문서에 삽입된 개체에 글꼴 단락 그룹의 명령을 활용하여 글머리 기호 또는 번호 스타일, 색 및 크기를 변경할 수 있습니다. 또한 시작 번호를 변경하고, 들여쓰기 수준을 높이거나 낮추고, 글머리 기호 또는 번호와 텍스트 사이의 간격을 늘리거나 줄일 수 있습니다. 리본 메뉴에서 단락의 서식을 변경할 수 있는 단락 그룹에 대해 알아봅니다.

단락 그룹의 구성

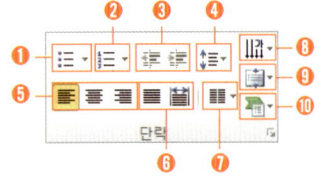

❶	글머리 기호	❻	양쪽 맞춤/균등 분할
❷	번호 매기기	❼	단
❸	목록 수준 줄임/늘림	❽	텍스트 방향
❹	줄 간격	❾	텍스트 맞춤
❺	텍스트 맞춤(왼쪽/가운데/오른쪽)	❿	SmartArt 그래픽으로 변환

○ 글머리 기호(☰▾)

단일 단락이나 구, 개체 틀에 있는 모든 텍스트에 글머리 기호를 추가하려면 마우스로 끌어서 텍스트를 선택하거나 개체를 선택한 후 [홈] 탭 → **단락** 그룹 → **글머리 기호** 선택 목록에서 원하는 글머리 기호를 선택합니다.

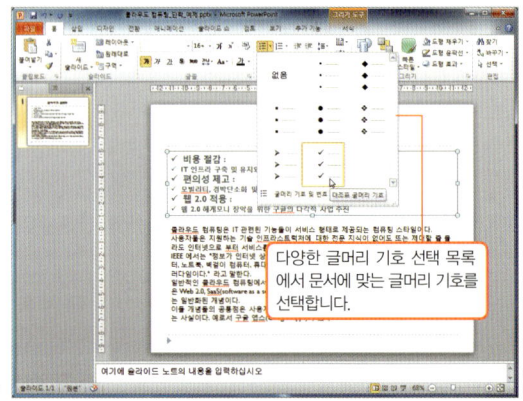

다양한 글머리 기호 선택 목록에서 문서에 맞는 글머리 기호를 선택합니다.

'글머리 기호' 선택 목록 ▶

번호 매기기()

단일 단락이나 구, 개체 틀에 있는 모든 텍스트에 번호 매기기를 추가하려면 마우스로 끌어서 텍스트를 선택하거나 개체를 선택한 후 [**홈**] 탭 → **단락** 그룹 → **번호 매기기** 선택 목록에서 원하는 번호 매기기를 선택합니다.

> **✋ 여기서 잠깐**
>
> **글머리 기호/번호의 설정**
> 6×6이라는 원칙이 있습니다. 여섯 개 이상의 글머리 기호나 번호를 사용하는 것은 좋지 않습니다.

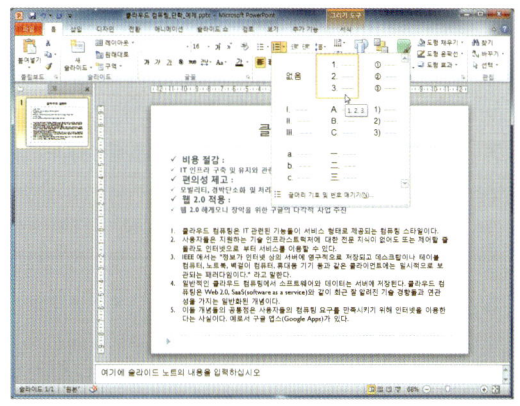

▲ '번호 매기기' 선택 목록

목록 수준 줄임(), 목록 수준 늘림( )

단일 단락이나 구, 개체 틀에 있는 모든 텍스트에 목록 수준을 변경하려면 마우스로 끌어서 텍스트를 선택하거나 개체를 선택한 후 [**홈**] 탭 → **단락** 그룹 → **목록 수준 늘림**( ) 또는 **목록 수준 줄임**( )을 클릭합니다.

> **✋ 여기서 잠깐**
>
> **목록 수준 늘림**
> 목록 수준 늘림은 Tab 키, 목록 수준 줄임은 Shift + Tab 키를 활용할 수 있습니다.

목록 수준 줄임은 목록 수준이 늘려져 있을 때만 활성화됩니다.

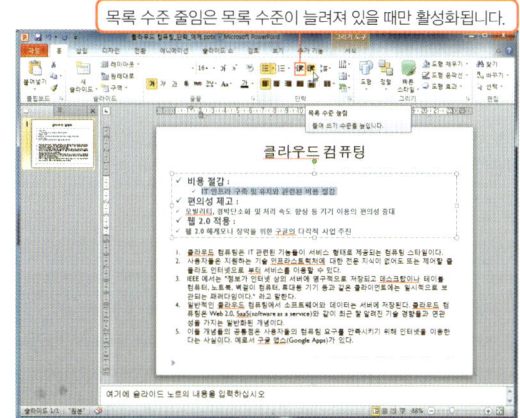

▲ 목록 수준 늘림

줄 간격()

단일 단락이나 구, 개체 틀에 있는 모든 텍스트의 줄 간격을 변경하려면 마우스로 끌어서 모든 텍스트를 선택하거나 개체를 선택한 후 [**홈**] 탭 → **단락** 그룹 → **줄 간격** 선택 목록에서 원하는 줄 간격을 선택합니다.

> **✋ 여기서 잠깐**
>
> **효율적인 줄 간격**
> 줄 간격은 문자 크기의 1/3 정도로 설정해 주는 것이 시각적으로 가장 자연스럽습니다.

줄 간격 선택 목록에 마우스를 올리면 슬라이드 창의 텍스트에 선택된 줄 간격이 적용된 것을 미리 볼 수 있습니다.

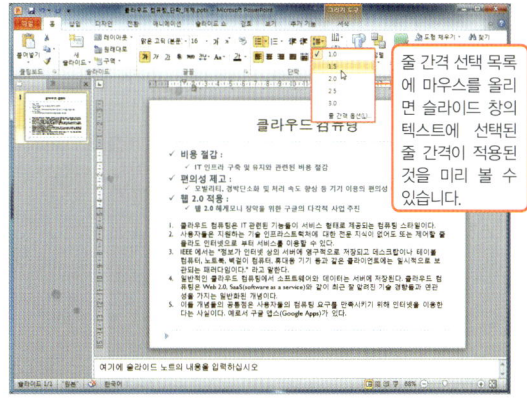

▲ '줄 간격' 선택 목록

● 텍스트 왼쪽 맞춤(▤), 가운데 맞춤(▤), 오른쪽 맞춤(▤)

단일 단락이나 구, 개체 틀에 있는 모든 텍스트의 맞춤을 변경하려면 마우스로 끌어서 모든 텍스트를 선택하거나 개체를 선택한 후 [홈] 탭 → 단락 그룹 → 텍스트 왼쪽 맞춤, 가운데 맞춤, 텍스트 오른쪽 맞춤을 클릭합니다.

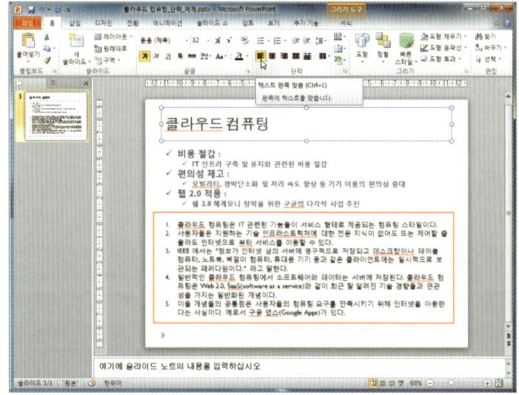

 여기서 잠깐

제목 개체 틀의 설정 옵션
일반적으로 제목 개체 틀의 텍스트는 '가운데 맞춤'으로 설정하는 경우가 많으며, 개체 틀의 맞춤 변경은 '슬라이드 마스터'에서 설정할 수 있습니다.

▲ 텍스트의 맞춤 설정

● 양쪽 맞춤(▤), 균등 분할(▤)

필요한 경우 단어 사이에 추가로 공백을 삽입하여 양쪽으로 맞추거나 균등하게 분할합니다. 단일 단락이나 구, 개체 틀에 있는 모든 텍스트의 공백을 삽입하려면 마우스로 끌어서 모든 텍스트를 선택하거나 개체를 선택한 후 [홈] 탭 → 단락 그룹 → 양쪽 맞춤(▤) 또는 균등 분할(▤)을 클릭합니다.

양쪽 맞춤과 균등 분할의 차이점은 단어 또는 문자 사이에 추가 공백을 삽입하는지의 여부입니다.

Q 줄 간격을 임의 조정하려면 어떻게 하나요?

자주 묻는 질문 ?

A 단락이나 문단의 줄 간격 조정은 파워포인트 2003에서는 명령 단추를 통해 쉽게 조정할 수 있었으나 아쉽게도 파워포인트 2007과 2010에서는 명령 단추가 제공되지 않습니다. 따라서 줄 간격을 임의로 조정하기 위해서는 기타 설정에서 수치 값을 직접 입력하는 방법밖에는 없습니다.

줄 간격의 크기를 임의로 조정하려면 [홈] 탭 → 단락 그룹 → 줄 간격 명령 단추(▤)를 클릭하고 선택 목록에서 줄 간격 옵션을 선택합니다. '단락' 대화상자에서 '줄 간격'을 '배수'로 선택하고 임의의 값을 직접 입력하면 됩니다.

너무 줄 간격을 줄이거나 늘리게 되면 가독성을 떨어뜨릴 수 있으므로 적정한 줄 간격의 크기를 사용하는 것이 좋으며, 일반적으로 줄 간격은 문자 크기의 3분의 1 정도의 크기가 바람직합니다.

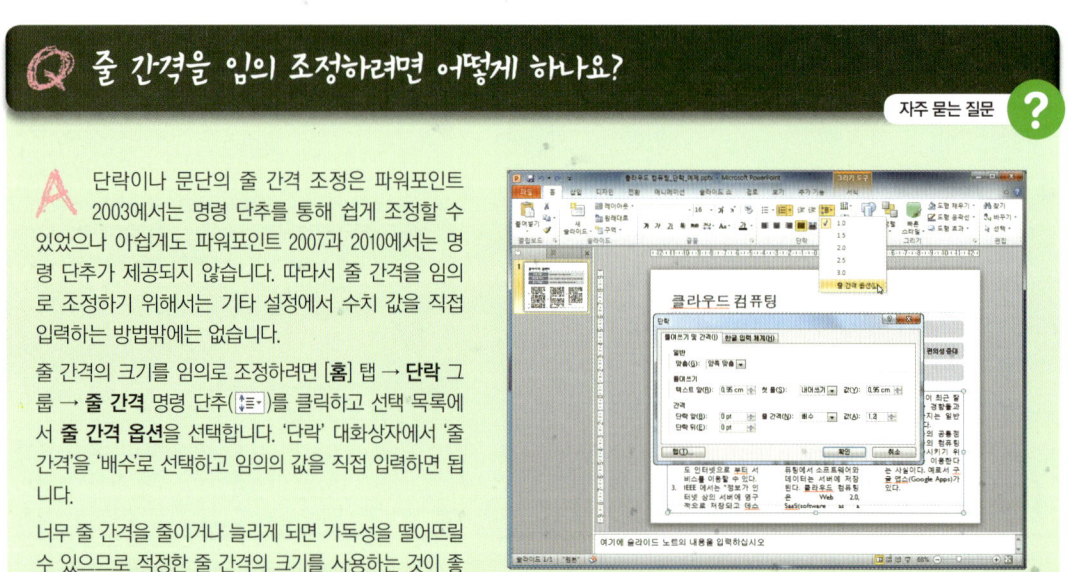

① **양쪽 맞춤** : 필요한 경우 단어 사이에 추가로 공백을 삽입하여 왼쪽 및 오른쪽 여백에 텍스트를 맞춥니다.

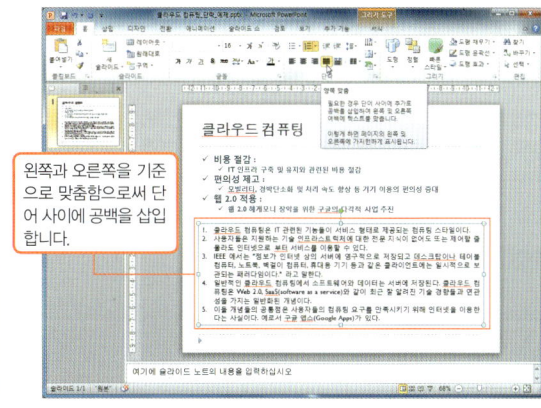

왼쪽과 오른쪽을 기준으로 맞춤함으로써 단어 사이에 공백을 삽입합니다.

 여기서 잠깐

양쪽 맞춤의 활용
양쪽 맞춤은 서적, 교재, 매뉴얼 등을 작성할 때 많이 사용됩니다.

▲ 왼쪽, 오른쪽 양쪽 모두 정렬된 모습

② **균등 분할** : 필요한 경우 문자 사이에 추가로 공백을 삽입하여 왼쪽 및 오른쪽 여백에 단락을 맞춥니다.

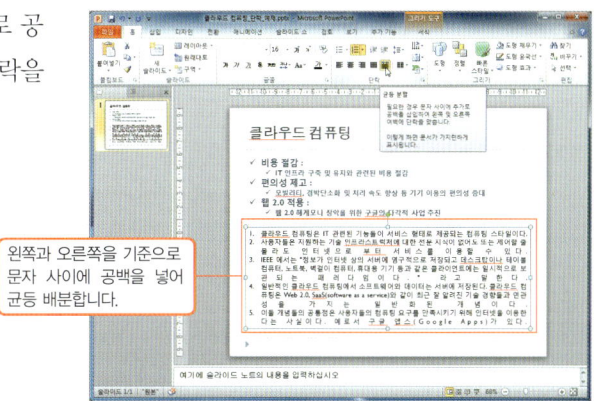

왼쪽과 오른쪽을 기준으로 문자 사이에 공백을 넣어 균등 배분합니다.

▲ 균등하게 정렬된 모습

○ **단(▦▾)**

단일 단락이나 구, 개체 틀에 있는 모든 텍스트의 단을 추가하려면 마우스로 끌어서 모든 텍스트를 선택하거나 개체를 선택한 후 [홈] 탭 → **단락** 그룹 → **단** 선택 목록에서 원하는 단을 선택합니다.

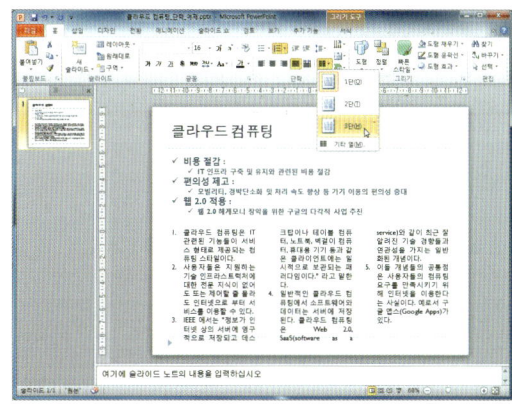

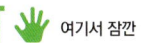 여기서 잠깐

단 설정 시의 단 간격
여러 개의 단을 설정하는 경우에는 단과 단 사이의 간격을 설정하여 가독성을 높여주는 것이 필요합니다.

▲ '단' 선택 목록

● 텍스트 방향(▥▾)

단일 단락이나 구, 개체 틀에 있는 모든 텍스트의
방향을 변경하려면 마우스로 끌어서 모든 텍스트
를 선택하거나 개체를 선택한 후 [홈] 탭 → 단락 그
룹 → 텍스트 방향 선택 목록에서 원하는 방향을 선
택합니다.

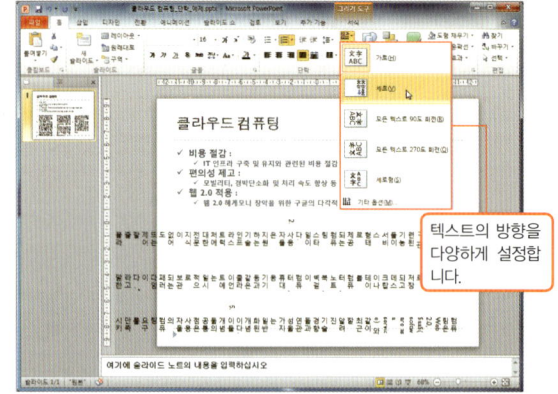

▲ '텍스트 방향' 선택 목록

● 텍스트 맞춤(▤▾)

단일 단락이나 구, 개체 틀에 있는 모든 텍스트의
정렬 방법을 변경하려면 마우스로 끌어서 모든 텍
스트를 선택하거나 개체를 선택한 후 [홈] 탭 → 단락
그룹 → 텍스트 맞춤 선택 목록에서 원하는 맞춤을
선택합니다.

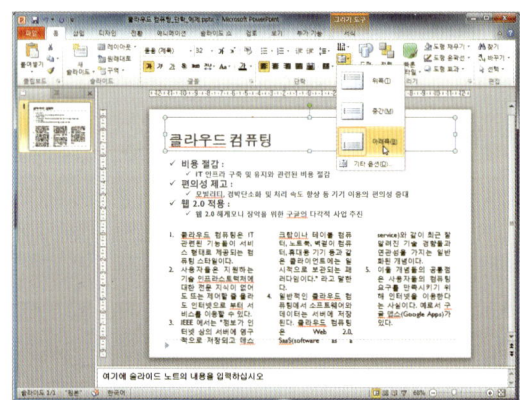

▲ '텍스트 맞춤' 선택 목록

 여기서 잠깐

텍스트 맞춤 옵션
다양한 텍스트 맞춤을 설정하려면 **기타 옵션**을 클릭하고 '텍스
트 효과 서식' 대화상자가 표시되면 텍스트 레이아웃 항목의 '세
로 맞춤'에서 '위쪽 가운데, 정가운데, 아래쪽 가운데' 등을 설정
할 수 있습니다.

Q 단과 단 사이의 간격은 어떻게 조정하나요?

자주 묻는 질문 ?

A 여러 열로 단을 나누는 경우 단과 단 사이의 간격을 조정하
는 방법은 [홈] 탭 → 단락 그룹 → 단 명령 단추(▤▾)를 클
릭한 후 기타 열을 클릭합니다. '열' 대화상자에서 '개수'와 '간격'을
선택하거나 직접 입력한 후 〈확인〉 단추를 클릭합니다.

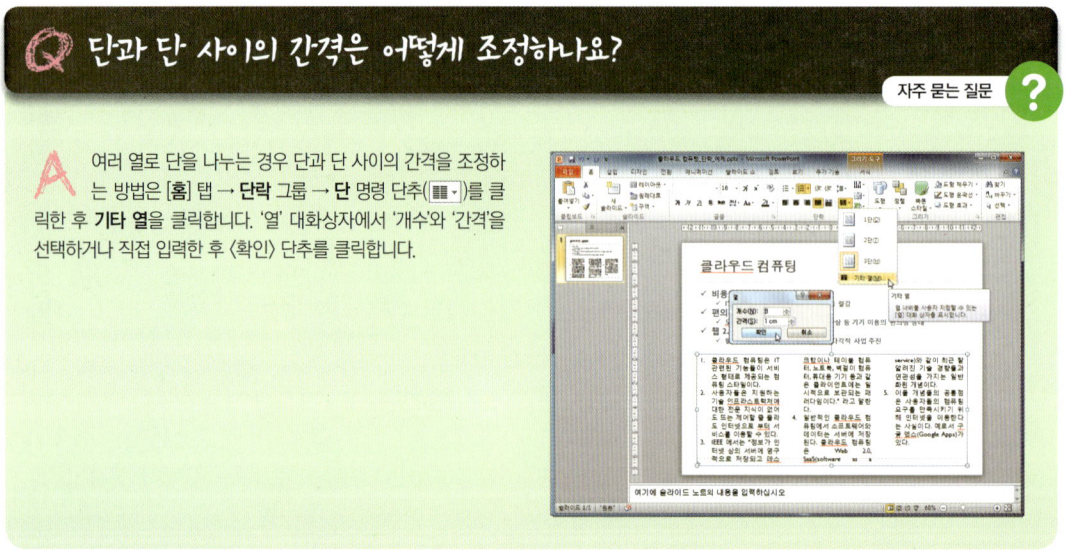

● SmartArt 그래픽으로 변환()

텍스트 상자나 개체 틀에 있는 모든 텍스트를 SmartArt로 변환하려면 텍스트 상자나 개체를 선택한 후 [홈] 탭 → 단락 그룹 → **SmartArt 그래픽으로 변환** 선택 목록에서 원하는 SmartArt 그래픽을 선택합니다.

> **✋ 여기서 잠깐**
>
> **SmartArt 변환**
> 목록 SmartArt 변환 시에는 텍스트의 구조와 가장 적합한 SmartArt 그래픽을 자동적으로 제시하여 줍니다.

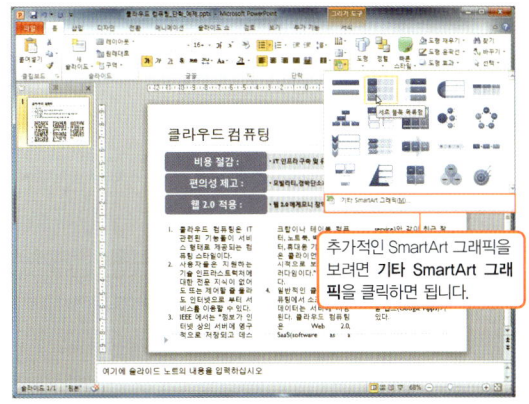

▲ 'SmartArt 그래픽으로 변환' 선택 목록

2. 눈금자를 활용한 들여쓰기

파워포인트 프레젠테이션 문서의 모든 슬라이드에 표시되는 글머리 기호 또는 번호 매기기 목록의 들여쓰기를 수동으로 조정하려면 눈금자를 활용합니다. 눈금자를 이용하면 글머리 기호의 점이나 번호와 텍스트 사이의 간격을 사용자가 설정한 간격에 따라 쉽고 편리하게 늘리거나 줄일 수 있습니다. 실제 프레젠테이션 문서 작성 시 많이 활용되는 기능으로, 추후에 일일이 들여쓰기를 조정하려면 시간이 많이 소요되므로 텍스트 상자나 개체 틀에 텍스트를 입력하기 전에 미리 눈금자의 표식을 통해 들여쓰기를 설정해 두면 편리합니다.

눈금자를 표시하려면 [보기] 탭 → 표시/숨기기 그룹 → **눈금자**()를 클릭합니다.

> **✋ 여기서 잠깐**
>
> **눈금자 설정/해지**
> 눈금자 보기를 설정하면 파워포인트를 종료하고 다시 실행해도 계속해서 눈금자가 표시됩니다. 눈금자 보기를 해제하지 않을 때까지 계속해서 사용할 수 있습니다.

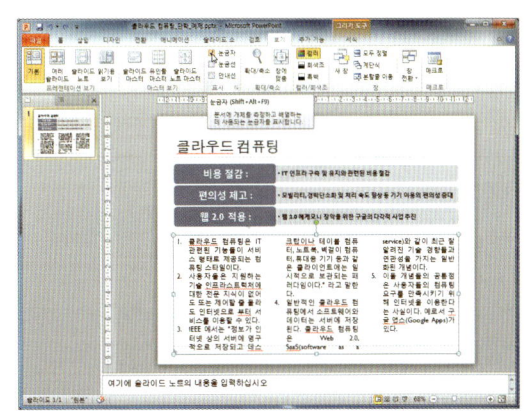

▲ 눈금자 표시/숨기기

눈금자에는 텍스트 상자에 정의된 들여쓰기를 나타내는 세 가지 표식이 있습니다.

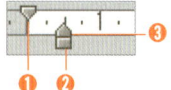

❶ 첫 줄 들여쓰기 : 실제 글머리 기호 또는 번호 문자의 위치를 나타내며, 단락에 글머리 기호가 없는 경우에는 텍스트의 첫 줄 위치를 나타냅니다.

❷ 왼쪽 들여쓰기 : 첫 줄 및 내어쓰기 표식을 둘 다 조정하며, 이 둘의 상대적인 간격을 유지합니다.

❸ 내어쓰기 : 실제 텍스트 줄의 위치를 나타내며, 단락에 글머리 기호가 없는 경우에는 텍스트의 둘째 줄 및 후속 줄 위치를 나타냅니다.

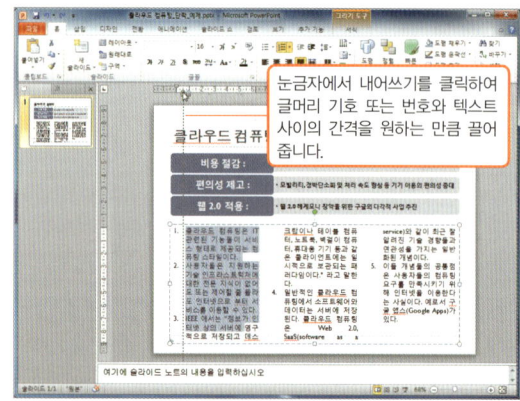

▲ 눈금자를 이용한 내어쓰기

Q 글머리 기호 없이 텍스트 줄 바꾸기를 하고 싶어요!

자주 묻는 질문 ?

A 글머리 기호가 포함된 개체 틀이나 텍스트 상자에서 Enter 키를 눌러 텍스트의 줄을 바꾸면 다시 글머리 기호가 앞에 표시됩니다. 그러나 글머리 기호가 표시되지 않고 줄만 변경해야 하는 경우에는 Shift 키를 활용하여 줄을 변경합니다.

키	기능
Enter	수준을 구분합니다.
Shift + Enter	같은 수준에서 줄만 변경합니다.

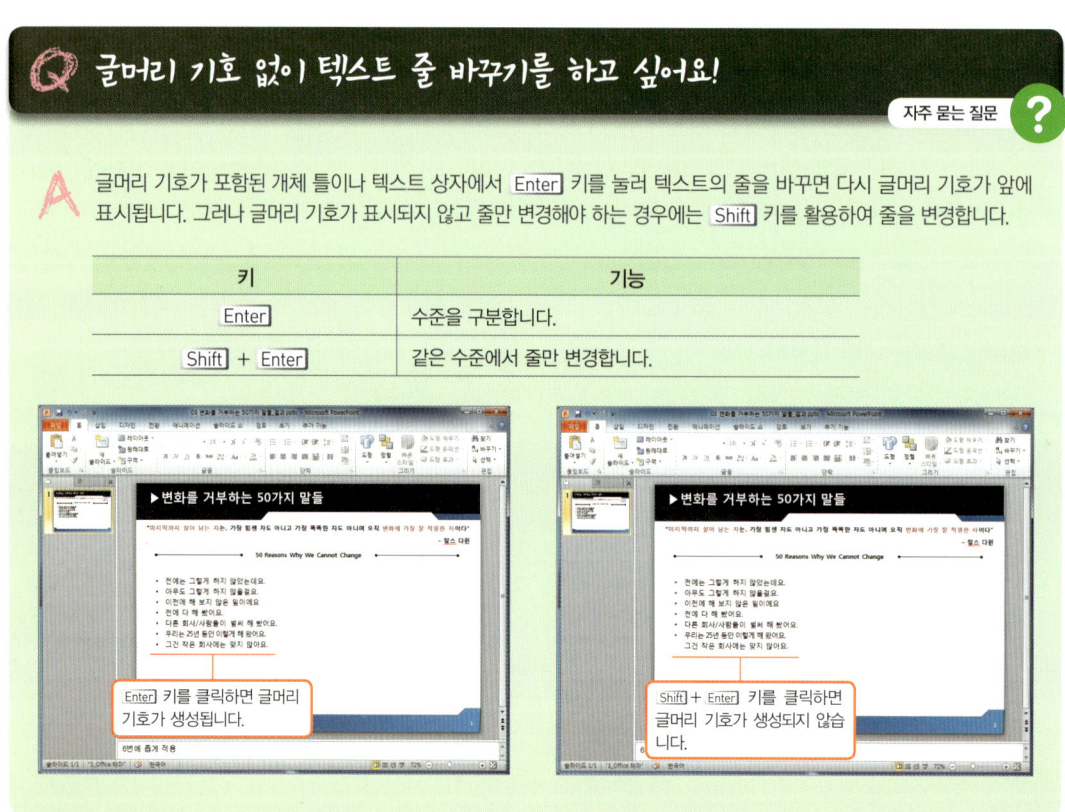

04 텍스트에 빠른 WordArt 스타일 추가하기

빠른 WordArt 스타일은 그림자 또는 반사 텍스트와 같은 장식 효과를 미리 적용하여 사용자가 쉽게 문서에 추가할 수 있도록 만들어 놓은 텍스트 스타일 갤러리입니다. 파워포인트에서는 문서 작성 시 텍스트를 WordArt로 변환하여 특수한 텍스트 효과를 설정할 수 있습니다.

1. [그리기 도구] – [서식] 탭 살펴보기

텍스트에 다양한 디자인 효과를 적용하기 위해서는 **[그리기 도구]** – **[서식]** 탭을 활용해야 합니다. **[그리기 도구]** – **[서식]** 탭은 텍스트나 도형 삽입 시 표시되는 상황별 탭으로, 파워포인트 실행 시 리본 메뉴에 표시되지 않다가 텍스트나 도형을 선택하면 활성화되어 표시되며, 텍스트 디자인과 관련된 모든 기능들을 WordArt 스타일 그룹으로 묶어서 제공하고 있습니다.

텍스트 디자인을 위한 WordArt 스타일 그룹

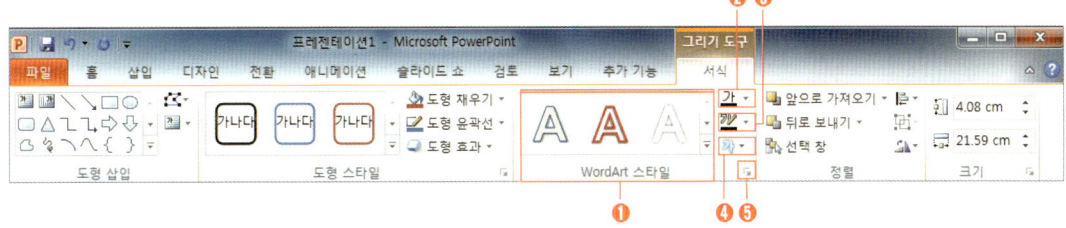

❶ **WordArt 스타일** : 텍스트의 다양한 표시 스타일을 설정합니다.

❷ **텍스트 채우기** : 단색, 그라데이션, 그림 또는 질감으로 텍스트를 채웁니다.

❸ **텍스트 윤곽선** : 텍스트 윤곽선의 색, 두께, 선 스타일을 설정합니다.

❹ **텍스트 효과** : 텍스트에 네온, 반사, 3차원 효과 등과 같은 시각 효과를 설정합니다.

❺ **텍스트 효과 서식** : '텍스트 효과 서식' 대화상자를 표시합니다.

2. 빠른 WordArt 스타일 추가하기

빠른 WordArt 스타일은 다양한 텍스트 효과를 미리 설정하여 선택 목록에 미리보기가 가능한 축소판 그림으로 제공되고 있습니다. 그라데이션 효과, 윤곽선 테두리 효과, 채우기 효과, 반사, 그림자 등의 효과들이 미리 적용되어 있어 텍스트에 해당 효과를 빠르게 추가할 수 있습니다. 빠른 WordArt 스타일은 특히 제목 텍스트를 작성할 때 유용하게 사용할 수 있습니다.

빠른 WordArt 스타일 선택 목록

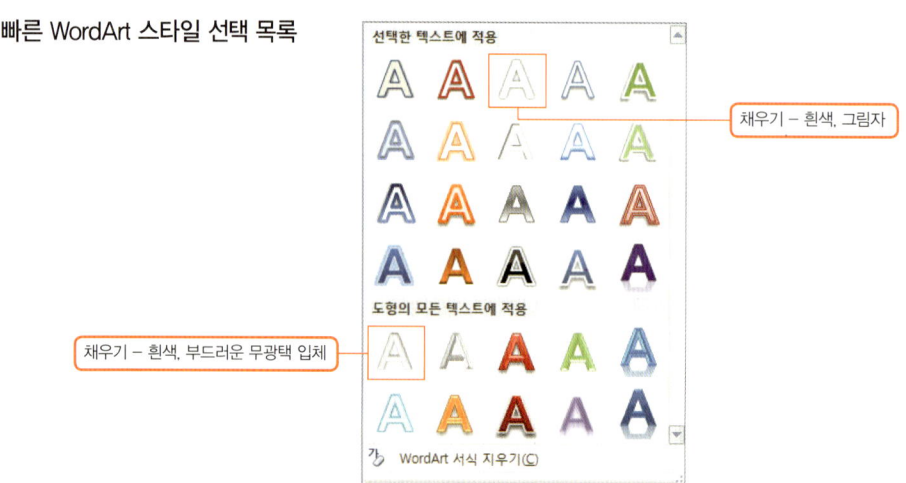

텍스트에 빠른 WordArt 스타일을 적용하는 방법은 두 가지가 있습니다.

● 빠른 WordArt 스타일 텍스트 상자

방법 1 [삽입] 탭 → **텍스트** 그룹 → **WordArt** ()를 클릭하여 빠른 WordArt 스타일 텍스트 상자를 삽입한 다음 텍스트를 입력합니다.

방법 2 WordArt로 변환할 텍스트를 선택하고 [삽입] 탭 → **텍스트** 그룹 → **WordArt**()를 클릭한 후 원하는 WordArt를 선택합니다.

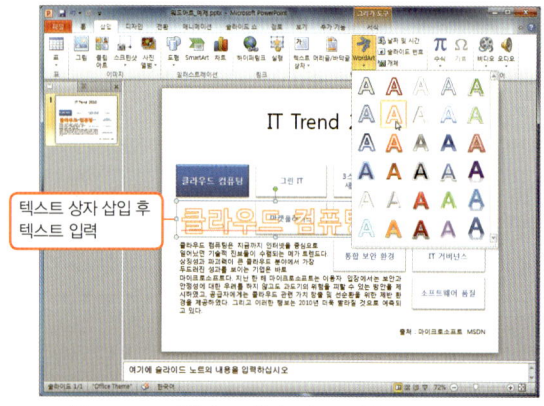

▲ 빠른 WordArt 스타일 텍스트 상자 – 텍스트 입력

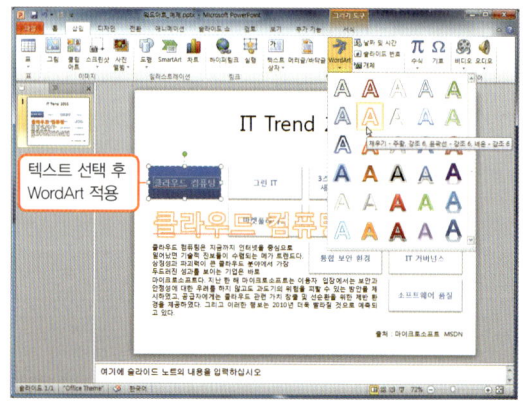

▲ 텍스트 상자 – WordArt

◉ 빠른 WordArt 스타일 텍스트 적용

[그리기 도구] − [서식] 탭 → WordArt 스타일 그룹 오른쪽 **자세히** 단추(▾)를 클릭한 후 선택 목록에서 원하는 WordArt 스타일을 클릭합니다.

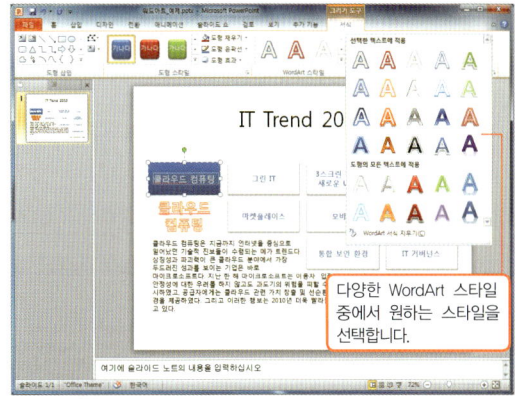

▲ [그리기 도구] − [서식] 탭을 이용한 WordArt 스타일

◉ 자주 사용하는 WordArt 스타일

자주 사용하는 WordArt 스타일이 적용된 화면으로, 주로 제목에 적용하여 사용합니다.

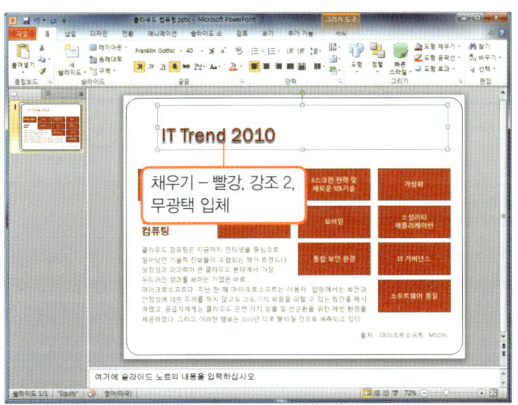
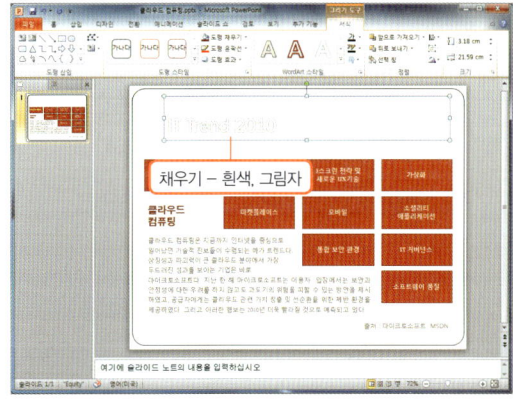

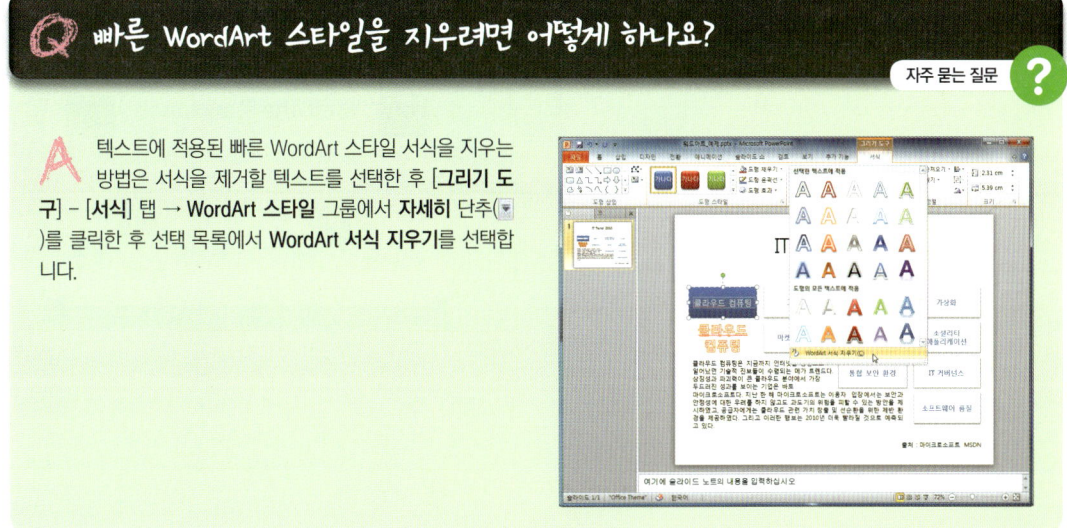

Q 빠른 WordArt 스타일을 지우려면 어떻게 하나요?

자주 묻는 질문 ❓

A 텍스트에 적용된 빠른 WordArt 스타일 서식을 지우는 방법은 서식을 제거할 텍스트를 선택한 후 [그리기 도구] − [서식] 탭 → WordArt 스타일 그룹에서 **자세히** 단추(▾)를 클릭한 후 선택 목록에서 **WordArt 서식 지우기**를 선택합니다.

텍스트에 빠른 WordArt 스타일 추가하기

📁 **준비 파일** : 04 변화를 거부하는 이유.pptx 　　📁 **완성 파일** : 04 변화를 거부하는 이유_결과.pptx

빠른 WordArt 스타일은 제목 슬라이드에서 제목을 표현하는데 유용한 기능입니다. 쉽고 빠르게 텍스트의 서식을 추가함으로써 보다 돋보이는 제목 텍스트를 디자인 할 수 있습니다. 예제 파일을 따라하면서 텍스트에 빠른 WordArt 스타일을 추가하는 방법에 대해 알아보겠습니다.

항목	변경 내용
'Melt the Resistance'	WordArt 스타일 : '채우기 – 흰색, 그림자', '굵게' 윤곽선 – 그라데이션 : '빨강', '주황', '노랑'
'개인차원' 아래 텍스트 상자	채우기 – 그라데이션(기본 설정 색) : '불', '굵게'
'조직차원' 아래 텍스트 상자	채우기 – 그라데이션(기본 설정 색) : '늦은 해질녘', '굵게'

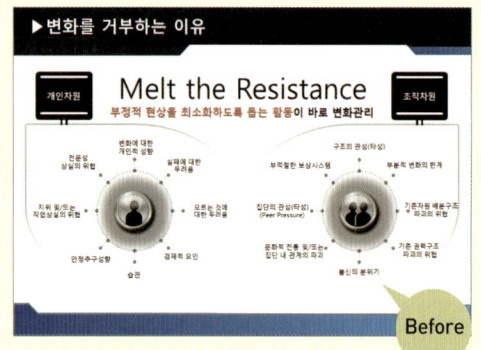
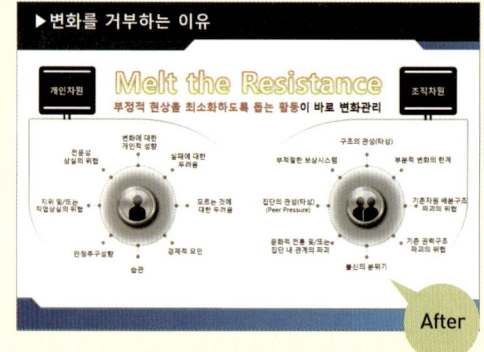

01 예제 파일 열기 **04 변화를 거부하는 이유.pptx** 파일을 두 번 연속 클릭하면 파워포인트가 실행되면서 다음 화면이 나타납니다.

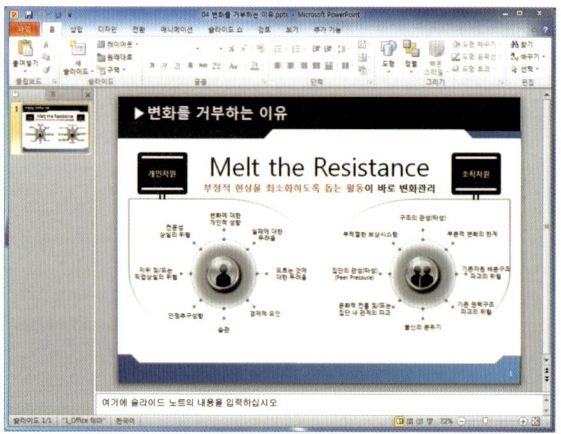

02 빠른 WordArt 스타일 적용하기 ❶
제목 텍스트 상자(Melt the Resistance)를 선택하고 [그리기 도구] – ❷ [서식] 탭
→ ❸ WordArt 스타일 그룹 오른쪽 자세히 단추
(🔽)를 클릭한 후 ❹ 선택 목록에서 '채우기 –
흰색, 그림자'를 선택합니다.

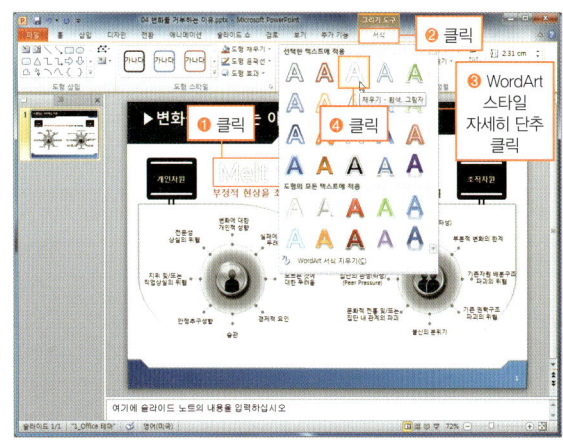

03 텍스트 굵게하기
제목 텍스트 상자가 선택된 상태에서 ❶ 마우스 오른쪽 단추를 클릭하여 ❷ 미니 도구 모음에서 '굵게'를 클릭합니다.

🖐 여기서 잠깐

미니 도구 모음의 표시
만약 미니 도구 모음이 사라질 경우, 텍스트 위에서
마우스 오른쪽 단추를 클릭하여 미니 도구 모음을
다시 활성화시킨 후 원하는 서식을 설정합니다.

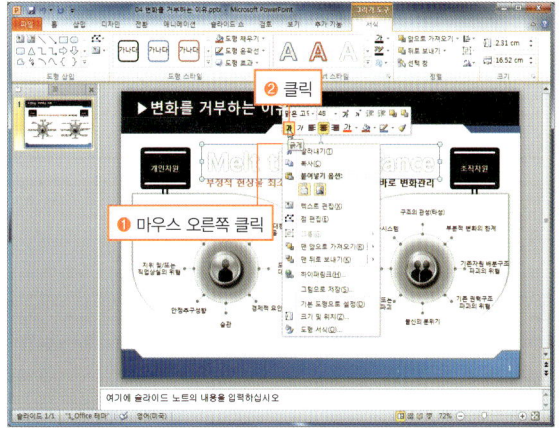

04 대화상자 열기
텍스트에 다양한 효과를 설정하기 위해 [그리기 도구] –
[서식] 탭 → WordArt 스타일 그룹 오른쪽 아래
의 대화상자 표시 단추(🔽)를 클릭하여 '텍스트
효과 서식' 대화상자를 표시합니다.

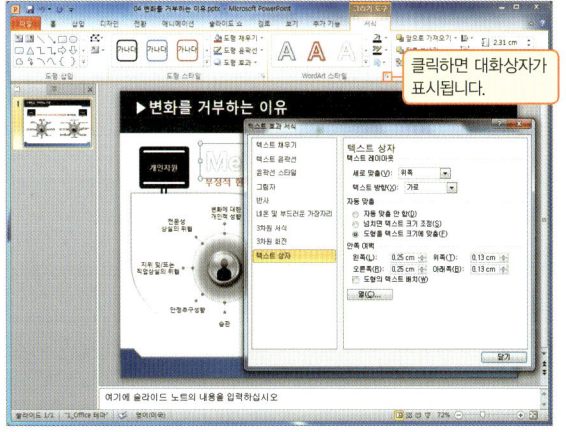

05

그라데이션 선 적용하기 텍스트 윤곽선에 그라데이션을 설정하기 위해 ❶ '텍스트 효과 서식' 대화상자에서 [텍스트 윤곽선]을 클릭하고 ❷ '텍스트 윤곽선' 항목의 '그라데이션 선'을 클릭합니다.

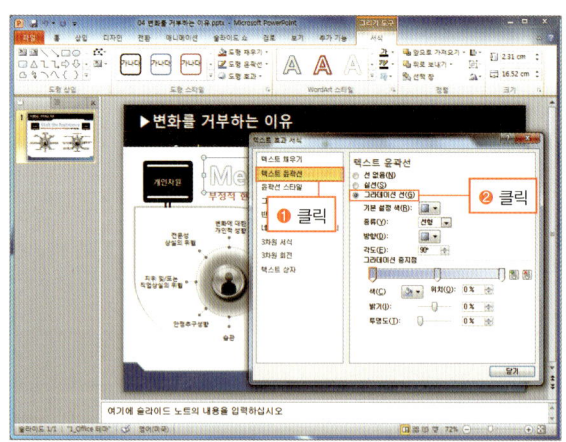

06

중지점 조정하기(1) ❶ '그라데이션 중지점' 항목에서 '중지점 1/3'을 선택하고 ❷ '색' 명령 단추(🪣▾)를 클릭하여 ❸ '빨강'을 선택합니다.

> ✋ **여기서 잠깐**
>
>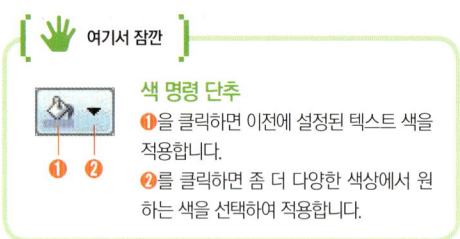
>
> **색 명령 단추**
> ❶을 클릭하면 이전에 설정된 텍스트 색을 적용합니다.
> ❷를 클릭하면 좀 더 다양한 색상에서 원하는 색을 선택하여 적용합니다.

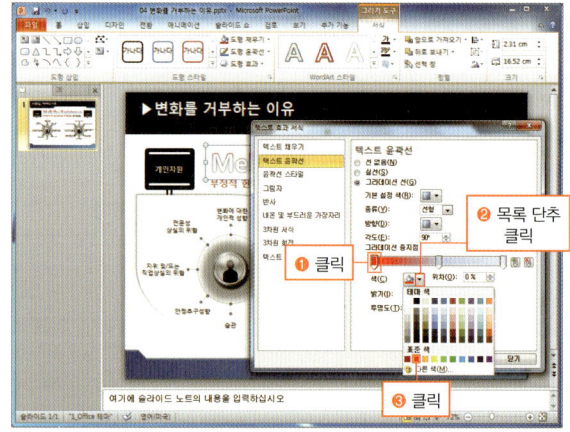

07

중지점 조정하기(2) ❶ '중지점 2/3'를 선택하고 ❷ '색' 명령 단추(🪣▾)를 클릭하여 ❸ '주황'을 선택합니다.

> ✋ **여기서 잠깐**
>
> **그라데이션의 중지점**
> 그라데이션 중지점은 색과 색이 만나는 지점으로, 지정된 위치에서 색이 혼합되어 부드러운 느낌을 줍니다.

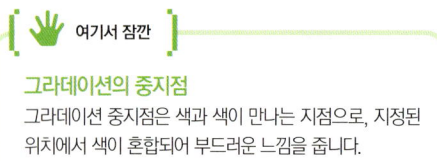

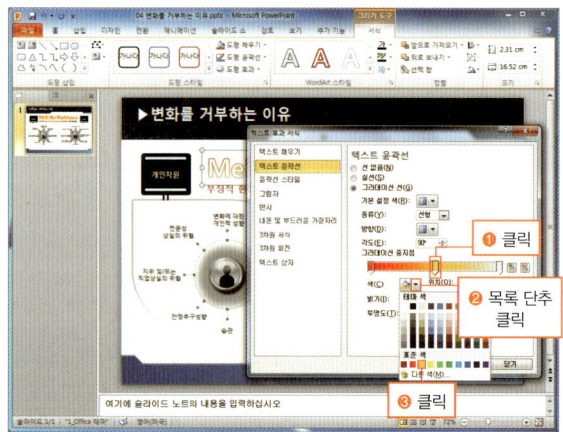

08

중지점 조정하기(3) ❶ '중지점 3/3'을 선택하고 ❷ '색' 명령 단추()를 클릭하여 ❸ '노랑'을 선택합니다.

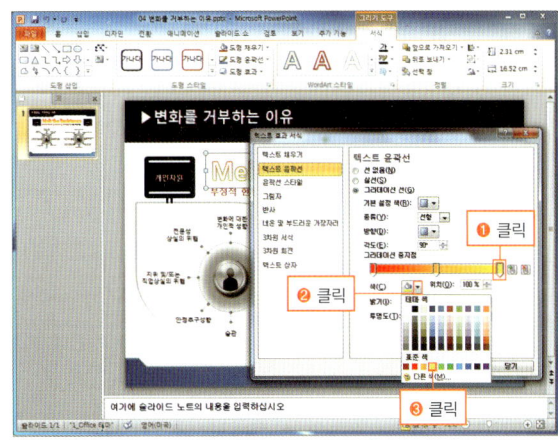

🖐 **여기서 잠깐**

그라데이션의 중지점
각 중지점 마다 색이 정해져서 그라데이션 처리됩니다.

빨강 → 주황 → 노랑 → *Melt the Resistance*

09

그라데이션 채우기 '텍스트 효과 서식' 대화상자가 표시된 상태에서 ❶ 슬라이드 창 왼쪽 하단의 '지위 또는 직업 상실의 위협' 텍스트 상자를 클릭하여 선택하고 ❷ '텍스트 효과 서식' 대화상자에서 [텍스트 채우기]를 클릭한 후 ❸ '그라데이션 채우기'를 클릭합니다.

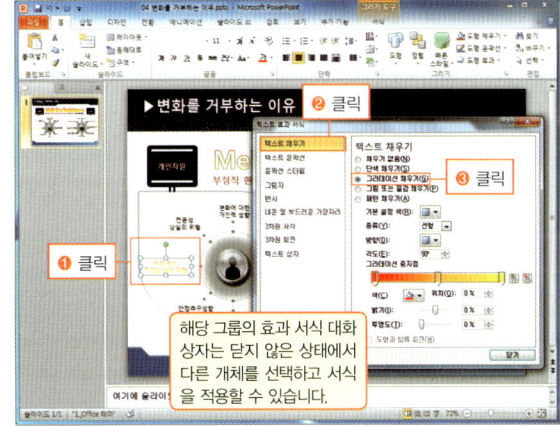

해당 그룹의 효과 서식 대화상자는 닫지 않은 상태에서 다른 개체를 선택하고 서식을 적용할 수 있습니다.

10

기본 설정 색 적용하기 ❶ '텍스트 채우기' 항목의 '기본 설정 색' 명령 단추()를 클릭하여 ❷ '불'을 선택한 후 ❸ 〈닫기〉 단추를 클릭합니다.

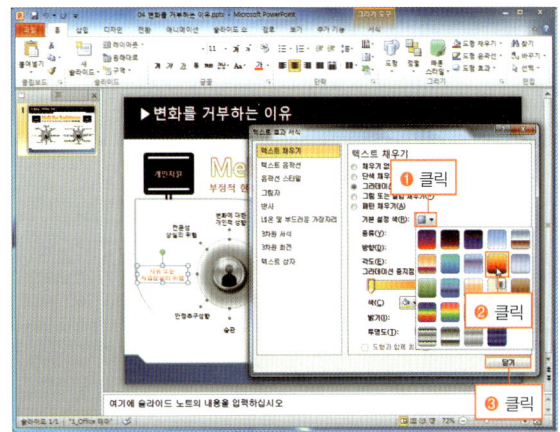

11

미니 도구 모음 활용하기 ① 텍스트 상자를 선택하고 **②** 마우스 오른쪽 단추를 클릭하여 **③** 미니 도구 모음에서 '굵게' 를 클릭합니다.

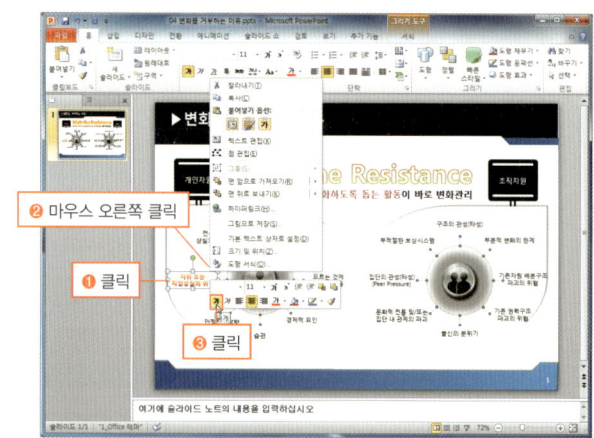

12

서식 복사하기 텍스트 상자의 서식 을 복사하여 다른 텍스트 상자에 적 용합니다. **①** 텍스트 상자를 선택하고 **②** [홈] 탭 → **③ 클립보드** 그룹 → **서식 복사**(🖌)를 두 번 연속 클릭합니다. **④⑤** 서식을 복사할 텍스 트 상자(실패에 대한 두려움, 모르는 것에 대한 두려움)를 각각 클릭합니다. 서식 복사 작업이 완료되면 Esc 키를 눌러 빠져나옵니다.

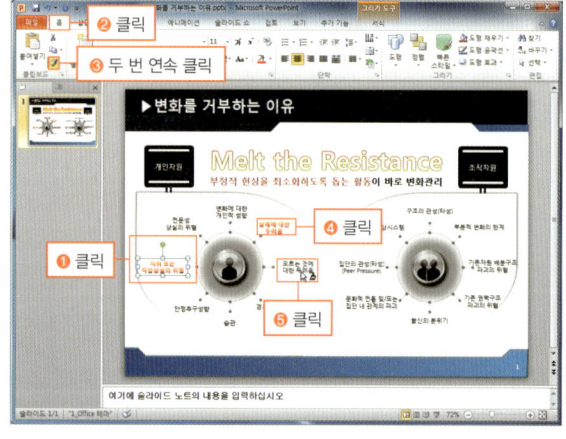

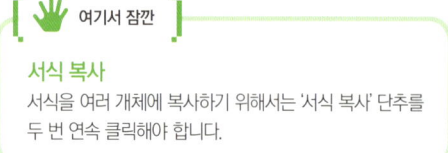

여기서 잠깐

서식 복사
서식을 여러 개체에 복사하기 위해서는 '서식 복사' 단추를 두 번 연속 클릭해야 합니다.

13

그라데이션 채우기/결과 확인하기 같은 방식으로 **①** '조직차원' 아래 텍 스트 상자들 중에서 그림과 같이 Shift 키를 누른 상태에서 동시에 선택하고 **②** '텍스트 효 과 서식' 대화상자를 표시하여 **③** [텍스트 채우 기] 영역에서 **④** '그라데이션 채우기'를 선택하 여 **⑤** '기본 설정 색' 명령 단추(🔲▾)를 클릭 한 후 **⑥** '늦은 해질녘'을 적용합니다. **⑦** 작업 이 완료되면 〈닫기〉 단추를 클릭하고 미니 도 구 모음을 이용하여 '굵게' 효과를 추가하여 슬 라이드를 완성합니다.

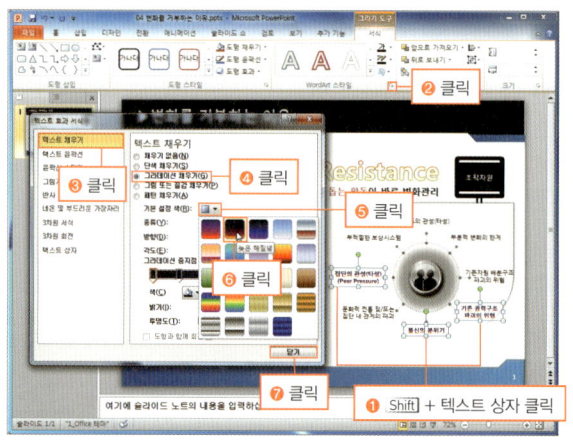

05 텍스트 효과 추가하기

파워포인트 2010을 실행하게 되면 상단에 메뉴 바의 기능들을 아이콘으로 바꿔 사용자가 쉽게 찾을 수 있도록 구조화된 리본 메뉴를 볼 수 있으며, 슬라이드 창과 왼쪽의 개요 보기 창을 제공하고 있습니다. 파워포인트의 화면 구성을 이해하는 것은 프레젠테이션 문서 작성의 첫 걸음입니다. 주요 화면 구성에 대해 살펴보겠습니다.

1. 텍스트 효과 살펴보기

텍스트 효과는 그림자, 반사, 네온, 입체 효과, 3차원 회전, 변환의 6개 영역으로 구성되어 있습니다. 전문적인 프레젠테이션 문서 디자이너들이 포토샵에서 주로 작업해서 텍스트를 이미지로 저장한 후 일일이 문서에 삽입할 때 활용하던 주요 포토샵 기능들을 파워포인트에서도 사용할 수 있게 되었습니다.

텍스트에 파워포인트에서 제공하는 텍스트 효과를 적용하는 방법은 [그리기 도구] – [서식] 탭 → WordArt 스타일 그룹 → **텍스트 효과** 명령 단추( )를 클릭하여 각각의 효과를 적용할 수 있습니다.

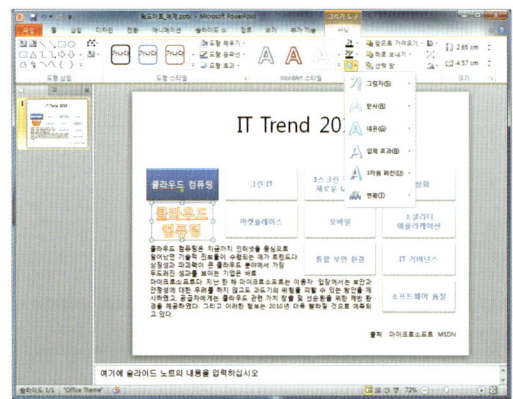

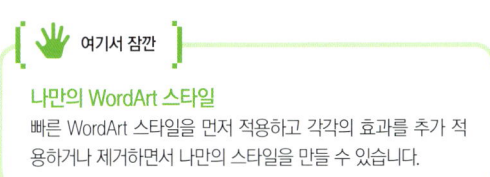

여기서 잠깐

나만의 WordArt 스타일
빠른 WordArt 스타일을 먼저 적용하고 각각의 효과를 추가 적용하거나 제거하면서 나만의 스타일을 만들 수 있습니다.

▲ '텍스트 효과' 선택 목록

2. 텍스트 효과 추가하기

텍스트 효과인 그림자, 반사, 네온, 입체 효과, 3차원 회전, 변환 효과를 적용하는 방법에 대해 알아봅니다.

● 그림자 효과

텍스트에 그림자를 추가하거나 변경하려면 서식을 적용할 텍스트를 선택하고, [그리기 도구] – [서식] 탭 → WordArt 스타일 그룹 → **텍스트 효과**(가) → **그림자**를 가리킨 다음 원하는 그림자를 클릭합니다. 그림자를 사용자 지정으로 변경하려면 **그림자 옵션**을 클릭한 후 원하는 옵션을 선택합니다.

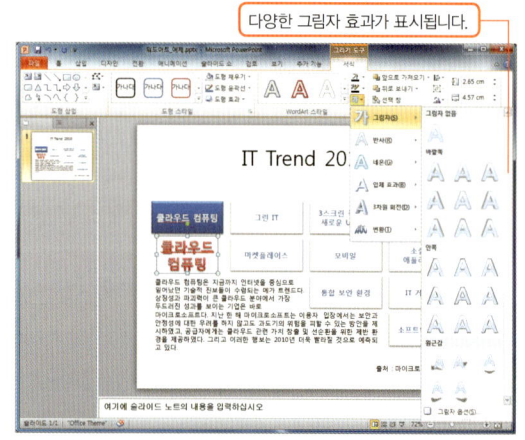

▲ 텍스트 효과 – '그림자' 선택 목록

● 반사 효과

텍스트에 반사 효과를 추가하거나 변경하려면 서식을 적용할 텍스트를 선택하고, [그리기 도구] – [서식] 탭 → WordArt 스타일 그룹 → **텍스트 효과**(가) → **반사**를 가리킨 다음 원하는 반사 효과를 클릭합니다.

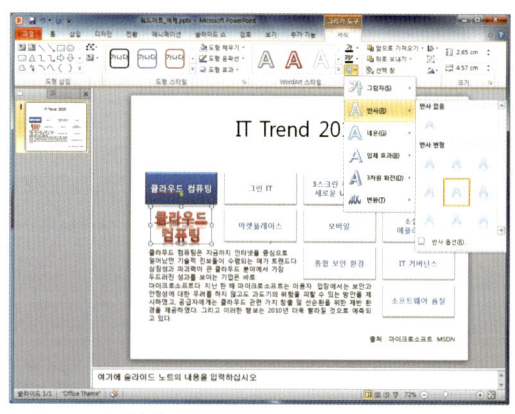

▲ 텍스트 효과 – '반사' 선택 목록

● 네온 효과

텍스트에 네온 효과를 추가하거나 변경하려면 서식을 적용할 텍스트를 선택하고, [그리기 도구] – [서식] 탭 → WordArt 스타일 그룹 → **텍스트 효과**(가) → **네온**을 가리킨 다음 원하는 네온 효과를 클릭합니다.

네온 색을 사용자 지정으로 선택하려면 **다른 네온 색**을 클릭한 후 원하는 색을 선택합니다.

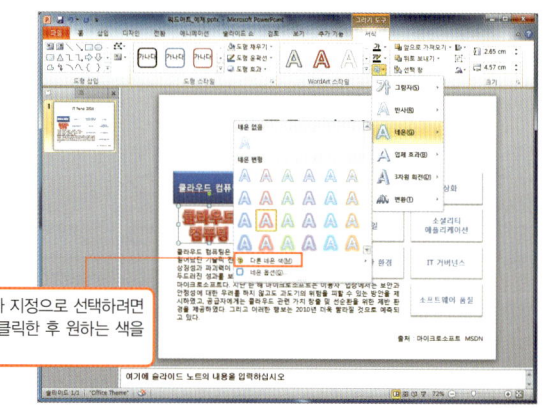

▲ 텍스트 효과 – '네온' 선택 목록

입체 효과

가장자리를 추가하거나 변경하여 텍스트를 깊이 있게 나타내려면 서식을 적용할 텍스트를 선택하고, [그리기 도구] - [서식] 탭 → WordArt 스타일 그룹 → 텍스트 효과( ) → 입체 효과를 클릭한 후 원하는 입체 효과를 선택합니다.

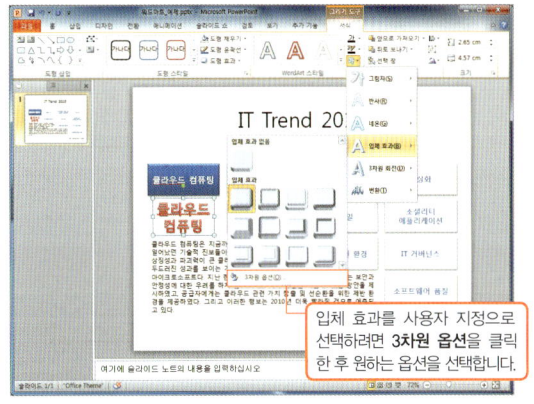

입체 효과를 사용자 지정으로 선택하려면 **3차원 옵션**을 클릭한 후 원하는 옵션을 선택합니다.

▲ 텍스트 효과 – '입체 효과' 선택 목록

3차원 회전 효과

텍스트에 3차원 회전 효과를 추가하거나 변경하려면 서식을 적용할 텍스트를 선택하고, [그리기 도구] - [서식] 탭 → WordArt 스타일 그룹 → **텍스트 효과**( ) → **3차원 회전**을 가리킨 다음 원하는 회전 효과를 클릭합니다.

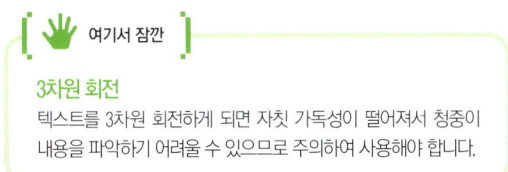
여기서 잠깐

3차원 회전
텍스트를 3차원 회전하게 되면 자칫 가독성이 떨어져서 청중이 내용을 파악하기 어려울 수 있으므로 주의하여 사용해야 합니다.

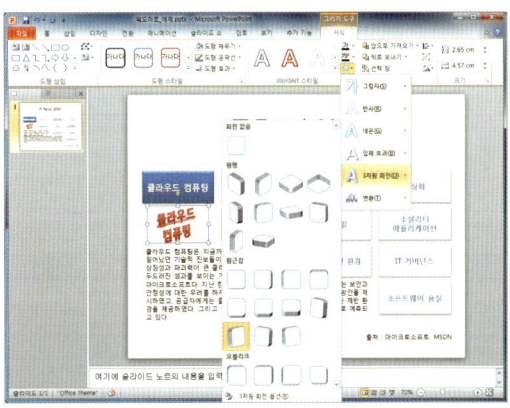

▲ 텍스트 효과 – '3차원 회전' 선택 목록

변환 효과

텍스트에 변환 효과를 추가하거나 변경하려면 서식을 적용할 텍스트를 선택하고, [그리기 도구] - [서식] 탭 → WordArt 스타일 그룹 → **텍스트 효과**( ) → **변환**을 가리킨 다음 원하는 변환 효과를 클릭합니다. 텍스트에 추가한 효과를 제거하려면 효과의 선택 목록을 가리킨 다음 효과를 제거하는 옵션을 클릭합니다.

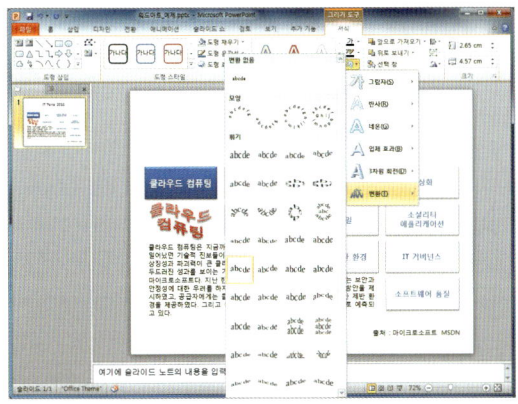

▲ 텍스트 효과 – '변환' 선택 목록

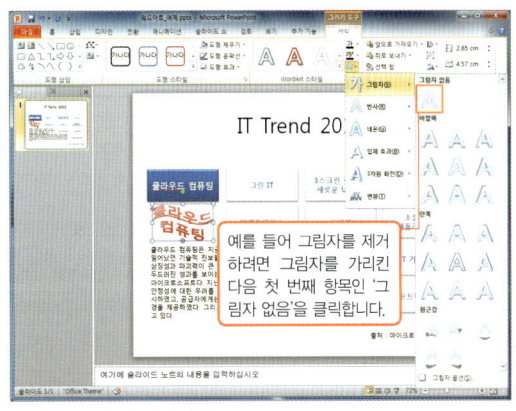

예를 들어 그림자를 제거하려면 그림자를 가리킨 다음 첫 번째 항목인 '그림자 없음'을 클릭합니다.

▲ 텍스트 효과 – '그림자 없음'

텍스트 서식 복사하기

텍스트에 적용되어 있는 서식을 다른 도형이나 텍스트 상자에 있는 텍스트에도 동일하게 적용할 수 있는데, 서식 복사를 통해 쉽게 텍스트 서식을 적용할 수 있습니다.

❶ "그린 IT"에 적용되어 있는 텍스트 서식을 다른 텍스트에 적용하기 위해 마우스 포인터를 "그린 IT"에 위치시킵니다. 리본 메뉴 [홈] 탭 → **클립보드** 그룹 → **서식 복사** 단추(🖉)를 클릭한 후 마우스를 이동하여 "가상화"가 입력되어 있는 도형의 텍스트를 클릭합니다. 주의할 점은 도형의 테두리를 선택하지 않는 것입니다.

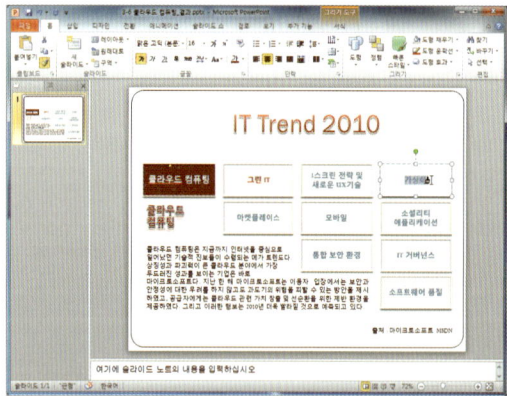

❷ "가상화"에 텍스트 서식이 적용된 것을 볼 수 있습니다.

❸ 다른 텍스트들도 동일한 텍스트 서식을 적용해 보기 위해 "가상화" 텍스트를 클릭하고 리본 메뉴 [홈] 탭 → **클립보드** 그룹 → **서식 복사** 단추(🖉)를 두 번 연속하여 클릭합니다. 마우스를 이동하여 다른 텍스트들을 클릭합니다.

❹ 서식 복사 단추를 한 번 클릭했을 경우에는 다른 텍스트 하나에만 서식을 적용할 수 있는 반면에, 서식 복사 단추를 두 번 연속하여 클릭하게 되면 원하는 만큼 다른 텍스트에 서식을 계속해서 적용할 수 있습니다. 텍스트 서식 적용이 완료되면 Esc 키를 눌러 서식 복사를 해제합니다.

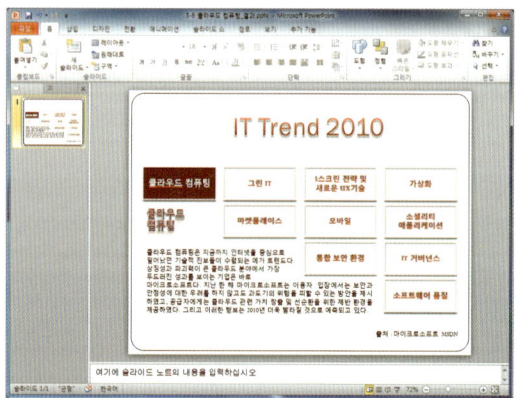

◉ 텍스트 서식 복사 시에 띄어쓰기나 줄 바꿈이 되어 있을 경우에는 전체 텍스트에 서식이 적용되지 않습니다. 텍스트 서식 복사는 단어 단위나 띄어쓰기가 되지 않은 문장에 적용됩니다. 띄어쓰기가 되어 있는 문장을 한꺼번에 서식을 변경하려는 경우에는 마우스로 텍스트 전체를 끌면 전체 문장에 텍스트 서식이 적용됩니다.

파일에서 그림 삽입하기

단순하게 텍스트만으로 슬라이드를 구성하는 것은 설득력을 높일 수 없습니다. 프레젠테이션 문서 작성 시 자신이 가지고 있는 그림이나 인터넷에서 다운로드한 그림, 상품 이미지나 회사 로고 등을 삽입하여 발표 내용을 오랫동안 기억할 수 있도록 슬라이드를 디자인할 수 있습니다. 파일 및 다른 문서에서 그림을 가져와 삽입하거나 배경으로 사용할 수 있는 방법을 알아보겠습니다.

1. 그림 삽입 메뉴 살펴보기

그림은 슬라이드 디자인의 질을 좌우하는 중요한 요소로, 내용과 부합되는 그림은 청중들의 시선을 사로잡는 동시에 기억의 효과를 높일 수 있습니다. 슬라이드에 그림 삽입과 관련된 명령은 [**삽입**] 탭의 **이미지** 그룹에 위치해 있습니다.

❶ **그림** : 파일에서 그림을 삽입합니다.

❷ **클립 아트** : 특정 개념을 나타내는 그림, 동영상, 소리 또는 사진 등의 클립 아트를 문서에 삽입합니다.

❸ **스크린샷** : 작업 표시줄로 최소화되지 않은 프로그램을 캡처하여 삽입합니다.

❹ **사진 앨범** : 그림 집합을 기반으로 그림을 해당 슬라이드에 한꺼번에 삽입합니다.

2. 파일에서 그림 삽입하기

컴퓨터에 저장되어 있는 그림이나 인터넷을 통해 다운로드한 그림은 그림 파일의 종류에 상관없이 모든 슬라이드에 삽입할 수 있습니다.

① 그림을 슬라이드에 삽입하려면 [**삽입**] 탭 → **이미지** 그룹 → **그림** 명령 단추()를 클릭한 후 '그림 삽입' 대화상자에서 그림이 있는 폴더로 이동하여 원하는 그림을 선택하고 〈삽입〉 단추를 클릭합니다.

> **여기서 잠깐**
>
> **탐색기에서 그림 삽입**
> 윈도 탐색기에서 원하는 그림 파일을 선택하여 파워포인트로 바로 끌어서 삽입할 수도 있습니다.

② 삽입된 그림을 선택한 후 크기 조정 핸들을 이용해 크기와 위치를 변경합니다.

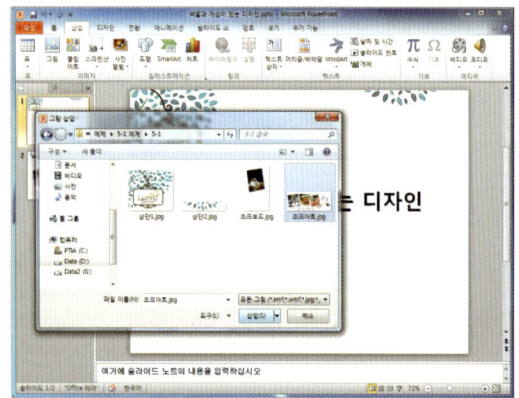

▲ '그림 삽입' 대화상자를 이용한 그림 삽입

▲ 크기 조정 핸들로 크기와 위치 조정

 여기서 잠깐

여러 개의 그림 삽입
여러 그림을 추가하려면 Ctrl 키를 누른 채로 삽입할 그림들을 각각 클릭한 다음 〈삽입〉 단추를 클릭합니다.

3. 다른 문서에서 그림 가져오기

다른 프레젠테이션 파일에 사용된 그림을 작업 중인 슬라이드에 사용하려면 두 개의 파일을 열어 놓고 이미 사용된 그림을 복사하여 작업 중인 슬라이드에 붙여넣기를 합니다.

복사할 그림을 선택하고 마우스 오른쪽 단추를 클릭한 다음 바로 가기 메뉴에서 **복사**를 선택합니다. 그림을 삽입할 슬라이드에서 마우스 오른쪽 단추를 클릭한 다음 바로 가기 메뉴에서 **붙여넣기 → 대상 테마 사용**을 클릭합니다.

여기서 잠깐

복사/붙여넣기 명령
그림을 선택하고 단축키 Ctrl + C를 사용해서 '복사' 명령을 수행하고, 단축키 Ctrl + V를 사용해서 '붙여넣기' 명령을 수행할 수 있습니다.

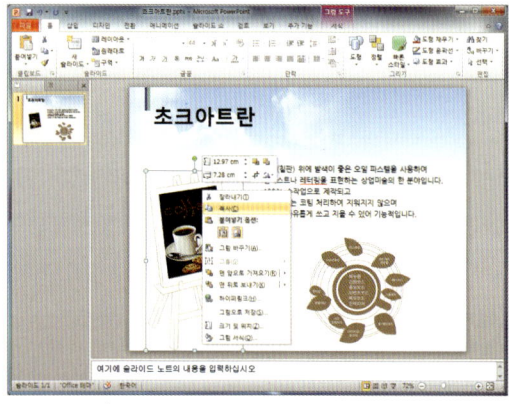

▲ 복사하기

'붙여넣기' 옵션에 마우스를 올리면 다른 바로 가기 메뉴들이 투명으로 변경됩니다.

▲ 붙여넣기 – 대상 테마 사용

SECTION

07 클립 아트 검색 및 삽입하기

클립 아트는 작은 조각의 그림을 의미하며, 수정이 쉽고 용량이 작아 문서에 많이 사용되고 있습니다. 파워포인트 2010에서는 문서의 비주얼 효과를 강화하기 위해 온라인에서 클립 아트를 제공하고 있어 쉽게 검색하고 삽입할 수 있습니다. 클립 아트를 검색하고 삽입하는 방법에 대해 알아보겠습니다.

1. 클립 아트 삽입하기

클립 아트는 문서에 효과를 내기 위해 많이 사용되는 그림으로, 파워포인트에서 손쉽게 삽입할 수 있습니다.

클립 아트를 삽입하기 위해 [삽입] 탭 → **이미지** 그룹 → **클립 아트** 명령 단추(📷)를 클릭하면 화면의 오른쪽에 '클립 아트' 작업창이 표시됩니다. 원하는 주제어를 '검색 대상' 입력창에 입력하고 〈이동〉 단추를 클릭하면 검색된 클립 아트 목록이 나타나며, 삽입할 클립 아트를 마우스로 클릭하면 프레젠테이션 문서에 삽입됩니다.

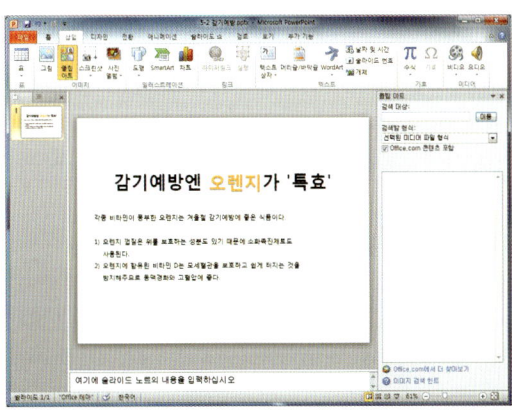

▲ '클립 아트' 작업창에서 검색

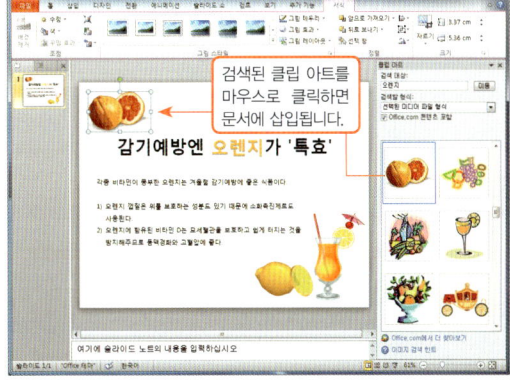

▲ 검색된 클립 아트 삽입

 여기서 잠깐

검색 대상 활용하기
원하는 주제어를 '검색 대상'에 입력하고 〈이동〉 단추를 클릭합니다. 컴퓨터에 설치되어 있는 전체 클립 아트를 검색하려면 '검색 대상' 입력창에 아무것도 입력하지 않은 상태에서 〈이동〉 단추를 클릭합니다.

2. Office.com에서 클립 아트 삽입하기

Office.com에서 직접 클립 아트를 검색하여 슬라이드로 가져올 수 있으며, 클립 아트 뿐만 아니라 그림, 오디오 및 비디오 파일들을 다운로드 할 수 있도록 제공하고 있습니다.

① Office.com에서 제공되는 그림을 삽입하려면 [삽입] 탭 → 이미지 그룹 → 클립 아트 명령 단추( )를 클릭합니다. 화면의 오른쪽에 '클립 아트' 작업창이 표시되면 하단의 Office.com에서 더 찾아보기를 클릭합니다.

② Office.com 웹 사이트가 표시되면 검색 창에 검색어를 입력하고 검색 단추를 클릭합니다. 검색 결과가 표시되어 원하는 클립 아트 위에 마우스를 올리면 '세부 정보 보기' 대화상자가 열립니다. 클립 아트에 대한 자세한 정보가 표시되면 클립보드로 복사를 클릭합니다.

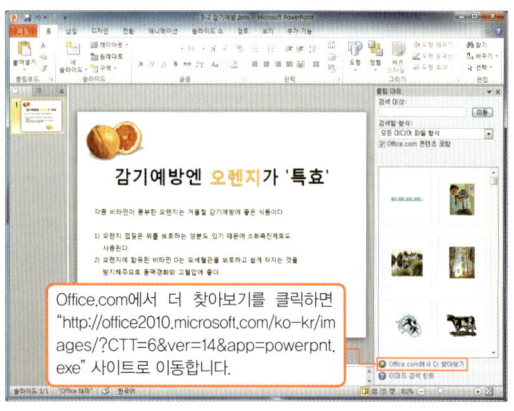
▲ Office.com에서 더 찾아보기

▲ Office.com 웹 사이트에서 검색

③ 파워포인트로 돌아와서 슬라이드 창을 클릭하고 [홈] 탭 → 클립보드 그룹 → 붙여넣기( )를 클릭하여 클립 아트가 삽입되면 클립 아트의 크기를 조정하고 위치를 변경합니다.

▲ 클립 아트 붙여넣기

▲ 클립 아트 크기 및 위치 조정

SECTION

08 그림 스타일 적용하기

파워포인트 2007이 출시되면서 가장 큰 변화 중의 하나는 포토샵에서나 작업할 수 있었던 그림 스타일들을 한 번의 클릭으로 적용할 수 있다는 것입니다. 파워포인트 2010에서도 다양한 그림 스타일을 이용해 원하는 스타일로 자유롭게 변경하고 조정이 가능합니다. 그림 스타일을 적용하고 그림에 효과를 추가하는 방법을 알아보겠습니다.

1. [그림 도구] - [서식] 탭 살펴보기

파워포인트에서는 그림을 포토샵과 같이 편집할 수 있는 명령들을 제공합니다. [그림 도구] - [서식] 탭은 그림이 프레젠테이션에 삽입되었을 때만 표시되는 상황별 탭으로 그림에 다양한 효과를 적용할 수 있는 명령들의 집합입니다. [그림 도구] - [서식] 탭은 조정, 그림 스타일, 정렬, 크기 그룹으로 나뉘어져 있습니다.

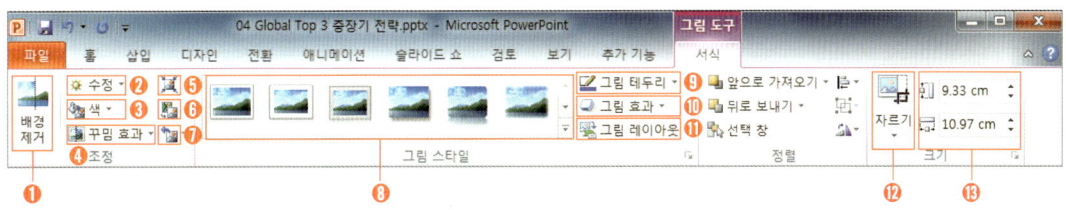

❶ **배경 제거** : 그림에 불필요한 배경을 제거합니다.

❷ **수정** : 그림의 밝기, 대비 및 선명도를 조정합니다.

❸ **색** : 품질을 향상시키거나 문서 내용에 맞추기 위해 그림 색을 변경합니다.

❹ **꾸밈 효과** : 그림에 꾸밈 효과를 추가하여 좀 더 스케치 또는 회화처럼 보이도록 만듭니다.

❺ **그림 압축** : 문서의 그림을 압축하여 그림 크기를 줄입니다.

❻ **그림 바꾸기** : 현재 그림의 서식과 크기를 유지하면서 다른 그림으로 변경합니다.

❼ **그림 원래대로** : 그림에 추가한 서식을 모두 취소합니다.

❽ **그림 스타일 갤러리** : 그림의 서식을 쉽게 변경할 있는 다양한 스타일을 적용합니다.

❾ **그림 테두리** : 선택한 그림의 윤곽선 색, 두께 및 선 스타일을 지정합니다.

❿ **그림 효과** : 그림자, 네온, 반사 또는 3차원 회전과 같은 시각효과를 적용합니다.

⓫ **그림 레이아웃** : 그림을 쉽게 배열하고 캡션을 만들고 크기를 조정할 수 있는 SmartArt 그래픽으로 변환합니다.

⓬ **자르기** : 그림을 잘라 불필요한 부분을 제거합니다.

⓭ **그림 크기** : 그림의 가로, 세로 크기를 설정합니다.

2. 그림 스타일 적용하기

그림에 미리 준비된 다양한 스타일을 적용하여 그림의 서식을 빠르게 변경할 수 있습니다. 그림 스타일은 액자 틀의 형태나 3차원 회전 등 그림 효과를 다양한 형태로 혼합하여 미리 제공하는 선택 목록입니다.

[**그림 도구**] – [**서식**] 탭 → **그림 스타일** 그룹 → **그림 효과**()를 클릭합니다. 그림 스타일을 적용하려면 그림을 선택한 후 [**그림 도구**] – [**서식**] 탭 → **그림 스타일** 그룹 오른쪽 **자세히** 단추()를 클릭하면 그림 스타일 선택 목록에 28가지 기본 스타일이 나타납니다. 원하는 스타일에 마우스를 올리면 실시간 미리보기로 선택한 스타일이 적용된 그림을 확인할 수 있으며, 원하는 스타일을 클릭하여 적용합니다.

여기서 잠깐

스타일 중복
빠른 그림 스타일은 그림에 중복해서 적용할 수 없습니다. 중복하여 스타일을 변경하려면 **그림 효과** 명령을 활용해야 합니다.

▲ 그림 효과 명령

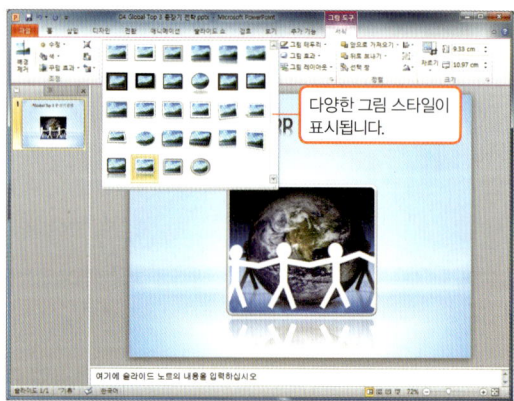

▲ '그림 스타일' 선택 목록

3. 그림 테두리 지정하기

파워포인트에서는 그림을 삽입하고 나서 테두리 선을 설정하면 마치 액자처럼 꾸밀 수 있습니다. 그림 테두리 기능은 선택한 그림의 윤곽선 색, 두께 및 선 스타일을 지정합니다.

여기서 잠깐

테두리 그림 크기
그림에 테두리를 적용하면 원본 그림 바깥쪽에 테두리가 지정되므로 그림의 실제 크기보다 커집니다.

① 그림에 테두리를 지정하려면 그림을 선택하고 [**그림 도구**] – [**서식**] 탭 → **그림 스타일** 그룹 → **그림 테두리** ()를 클릭합니다. '그림 테두리' 선택 목록이 나타나면 원하는 테두리 색을 선택하며, 선택 목록에 있는 색 이외의 색상을 사용하려면 **다른 윤곽선 색**을 클릭하여 원하는 테두리 색으로 변경합니다.

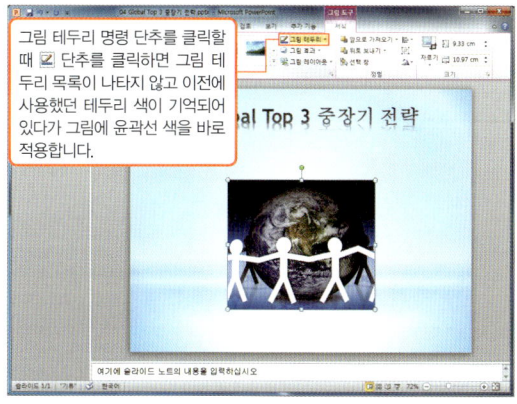

▲ 그림 테두리 명령

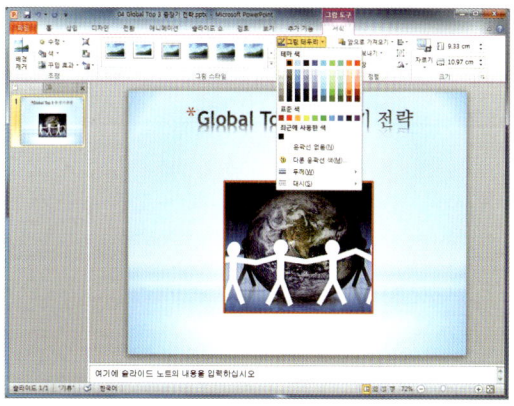

▲ '그림 테두리' 선택 목록

② 테두리의 두께가 얇으면 잘 보이지 않으므로 두께를 선택하여 선택 목록에서 적당한 두께를 선택하면 테두리 선의 두께가 커지면서 선명하게 드러나는 것을 확인할 수 있습니다. 만약 그림에 적용된 테두리 선을 없애려면 [**그림 도구**] – [**서식**] 탭 → **그림 스타일** 그룹 → **그림 테두리**() → **윤곽선 없음**을 차례로 클릭하면 적용된 테두리 선이 사라집니다.

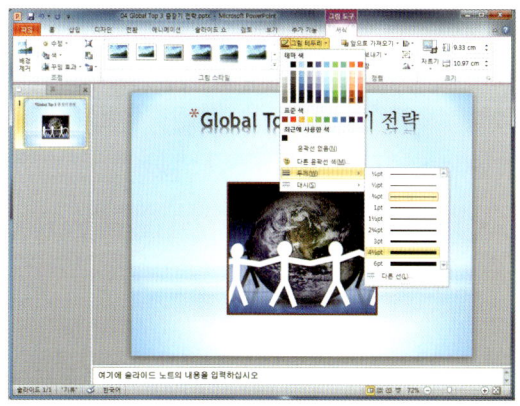

▲ 그림 테두리 설정

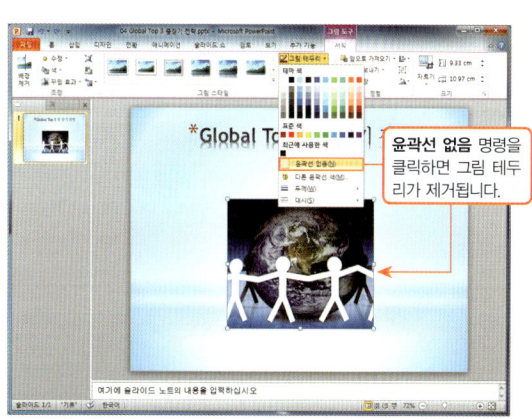

▲ 그림 테두리 – '윤곽선 없음'

✋ 여기서 잠깐

픽셀의 정의

픽셀(Pixel)이란 Picture(그림)와 Element(요소)의 약자로, 빛에 의해 맺어지는 상을 얼마나 선명하고 상세하게 표현해내는가에 대한 척도입니다.

4. 그림 레이아웃 변경하기 NEW 2010

그림 레이아웃은 이전 버전의 SmartArt 그래픽으로 변환을 의미합니다. 그림을 쉽게 배열하고 캡션을 만들고 크기를 조정하려면 선택한 그림을 SmartArt 그래픽으로 변환하면 되며, 한 번의 클릭만으로 쉽게 변환이 가능하도록 구성되어 있습니다.

SmartArt 그래픽으로 변환할 그림을 선택합니다. 만약 그림을 여러 개 선택하려면 첫 번째 그림을 클릭한 다음 Ctrl 키를 누른 채로 다른 그림을 클릭합니다. [그림 도구] - [서식] 탭 → 그림 스타일 그룹 → 그림 레이아웃( 그림 레이아웃 ▾)을 클릭하여 선택 목록에서 원하는 SmartArt 그래픽 레이아웃을 클릭합니다.

▲ '그림 레이아웃' 선택 목록

선택 목록에는 그림에 가장 적합한 SmartArt 그래픽용 레이아웃이 있습니다. SmartArt 그래픽 레이아웃을 선택하면 그림이 도형에 자동으로 배치되며 선택한 레이아웃을 기준으로 정렬됩니다. 그런 다음 텍스트를 추가하고 색을 변경하거나 스타일을 추가할 수 있습니다.

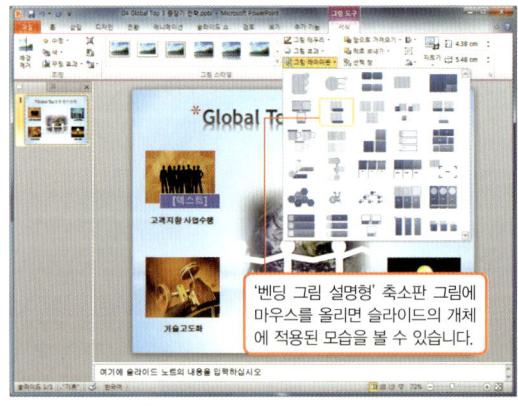

'벤딩 그림 설명형' 축소판 그림에 마우스를 올리면 슬라이드의 개체에 적용된 모습을 볼 수 있습니다.

▲ '벤딩 그림 설명형' 적용

 여기서 잠깐

SmartArt 그래픽의 변환 취소
프레젠테이션을 닫지 않고 다시 연 경우 빠른 실행 도구 모음에서 실행 취소(↩)를 클릭하여 SmartArt 그래픽으로 변환한 것을 되돌릴 수 있습니다.

Q 파워포인트 2010에서 적용된 그림 효과가 이전 버전에서도 수정이 가능한가요?

자주 묻는 질문

A 파워포인트 2010에서 그림 효과는 파워포인트 2007 버전에서도 수정이 가능하지만 꾸밈 효과와 같이 2010 버전에 새롭게 적용된 효과들은 수정할 수 없습니다.

그러나 파워포인트 2003 버전 사용자들은 파워포인트 2010이나 2007에서 적용한 그림 효과를 모두 수정할 수 없습니다. 파워포인트 2007이나 2010에서 파워포인트 2003에서 읽을 수 있는 ppt로 변환하는 과정에서 그림에 적용된 효과까지 그림으로 저장하여 변환하기 때문입니다. 따라서 파워포인트 2003에서는 그림과 관련하여 어떠한 효과도 수정할 수 없습니다.

그림 조정하기

파워포인트 2010에서 그림 조정 기능은 이전 버전에 비해 더 정교하고 세밀하게 변경되었습니다. 또한 꾸밈 효과(Artistic Effect)를 적용하여 그림에 다양한 효과를 적용할 수 있게 되어 이전보다 다양하고 화려한 그림 보정이나 편집이 가능하게 되었습니다. 그림을 보정하고 효과를 적용하는 방법을 알아보겠습니다.

1. 배경 제거하기 `NEW 2010`

파워포인트 2010의 새로운 기능이면서 고급 그림 편집 옵션으로 그림의 주제를 강조하거나 산만한 부분을 제거하기 위해 배경과 같이 필요 없는 부분을 자동으로 제거하는 기능이 추가되었습니다. 이전 버전의 투명한 색 설정과는 차이가 있는 유용한 기능입니다.

① 배경을 제거할 그림을 선택하고 [그림 도구] – [서식] 탭 → 배경 그룹 → 배경 제거 명령 단추()를 클릭합니다. 움직이는 텍스트 선의 핸들 중 하나를 클릭한 다음 유지할 그림 부분만 포함하고 제거할 대부분의 영역이 제외되도록 선을 끕니다.

▲ 배경 제거 명령

▲ [배경 제거] 탭에서 제거 영역 선택

[✋ 여기서 잠깐]

[배경 제거] 탭 활성화
[배경 제거] 또는 [그림 도구] 탭이 표시되지 않는 경우 그림을 선택했는지 확인합니다. 그림을 두 번 클릭하여 [서식] 탭을 열어야 할 수도 있습니다.

② 자동으로 제거하지 않을 그림 부분을 나타내려면 유지할 영역을 표시하는 선 그리기를 클릭하며, 자동으로 표시된 부분 외에도 제거할 그림 부분을 나타내려면 제거할 영역 표시를 클릭한 후 **닫기** 그룹 → **변경 내용 유지**를 클릭합니다. 만약 자동 배경 제거를 취소하려면 **닫기** 그룹 → **변경 내용 모두 취소**를 클릭하여 배경이 자동으로 제거된 모습을 확인할 수 있습니다.

▲ 제거 영역 표시

▲ 제거된 배경

✋ 여기서 잠깐

그림 효과 적용하기

배경을 제거한 그림에 그림자, 반사 및 네온과 같은 효과를 추가할 수 있으며, 이러한 효과는 표시되는 그림에만 적용됩니다. 예를 들어 그림에 그림자를 적용하는 경우 배경을 제거할 때 유지한 그림 부분에만 그림자가 나타납니다.

2. 선명도, 밝기 및 대비 수정하기

파워포인트 2010에서는 그림의 명도를 조정할 수 있는데, 명도는 밝기의 정도를 말하며 선명도, 밝기 및 대비 명령으로 사용자가 원하는 만큼 미세하게 조정할 수 있습니다.

✋ 여기서 잠깐

밝기/대비의 적용

선명도나 밝기 및 대비는 그림에 중복해서 적용할 수 없으며, 다른 스타일을 적용하면 해당 스타일로만 변경됩니다.

그림의 선명도나 밝기 및 대비를 조정하려면 그림을 선택하고 [**그림 도구**] − [**서식**] 탭 → **조정** 그룹 → **수정** ()을 클릭합니다. 일반적인 그림의 선명도나 밝기 및 대비를 조정하려면 선택 목록에서 원하는 축소판 그림을 클릭합니다.

▲ 그림의 선명도, 밝기, 대비 '수정' 명령

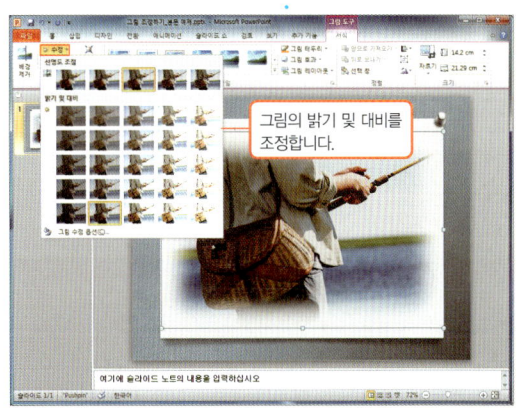

▲ 그림 선명도, 밝기 및 대비 '수정' 선택 목록

3. 색 조정하기

그림의 색 농도(채도)와 색조(온도)를 조정하거나, 다시 칠하거나, 색 중 하나의 투명도를 변경하고, 그림에 여러 가지 색 효과를 적용할 수 있습니다. 회색조나 세피아 톤과 같은 기본 제공 스타일 효과를 그림에 신속하게 적용할 수 있습니다.

그림을 선택하고 [**그림 도구**] – [**서식**] 탭 → **조정** 그룹 → **색**()을 클릭한 다음 선택 목록의 색 채도, 색조 아래에서 원하는 축소판 그림을 클릭합니다. 농도를 미세 조정하려면 **그림 색 옵션**을 클릭하여 '그림 서식' 대화상자에서 설정합니다.

▲ 그림의 색 조정

> 🖐 **여기서 잠깐**
>
> **색/채도의 적용**
> 색 채도나 색조는 그림에 중복해서 적용할 수 없으며, 다른 스타일을 적용하면 해당 스타일로만 변경됩니다.

○ 다시 칠하기

그림을 회색조와 같이 다시 칠하려면 그림을 선택하고 [그림 도구] − [서식] 탭 → 조정 그룹 → 색(색)을 클릭한 다음 '다시 칠하기' 항목에서 원하는 축소판 그림을 클릭합니다.

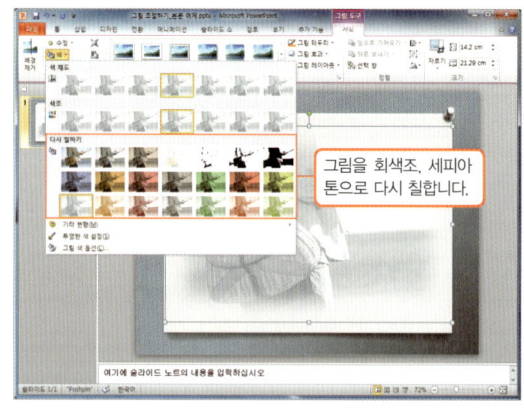

그림을 회색조, 세피아 톤으로 다시 칠합니다.

▲ 다시 칠하기

○ 기타 변형

표준 색 또는 사용자 지정 색을 비롯한 추가 색을 사용하려면 **기타 변형**을 클릭합니다. 다시 칠하기 효과는 색 변형을 사용하여 적용됩니다.

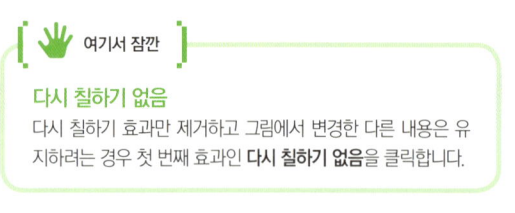

여기서 잠깐

다시 칠하기 없음
다시 칠하기 효과만 제거하고 그림에서 변경한 다른 내용은 유지하려는 경우 첫 번째 효과인 **다시 칠하기 없음**을 클릭합니다.

▲ 기타 변형

○ 투명한 색

그림의 일부를 투명하게 만들어 그림 위에 겹친 텍스트를 뚜렷이 표시하거나, 그림을 서로 겹치거나, 강조를 위해 그림의 일부를 제거하거나 숨길 수 있습니다. 그림을 선택하고 [그림 도구] − [서식] 탭 → 조정 그룹 → 색(색) → **투명한 색 설정**을 클릭하거나 이미지에서 투명화 할 색을 클릭합니다.

▲ 투명한 색 설정

4. 꾸밈 효과 적용하기 `NEW 2010`

꾸밈 효과는 파워포인트 2010부터 적용된 새로운 기능으로, 그림이나 그림 채우기에 꾸밈 효과를 적용하여 스케치, 그리기 또는 그림처럼 보이게 만들 수 있습니다.
한 번에 하나의 꾸밈 효과만 그림에 적용할 수 있으므로 다른 꾸밈 효과를 적용하면 이전에 적용한 꾸밈 효과는 사라지게 됩니다.

● 꾸밈 효과 적용

꾸밈 효과를 적용할 그림을 선택하고 **[그림 도구]** – **[서식]** 탭 → **조정** 그룹 → **꾸밈 효과**(꾸밈 효과 ▾)를 클릭한 다음 선택 목록에서 원하는 축소판 그림을 클릭합니다. 꾸밈 효과를 미세 조정하려면 **꾸밈 효과 옵션**을 클릭합니다.

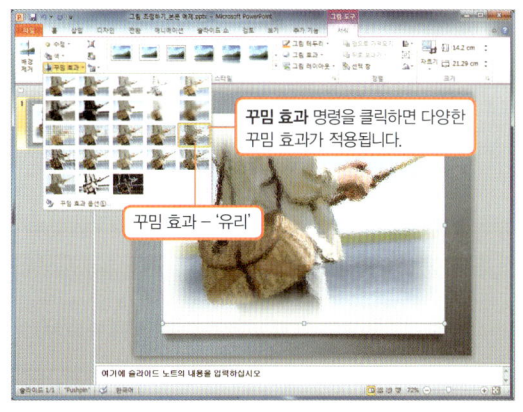

▲ '꾸밈 효과' 선택 목록

● 꾸밈 효과 제거

꾸밈 효과를 제거하려면 제거할 꾸밈 효과가 적용된 그림을 선택하고 **[그림 도구]** – **[서식]** 탭 → **조정** 그룹 → **꾸밈 효과**(꾸밈 효과 ▾)를 클릭한 후 선택 목록에서 첫 번째 효과인 '없음'을 클릭합니다.

▲ '꾸밈 효과' – 없음

 **여기서 잠깐**

꾸밈 효과 제거
꾸밈 효과를 제거한다고 해서 그림이 원본 형태로 돌아가는 것이 아니라 꾸밈 효과만 제거됩니다.

● 모든 효과 제거

꾸밈 효과뿐만 아니라 다른 효과를 비롯하여 그림에 추가한 모든 효과를 제거하려면 [**그림 도구**] − [**서식**] 탭 → **조정** 그룹 → **그림 원래대로**( )를 클릭합니다.

▲ '꾸밈 효과' − 그림 원래대로

5. 그림 압축하기

그림으로 인해 프레젠테이션 문서의 파일 크기가 크게 늘어날 수 있으므로, 그림 해상도 및 그림 품질 또는 압축을 선택하여 사용하지 않는 그림의 불필요한 부분을 제거하여 파일 크기를 줄일 수 있습니다. 예를 들어 전자 메일 메시지에 그림을 보내는 경우 그림 해상도를 낮게 지정하는 반면에 그림 품질이 파일 크기보다 중요한 경우에는 그림이 압축되지 않도록 지정하여 파일 크기를 줄이거나 유지할 수 있습니다.

해상도를 변경할 그림을 선택하고 [**그림 도구**] − [**서식**] 탭 → **조정** 그룹 → **그림 압축**( )을 클릭한 후 '그림 압축' 대화상자의 대상 출력에서 원하는 해상도를 클릭합니다.

▲ 그림 압축 명령

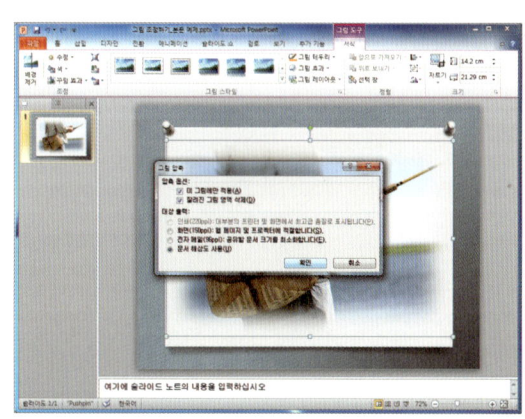

▲ 압축 옵션 및 해상도 설정

6. 그림 바꾸기

삽입되어 있는 그림의 크기와 정렬 방식은 그대로 유지하면서 삽입한 그림을 다른 그림으로 바꿀 수 있습니다. 동일한 위치에 같은 크기로 계속해서 그림을 삽입해야 하는 경우 아주 유용한 기능입니다.

사진을 다른 사진으로 바꾸려면 사진을 선택하고 [**그림 도구**] – [**서식**] 탭 → **조정** 그룹 → **그림 바꾸기**()를 클릭합니다. '그림 삽입' 대화상자에서 바꾸고자 하는 그림을 선택한 후 〈삽입〉을 클릭합니다.

▲ 그림 바꾸기 명령

▲ 교체할 그림 선택하여 삽입

✋ 여기서 잠깐

그림 바꾸기
그림 바꾸기를 실행하면 새롭게 삽입되는 그림의 해상도에 따라 그림의 크기가 변경되므로 크기를 재조정해야 합니다.

그림 자르기

자르기는 세로 또는 가로 가장자리를 줄여서 표시하지 않을 그림 영역을 제거하거나 마스크 처리합니다. 자르기는 그림을 강조하거나 불필요한 부분을 제거하기 위해 그림의 일부를 숨기거나 잘라내는 데 자주 사용됩니다.

1. 그림 자르기

자르기 기능은 이전 버전에서도 제공되었던 기능이지만 파워포인트 2010에서는 특정 도형으로 쉽게 자르거나, 도형에 맞게 자르고 채우거나 또는 일반 그림의 가로 세로 비율을 유지하여 자를 수 있게 기능이 향상되었습니다.

자르고자 하는 그림을 선택하고 [**그림 도구**] – [**서식**] 탭 → **크기** 그룹 → **자르기**(▣)를 클릭합니다.
한 면을 자르려면 해당 면의 중앙 자르기 핸들을 안쪽으로 끌어주고 그림 주위에 여백을 추가하려면 자르기 핸들을 그림의 중앙에서 바깥쪽으로 끕니다. 작업을 마치면 Esc 키를 누릅니다.

▲ 자르기 명령

▲ 자르기 핸들 조정

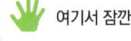 **여기서 잠깐**

그림 자르기의 종료
그림 자르기 명령을 수행한 후 그림 이외의 슬라이드 창에서 마우스 왼쪽 단추를 클릭하면 종료할 수 있습니다.

2. 특정 도형으로 자르기 `NEW 2010`

그림의 도형을 변경하는 빠른 방법은 그림을 특정 도형으로 자르는 것입니다. 특정 도형으로 자르면 그림이 자동으로 기하 도형으로 잘려 채워지고 그림의 비율이 유지됩니다.

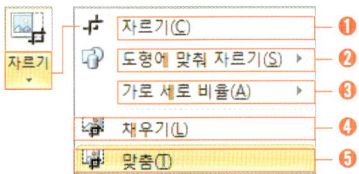

❶ 자르기 : 그림을 잘라 불필요한 부분을 삭제합니다.

❷ 도형에 맞춰 자르기 : 원하는 도형 모양으로 자르기 합니다.

❸ 가로 세로 비율 : 정사각형, 임의의 가로 세로 비율로 자릅니다.

❹ 채우기 : 가로 세로 비율을 유지하면서 전체 그림 영역이 채워지도록 그림 크기를 조정합니다.

❺ 맞춤 : 가로 세로 비율을 유지하면서 전체 그림이 그림 영역 내에 표시되도록 그림 크기를 조정합니다.

특정 도형으로 자를 그림을 선택하고 [**그림 도구**] - [**서식**] 탭 → **크기** 그룹 → **자르기** 명령 단추( ) 아래 부분( )을 클릭하여 **도형에 맞춰 자르기**를 클릭한 다음 자르려는 도형을 클릭합니다.

▲ 자르기 명령

▲ 도형에 맞춰 자르기

3. 일반/가로 세로 비율로 자르기 `NEW 2010`

그림을 일반 사진으로 자르거나 가로 세로 비율(가로 세로 비율 : 그림 너비와 높이 간의 비율로, 그림의 크기를 조정하는 경우에도 이 비율을 유지할 수 있습니다)을 유지하여 자르면 그림 비율을 쉽게 볼 수 있기 때문에 그림 프레임에 쉽게 맞출 수 있습니다.

일반 가로 세로 비율에 맞게 자를 그림을 선택하고 [그림 도구] – [서식] 탭 → 크기 그룹 → **자르기** 명령 단추(🖼) 아래 부분(자르기 🔻)을 클릭합니다. **가로 세로 비율**을 가리킨 다음 원하는 비율을 클릭한 후 작업이 완료되면 Esc 키를 누릅니다.

▲ 자르기 명령

▲ '가로 세로 비율' 선택 목록

4. 도형에 맞게 자르거나 채우기 NEW 2010

그림의 일부를 제거하지만 도형을 그림으로 채우려는 경우에는 채우기를 선택해야 합니다. 이 옵션을 선택한 경우 그림의 일부 가장자리가 표시되지 않을 수 있지만 원본 그림의 가로 세로 비율은 유지됩니다. 그림을 모두 도형에 맞게 만들려면 맞춤을 선택해야 원본 그림의 가로 세로 비율이 유지됩니다.

도형에 맞게 자르거나 채울 그림을 선택하고 [그림 도구] – [서식] 탭 → 크기 그룹 → **자르기** 명령 단추(🖼) 아래 부분(자르기 🔻)을 클릭합니다. **채우기** 또는 **맞춤**을 클릭하고 작업을 마치면 Esc 키를 누릅니다.

▲ 자르기 명령

▲ 채우기/맞춤 설정

그림 자르기

📁 **준비 파일 :** Global Top 3 중장기 전략.pptx   📁 **완성 파일 :** Global Top 3 중장기 전략_결과.pptx

그림 자르기로 그림의 불필요한 배경이나 그림 영역을 없애고 남은 영역에 다양한 그림 효과를 추가하여 여러 가지 느낌을 표현할 수 있습니다. 그림 자르기를 보다 효과적으로 사용하는 방법에 대해 알아보겠습니다.

항목	변경 내용
클립 아트 삽입	"그림자", "글로벌", "기술", "전구",
	"글로벌" 복사본 : 꾸밈 효과 '흐리게'
	원본 그림 자르기 그림 효과 : 부드러운 가장자리 → '50포인트'
제목 텍스트	'흰색'
그림 스타일	'금속 프레임' 3차원 효과 → '원근감(보통의 경사)' 3차원 서식 : 위쪽 너비 "12pt", 높이 "6pt" 반사 효과 : '1/2 반사, 터치'

01 **예제 파일 열기** Global Top 3 중장기 전략.pptx 파일을 두 번 연속 클릭하면 파워포인트가 실행되면서 다음 화면이 표시됩니다.

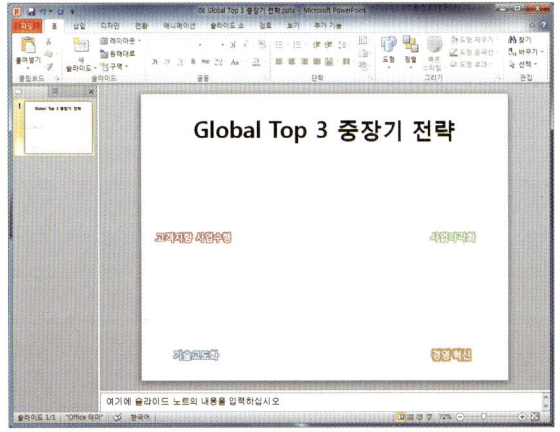

02 클립 아트 창 표시 및 검색하기 ❶ [삽입] 탭 → **이미지** 그룹 → ❷ **클립 아트** 명령 단추(▣)를 클릭합니다. '클립 아트' 작업창이 표시되면 ❸ '검색 대상'에 **"그림자"**를 입력하고 ❹ 〈이동〉 단추를 클릭합니다.

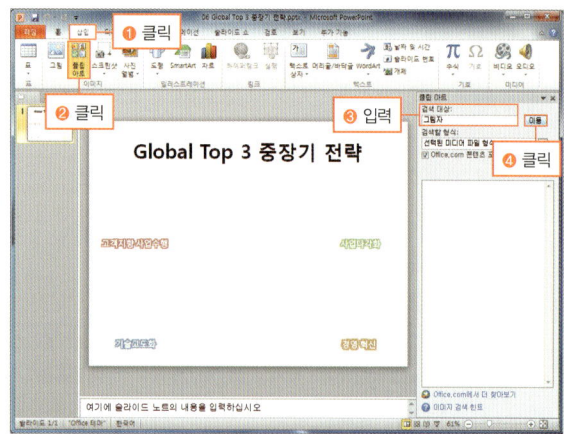

03 클립 아트 삽입하기 검색 결과가 표시되면 ❶ 해당 클립 아트를 선택하고 마우스를 클릭하여 슬라이드에 삽입하고 ❷ 크기를 조정하여 왼쪽 상단에 위치시킵니다.

04 클립 아트 추가하기(1) 계속해서 '클립 아트' 작업창의 ❶ '검색 대상'에 **"글로벌"**, **"기술**, **전구"**를 각각 입력하고 ❷ 〈이동〉 단추를 클릭한 후 검색 결과가 표시되면 ❸ 해당 클립 아트를 마우스를 클릭하여 슬라이드에 삽입하고 ❹ 다음과 같이 크기를 조정하여 위치시킵니다.

05 클립 아트 추가하기(2) '클립 아트' 작업창의 ❶ '검색 대상'에 다시 "글로벌"을 입력하고 ❷ 〈이동〉 단추를 클릭합니다. ❸ 검색 결과가 표시되면 클립 아트를 선택하고 마우스를 클릭하여 슬라이드에 삽입하고 ❹ 전체 슬라이드 크기에 맞게 크기를 조정합니다.

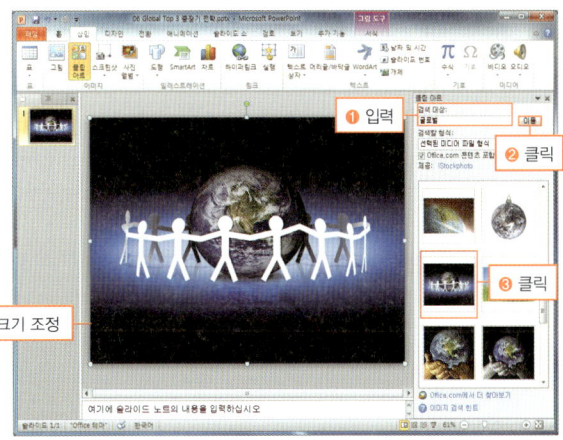

06 그림 복사하기 ❶ 그림을 선택하고 ❷ [홈] 탭 → 클립보드 그룹 → ❸ 복사( ) → ❹ 붙여넣기( )를 클릭하여 그림을 복사합니다.

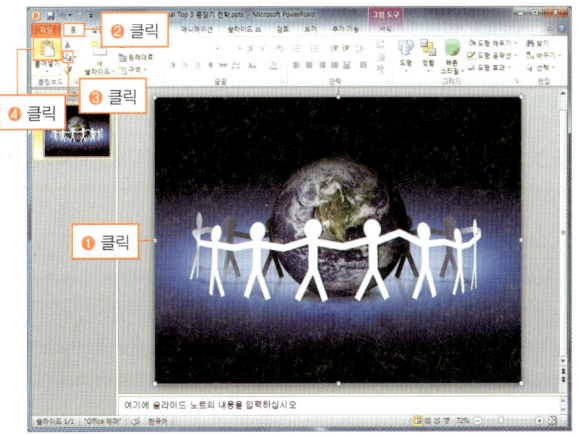

 여기서 잠깐

복제하기
그림을 선택하고 단축키 Ctrl + D를 눌러 그림을 바로 복제할 수도 있습니다.

07 꾸밈 효과 적용하기 복사된 그림이 선택된 상태에서 효과를 설정하기 위해 [그림 도구] - ❶ [서식] 탭 → 조정 그룹 → ❷ 꾸밈 효과(꾸밈 효과) → ❸ '흐리게'를 선택합니다.

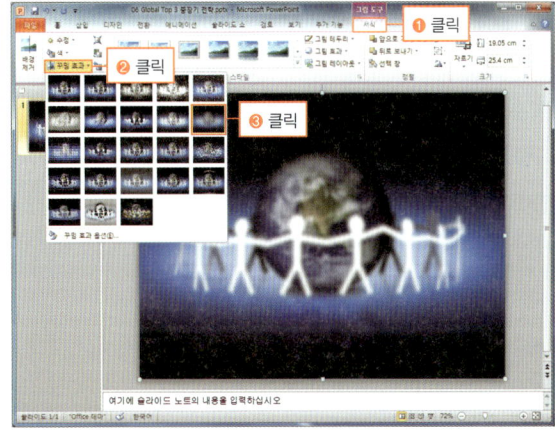

08 맨 뒤로 보내기 복사본 그림이 선택된 상태에서 [그림 도구] – [서식] 탭 → 정렬 그룹 → ❶ 뒤로 보내기 → ❷ 맨 뒤로 보내기를 클릭하면 가장 뒷 배경의 그림으로 설정됩니다.

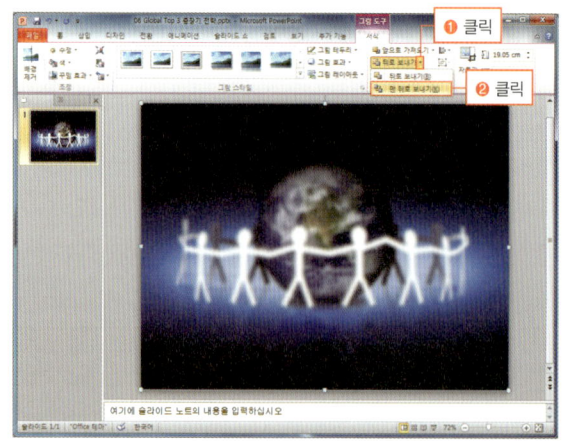

09 그림 자르기 ❶ 원본 글로벌 그림을 선택하고 [그림 도구] – [서식] 탭 → 크기 그룹 → ❷ 자르기()를 클릭합니다. ❸ 자르기 핸들을 조정하여 그림과 같이 지구본을 남겨 둔 채로 잘라냅니다.

> 🤚 여기서 잠깐
>
> **가로 세로 비율로 자르기**
> 가로 세로 비율로 자르기를 클릭하면 한 번 자르기를 실행한 후라도 다시 원본에서 가로 세로 비율에 맞춰 자르기가 실행됩니다.

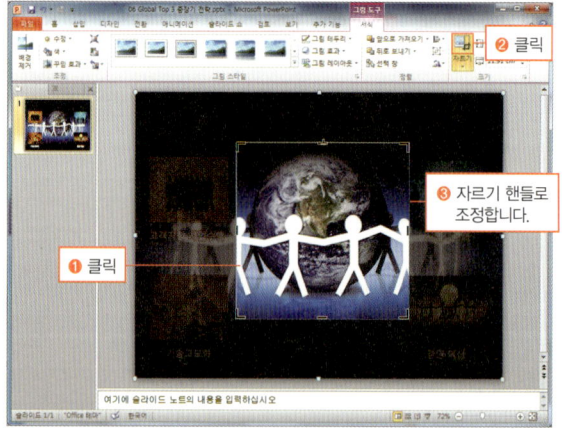

10 부드러운 가장자리 효과 적용하기 선택된 그림에 효과를 주기 위해 [그림 도구] – [서식] 탭 → 그림 스타일 그룹 → ❶ 그림 효과(그림 효과) → 부드러운 가장자리 → ❷ 50 포인트를 클릭합니다.

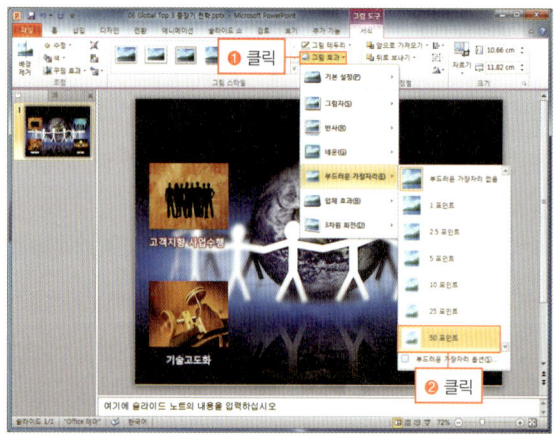

11 제목 텍스트 색 변경하기 ❶ 마우스로 제목 개체 틀을 선택하고 [홈] 탭 → 글꼴 그룹 → ❷ 글꼴 색(🄰▾) → ❸ '흰색'을 클릭합니다.

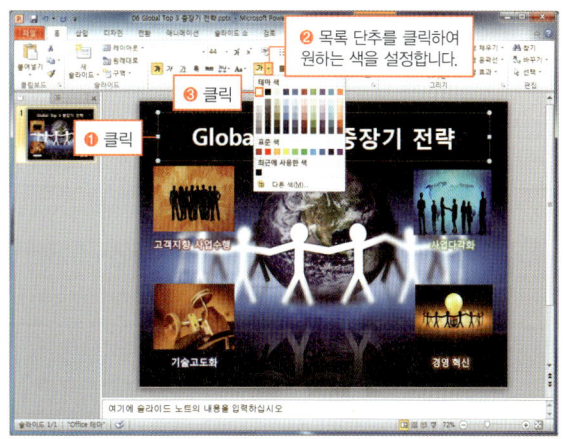

12 그림 스타일 적용하기 ❶ 왼쪽 상단의 그림을 선택하고 [그림 도구] − [서식] 탭 → ❷ 그림 스타일 그룹 오른쪽 자세히 단추(▾)를 클릭한 후 ❸ '금속 프레임'을 선택합니다.

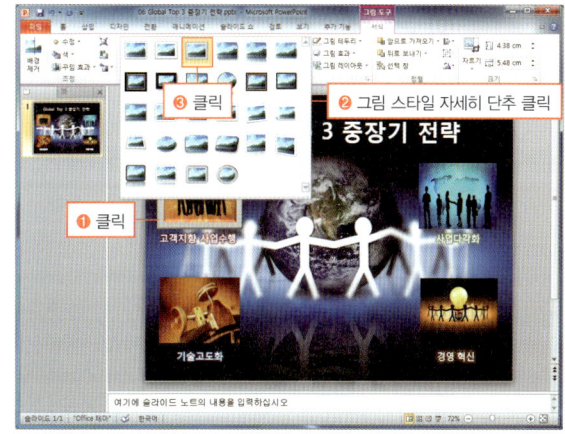

13 3차원 효과 적용하기 그림이 선택된 상태에서 [그림 도구] − [서식] 탭 → 그림 스타일 그룹 → ❶ 그림 효과(🔾 그림 효과▾) → 3차원 회전 → ❷ '원근감' 항목의 '원근감(보통의 경사)'를 선택합니다.

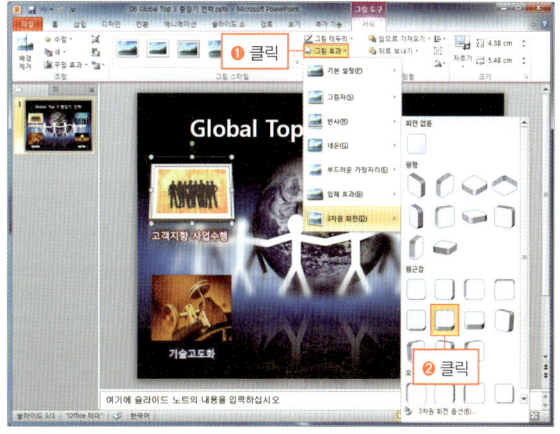

14 '그림 서식' 대화상자 표시하기 그림의 입체 효과를 수정하기 위해 ❶ 마우스 오른쪽 단추를 클릭하고 ❷ 바로 가기 메뉴에서 **그림 서식**을 클릭합니다.

 여기서 잠깐

'그림 서식' 대화상자의 표시
그림 서식을 표시하려면 [**그림 도구**] – [**서식**] 탭 → **그림 스타일** 그룹 오른쪽 아래에 **대화상자 표시** 단추(▣)를 클릭해도 됩니다.

15 3차원 서식 변경하기 ❶ '그림 서식' 대화상자에서 [3차원 서식]을 클릭하고 ❷ '입체 효과' 항목의 위쪽 너비 : "12pt", 높이 : "6pt"를 입력하고 ❸ 〈닫기〉 단추를 클릭합니다.

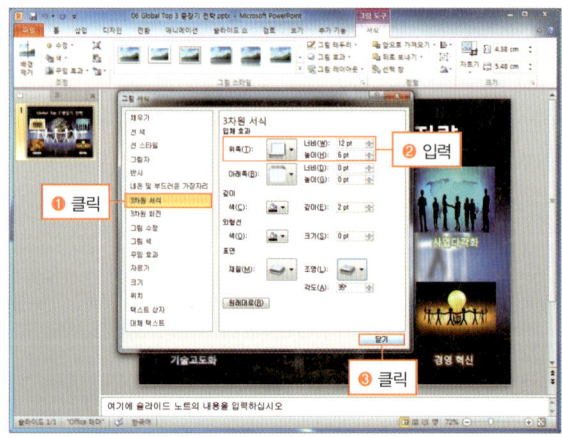

16 반사 효과 적용하기 그림이 선택된 상태에서 [**그림 도구**] – [**서식**] 탭 → 그림 스타일 그룹 → ❶ 그림 효과(▣ 그림 효과 ▾) → 반사 → ❷ '1/2 반사, 터치'를 선택합니다.

17 서식 복사하기 서식을 복사하기 위해 ❶ 그림을 선택하고 ❷ [홈] 탭 → 클립보드 그룹 → ❸ 서식 복사(✍)를 클릭한 다음 ❹ 왼쪽 아래 그림을 클릭하여 서식을 복사합니다.

18 서식 복사/결과 확인하기 ❶ 왼쪽 상단의 그림을 선택하고 [홈] 탭 → 클립보드 그룹 → ❷ 서식 복사(✍)를 두 번 연속 클릭한 다음 ❸ 오른쪽 상단 그림, 오른쪽 아래 그림을 각각 클릭하여 서식을 복사합니다. 슬라이드가 완성되었습니다.

Q 그림 자르기 실행 후 원본의 불필요한 영역은 어떻게 되나요?

자주 묻는 질문 ❓

A 그림 자르기를 실행하면 특정 영역만 남고 주변에 자르기 한 영역들은 표시되지 않습니다. 그러나 표시되지 않는 주변 영역들은 우리의 눈에만 안 보일 뿐이지 완전히 삭제된 것은 아니기 때문에 그림을 다시 원본 형태로 되돌릴 수도 있고 다시 자르기를 실행할 수도 있습니다.

① **그림 압축하기** : [그림 도구] – [서식] 탭 → 조정 그룹 → **그림 압축** 명령 단추(🖼)를 클릭하면 원본의 불필요한 영역들이 삭제됩니다.

② **그림으로 저장하기** : 그림 자르기를 실행한 그림 파일을 선택하고 마우스 오른쪽 단추를 클릭하여 바로 가기 메뉴에서 **그림으로 저장**을 클릭합니다.

Chapter 03

도형 및 SmartArt 삽입하기

확실하고 명확하게 주제를 전달하는 프레젠테이션을 만들기 위해서는 슬라이드에 발표 내용의 주제, 콘셉트와 그리고 키워드를 뽑아내고 이를 도해화하여 시각적으로 표현하는 것이 중요합니다. 이런 도해를 위해 가장 필요한 개체가 바로 도형과 SmartArt 그래픽입니다. 도형의 삽입과 서식의 변경을 통해 프레젠테이션 주제에 맞게 내용을 확실하게 전달할 수 있는 슬라이드를 만들 수 있으며, 또한 SmartArt 그래픽을 이용해 전문적인 디자이너 수준의 일러스트레이션을 만들 수 있습니다.

파워포인트 2010 버전에서 도형 및 SmartArt 그래픽을 삽입하고 자유롭게 서식을 변경하는 방법에 대해 알아보겠습니다.

도 형 삽 입 및 편 집

내용 전달의 효과를 높여주는 선/도형 삽입하기

삽입되는 개체들의 순서/위치/회전을 변경하여 정렬하기

도형의 모양을 변경/편집하기

새롭게 추가된 도형 세이프를 이용한 편집 기능 살펴보기

S m a r t A r t 그 래 픽 삽 입 및 편 집

SmartArt 그래픽을 여러 레이아웃에서 삽입하기

SmartArt 그래픽에 텍스트 입력하는 방법 알아보기

SmartArt 그래픽의 색, 스타일, 효과, 텍스트 서식 설정하기

도형을 추가/제거하여 레이아웃의 구조 변경하기

01 도형 삽입, 변경, 삭제하기

도형은 슬라이드 디자인의 가장 기본이 되는 요소로, 도형을 이용하면 논리적인 흐름과 상
호관계 등을 한눈에 볼 수 있을 뿐만 아니라 도해나 메시지의 강조를 표현할 수 있어서 보
다 설득력 있는 프레젠테이션을 만들 수 있습니다. 파워포인트 2010에서 도형의 삽입, 모양
변경 및 회전 등의 다양한 명령에 대해 살펴보겠습니다.

1. 도형 및 선 그리기

프레젠테이션의 내용이 텍스트로만 이루어졌다면 매우 단조로울 뿐만 아니라 효율적인 표현이 어려우므로,
이때 적절하게 선이나 도형을 삽입하여 표현된다면 내용 이해도를 많이 높일 수 있습니다.

○ 선 그리기

슬라이드에 선이나 도형을 그리려면 '그리기' 그룹을 활용하고 슬라이드에 선과 화살표, 연결선을 그려서
개체의 연결성과 이동 방향을 표현할 수 있습니다. 슬라이드에 선을 그리고자 할 경우에는 [홈] 탭 → **그리
기** 그룹 → **도형**( )에서 원하는 선 스타일을 선택합니다.

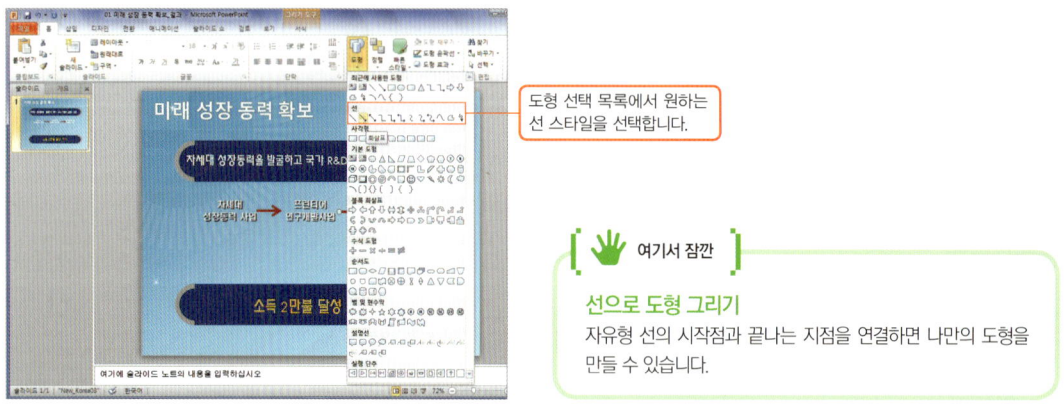

도형 선택 목록에서 원하는
선 스타일을 선택합니다.

여기서 잠깐

선으로 도형 그리기
자유형 선의 시작점과 끝나는 지점을 연결하면 나만의 도형을
만들 수 있습니다.

▲ 선 스타일 선택

① **직선 및 화살표** : 선이 시작되는 위치를 클릭한 후 그리고자하는 위치까지 마우스를 끌어줍니다.
② **자유형 및 곡선** : 선이 시작되는 위치를 클릭한 후 마우스를 자유자재로 이동하면서 원하는 도형을 그린
후 작업을 완료하기 위해서는 두 번 연속 클릭합니다.

● 도형 그리기

슬라이드에 도형을 그리고자 할 경우에는 [홈] 탭 → **그리기** 그룹 → **도형**( )에서 원하는 도형을 선택한 후 슬라이드 창에서 마우스를 끌어 원하는 크기로 설정합니다.

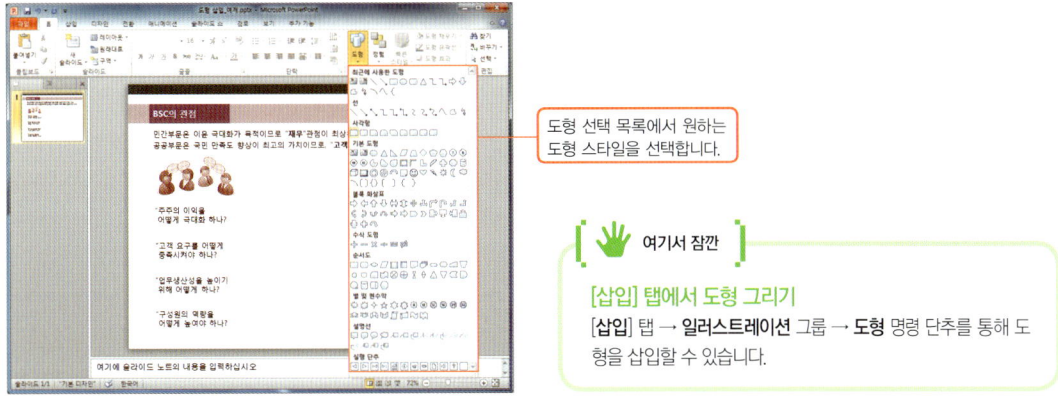

도형 선택 목록에서 원하는
도형 스타일을 선택합니다.

여기서 잠깐

[삽입] 탭에서 도형 그리기
[삽입] 탭 → **일러스트레이션** 그룹 → **도형** 명령 단추를 통해 도형을 삽입할 수 있습니다.

▲ 도형 스타일 선택

① **정방향 도형 그리기** : Shift 키를 누른 채 마우스를 끌어서 가로, 세로 비율을 정방향으로 그릴 수 있습니다.

Shift 키를 누른 채 흰색 원으로 표시되는
크기 조정 핸들을 클릭한 후 슬라이드 창
에서 마우스를 끌어 삽입합니다.

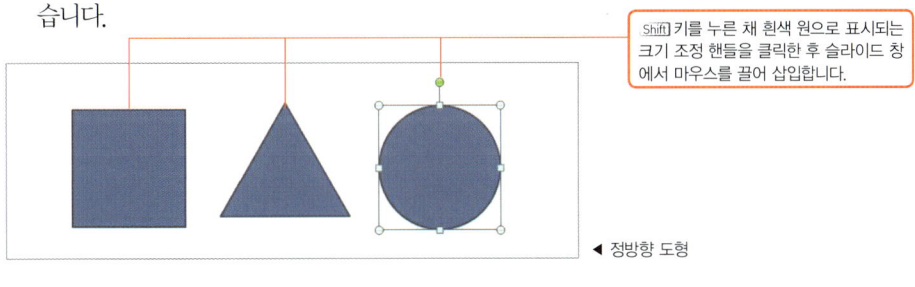

◀ 정방향 도형

여기서 잠깐

가로 세로 비율 유지
가로 세로 비율을 유지한 채 도형의 크기를 조절하고자 할 경우에는 Shift 키를 누른 채 도형의 흰색 원 크기 조정 핸들을 마우스로 클릭하여 끌어줍니다.

② **도형 15도씩 회전하기** : Shift 키를 누른 채 회전 핸들을 클릭하여 원하는 방향으로 마우스를 끌면 15도 간격씩 회전할 수 있습니다.

Shift 키를 누른채 마우스를 원하는
방향으로 회전시킵니다.

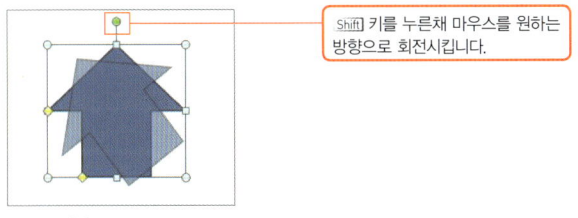

▲ 15도 회전

③ **도형 수평/수직 이동하기** : Shift 키를 누른 채 마우스를 끌면 수평/수직 방향으로 이동할 수 있습니다.

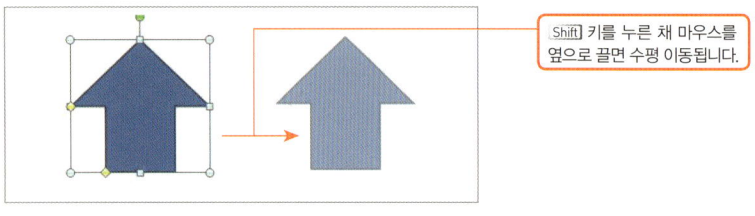

Shift 키를 누른 채 마우스를
옆으로 끌면 수평 이동됩니다.

▲ 수평 이동

2. 여러 도형 추가하기

동일한 도형을 그리기 잠금 모드를 활용하여 여러 번 반복해서 슬라이드에 추가할 수 있습니다. **그리기 잠금 모드**가 실행되면 리본 탭을 활용하지 않고 선택한 도형을 계속해서 삽입할 수 있어서 똑같은 도형을 여러 번 삽입해야 하는 경우에 유용한 명령입니다.

① 도형을 슬라이드에 삽입하려면 [**홈**] 탭 → **그리기** 그룹 → **도형** 명령 단추(📷)를 클릭한 후 추가할 도형 위에서 마우스 오른쪽 단추로 클릭하고 바로 가기 메뉴에서 **그리기 잠금 모드**를 클릭합니다.
② 슬라이드 창에서 마우스를 끌어서 도형을 삽입하며, 마우스 커서가 변하지 않으면 계속해서 동일한 도형을 삽입할 수 있으므로 원하는 수만큼 도형을 추가한 후 모든 작업이 완료되면 Esc 키를 누릅니다.

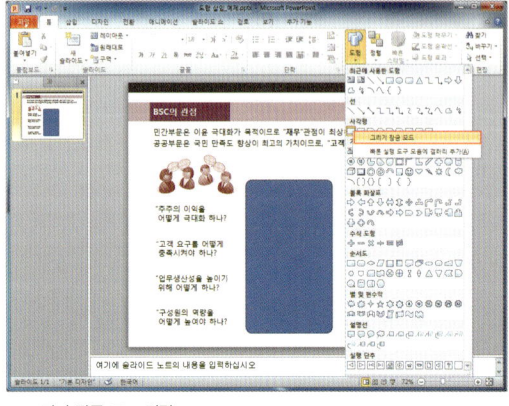

▲ 그리기 잠금 모드 명령

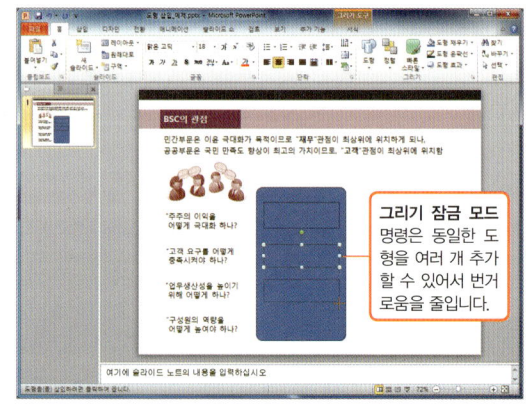

그리기 잠금 모드
명령은 동일한 도형을 여러 개 추가할 수 있어서 번거로움을 줄입니다.

▲ 여러 개의 동일한 도형 추가

3. 도형의 크기/모양/회전 조정하기

도형, 그림, 텍스트 상자 등 파워포인트에서 사용되는 모든 개체들의 크기를 조정하는 방법은 개체를 선택하면 표시되는 크기 조정 핸들을 마우스로 끌거나 당겨서 크기나 모양을 조정합니다.

● 크기 조정 핸들

도형이나 그림과 같은 개체를 선택했을 때 가장자리에 흰색 원과 사각형이 표시되는데, 이를 '크기 조정 핸들'이라고 합니다. 크기 조정 핸들 위에 마우스를 가져가면 마우스 포인터의 모양이 양방향 화살표로 변하는데, 이 때 마우스를 드래그하여 개체의 크기를 조절할 수 있습니다.

도형의 크기를 조정하려면 도형을 클릭하고 크기 조정 핸들 중 하나로 마우스를 가져가 원하는 크기가 될 때까지 핸들을 드래그합니다.

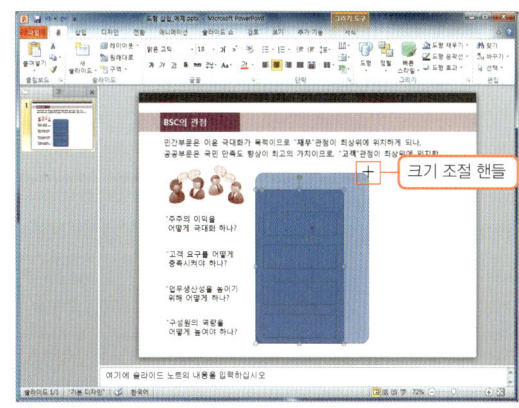

▲ 크기 조정 핸들

● 모양 조정 핸들

타원이나 직사각형과 같은 도형을 제외하고 특정 도형의 경우 도형을 선택했을 때 노란색 조정 핸들이 나타나는데, 이 조정 핸들을 드래그하면 도형의 모양이 변경되며, 경우에 따라서는 모양 조정 핸들이 두 개 이상 나타나기도 합니다.

도형의 모양을 변경하려면 도형을 클릭하고 모양 조정 핸들 중 하나로 마우스를 가져가 원하는 모양이 될 때까지 핸들을 조정합니다.

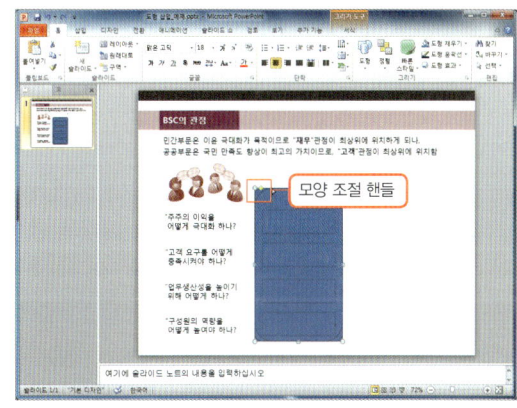

▲ 모양 조절 핸들

● 회전 핸들

도형 선택 시 녹색 원모양의 도형을 회전시킬 수 있는 회전 핸들이 표시되는데, 마우스 포인터를 회전 핸들에 놓으면 마우스 포인터가 ↻ 로 바뀝니다. 원하는 회전 방향으로 마우스를 끌거나 당기면 도형이 회전됩니다.

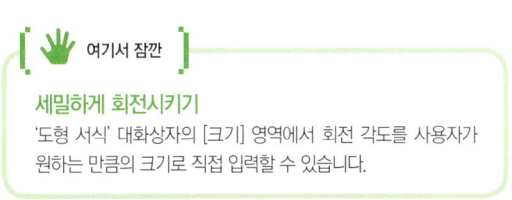

세밀하게 회전시키기
'도형 서식' 대화상자의 [크기] 영역에서 회전 각도를 사용자가 원하는 만큼의 크기로 직접 입력할 수 있습니다.

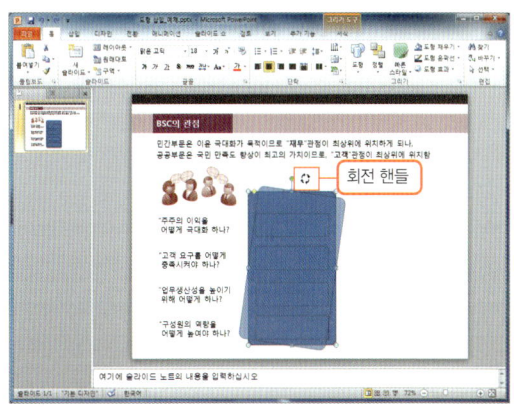

▲ 회전 핸들

02 도형 채우기 및 효과 적용하기

도형의 채우기 색은 질감, 그림 또는 그라데이션, 패턴 채우기에서 다양하게 변경이 가능하며 도형의 채우기 색의 변경은 도형의 내부나 앞면에만 영향을 줍니다. 그림자, 네온, 반사, 부드러운 가장자리, 입체 효과, 3차원 회전 등의 효과를 추가하여 도형의 모양을 효과적으로 변경하는 방법에 대해서 알아보겠습니다.

1. 단색 채우기

도형을 삽입하면 파워포인트에서 제공되는 기본 색이 채워져 있는데, 도형 채우기 명령을 통해 다른 색으로 쉽게 변경할 수 있습니다. 채우기 색은 테마 색에 따라 결정되며, 테마 색을 변경하면 그에 따라 선택 목록의 색상이 변경됩니다.

① 채우기 색을 변경할 도형을 선택한 후 **[그리기 도구]** – **[서식]** 탭 → **도형 스타일** 그룹 → **도형 채우기** 명령 단추()를 클릭합니다.
② 채우기 색을 추가하거나 변경하려면 원하는 테마 색을 선택하고, 색을 선택하지 않으려면 **채우기 없음**을 선택합니다.

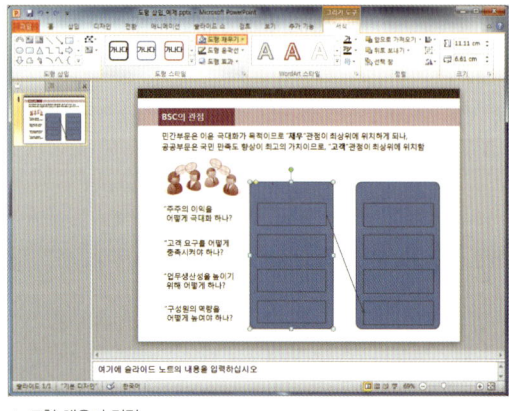

▲ 도형 채우기 명령

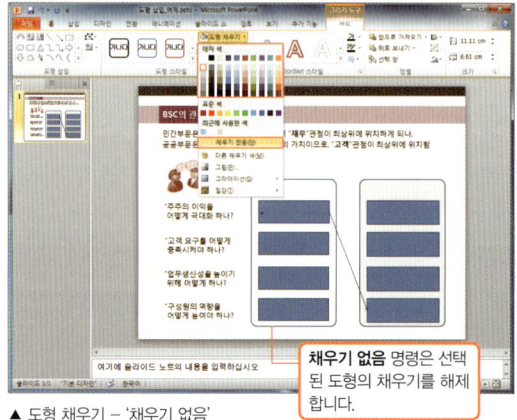

▲ 도형 채우기 – '채우기 없음'

> **채우기 없음** 명령은 선택된 도형의 채우기를 해제합니다.

[✋ 여기서 잠깐]

사용자 지정 채우기 색
만약, 테마 색에 없는 색으로 변경하려면 **다른 채우기 색**을 선택하고 [표준] 탭에서 원하는 색을 선택하거나 [사용자 지정] 탭에서 색을 혼합합니다.

2. 그라데이션 채우기

그라데이션은 일반적으로 한 색에서 다른 색으로 또는 한 음영에서 같은 색의 다른 음영으로 색 및 음영이 점진적으로 진행되는 것을 말하며, 슬라이드 디자인의 질을 높일 수 있는 아주 중요한 기능입니다.

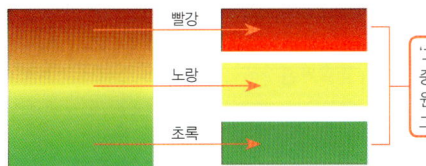

'그라데이션 채우기'에서 '그라데이션 중지점' 항목의 각 중지점을 클릭하여 원하는 색상을 설정하면 자연스럽게 그라데이션 됩니다.

① 그라데이션 채우기 색을 변경할 도형을 선택한 후 [그리기 도구] − [서식] 탭 → **도형 스타일** 그룹 → **도형 채우기** 명령 단추()를 클릭합니다.

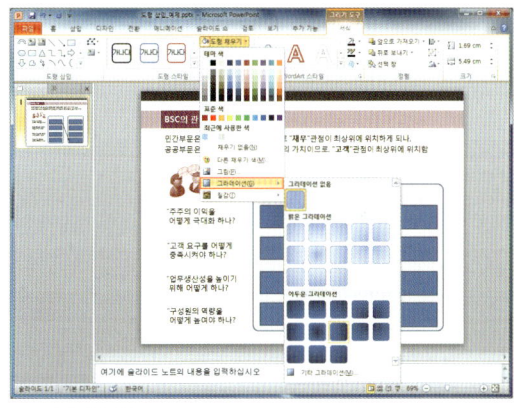

▲ 그라데이션 명령

> **✋ 여기서 잠깐**
>
> **그라데이션 활용하기**
> 그라데이션은 도형의 현재 채우기 색상의 단순한 밝기 변형으로, 기본으로 제공되는 그라데이션 채우기 중의 하나를 선택할 수도 있고 직접 사용자 지정 그라데이션 채우기를 만들 수도 있습니다.

② 채우기 그라데이션을 추가하거나 변경하려면 그라데이션에서 원하는 그라데이션 변형을 선택하고, 그라데이션을 없애려면 [그리기 도구] − [서식] 탭 → **도형 스타일** 그룹 → **도형 채우기** 명령 단추()를 클릭하여 **그라데이션** → **그라데이션 없음**을 선택합니다.

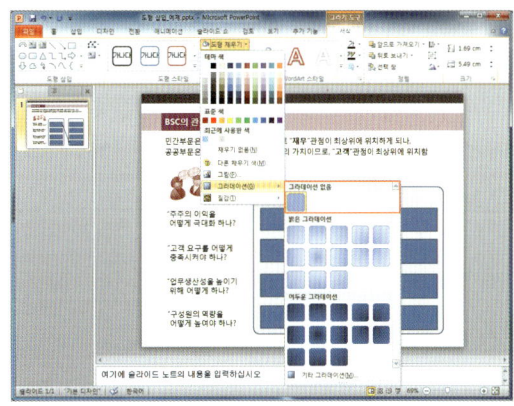

▲ 도형 채우기 − '그라데이션 없음'

> **✋ 여기서 잠깐**
>
> **사용자 지정 그라데이션**
> 그라데이션을 사용자 지정하려면 **기타 그라데이션**을 클릭한 후 원하는 옵션을 선택합니다.

3. 그림 또는 질감 채우기

도형에 그림이나 질감을 채워 넣을 수 있는데, 도형을 그림이나 질감으로 채우고 텍스트를 동반하는 경우 자칫 텍스트의 가독성이 떨어져 잘 보이지 않는 경우가 있으니 주의해야 합니다.

채우기 색을 변경할 도형을 선택한 후 **[그리기 도구]** – **[서식]** 탭 → **도형 스타일** 그룹 → **도형 채우기** 명령 단추()를 클릭합니다.

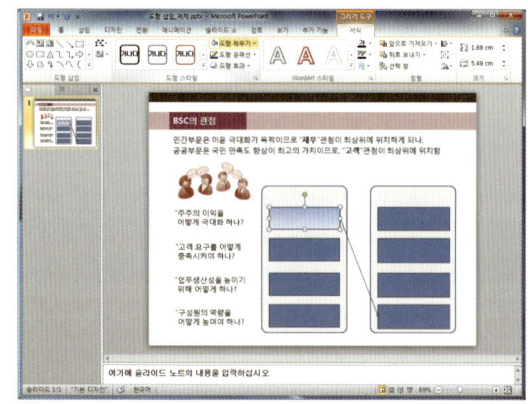

▲ 그림 및 질감 채우기 도형 선택

● 채우기 그림

도형에 채울 그림을 추가하거나 변경하려면 '도형 채우기' 선택 목록에서 **그림**을 선택하고 사용할 그림이 있는 폴더를 찾아 그림 파일을 선택한 후 〈삽입〉 단추를 클릭합니다.

> **✋ 여기서 잠깐**
>
> **웹에서 복사한 그림**
> 웹에서 복사한 그림은 먼저 컴퓨터에 저장한 후에 채우기가 가능합니다

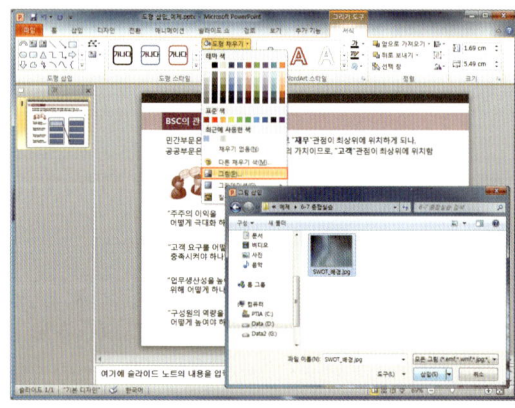

▲ 그림으로 채우기

● 채우기 질감

도형에 채울 질감을 추가하거나 변경하려면 '도형 채우기' 선택 목록에서 **질감**을 가리킨 다음 원하는 질감을 선택합니다.

> **✋ 여기서 잠깐**
>
> **질감에 투명도 적용하기**
> 질감으로 도형을 채운 경우 텍스트가 잘 안보일 수 있으므로, **기타 질감** 명령을 선택하면 대화상자에서 '투명도'를 조절하여 텍스트의 가독성을 높일 수 있습니다.

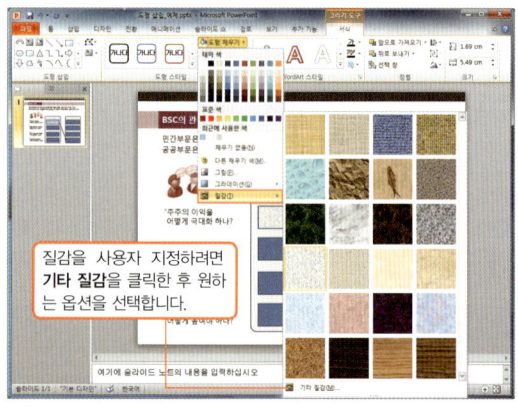

▲ 질감으로 채우기

4. 패턴 채우기 `NEW 2010`

도형을 패턴으로 채우는 것은 파워포인트 2003 버전까지 제공되었다가 2007 버전에서는 사용할 수 없었으나 다시 2010 버전에서 패턴을 활용할 수 있도록 추가된 기능입니다.

패턴 채우기를 추가할 도형을 마우스 오른쪽 단추로 클릭하여 바로 가기 메뉴에서 **도형 서식**을 클릭한 후 '도형 서식' 대화상자에서 [채우기] 탭을 클릭하여 '패턴 채우기'를 선택하고 패턴 채우기의 패턴, 전경색 및 배경색을 설정합니다.

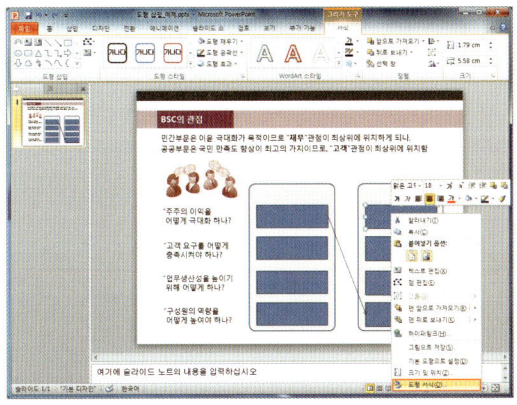
▲ 바로 가기 메뉴 – 도형 서식 명령

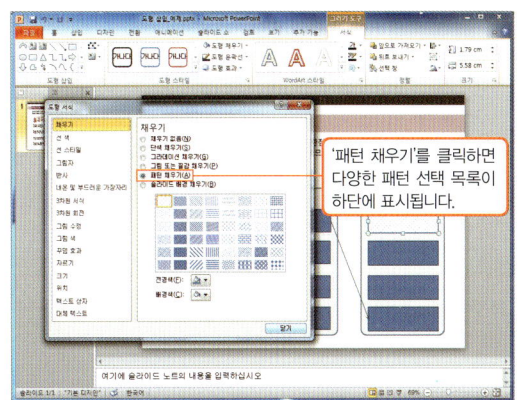
▲ 패턴 채우기

5. 슬라이드 배경 채우기

슬라이드 배경에 그림이나 그라데이션이 적용되어 있다면 배경을 도형에 채워 넣을 수 있는데, 슬라이드에 삽입된 개체들과 배경의 유사한 조화를 통해 깔끔하게 디자인할 수 있습니다.

슬라이드 배경으로 채우기를 추가할 도형을 마우스 오른쪽 단추로 클릭하여 바로 가기 메뉴에서 **도형 서식**을 클릭한 후 '도형 서식' 대화상자에서 [채우기]를 클릭하여 '슬라이드 배경 채우기'를 선택하면 슬라이드 배경이 도형에 채워집니다.

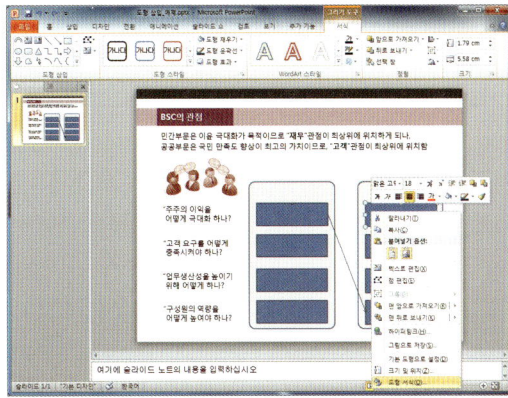
▲ 바로 가기 메뉴 – 도형 서식 명령

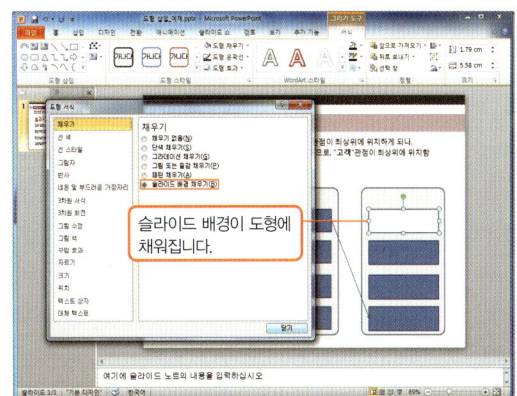
▲ 슬라이드 배경 채우기

6. 빠른 스타일 적용하기

파워포인트에서는 도형에 빠르게 스타일을 적용할 수 있도록 42개의 기본 스타일을 제공합니다. 기본 스타일은 현재 설정되어 있는 테마 색을 적용 받으므로 테마 색을 변경하면 기본 스타일의 색 또한 변경됩니다.

빠른 스타일을 적용할 도형을 선택한 후 [**그리기 도구**] – [**서식**] 탭 → **도형 스타일** 그룹의 오른쪽 **자세히** 단추(▼)를 클릭한 후 원하는 스타일을 선택합니다.
선택 목록 이외의 다른 스타일을 적용하려면 [**그리기 도구**] – [**서식**] 탭 → **도형 스타일** 그룹의 오른쪽 **자세히** 단추(▼) → **다른 테마 채우기**를 클릭한 후 원하는 스타일을 선택합니다.

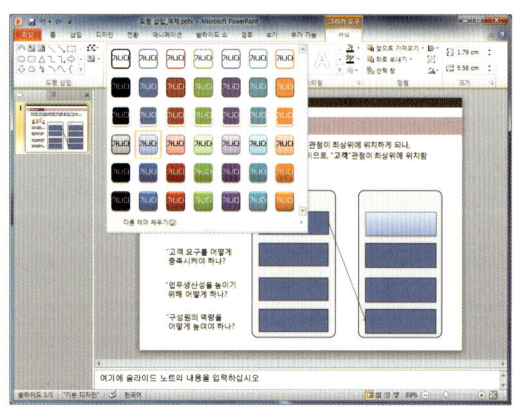

▲ 도형 스타일 – 자세히 단추

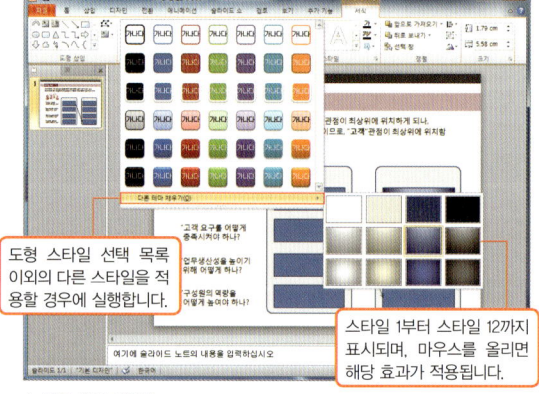

도형 스타일 선택 목록 이외의 다른 스타일을 적용할 경우에 실행합니다.

스타일 1부터 스타일 12까지 표시되며, 마우스를 올리면 해당 효과가 적용됩니다.

▲ 다른 테마 채우기

03 도형에 투명도 적용하기

투명도는 개체의 픽셀을 통과하는 빛의 양을 정의하는 용어로, 개체가 100% 투명할 때는 빛이 완전히 통과되어 개체를 투시할 수 있습니다. 도형이나 윤곽선에 투명도를 활용하면 보다 전문적이고 고급스러운 느낌을 주는 슬라이드를 디자인할 수 있습니다. 도형이나 윤곽선에 투명도를 추가하는 방법에 대해 알아보겠습니다.

1. 도형에 투명도 적용하기

도형 뒤의 배경 그림이 비춰 보이게 하거나 도형의 색이 너무 강해 부드러운 느낌을 주고 싶을 때 투명도를 추가하며, 투명도는 최종 디자인 수정 단계에서 고급스러운 느낌을 주기 위해 자주 사용되는 명령입니다.

① 투명도를 적용할 도형을 선택한 후 [그리기 도구] – [서식] 탭 → **도형 스타일** 그룹 → **도형 채우기** (도형 채우기) → **다른 채우기 색**을 클릭합니다.

② '색' 대화상자의 아래쪽에서 투명도 슬라이더를 이동하거나 슬라이더 옆에 있는 입력 상자에 투명 정도를 나타내는 숫자를 입력하여 설정합니다.

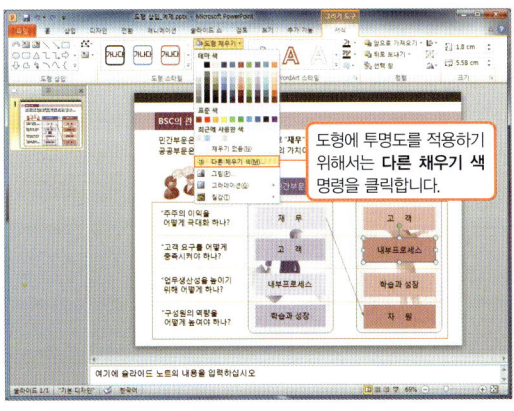

▲ 도형 채우기 – 다른 채우기 색

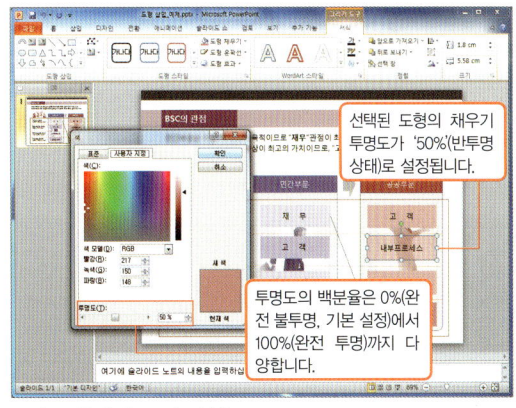

▲ 다른 채우기 색 – 투명도 설정

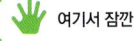 **여기서 잠깐**

투명도의 적용
도형의 일부를 투명하게 만들어 도형 위에 겹친 텍스트를 뚜렷이 표시하거나, 도형을 서로 겹치게 하거나, 강조를 위해 도형의 일부를 제거 및 숨길 수 있습니다.

2. 도형 윤곽선에 투명도 적용하기

도형의 윤곽선에도 투명도를 추가할 수 있는데, 만약 윤곽선의 두께가 얇은 경우에는 잘 보이지 않을 수 있으므로 윤곽선의 두께를 조금 더 두껍게 설정하고 투명도를 적용하는 것이 좋습니다.

① 윤곽선에 투명도를 추가할 도형을 선택한 후 [**그리기 도구**] – [**서식**] 탭 → **도형 스타일** 그룹 → **도형 윤곽선**
(📝 **도형 윤곽선** ▾) → **다른 윤곽선 색**을 클릭합니다.

② '색' 대화상자의 [사용자 지정] 탭에서 투명도 슬라이드를 이동하거나 슬라이드 옆에 있는 입력 상자에
투명 정도를 나타내는 숫자를 입력하여 설정합니다.

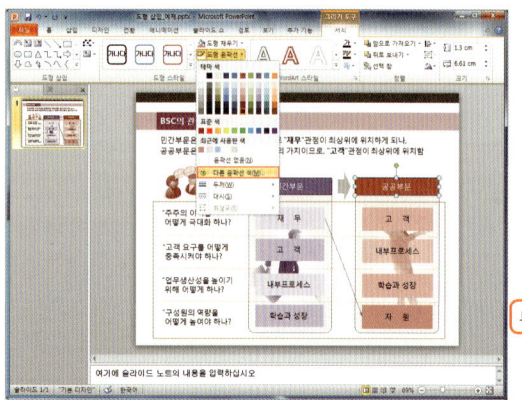

▲ 도형 윤곽선 – 다른 윤곽선 색   ▲ 다른 윤곽선 색 – 투명도 설정

3. 그라데이션 효과에 투명도 적용하기

투명도는 도형에 그라데이션을 적용했을 때에도 각각의 중지점마다 옵션을 적용할 수 있습니다. 예를 들어 시작점은 불투명 상태로, 종료점은 완전 투명 상태로 설정하게 되면 투명도 그라데이션이 적용되는 것입니다.

① 그라데이션을 적용하기 위해 도형을 선택한 후 [**그리기 도구**] – [**서식**] 탭 →
도형 스타일 그룹 → **도형 채우기**() → **그라데이션** 선택 목록에
서 원하는 그라데이션을 선택합니다.

② 도형에 추가된 그라데이션에 투명도를 적용하려면 **그라데이션 → 기타 그라
데이션**을 클릭합니다.

[✋ 여기서 잠깐]

'도형 서식' 대화상자
'도형 서식' 대화상자를 표시하
는 또 다른 방법으로는 [**그리
기 도구**] – [**서식**] 탭 → **도형
스타일** 그룹 오른쪽 아래에 **대
화상자 표시** 단추(▣)를 클릭
합니다.

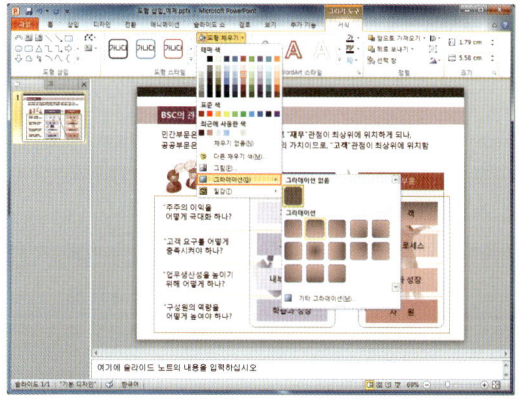

▲ 도형 채우기 – 그라데이션

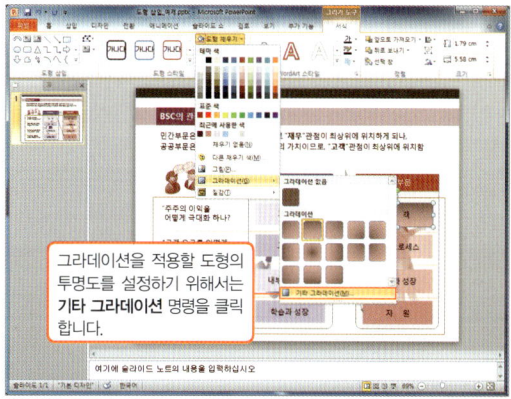

그라데이션을 적용할 도형의 투명도를 설정하기 위해서는 **기타 그라데이션** 명령을 클릭합니다.

▲ 기타 그라데이션 명령

③ '도형 서식' 대화상자의 [채우기]에서 '그라데이션 채우기'를 선택한 후 그라데이션 중지점에서 선택되어 있는 중지점별로 투명도 슬라이더를 이동하거나 슬라이더 옆에 있는 상자에 숫자를 입력합니다. 그라데이션 도형에 투명도가 추가된 것을 확인할 수 있습니다.

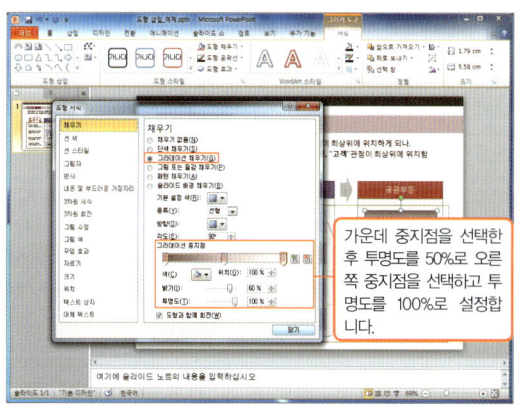

가운데 중지점을 선택한 후 투명도를 50%로 오른쪽 중지점을 선택하고 투명도를 100%로 설정합니다.

▲ 그라데이션 중지점의 투명도

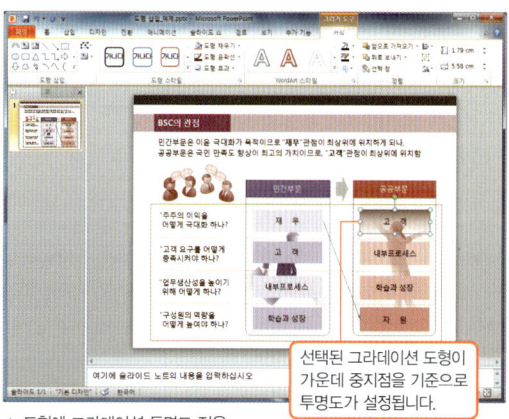

선택된 그라데이션 도형이 가운데 중지점을 기준으로 투명도가 설정됩니다.

▲ 도형에 그라데이션 투명도 적용

 **여기서 잠깐**

그라데이션 투명도
한가지 색에 투명도를 적용하는 것보다 그라데이션 즉, 둘 이상의 채우기 색상에 색상별로 투명도를 적용하면 훨씬 세련된 디자인을 만들 수 있습니다.

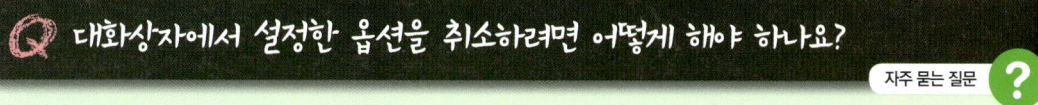

Q 대화상자에서 설정한 옵션을 취소하려면 어떻게 해야 하나요?

자주 묻는 질문 ?

A 텍스트, 그림, 도형 등은 정교하게 서식을 적용하기 위해 각각의 옵션 대화상자를 활용할 수 있습니다. 이러한 대화상자들의 특징은 옵션을 선택하게 되면 〈확인〉과 같은 서식을 적용하는 단추가 아닌 〈닫기〉 단추가 표시되며, 〈닫기〉 단추를 클릭하지 않아도 선택한 옵션이 개체에 바로 적용됩니다.

그렇기 때문에 대화상자에서 옵션을 선택한 것을 취소하려면 단축키 Ctrl + Z 을 눌러 적용을 해제해야 합니다.

또 대화상자가 표시된 상태에서도 다른 작업을 수행할 수 있어서 현재 슬라이드의 다른 도형이나 개체는 물론 다른 슬라이드의 개체를 선택하여 바로 옵션을 적용할 수 있는 편리함이 숨어 있습니다.

04 도형 정렬하기

파워포인트에서는 도형뿐만 아니라 삽입되는 모든 개체의 모양, 위치 및 회전을 변경하여 슬라이드에서 정렬할 수 있으며, 또한 여러 개체를 그룹화하여 단일 개체처럼 사용할 수도 있습니다. 파워포인트 2010에서는 새롭게 스마트 가이드라는 기능이 추가되어 보다 빠르고 편리하게 개체를 정렬할 수 있습니다. 도형을 포함한 모든 개체를 정렬하는 방법에 대해 알아보겠습니다.

1. 도형 순서 조정하기

슬라이드에 여러 도형을 삽입하는 경우 나중에 삽입된 도형이 먼저 삽입된 도형 위에 표시됩니다. 이렇게 도형 또는 그룹화 도형 항목이 겹쳐져 있을 때 특정 도형 항목의 앞이나 뒤에 표시되도록 각 항목의 순서를 자유롭게 변경할 수 있습니다.

⭕ 맨 앞으로/맨 뒤로

순서를 변경할 도형을 선택한 후 [그리기 도구] – [서식] 탭 → 정렬 그룹 → 앞으로 가져오기 또는 뒤로 보내기 오른쪽 자세히 단추(▾) → 맨 앞으로 가져오기 또는 맨 뒤로 보내기 명령을 클릭합니다. 슬라이드 개체를 누적된 순서에서 한 단계 앞으로 가져오려면 앞으로 가져오기 또는 맨 뒤로 보내기를 클릭합니다.

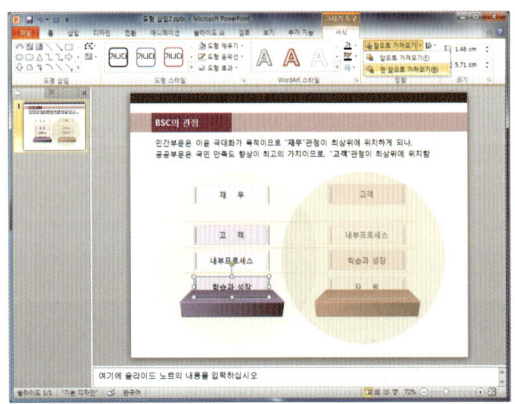

▲ 도형 맨 앞으로

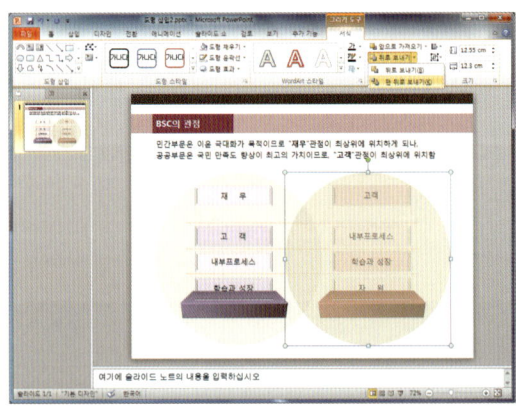

▲ 도형 맨 뒤로

2. 도형 맞춤 활용하기

슬라이드에 여러 개의 도형을 삽입한 경우 각각의 도형을 정렬하려고 마우스로 일일이 끌어서 맞추기 보다
는 [그리기 도구] 모음의 맞춤 배분을 이용하여 자동으로 각각의 도형을 맞출 수 있습니다.

● [그리기 도구]에서 도형 맞춤

도형 간의 세로 간격을 일정하게 조정하려면 맞춤할 도형들을 선택한 후 **[그리기 도구]** - **[서식]** 탭 → **정렬**
그룹 → **맞춤**( ) → **세로 간격을 동일하게** 명령을 클릭합니다.

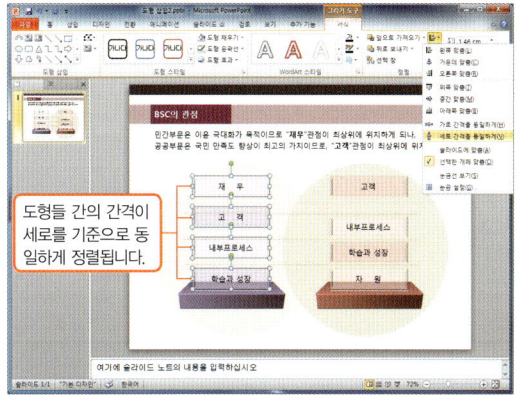

▲ [그리기 도구] - 세로 간격 동일하게

여기서 잠깐

맞춤 명령 활성화
도형이나 개체에 맞춤 명령을 사용하려면 반드시 2개 이상의 개
체가 선택되어야 맞춤 명령이 활성화됩니다.

● [홈] 탭에서 도형 맞춤

[홈] 탭 → 그리기 그룹 → **정렬**( ) → **맞춤** → **세로 간격을 동일하게** 명령을 클릭합니다.

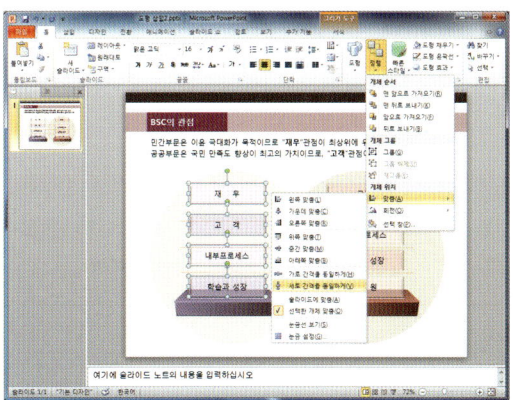

▲ [홈] 탭 - 세로 간격 동일하게

3. 스마트 가이드 활용하기 NEW 2010

스마트 가이드는 파워포인트 2010에서 새롭게 선보이는 기능으로 도형 이동 시 다른 도형과 맞춤 정렬해 주는 안내선 기능입니다. 따라서, 스마트 가이드를 통해 도형 위치 이동 시 빠르고 쉽게 맞춤 정렬을 할 수 있게 되었습니다.

다른 도형과 맞춤을 하기 위해 이동할 도형을 선택한 후 마우스로 끌어주면 도형과 세로 맞춤이 되는 위치에 안내선이 나타납니다. 또 이동할 도형을 선택한 후 마우스로 위쪽 방향으로 끌어주면 다른 도형과 위쪽 맞춤이 되는 위치에 스마트 가이드 즉 안내선이 나타납니다.

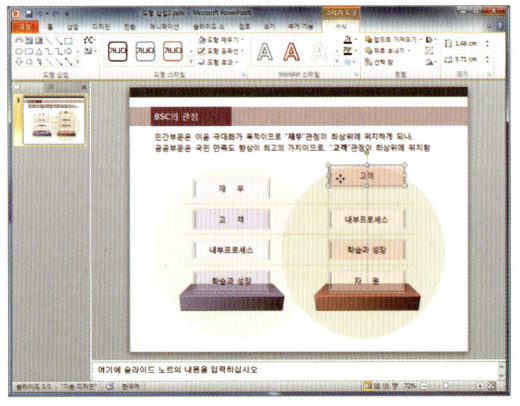
▲ 스마트 가이드 활용

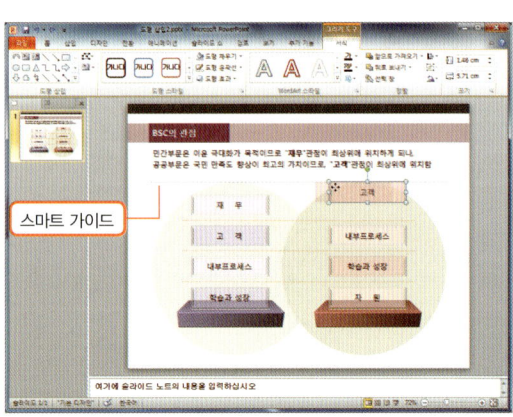
▲ 스마트 가이드 – 위쪽 맞춤

4. 도형 그룹 만들기

여러 도형이나 개체를 조합해서 하나의 개체로 만들 수 있습니다. 여러 도형을 슬라이드에 삽입하여 프레젠테이션을 작성한 경우 실수로 각각의 도형이 위치가 변경되거나 변형되는 것을 막으려면 삽입된 개체들을 하나의 그룹으로 묶어 놓고 개별적인 편집을 제한합니다.

○ 그룹 만들기

단일 개체로 만들 도형들을 선택한 후 [그리기 도구] – [서식] 탭 → 정렬 그룹 → 그룹(🔲) → 그룹을 클릭하면 도형들이 하나의 개체로 변형됩니다.

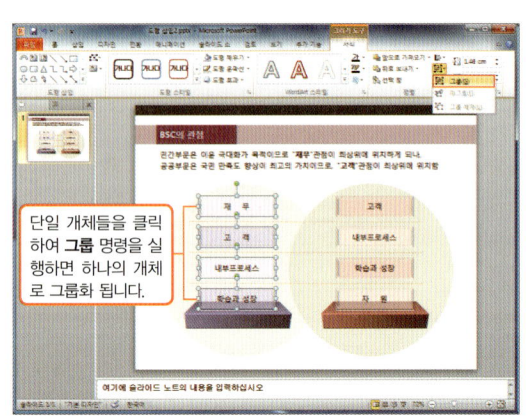
단일 개체들을 클릭하여 그룹 명령을 실행하면 하나의 개체로 그룹화 됩니다.

▲ 그룹 설정

> [🖐 여기서 잠깐]
>
> **그룹 만들기 명령**
> 그룹을 만드는 또 다른 방법은 각각의 도형들을 선택하고 마우스 오른쪽 단추를 클릭하여 바로 가기 메뉴에서 **그룹 → 그룹** 명령을 클릭합니다.

● 그룹 해제하기

하나의 그룹으로 되어 있는 개체를 여러 개의 도형
으로 분리하려면 [그리기 도구] - [서식] 탭 → **정렬**
그룹 → **그룹**(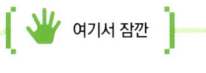) → **그룹 해제**를 클릭합니다.

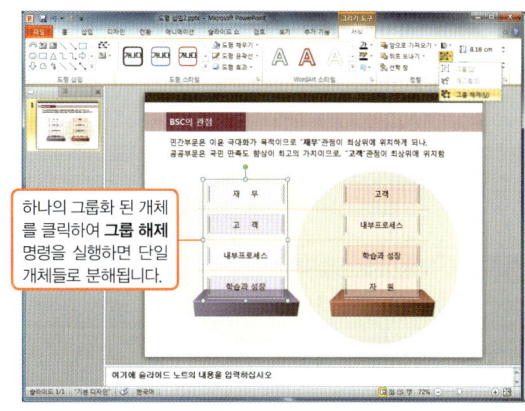

하나의 그룹화 된 개체를 클릭하여 **그룹 해제** 명령을 실행하면 단일 개체들로 분해됩니다.

▲ 그룹 해제

> ✋ 여기서 잠깐
>
> **그룹 해제하기 명령**
> 그룹을 해제하는 또 다른 방법은 그룹화 되어 있는 도형을 선택
> 하고 마우스 오른쪽 단추를 클릭하여 바로 가기 메뉴에서 **그룹**
> → **그룹 해제** 명령을 클릭합니다.

---

5. 도형 회전하기

파워포인트에서는 도형이나 그림, 텍스트 등을 왼쪽으로 또는 오른쪽으로 회전을 선택하여 시계 방향 또
는 반시계 방향으로 자유롭게 회전시킬 수 있습니다. 회전 기능을 이용해 도형의 위치 및 방향을 회전하거
나 변경하여 도해의 흐름을 유지하고 나만의 도해를 완성할 수 있습니다.

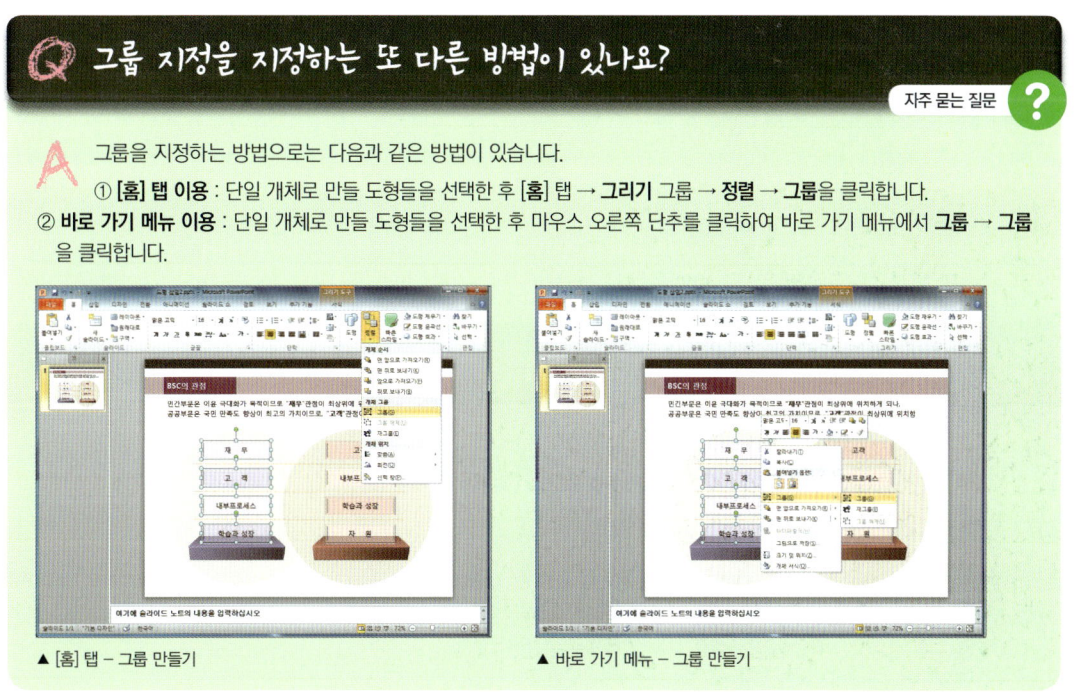

Q 그룹 지정을 지정하는 또 다른 방법이 있나요?

자주 묻는 질문 ?

A 그룹을 지정하는 방법으로는 다음과 같은 방법이 있습니다.
① **[홈] 탭 이용** : 단일 개체로 만들 도형들을 선택한 후 [홈] 탭 → **그리기** 그룹 → **정렬** → **그룹**을 클릭합니다.
② **바로 가기 메뉴 이용** : 단일 개체로 만들 도형들을 선택한 후 마우스 오른쪽 단추를 클릭하여 바로 가기 메뉴에서 **그룹** → **그룹**
   을 클릭합니다.

▲ [홈] 탭 - 그룹 만들기   ▲ 바로 가기 메뉴 - 그룹 만들기

방법 1 회전할 도형을 선택한 후 [**그리기 도구**] – [**서식**] 탭 → **정렬** 그룹 → **회전**() → **상하 대칭**을 클릭하면 도형이 180도 회전됩니다. 사용자 지정 회전을 만들려면 **기타 회전 옵션**을 클릭한 후 원하는 옵션을 선택합니다.

방법 2 도형을 눈으로 보고 원하는 만큼 직접 회전시키려면 회전 도형을 선택한 후 중앙 상단의 녹색 회전 조정 핸들을 좌우로 돌려서 회전을 설정합니다.

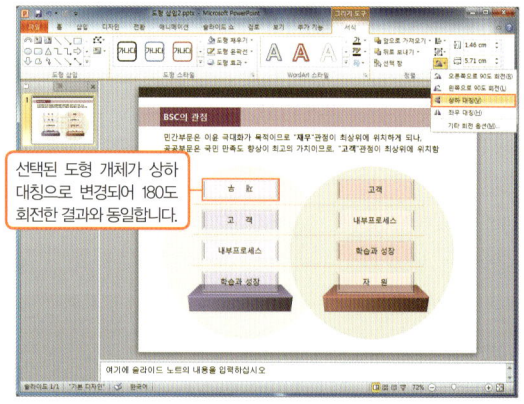

▲ [그리기 도구] – 회전 명령으로 설정

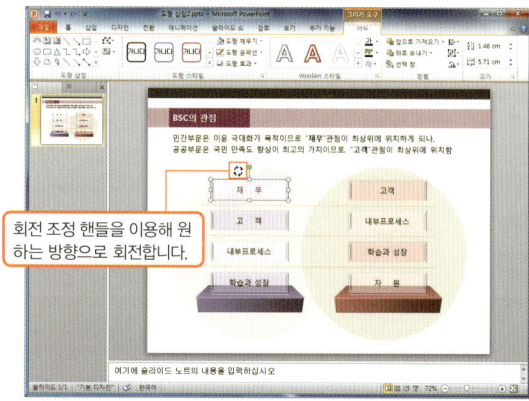

▲ 회전 조정 핸들로 설정

 여기서 잠깐

'회전' 명령

회전 명령은 [**홈**] 탭 → **그리기** 그룹 → **정렬** → **회전**에서도 사용할 수 있습니다.

Q 회전 명령과 관련된 다양한 방법에는 어떤 것이 있나요?

자주 묻는 질문

 회전 명령을 이용하는 방법은 다음과 같습니다.

① **방법 1** : 회전 핸들을 끌어서 해당 방향으로 이동합니다.
② **방법 2** : Shift + 회전 핸들을 끌어서 15도씩 회전합니다.
③ **방법 3** : [**홈**] 탭 → **그리기** 그룹 → **정렬** → **회전** → 원하는 회전을 클릭합니다.
④ **방법 4** : [**그리기 도구**] – [**서식**] 탭 → **정렬** 그룹 → **회전** → 원하는 회전을 클릭합니다.

SECTION

05 도형 편집하기

파워포인트에서는 도형의 그리기 모양을 변경하여 영역을 편집하거나 자유형 도형으로 변환하는 편집 기능을 제공합니다. 또한 파워포인트 2010에서는 도형 세이프를 통해 두 도형의 공통분모나 공통분모를 제외한 영역만을 남겨두는 강력한 편집 기능이 추가되었습니다. 도형을 다양하게 편집하는 방법에 대해 알아보겠습니다.

1. 도형 모양 변경하기

슬라이드에 삽입된 도형의 모양을 다른 도형으로 대체할 수 있습니다. 도형 모양 변경 기능을 통해 빠르게 다른 도형으로 변경하여 내용과 부합된 도해를 작성할 수 있습니다.

도형의 모양을 변경하려면 도형을 선택한 후 [**그리기 도구**] – [**서식**] 탭 → **도형 삽입** 그룹 → **도형 편집**( ) → **도형 모양 변경**을 클릭하고 선택 목록에서 원하는 도형을 선택합니다.

여러 도형을 한꺼번에 변경할 경우에는 Ctrl 키를 누른 채 변경할 도형들을 선택한 후 [**그리기 도구**] – [**서식**] 탭 → **도형 삽입** 그룹 → **도형 편집**( ) → **도형 모양 변경**을 클릭하고 선택 목록에서 원하는 도형 모양을 선택합니다.

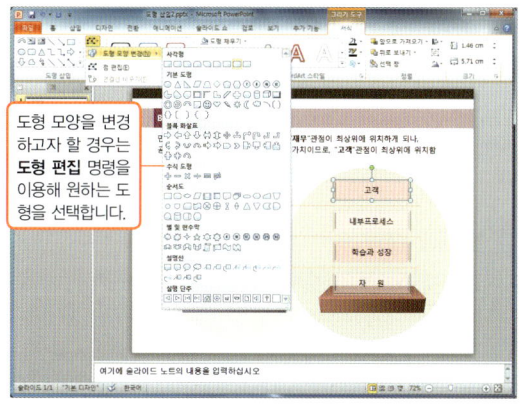

▲ 도형 모양 변경

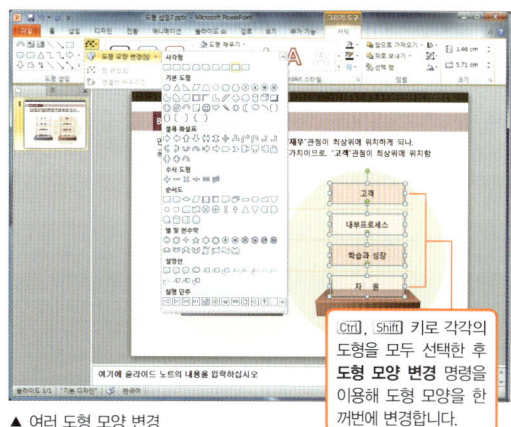

▲ 여러 도형 모양 변경

✋ **여기서 잠깐**

여러 도형 선택하기
도형을 추가 선택할 때 Ctrl , Shift 키를 누르고 각각의 도형을 클릭하면 여러 도형을 한꺼번에 선택할 수 있습니다.

2. 도형 점 편집하기

파워포인트에서는 기본 도형의 면이나 선을 변경하여 사용자가 원하는 방식으로 편집할 수 있는 점 편집 기능을 제공하는데, 도형을 자유형으로 변환한 후 점 편집을 통해 자유롭게 편집할 수 있습니다.

① 점 편집할 도형을 선택한 후 [그리기 도구] – [서식] 탭 → 도형 삽입 그룹 → 도형 편집(아이콘) → 점 편집을 클릭합니다.

② 도형 아래 면을 삼각형으로 만든 후 아래 면의 중간을 마우스를 찍고 아래로 끌어내려 삼각형 형태로 만듭니다.

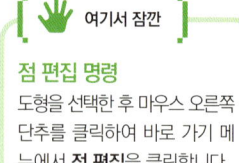

여기서 잠깐

점 편집 명령
도형을 선택한 후 마우스 오른쪽 단추를 클릭하여 바로 가기 메뉴에서 **점 편집**을 클릭합니다.

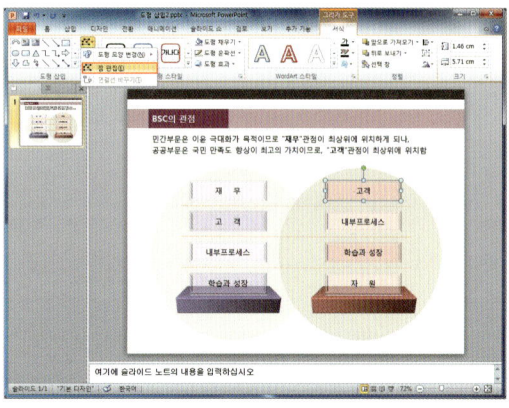

▲ 점 편집

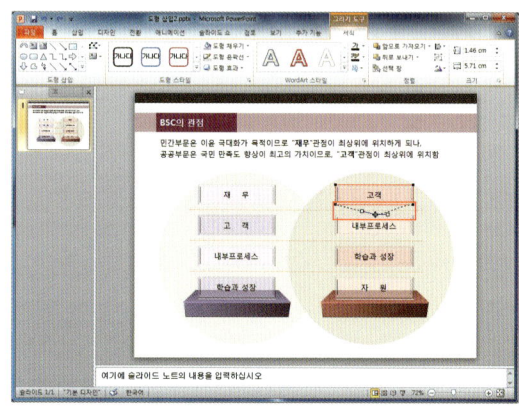

▲ 삼각형 형태의 점 편집

3. 도형 세이프 활용하기 `NEW 2010`

도형 세이프를 통해 두 도형의 공통분모나 공통분모를 제외한 영역만을 남겨둘 수 있는 파워포인트 2010에서 새롭게 선보이는 강력한 편집 기능입니다. 다만 리본 메뉴에 등록되어 있지 않아 파워포인트 옵션에서 명령을 선택하여 사용할 수 있으며 세이프 결합, 교차, 병합, 빼기의 실행 모습은 다음과 같습니다.

🔵 **세이프 병합**

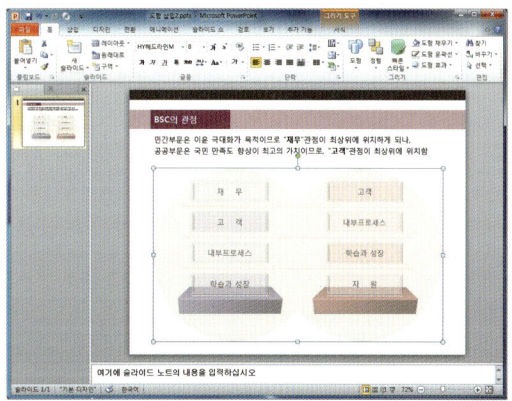

🔵 **세이프 결합**

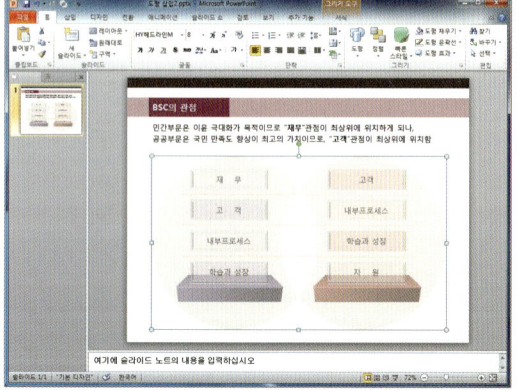

◎ 세이프 교차

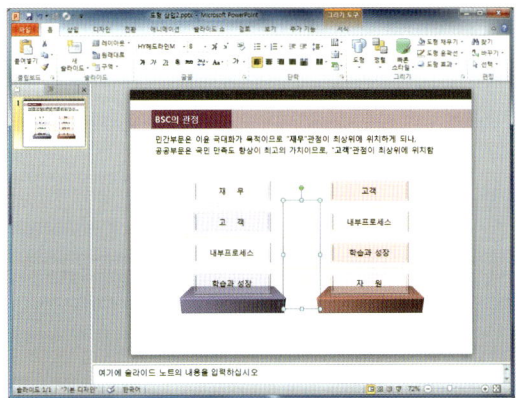

◎ 세이프 빼기

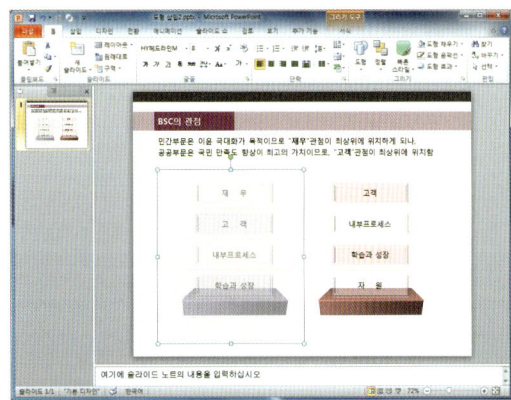

① 도형 세이프를 빠른 실행 도구 모음에 사용자 지정하기 위해 [**파일**] 탭 → **옵션**을 클릭합니다.

② 'PowerPoint 옵션' 대화상자에서 [**빠른 실행 도구 모음**]을 클릭한 후 '다음에서 명령 선택'의 '리본 메뉴에 없는 명령'을 선택합니다.

③ 메뉴 모음에서 '세이프 결합' 그룹 명령을 선택한 후 〈추가〉 단추를 클릭하여 '빠른 실행 도구 모음 사용자 지정'에 추가합니다.

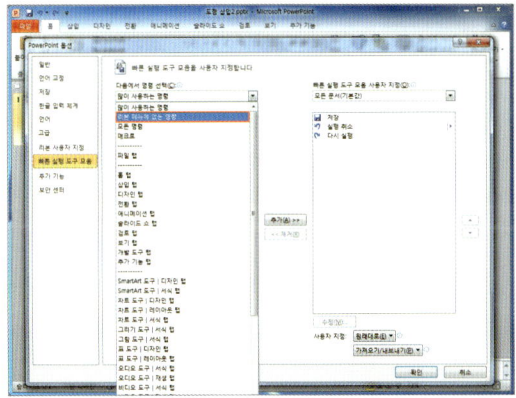

▲ 빠른 실행 도구 사용자 지정

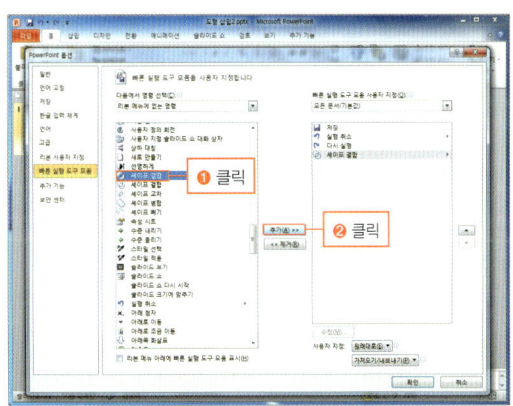

▲ '세이프 결합' 그룹 추가

④ 세이프를 적용할 두 도형을 선택한 후 빠른 실행 도구 모음의 '세이프 결합( )' 그룹을 클릭하고 '세이프 결합, 교차, 병합, 빼기' 중에서 하나를 선택합니다.

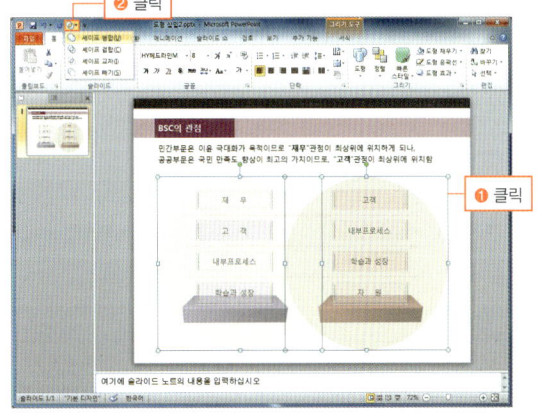

도형 세이프 선택 ▶

도형 편집하기

📁 **준비 파일** : SWOT 분석.pptx   📁 **완성 파일** : SWOT 분석_결과.pptx

도형은 프레젠테이션 제작 시 가장 많이 사용되는 개체 중 하나입니다. 또한 파워포인트의 강력한 도형 서식 기능을 활용하여 키워드를 강조하거나 청중이 내용을 쉽게 이해하는데 도움을 줄 수 있는 시각적인 효과를 얼마든지 적용할 수 있습니다. 도형을 활용하여 멋진 SWOT 분석 슬라이드를 만들어 봅시다.

항목	변경 내용		
가장자리 도형	높이 : '6.55cm', 너비 : '10.12cm' 그라데이션 채우기(06 보기 참조)	입체 효과 : '십자형으로' 그라데이션 서식 변경(08 보기 참조)	윤곽선 : '윤곽선 없음'
텍스트 도형	입체 효과 → '딱딱한 가장자리'	채우기 색(11 보기 참조)	
자유형 도형	윤곽선 : '윤곽선 없음'	채우기 색(13 보기 참조)	정렬 : 회전(16 보기 참조)
원	윤곽선 : '윤곽선 없음'	그라데이션 : 채우기 색(18 보기 참조)	

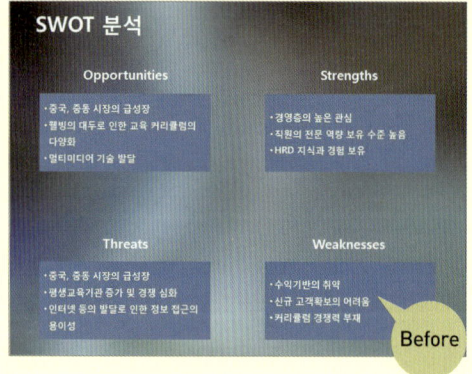

Before

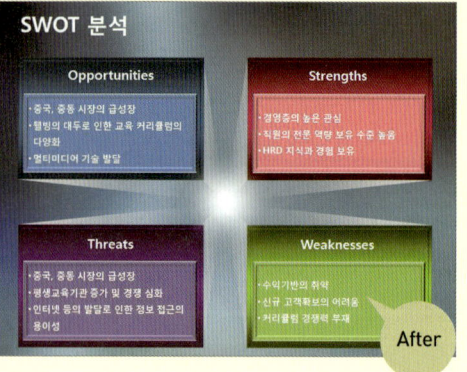

After

01 **예제 파일 열기** **SWOT 분석.pptx** 파일을 두 번 연속 클릭하면 파워포인트가 실행되면서 다음 화면이 나타납니다.

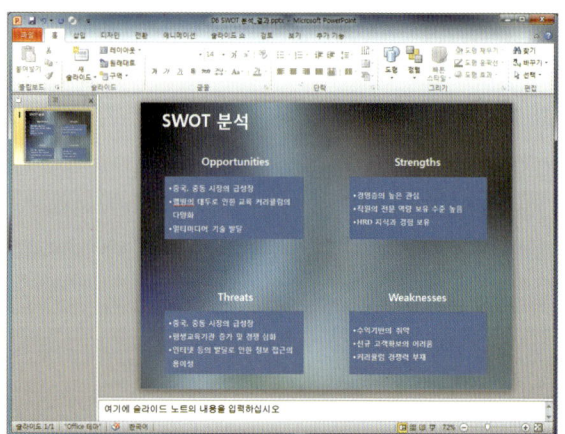

02

도형 삽입 및 크기 조정 ❶ [삽입] 탭 → **일러스트레이션** 그룹 → **도형**( ) → '직사각형'을 클릭한 후 ❷ 마우스를 끌어서 직사각형을 삽입합니다. [**그리기 도구**] − ❸ [**서 식**] 탭 − **크기** 그룹에서 ❹ 도형 높이 "6.55cm", 도형 너비 "10.12cm"로 입력합니다.

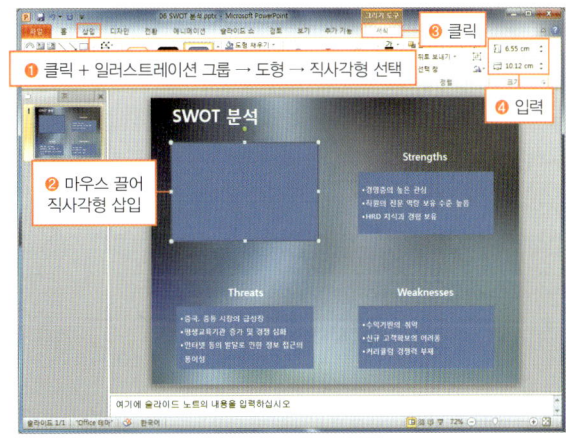

03

도형 복사 및 위치 조정하기 도형을 선택한 후 단축키 Ctrl + C , Ctrl + V 를 클릭하여 도형을 세 개 복사한 뒤 직사각형 도형을 그림과 같이 정렬합니다.

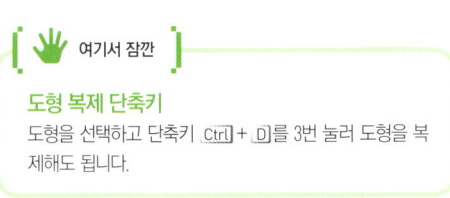

도형 복제 단축키
도형을 선택하고 단축키 Ctrl + D 를 3번 눌러 도형을 복제해도 됩니다.

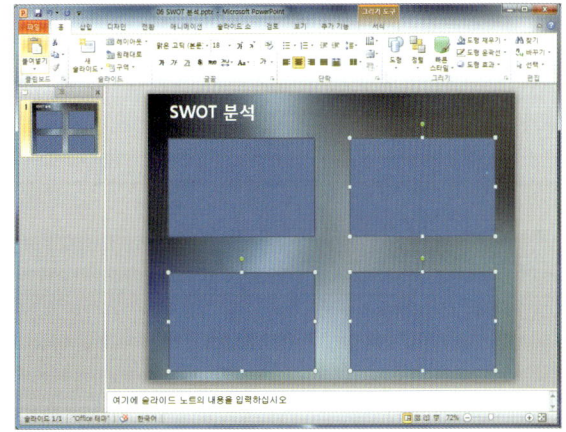

04

도형 효과 적용하기 ❶ 왼쪽 상단 도형을 선택한 후 [**그리기 도구**] − ❷ [**서식**] 탭 → **도형 스타일** 그룹 → ❸ **도형 효과** ( ) → **입체 효과** → ❹ '십자형으로'를 선택합니다.

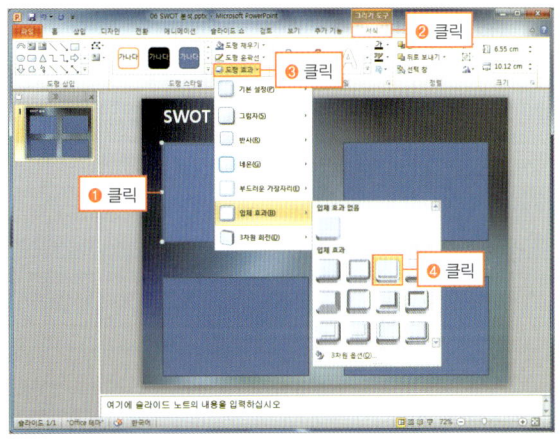

05 윤곽선 없애기 도형의 윤곽선을 제거하기 위해 [그리기 도구] – [서식] 탭 → 도형 스타일 그룹 → ❶ 도형 윤곽선(🖊 도형 윤곽선 ▾) → ❷ 윤곽선 없음을 클릭합니다.

06 그라데이션 효과 적용하기 도형이 선택된 상태에서 마우스 오른쪽 단추를 클릭하여 **도형 서식**을 클릭합니다. '도형 서식' 대화상자에서 [채우기]의 ❶ '그라데이션 채우기를 선택한 후 ❷ 아래 보기와 같이 그라데이션 효과(종류, 방향, 색)를 적용합니다. '색' 명령 단추(🖌 ▾)를 클릭하여 '색' 대화상자에서 **다른 색**을 클릭한 후 [사용자 지정] 탭에서 설정합니다. 적용이 완료되면 ❸ 〈닫기〉 단추를 클릭합니다.

종류 : 선형 방향 : 선형 아래쪽
- 중지점 1/3 : 중지점 위치 – 0%   ┃ 색 – 빨강:0, 녹색:47, 파랑:71
  ┃ 투명도 – 0%
- 중지점 2/3 : 중지점 위치 – 50%   ┃ 색 – 빨강:0, 녹색:102, 파랑:153
  ┃ 투명도 – 0%
- 중지점 3/3 : 중지점 위치 – 100% ┃ 색 – 빨강:0, 녹색:47, 파랑:71
  ┃ 투명도 – 0%

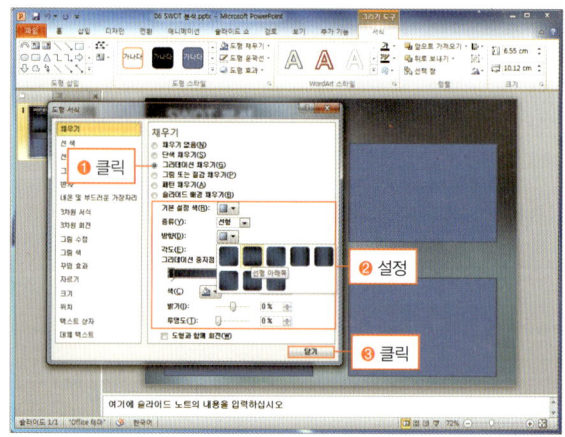

07 도형 서식 복사하기 도형의 서식을 복사하기 위해 ❶ [홈] 탭 → 클립보드 그룹 → ❷ 서식 복사 명령 단추(🖌)를 두 번 연속 클릭합니다. ❸❹❺ 나머지 세 개 도형을 차례로 선택하여 서식을 복사합니다. 서식 복사가 완료되면 Esc 키로 빠져나옵니다.

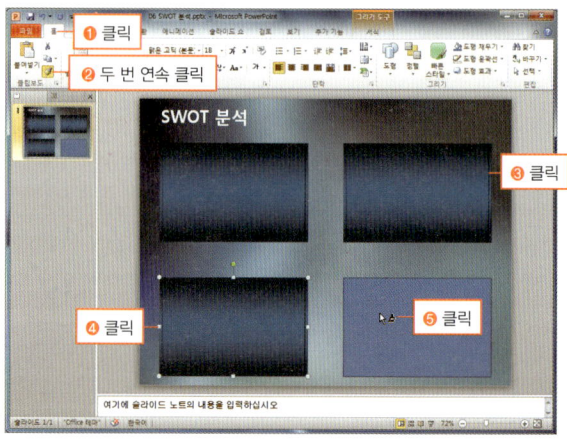

08 **그라데이션 서식 변하기** 도형을 선택한 후 마우스 오른쪽 단추를 클릭하여 **도형 서식**을 클릭합니다. '도형 서식' 대화상자에서 [채우기]의 '그라데이션 채우기'를 선택합니다. 각 직사각형 도형들에 아래 보기와 같이 그라데이션 색을 변경합니다.

1) 오른쪽 위 직사각형 도형
종류 : 선형 방향 : 선형 아래쪽
중지점 1/3 : 중지점 위치 – 0% | 색 – 빨강:72, 녹색:2, 파랑:0 | 투명도 – 0%
중지점 2/3 : 중지점 위치 – 50% | 색 – 빨강:204, 녹색:0, 파랑:102 | 투명도 – 0%
중지점 3/3 : 중지점 위치 – 100% | 색 – 빨강:72, 녹색:2, 파랑:0 | 투명도 – 0%

2) 왼쪽 아래 직사각형 도형
종류 : 선형 방향 : 선형 아래쪽
중지점 1/3 : 중지점 위치 – 0% | 색 – 빨강:51, 녹색:1, 파랑:71 | 투명도 – 0%
중지점 2/3 : 중지점 위치 – 50% | 색 – 빨강:144, 녹색:18, 파랑:154 | 투명도 – 0%
중지점 3/3 : 중지점 위치 – 100% | 색 – 빨강:60, 녹색:0, 파랑:72 | 투명도 – 0%

3) 오른쪽 아래 직사각형 도형
종류 : 선형 방향 : 선형 아래쪽
중지점 1/3 : 중지점 위치 – 0% | 색 – 빨강:45, 녹색:72, 파랑:0 | 투명도 – 0%
중지점 2/3 : 중지점 위치 – 50% | 색 – 빨강:153, 녹색:204, 파랑:0 | 투명도 – 0%
중지점 3/3 : 중지점 위치 – 100% | 색 – 빨강:45, 녹색:72, 파랑:0 | 투명도 – 0%

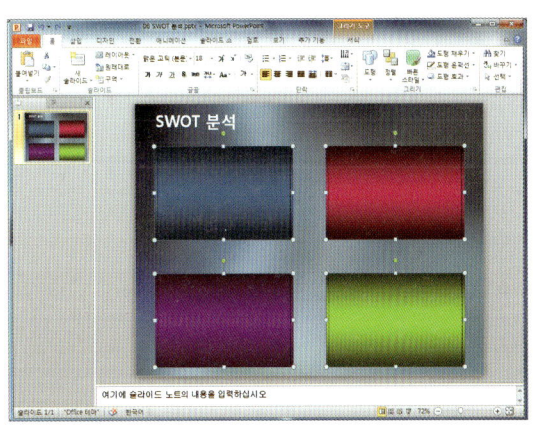

09 **맨 뒤로 보내기** ❶ 4개 도형을 선택한 후 [그리기 도구] – ❷ [서식] 탭 → 정렬 그룹 → ❸ 뒤로 보내기 → ❹ 맨 뒤로 보내기를 클릭합니다.

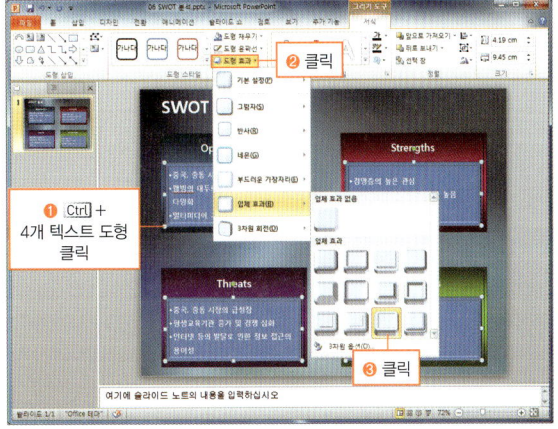
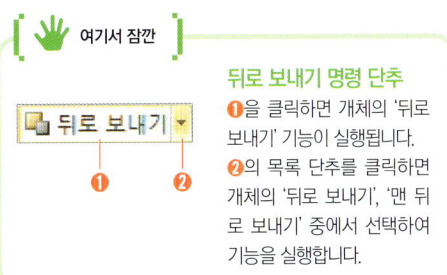

여기서 잠깐

뒤로 보내기 명령 단추
❶을 클릭하면 개체의 '뒤로 보내기' 기능이 실행됩니다.
❷의 목록 단추를 클릭하면 개체의 '뒤로 보내기', '맨 뒤로 보내기' 중에서 선택하여 기능을 실행합니다.

10 **입체 효과 적용하기** 텍스트가 입력되어 있는 도형에 효과를 적용하기 위해 ❶ 4개의 텍스트 도형들을 선택한 후 [그리기 도구] – [서식] 탭 → 도형 스타일 그룹 → ❷ 도형 효과(도형 효과) → 입체 효과 → ❸ '딱딱한 가장자리'를 선택합니다.

11 **채우기 색 변경하기** 각각의 텍스트 도형을 클릭하고 채우기 색을 변경하기 위해 [그리기 도구] – [서식] 탭 → 도형 스타일 그룹 → ❶ 도형 채우기(도형 채우기 ▾) → ❷ 다른 채우기 색을 클릭합니다. '색' 대화상자의 ❸ [사용자 지정] 탭에서 색상 값을 아래 보기와 같이 설정한 후 ❹ 〈확인〉 단추를 클릭합니다.

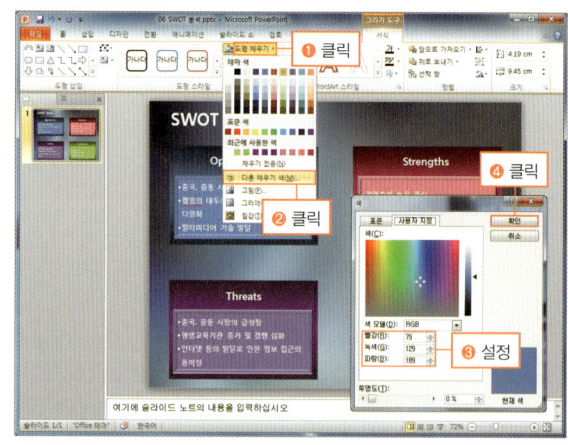

1) **왼쪽 상단 직사각형** : 빨강:79, 녹색:129, 파랑:189
2) **왼쪽 하단 직사각형** : 빨강:128, 녹색:100, 파랑:162
3) **오른쪽 상단 직사각형** : 빨강:227, 녹색:115, 파랑:142
4) **오른쪽 하단 직사각형** : 빨강:155, 녹색:187, 파랑:89

12 **자유형 도형 만들기(1)** ❶ [삽입] 탭 → 일러스트레이션 그룹 → ❷ 도형( ) → ❸ '자유형'을 선택합니다. ❹ 그림과 같이 세 곳의 꼭지점을 찍고 마지막 꼭지점을 연결하여 그림과 같이 삼각형 도형을 만듭니다.

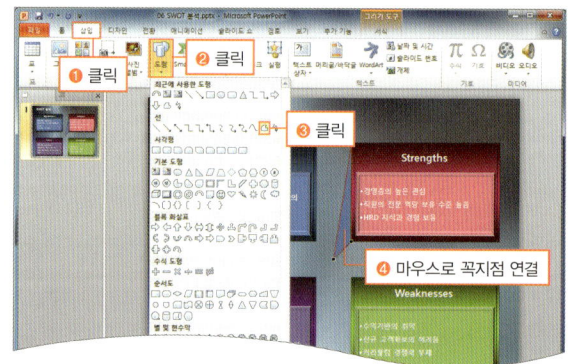

13 **도형 서식 변경하기** 도형을 선택하고 [그리기 도구] – [서식] 탭 → 도형 스타일 그룹 → 도형 윤곽선(도형 윤곽선 ▾) → 윤곽선 없음을 클릭한 후 마우스 오른쪽 단추를 클릭하여 도형 서식을 클릭합니다. '도형 서식' 대화상자에서 [채우기]의 ❶ '그라데이션 채우기'를 클릭한 후 ❷ '그라데이션 중지점' 항목의 '중지점 2/3'를 선택하고 오른쪽 '그라데이션 중지점 제거' 단추( )를 클릭한 후 다음 보기와 같이 그라데이션 색을 변경합니다. ❸ 작업이 완료되면 〈닫기〉 단추를 클릭합니다.

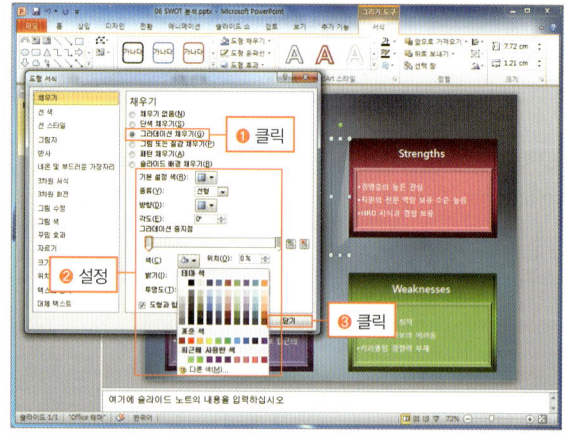

종류 : 선형   방향 : 선형 오른쪽
• 중지점 1/2 : 중지점 위치 – 0% | 색 – 빨강:218, 녹색:218, 파랑:218 | 투명도 – 54%
• 중지점 2/2 : 중지점 위치 – 100% | 색 – 빨강:188, 녹색:188, 파랑:188 | 투명도 – 100%

14 자유형 도형 삽입하기(2) 두 번째 자유형 도형을 삽입하기 위해 ❶ [삽입] 탭 → **일러스트레이션** 그룹 → ❷ **도형**( ) → ❸ '자유형'을 선택합니다. ❹ 그림과 같이 세 곳의 꼭지점을 찍고 마지막 꼭지점을 연결하여 그림과 같이 삼각형 도형을 만듭니다.

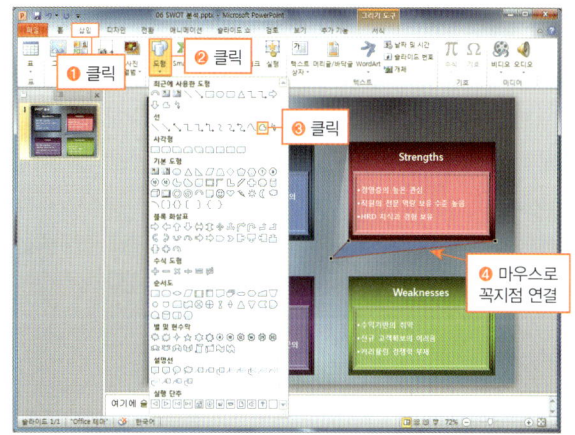

15 도형 서식 복사하기 ❶ 첫 번째 자유형 도형을 선택한 후 ❷ [홈] 탭 → **클립보드** 그룹 → ❸ **서식 복사** 명령 단추( ) 를 클릭합니다. ❹ 두 번째 자유형 도형을 클릭하여 서식을 복사합니다.

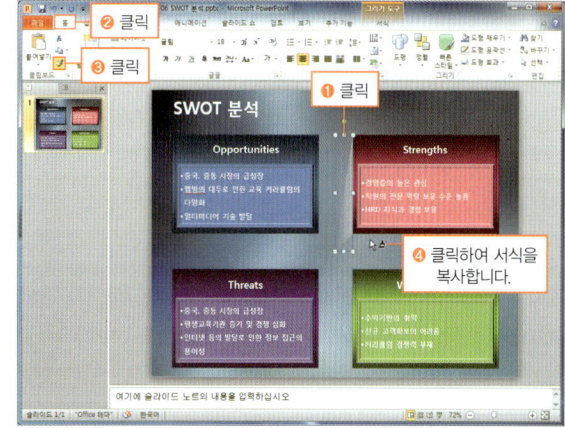

16 도형 복사 및 회전하기 두 개의 자유형 도형을 복사하고 복사된 도형이 선택된 상태에서 [그리기 도구] – [서식] 탭 → **정렬** 그룹 → **회전**을 클릭하여 그림과 같이 배열합니다.

회전 방향 추가
1) **왼쪽 상단** : 복사 후 두 도형 모두 좌우 대칭
2) **왼쪽 하단** : 복사 후 두 도형 모두 상하대칭, 좌우대칭
3) **오른쪽 하단** : 복사 후 두 도형 모두 상하 대칭

17

타원 도형 삽입하기 ❶ [삽입] 탭 →
일러스트레이션 그룹 → ❷ **도형**()
→ ❸ '타원'을 클릭한 후 ❹ Shift 키를 누른
채 마우스를 끌어서 정원을 그립니다.

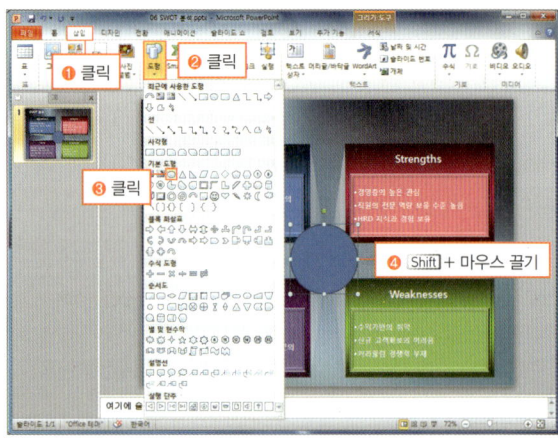

✋ 여기서 잠깐

정원 그리기
Shift 키를 누른 채 흰색 원으로 표시되는 크기 조정 핸들
을 클릭한 후 슬라이드 창에서 마우스를 끌어 삽입합니다.

18

도형 서식 변경하기 도형을 선택하
고 [그리기 도구] – [서식] 탭 → **도형
스타일** 그룹 → **도형 윤곽선**(🔲도형 윤곽선▼) → **윤
곽선 없음**을 클릭한 후 마우스 오른쪽 단추를
클릭하여 **도형 서식**을 클릭합니다. '도형 서식'
대화상자에서 [채우기] 탭의 ❶ '그라데이션 채
우기'를 선택한 후 ❷ 아래 보기와 같이 그라
데이션 색을 변경한 후 ❸ 〈닫기〉 단추를 클
릭합니다.

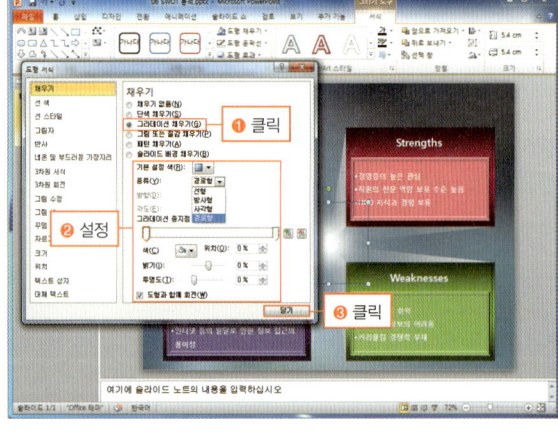

종류 : 경로형
• 중지점 1/2 : 중지점 위치 – 0% ┃ 색 – 흰색 ┃ 투명도 – 0%
• 중지점 2/2 : 중지점 위치 – 100% ┃ 색 – 빨강:238, 녹색:236, 파랑:225
┃ 투명도 – 100%

19

결과 확인하기 슬라이드가 완성되
었습니다.

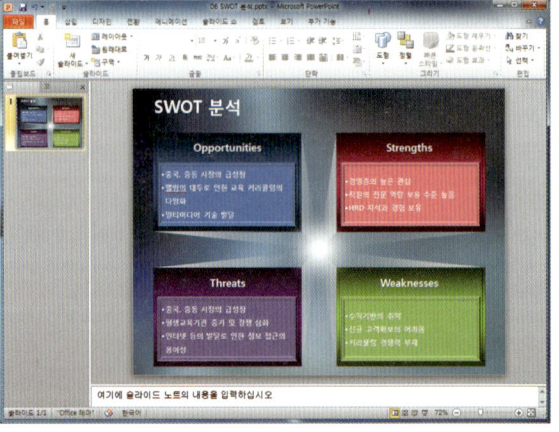

06

SmartArt 삽입하기

SmartArt 그래픽은 여러 레이아웃에서 원하는 옵션을 선택하여 빠르고 쉽게 만들 수 있는 정보의 시각적 표현으로, 메시지나 내용을 효과적으로 전달할 수 있습니다. 파워포인트 2010에서 SmartArt 그래픽을 삽입하는 방법에 대해 알아보겠습니다.

1. SmartArt 그래픽 유형

SmartArt 그래픽은 다이어그램을 매우 효과적으로 그릴 수 있으며 종류도 다양하여 목록형, 프로세스형, 주기형, 계층 구조형, 관계형, 행렬형, 피라미드형, 그림 8개 유형으로 나뉩니다. 파워포인트 2007에서는 제공되지 않았던 그림 SmartArt 그래픽이 파워포인트 2010에서 새롭게 제공됩니다.

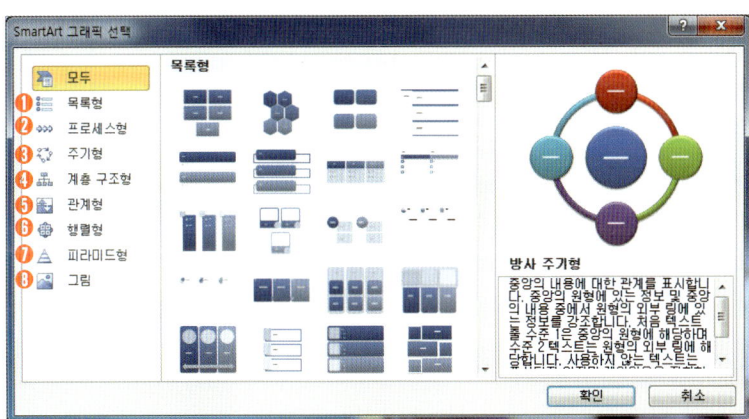

▲ 'SmartArt 그래픽 선택' 대화상자

유 형	용 도
❶ 목록형	비순차적 정보 표시
❷ 프로세스형	프로세스 또는 시간 표시 막대에서 단계 표시
❸ 주기형	연속된 프로세스 표시
❹ 계층 구조형	조직도 만들기, 의사결정 트리 표시
❺ 관계형	연결을 일러스트레이션으로 표시
❻ 행렬형	전체에 대한 각 부분의 관계 표시
❼ 피라미드형	가장 큰 구성 요소가 맨 위 또는 맨 아래에 있는 비례 관계 표시
❽ 그림	그림과 텍스트의 조합으로 표시

 여기서 잠깐

SmartArt 그래픽 설명
SmartArt 그래픽 각각에 대한 자세한 설명을 참조하려면 도움말에서 'SmartArt 그래픽 설명'을 검색해 보기 바랍니다.

SmartArt 그래픽을 삽입하는 방법에는 다음과 같이 4가지가 있습니다.

방법 1 [삽입] 탭 → **일러스트레이션** 그룹 → **SmartArt** 명령 단추(🖼)를 클릭합니다.

방법 2 SmartArt 그래픽이 삽입 가능한 레이아웃에서 'SmartArt 그래픽' 아이콘을 클릭합니다.

방법 3 글머리 기호가 포함된 텍스트를 선택한 후 [**홈**] 탭 → **단락** 그룹 → **SmartArt 그래픽으로 변환**을 클릭합니다.

방법 4 SmartArt 그래픽으로 변환할 그림을 선택한 후 [**그림 도구**] – [**서식**] 탭 → **그림 스타일** 그룹 → **그림 레이아웃**을 클릭합니다.

2. SmartArt 그래픽 만들기

SmartArt 그래픽은 여러 레이아웃에서 원하는 옵션을 선택하여 빠르고 쉽게 만들 수 있는 정보의 시각적 표현으로, 메시지나 내용을 효과적으로 전달할 수 있습니다.

SmartArt를 슬라이드에 삽입하려면 [**삽입**] 탭 → **일러스트레이션** 그룹 → **SmartArt** 명령 단추(🖼)를 클릭한 후 'SmartArt 그래픽 선택' 대화상자에서 원하는 유형과 레이아웃을 선택합니다.

> ✋ **여기서 잠깐**
>
> **SmartArt 삽입 단축 키**
> Alt + N, M 키를 차례로 눌러 SmartArt 그래픽 대화 상자를 엽니다.

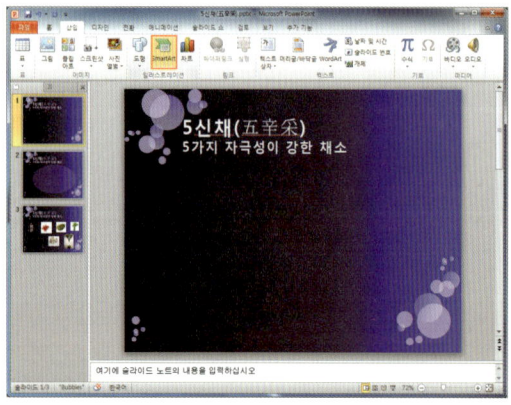

▲ SmartArt 명령 단추로 삽입

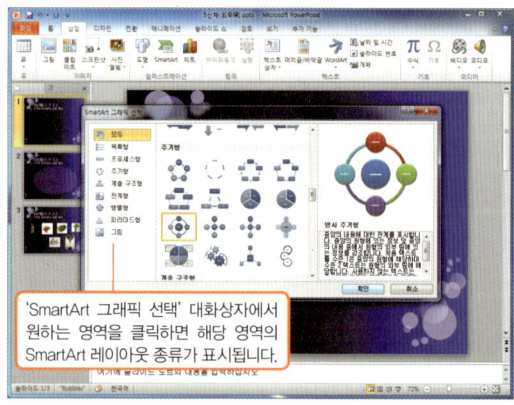

'SmartArt 그래픽 선택' 대화상자에서 원하는 영역을 클릭하면 해당 영역의 SmartArt 레이아웃 종류가 표시됩니다.

▲ 'SmartArt 그래픽 선택' 대화상자

3. 레이아웃에서 삽입하기

파워포인트의 제목 및 내용 레이아웃에서 SmartArt 그래픽을 삽입할 수 있습니다. 내용 개체 틀에는 텍스트뿐만 아니라 표, 그림, 차트, 동영상, SmartArt 그래픽 등의 아이콘을 클릭하여 대화상자를 표시하고 개체를 삽입할 수 있습니다.

> ✋ **여기서 잠깐**
>
> **레이아웃에서 삽입**
> '제목 및 내용', '콘텐츠 2개', '비교', '캡션 있는 콘텐츠' 레이아웃에서 SmartArt 그래픽을 삽입할 수 있습니다.

'제목 및 내용' 레이아웃을 이용해 내용 개체 틀의 'SmartArt 그래픽 삽입' 아이콘을 클릭한 후 'SmartArt 그래픽 선택' 대화상자에서 원하는 유형과 레이아웃을 선택하여 삽입합니다.

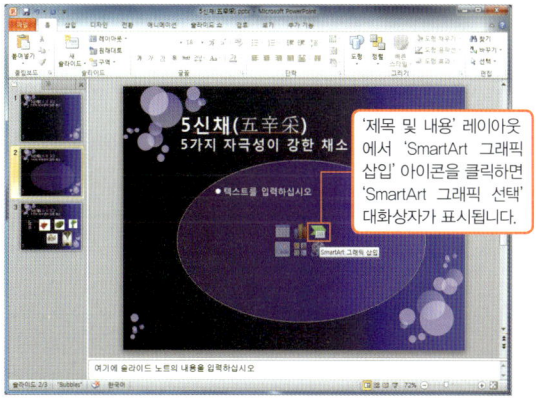

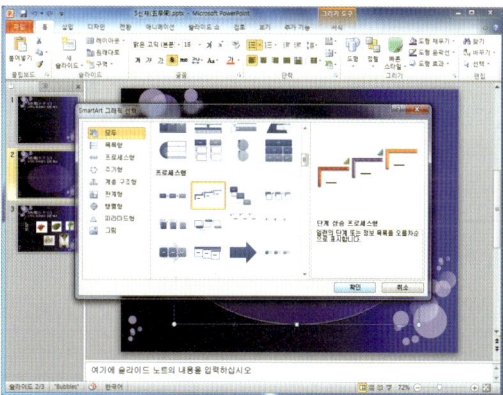

▲ 'SmartArt 그래픽 삽입' 아이콘으로 삽입   ▲ 'SmartArt 그래픽 선택' 대화상자

🖐 여기서 잠깐

레이아웃에서 삽입
'제목 및 내용', '콘텐츠 2개', '비교', '캡션 있는 콘텐츠' 레이아웃에서 SmartArt 그래픽을 삽입할 수 있습니다.

4. 텍스트를 SmartArt로 변환하기

글머리 기호 목록으로 구성된 텍스트를 SmartArt 그래픽으로 빠르게 변환하여 파워포인트에서 메시지를 시각적으로 표시할 수 있습니다.

① 슬라이드에서 변환할 텍스트가 포함된 개체 틀을 선택한 후 [홈] 탭 → **단락** 그룹 → **SmartArt 그래픽으로 변환** 명령 단추(📑)를 클릭합니다.

② 선택 목록에서 원하는 SmartArt 그래픽의 레이아웃을 선택하면 글머리 기호에 가장 적합한 SmartArt 그래픽용 레이아웃이 표시됩니다.

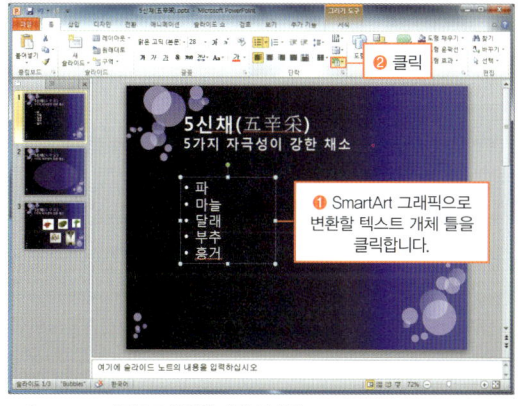

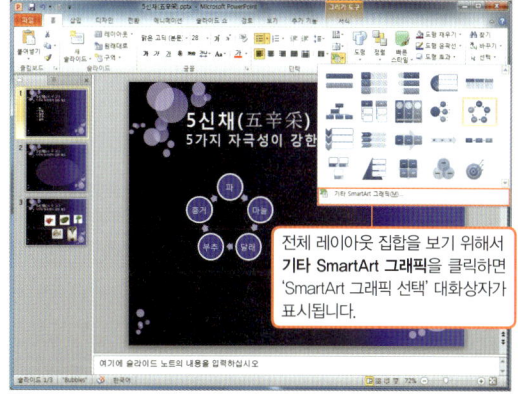

▲ SmartArt 그래픽으로 변환할 개체 틀 선택   ▲ SmartArt 그래픽으로 변환

글머리 기호 조정

한 수준 아래로 내려간 글머리 기호가 있는 경우에는 [Tab] 키를 눌러 수준을 조정한 후 변환하는 것이 좋습니다.

5. 그림을 SmartArt로 변환하기 NEW 2010

슬라이드에 삽입된 그림을 SmartArt 그래픽 레이아웃 중 하나로 변환할 수 있습니다. 그림을 SmartArt 그래픽으로 변환하는 기능은 파워포인트 2010에서 새롭게 추가되어 제공되는 기능입니다.

① SmartArt 그래픽으로 변환할 그림을 선택한 후 **[그림 도구]** – **[서식]** 탭 → **그림 스타일** 그룹 → **그림 레이 아웃**(그림 레이아웃 ▾)을 클릭합니다.
② 그림에 가장 적합한 SmartArt 그래픽용 레이아웃들이 표시되면 선택 목록에서 원하는 SmartArt 그 래픽을 선택합니다.

▲ SmartArt 그래픽으로 변환할 그림 선택

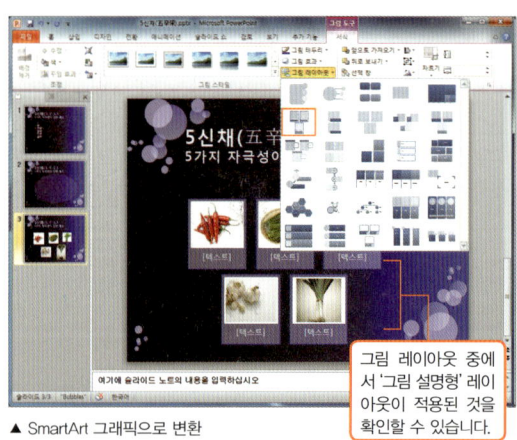

▲ SmartArt 그래픽으로 변환

Q **SmartArt 그래픽은 각각의 도형으로 변환이 가능한가요?**

자주 묻는 질문 ?

A 파워포인트 2007에서는 '도형으로 변환' 명령을 제공 하지 않습니다. 따라서 2007에서는 SmartArt 그래픽 개체 하나를 선택하고 단축키 [Ctrl] + [A]를 눌러 전체 선택 을 한 다음 복사하여 SmartArt 그래픽 밖에서 붙여넣기를 수행하면 도형의 형태로 사용할 수 있었습니다.

그러나 파워포인트 2010에서는 SmartArt 그래픽을 바로 일반 도형으로 변환할 수 있어서 **[SmartArt 도구]** – **[디자인]** 탭 → **원래대로** 그룹 → **변환** → **도형으로 변환**을 클릭하면 됩니다.

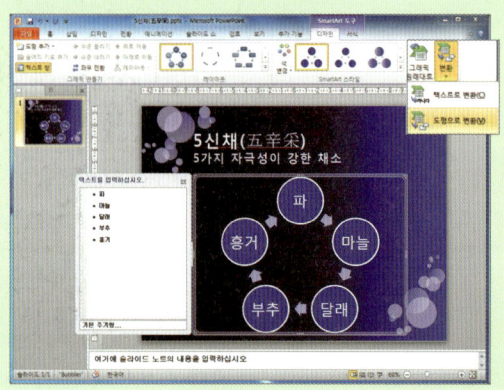

07 SmartArt 서식 변경하기

SmartArt 그래픽에서는 도형을 추가 및 제거하여 레이아웃의 구조를 조정할 수 있으며, SmartArt 그래픽의 텍스트와 기타 콘텐츠, 색, 스타일, 효과, 텍스트 서식 지정은 새 레이아 웃으로 자동으로 전달됩니다. 도형을 추가 및 제거하고 텍스트를 편집함에 따라 도형의 배 치와 도형 안의 텍스트 양은 자동으로 업데이트되지만 SmartArt 그래픽 레이아웃의 원래 디자인과 테두리는 유지됩니다.

1. 도형 추가하기

SmartArt 그래픽의 기본 레이아웃에 세 개의 도형이 있다면 이를 두 개 또는 다섯 개로 자유롭게 도형의 수를 줄이거나 추가할 수 있습니다.

● 새 도형 추가

다른 도형을 추가할 SmartArt 그래픽을 클릭하고 새 도형을 추가할 위치에 가장 가까이 있는 기존 도 형을 클릭합니다. [SmartArt 도구] − [디자인] 탭 → 그래픽 만들기 그룹 → 도형 추가()를 클 릭합니다.

> **여기서 잠깐**
>
> **도형 추가 명령**
> SmartArt 그래픽 내의 그래픽 상자를 선택하고 **도형 추가** 명령 을 클릭하면 선택한 개체 뒤에 도형이 추가됩니다.

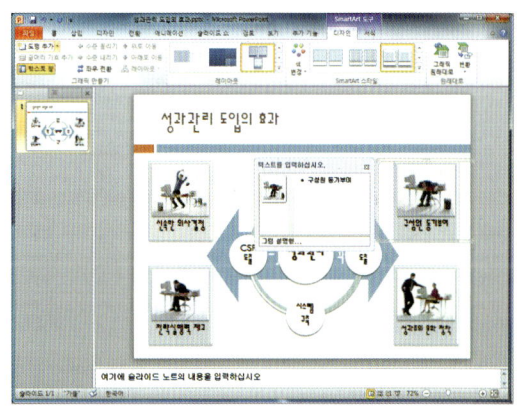

▲ 도형 추가 명령

선택한 도형 뒤에 도형을 삽입하려면 **뒤에 도형 추가** 를 클릭하고, 선택한 도형 앞에 도형을 삽입하려면 **앞에 도형 추가**를 클릭합니다.

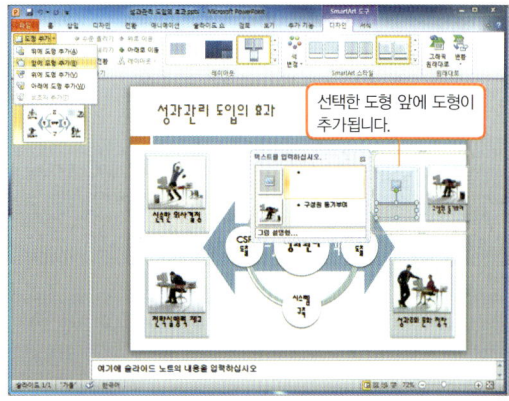

▲ 앞에/뒤에 도형 추가

○ 텍스트 창에서 도형 추가

기존 도형을 클릭하고 도형을 추가할 위치에 있는 텍스트 앞이나 뒤로 커서를 이동한 다음 Enter 키를 누릅니다.

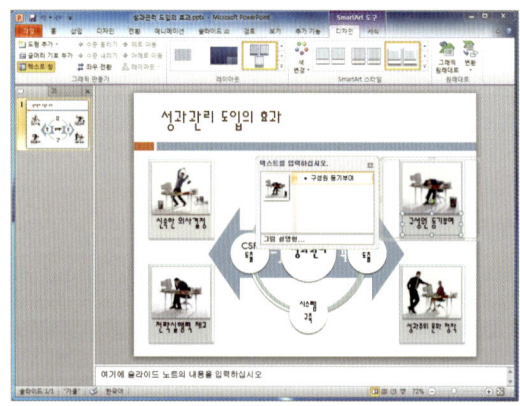

[✋ 여기서 잠깐]

하위 도형 추가하기
하위 도형의 추가는 SmartArt 그래픽의 유형에 따라 다르지만 Enter 키를 누르면 도형을 삽입하고 Tab 키를 누르면 하위 도형으로 전환됩니다.

▲ 텍스트 창에서 도형 추가

○ SmartArt 그래픽에서 도형 삭제

삭제할 도형을 클릭한 후 Delete 키를 누르고, 만약 전체 SmartArt 그래픽을 삭제하려면 SmartArt 그래픽 테두리를 클릭한 후 Delete 키를 누릅니다.

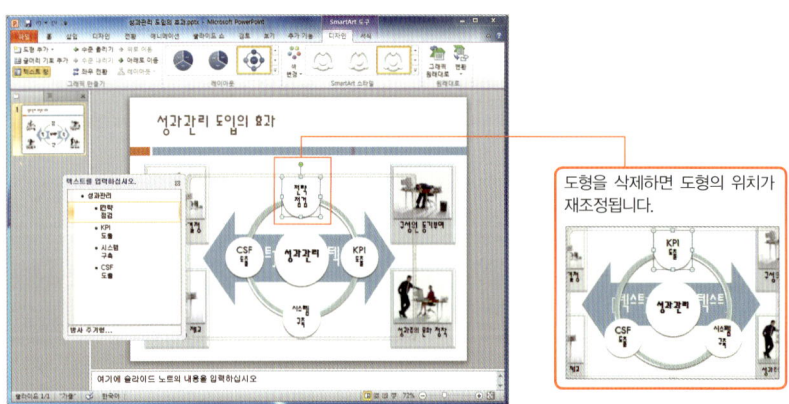

도형을 삭제하면 도형의 위치가 재조정됩니다.

▲ SmartArt 그래픽에서 도형 삭제

2. 수준, 이동 및 전환 변경하기

SmartArt 그래픽에서 선택한 글머리 기호 또는 도형의 수준을 올리거나 낮출 수 있습니다. 또한 현재 선택한 항목을 앞이나 뒤로 이동할 수 있으며, 왼쪽에서 오른쪽 또는 오른쪽에서 왼쪽으로 SmartArt 그래픽의 레이아웃을 전환할 수 있습니다.

● 수준 조정(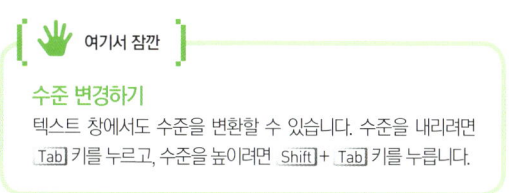)

SmartArt 그래픽에서 선택한 글머리 기호 또는 도형의 수준을 올리거나 낮추려면 [SmartArt 도구] − [디자인] 탭 → **그래픽 만들기** 그룹 → **수준 올리기** 또는 **수준 내리기**를 클릭합니다.

✋ 여기서 잠깐

수준 변경하기
텍스트 창에서도 수준을 변환할 수 있습니다. 수준을 내리려면 Tab 키를 누르고, 수준을 높이려면 Shift + Tab 키를 누릅니다.

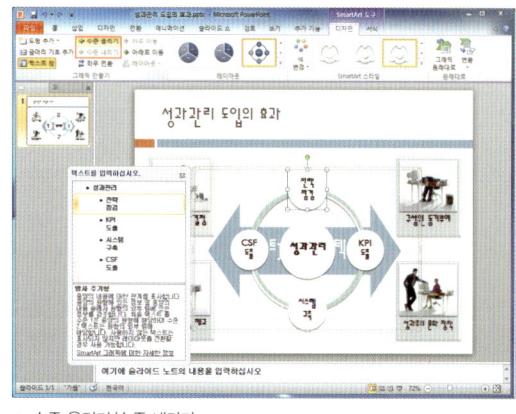

▲ 수준 올리기/수준 내리기

● 이동(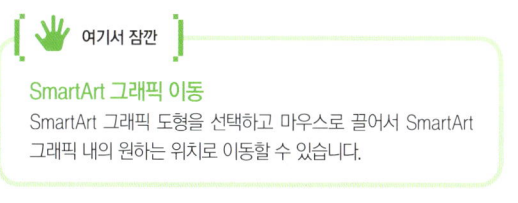)

현재 선택한 항목을 앞이나 뒤로 이동하려면 [SmartArt 도구] − [디자인] 탭 → **그래픽 만들기** 그룹 → **위로 이동** 또는 **아래로 이동**을 클릭합니다.

✋ 여기서 잠깐

SmartArt 그래픽 이동
SmartArt 그래픽 도형을 선택하고 마우스로 끌어서 SmartArt 그래픽 내의 원하는 위치로 이동할 수 있습니다.

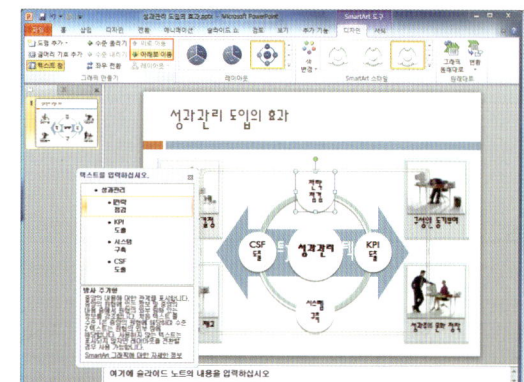

▲ 위로 이동/아래로 이동

● 전환(좌우 전환)

왼쪽에서 오른쪽 또는 오른쪽에서 왼쪽으로 SmartArt 그래픽의 레이아웃을 전환하려면 [SmartArt 도구] − [디자인] 탭 → **그래픽 만들기** 그룹 → **좌우 전환**을 클릭합니다.

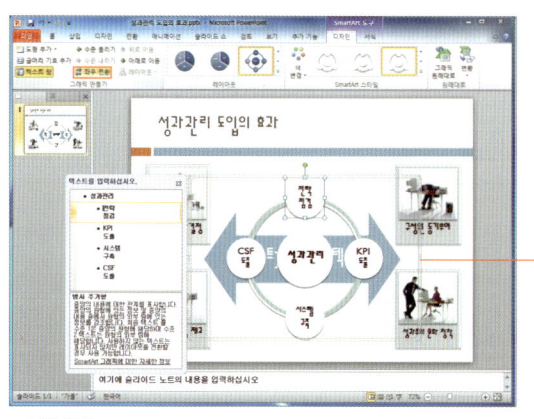

좌우 전환을 수행하면 좌, 우의 SmartArt 그래픽의 레이아웃이 전환됩니다.

▲ 좌우 전환

3. 레이아웃 변경하기

SmartArt 그래픽에서 빠르고 쉽게 레이아웃을 전환할 수 있으므로 자신의 메시지를 가장 잘 표현하는 레이아웃을 찾을 때까지 여러 형식의 다른 레이아웃을 적용해 볼 수 있습니다. 레이아웃을 전환하면 자동으로 대부분의 텍스트와 기타 콘텐츠, 색, 스타일, 효과 및 텍스트 서식이 변경됩니다.

SmartArt 그래픽의 레이아웃을 변경하려면 [SmartArt 도구] - [디자인] 탭 → 레이아웃 그룹 오른쪽 자세히 단추(▼)를 클릭한 후 선택 목록에서 원하는 레이아웃을 선택합니다.

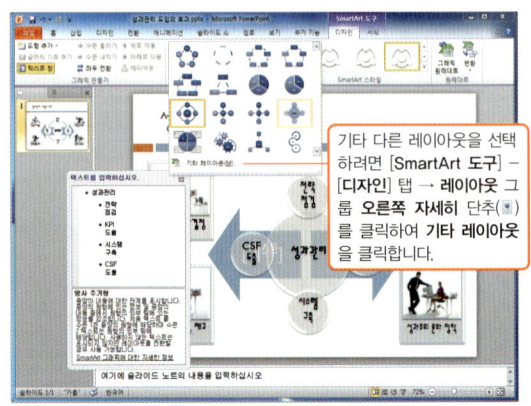

기타 다른 레이아웃을 선택하려면 [SmartArt 도구] - [디자인] 탭 → 레이아웃 그룹 오른쪽 자세히 단추(▼)를 클릭하여 기타 레이아웃을 클릭합니다.

▲ SmartArt 그래픽 레이아웃 변경

4. 색 및 스타일 변경하기

테마 색에서 파생된 색 변형을 SmartArt 그래픽의 도형에 적용할 수 있습니다. 즉, SmartArt 스타일은 선 스타일, 입체 효과 및 3차원을 비롯한 다양한 효과의 조합으로, SmartArt 그래픽의 도형에 적용하면 전문가가 디자인한 것과 같은 고유한 모양을 만들 수 있습니다.

● SmartArt 그래픽 색

색을 변경하려면 [SmartArt 도구] - [디자인] 탭 → SmartArt 스타일 그룹 → 색 변경()을 클릭한 후 선택 목록에서 원하는 색을 선택합니다.

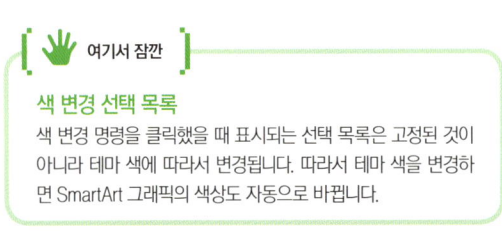

색 변경 선택 목록

색 변경 명령을 클릭했을 때 표시되는 선택 목록은 고정된 것이 아니라 테마 색에 따라서 변경됩니다. 따라서 테마 색을 변경하면 SmartArt 그래픽의 색상도 자동으로 바뀝니다.

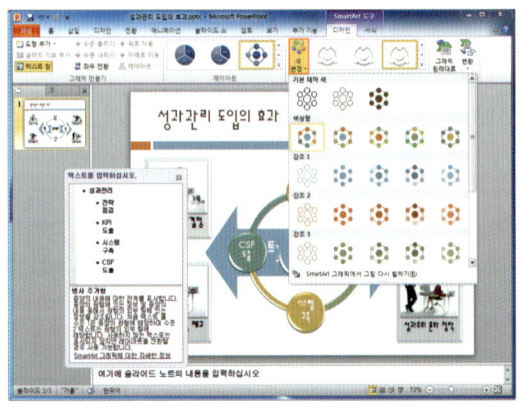

▲ SmartArt 그래픽 색 변경

● SmartArt 스타일

적용하기 위한 SmartArt 그래픽을 선택한 후 [SmartArt 도구] – [디자인] 탭 → SmartArt 스타일 그룹 오른쪽 **자세히** 단추()를 클릭하고 선택 목록에서 원하는 스타일을 선택합니다.

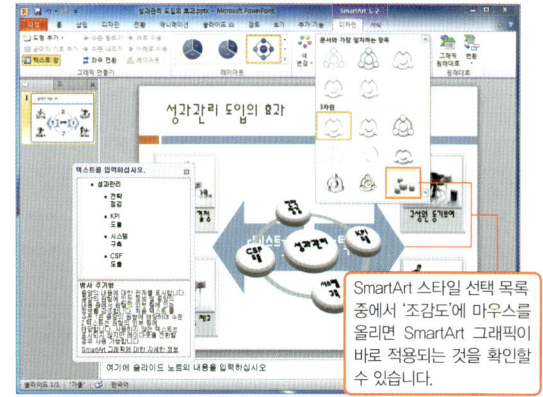

> SmartArt 스타일 선택 목록 중에서 '조감도'에 마우스를 올리면 SmartArt 그래픽이 바로 적용되는 것을 확인할 수 있습니다.

▲ SmartArt 그래픽 스타일 변경

🖐 여기서 잠깐

그래픽 원래대로 및 변환하기
SmartArt 그래픽에 적용한 서식을 모두 취소하려면 그래픽 원래대로를 활용합니다. 또는 SmartArt 그래픽의 텍스트 창이 불편하거나 각 도형으로 편집하고 싶을 경우에는 도형으로 변환하거나 텍스트로 변환할 수 있습니다.

- **그래픽 원래로** : [SmartArt 도구] → [디자인] 탭 → 원래대로 그룹 → 그래픽 원래대로
- **그래픽 변환** : [SmartArt 도구] → [디자인] 탭 → 원래대로 그룹 → 변환 → 텍스트로 변환 또는 도형으로 변환

---

5. 도형 모양 변경하기

SmartArt 그래픽 내의 도형을 표현하고자 하는 상황에 따라서 파워포인트에서 제공되는 도형 모양을 자유자재로 바꿀 수 있습니다.

SmartArt 그래픽 내의 도형의 모양을 변경하려면 [**SmartArt 도구**] – [**서식**] 탭 → **도형** 그룹 → **도형 모양 변경**(⬚도형 모양 변경 ▾)을 클릭한 후 도형의 선택 목록에서 변경할 모양의 도형을 선택합니다.

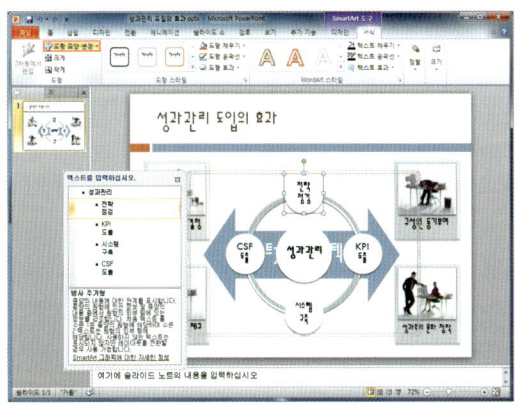

▲ 도형 모양 변경 명령

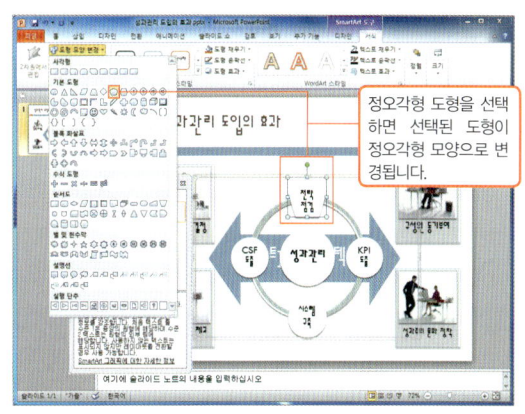

> 정오각형 도형을 선택하면 선택된 도형이 정오각형 모양으로 변경됩니다.

▲ '도형 모양 변경' 선택 목록

04

표 및 차트 삽입하기

청중에게 어지럽고 복잡한 데이터를 깔끔하게 정리하여 제공하기 위해서는 표를 이용하는 것이 좋습니다. 파워포인트에서 표의 사용은 워드나 엑셀보다는 사용 빈도가 높지 않지만 데이터의 메시지를 시각적 효과를 통해 부각할 수 있도록 다양한 서식과 스타일을 지원합니다.

차트는 청중에게 여러 가지 자료를 분석하여 그 관계를 일정한 양식의 그림으로 나타낸 것을 의미합니다. 파워포인트에는 차트를 엑셀과 연동하여 쉽고 빠르게 삽입하고 다양한 서식 효과를 통해 시각적인 즐거움까지 제공하고 있습니다. 표와 차트를 만들고 스타일을 변경하여 효과적으로 표현하는 방법에 대해 알아보겠습니다.

POWER POINT 2010

표 삽 입 및 스 타 일

워드, 엑셀 프로그램에서 표 또는 셀 그룹을 복사하여 삽입하기

프레젠테이션의 표 스타일, 테두리, 색 적용 및 변경하기

자유로운 표의 추가, 삭제, 병합하는 방법 살펴보기

차 트 삽 입 및 레 이 아 웃

차트 삽입하기

차트를 구성하는 구성요소들을 [레이아웃] 탭을 이용해서 디자인하기

차트의 레이아웃을 목적에 맞게 변경하기

01 슬라이드에 표 삽입하기

파워포인트에서는 워드의 표 또는 엑셀의 셀 그룹을 복사하여 붙여 넣을 수 있을 뿐만 아니라 파워포인트 내에서 엑셀 스프레드시트를 삽입할 수도 있습니다. 파워포인트 2010에서 슬라이드에 표를 삽입하고 서식을 지정하는 방법에 대해 알아보겠습니다.

1. 표 삽입하기

파워포인트에서는 '표' 대화상자를 이용해 표를 만들어 삽입할 수 있으며, 기본적으로 슬라이드 중앙에 삽입됩니다. 표를 삽입하는 방법으로는 표 명령 단추, '표 삽입' 대화상자, 표 그리기, Excel 스프레드시트, 레이아웃 개체 틀을 이용한 다섯 가지 방법이 있습니다.

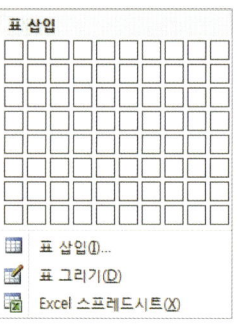

● 표 명령 단추(▦)를 이용한 표 삽입하기

표 명령 단추를 클릭하면 마치 모눈종이와 같은 8열 10행의 표를 삽입할 수 있는 셀이 표시되며, 마우스를 끌어서 원하는 열과 행을 선택하면 해당 열과 행만큼의 표가 슬라이드에 삽입됩니다.

표를 추가할 슬라이드를 선택한 후 [**삽입**] 탭 → **표** 그룹 → **표**를 클릭하여 모눈종이와 같은 셀이 표시되면 마우스로 끌어 원하는 행 및 열 개수를 선택합니다.

▲ 표 선택 명령

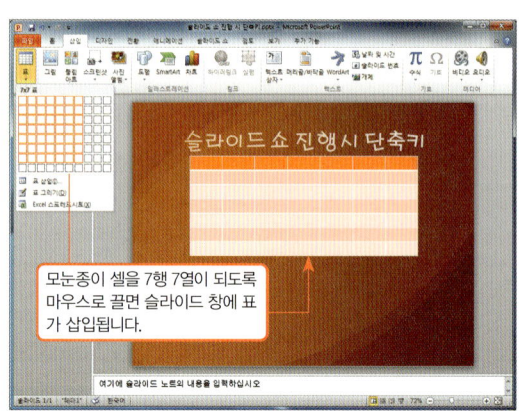

모눈종이 셀을 7행 7열이 되도록 마우스로 끌면 슬라이드 창에 표가 삽입됩니다.

▲ 슬라이드에 삽입된 표

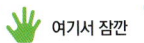
표의 크기
표 명령 단추는 8열 10행 이내의 표만 삽입할 수 있습니다.

표에 행 추가
표 끝에 행을 추가하려면 마지막 행의 마지막 셀 안을 클릭하고 [Tab] 키를 누릅니다.

◎ '표 삽입' 대화상자를 이용한 표 삽입하기

'표 삽입' 대화상자는 삽입할 표의 행과 열의 개수를 직접 입력하여 표를 삽입하는 방법으로, 행과 열의 제한 폭이 75개이기 때문에 행과 열의 수가 많을 때 효과적입니다.

[삽입] 탭 → 표 그룹 → 표( ) → 표 삽입을 클릭한 후 '표 삽입' 대화상자에서 '열 개수' 및 '행 개수'에 숫자를 입력합니다.

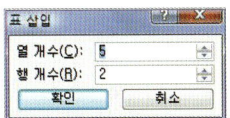

'표 삽입' 대화상자에서 행, 열의 개수를 최대 '75'개까지 지정할 수 있습니다.

▲ '표 삽입' 대화상자를 이용한 표 삽입

표에 텍스트 입력
표 셀에 텍스트를 추가하려면 셀을 클릭한 후 텍스트를 입력합니다.

◎ 표 그리기를 이용한 표 삽입하기

표의 행과 열의 수를 미리 예측하지 못할 경우에는 표 그리기를 통해 슬라이드에서 표를 직접 그려가면서 표를 삽입할 수 있습니다.

① [삽입] 탭 → 표 그룹 → 표( ) → 표 그리기를 클릭하여 마우스 포인터가 연필 모양( )으로 바뀌면 표를 삽입할 위치에 마우스를 끌어서 표의 테두리를 그립니다.

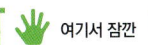
표 그리기 주의사항
표의 테두리 바깥쪽이나 표의 밖에서부터 구분선을 그리게 되면 별도의 표가 만들어지므로 표 내부에서 구분선을 그어야 합니다.

▲ 표 그리기 명령

② 표의 테두리를 그리면 [표 도구] – [디자인] 탭이
활성화되며, [표 도구] – [디자인] 탭 → 테두리 그
리기 그룹 → 표 그리기 명령 단추()를 클릭하여
마우스 포인터가 연필 모양으로 표시되면 표의
구분선을 직접 그립니다.

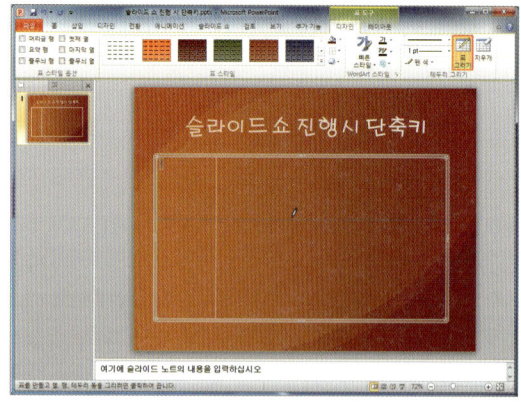

▲ 표 그리기 명령 단추로 구분선 그리기

여기서 잠깐

표 지우기
표 구분선을 잘못 그린 경우에는 [표 도구] – [디자인] 탭 → 테
두리 그리기 그룹 → 지우개 명령 단추(🗹)를 클릭하고 마우스
포인터가 지우개 모양(◇)으로 바뀌면 표 구분선을 지울 수 있
습니다.

● Excel 스프레드시트 삽입하기

엑셀은 복잡한 수치 데이터를 손쉽게 해결할 수 있는 장점을 가지고 있어 엑셀 스프레드시트를 프레젠테이
션에 삽입한 경우 일부 엑셀 스프레드시트 기능을 활용할 수 있는데, 파워포인트 화면이 엑셀의 리본 메뉴
로 변경되기 때문에 엑셀을 보다 쉽게 사용할 수 있습니다. 프레젠테이션의 테마를 변경해도 추가한 스프레
드시트에 적용된 테마는 업데이트되지 않으며, 파워포인트의 옵션을 사용하여 표를 편집할 수도 없습니다.

Excel 스프레드시트를 삽입할 슬라이드에서 [삽입] 탭 → 표 그룹 → 표() → Excel 스프레드시트를 클릭
합니다. 만약 텍스트를 표 셀에 추가하려면 셀을 클릭한 후 텍스트를 입력하고, 작업을 완료하면 표 바깥
쪽을 클릭합니다.

▲ Excel 스프레드시트 명령

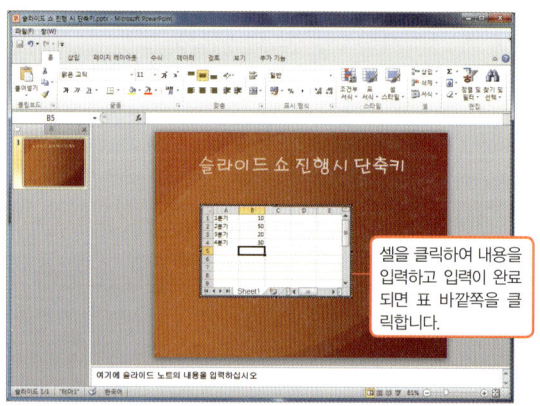

셀을 클릭하여 내용을
입력하고 입력이 완료
되면 표 바깥쪽을 클
릭합니다.

▲ Excel 스프레드시트에서 데이터 입력

여기서 잠깐

Excel 스프레드시트 편집
Excel 스프레드시트의 선택을 취소한 후 해당 스프레드시트를 편집하려면 표를 두 번 연속 클릭합니다.

2. 워드에서 표 복사하여 붙여넣기

오피스의 각 프로그램들은 상호 개체의 호환이 가능하도록 동기화되어 있으므로, 워드에 삽입된 표를 복사하여 파워포인트에 붙여 넣어 자유롭게 활용할 수 있습니다.

① 워드에서 복사할 표를 선택하고 [표 도구] - [레이아웃] 탭 → 표 그룹 → 선택 → 표 선택을 클릭한 후 [홈] 탭 → 클립보드 그룹 → 복사를 클릭합니다.

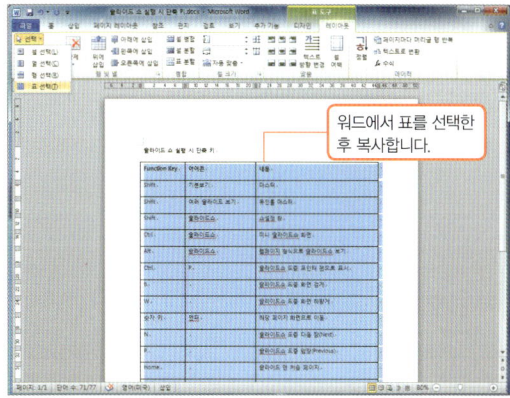

▲ 워드에서 표 복사

② 파워포인트 프레젠테이션에서 표를 복사할 대상 슬라이드를 선택한 후 [홈] 탭 → 클립보드 그룹 → 붙여넣기를 클릭합니다.

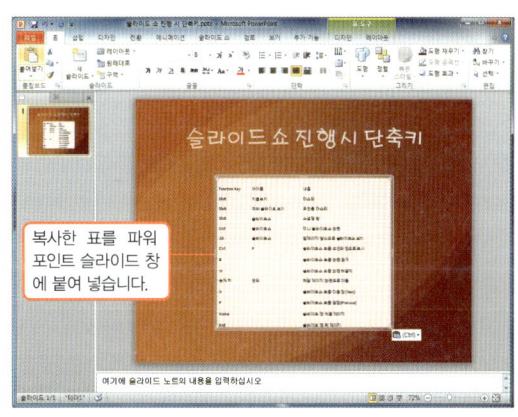

▲ 파워포인트에서 붙여넣기

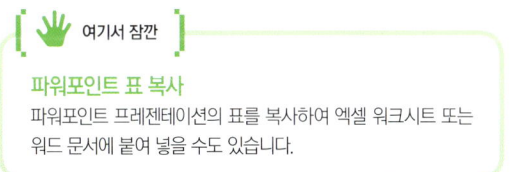

여기서 잠깐

파워포인트 표 복사
파워포인트 프레젠테이션의 표를 복사하여 엑셀 워크시트 또는 워드 문서에 붙여 넣을 수도 있습니다.

3. 엑셀에서 셀 그룹 복사하여 붙여넣기

엑셀 또한 파워포인트와 개체의 호환이 가능하도록 동기화되어 있으므로, 엑셀 데이터의 셀을 복사하여 파워포인트에 표로 붙여넣기 할 수 있고 자유롭게 편집도 가능합니다.

① 엑셀 워크시트의 셀 그룹을 복사하려면 복사할 그룹의 왼쪽 위 셀을 클릭하고 마우스로 끌어서 원하는 행과 열을 선택한 후 [홈] 탭 → **클립보드** 그룹 → **복사**를 클릭합니다.

② 파워포인트 프레젠테이션에서 셀 그룹을 복사할 대상 슬라이드를 선택한 후 [홈] 탭 → **클립보드** 그룹 → **붙여넣기**를 클릭하여 붙여넣기 옵션에서 **원본 서식 유지**를 클릭합니다.

 **여기서 잠깐**

셀 그룹 선택 해제
엑셀에서 셀 그룹 선택 후 다른 작업을 수행하게 되면 셀 그룹 선택이 해제되어 복사 명령이 수행되지 않으므로 주의해야 합니다.

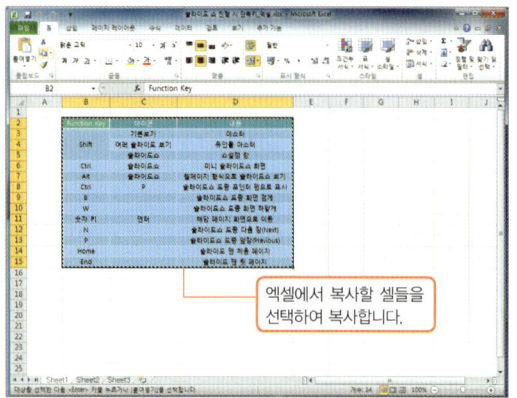

▲ 엑셀에서 셀 그룹 복사

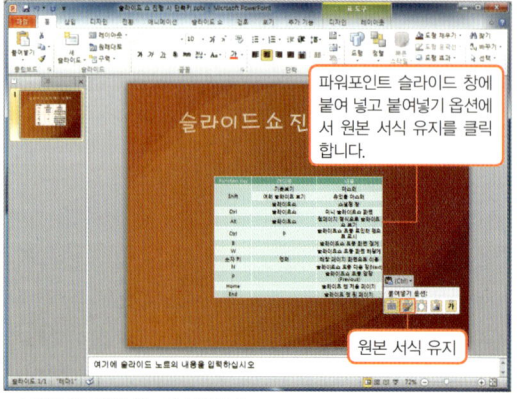

▲ 파워포인트에서 셀 그룹 붙여넣기

4. 표 이동 및 크기 조정하기

표는 삽입과 동시에 슬라이드 중앙에 위치하는데, 원하는 위치로 표를 옮기거나 표의 크기, 행/열의 크기를 자유롭게 조정합니다.

○ 표 이동

표의 모서리와 면에 나타나는 연속되는 점 위가 아닌 테두리의 가장 바깥쪽에 포인터를 놓은 다음 포인터가 ✛로 바뀌면 테두리를 마우스로 끌어서 표를 이동합니다.

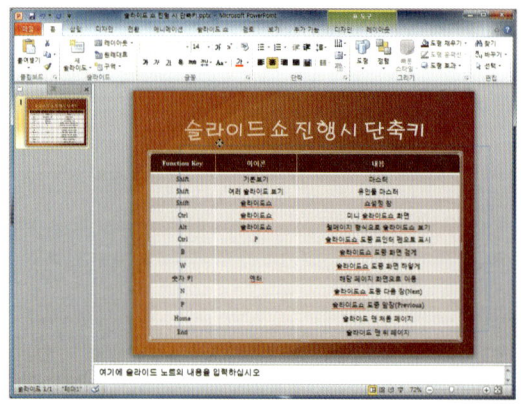

▲ 마우스를 이용한 표 이동

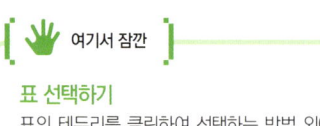 **여기서 잠깐**

표 선택하기
표의 테두리를 클릭하여 선택하는 방법 외에 표 바깥쪽에서부터 표가 포함되도록 마우스를 끌어서 표를 선택할 수 있습니다.

표 크기 조정

크기를 조정할 표를 클릭한 후 표 테두리에서 크기 조정 핸들을 클릭한 채 마우스로 끌어서 표의 크기를 늘리거나 줄입니다. 슬라이드에 비해 표를 너무 크게 만든 경우 빠른 실행 도구 모음에서 실행 취소()를 클릭하여 표를 원래 크기로 되돌립니다.

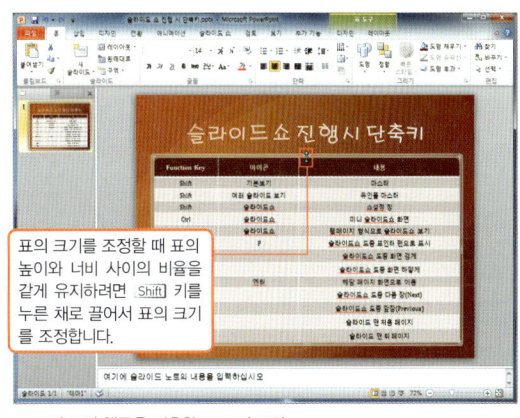

표의 크기를 조정할 때 표의 높이와 너비 사이의 비율을 같게 유지하려면 Shift 키를 누른 채로 끌어서 표의 크기를 조정합니다.

▲ 크기 조정 핸들들을 이용한 표 크기 조정

여기서 잠깐

실행 취소와 다시 실행

파워포인트에서는 잘못된 실행을 했을 때 이를 간단하게 취소할 수 있는 **실행 취소** 명령과 취소된 작업을 다시 실행해 주는 **다시 실행** 명령을 제공해 줍니다. 이 두 명령은 빠른 실행 도구 모음에서 확인할 수 있습니다.

특정 표 크기 입력

크기를 조정할 표를 클릭하고 [**표 도구**] − [**레이아웃**] 탭 → **표 크기** 그룹에서 원하는 표 높이와 너비를 입력합니다.

표 높이와 너비 입력

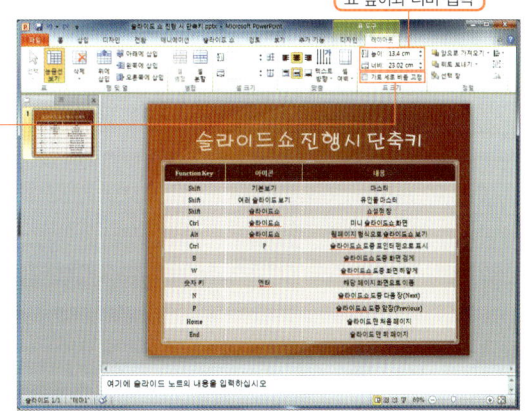

표의 크기를 조정할 때 표의 높이와 너비 사이의 비율을 같게 유지하려면 '가로 세로 비율 고정' 확인란을 선택합니다.

▲ 표 크기 입력

행/열 크기 조정

크기를 조정할 열이나 행이 있는 표를 클릭한 후 열의 너비를 바꾸려면 크기를 조정할 열의 안쪽 테두리 위에 포인터를 놓은 다음 포인터가 ↔ 로 바뀔 때 마우스를 오른쪽이나 왼쪽으로 끕니다.

행의 높이를 바꾸려면 크기를 조정할 행의 테두리 위에 포인터를 놓은 다음 포인터가 ↕ 로 바뀔 때 마우스를 위나 아래로 끕니다.

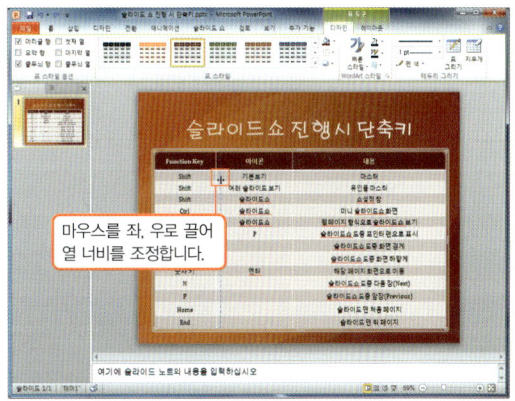

마우스를 좌, 우로 끌어 열 너비를 조정합니다.

▲ 마우스 포인터를 이용한 행/열 크기 조정

엑셀 데이터 연결하기

엑셀은 셀로 구성되어 있고 함수를 통한 자동 수식 계산이 가능하기 때문에 데이터가 자주 변동되는 경우 파워포인트의 표에 비해 내용 입력이나 관리가 편리합니다. 따라서 엑셀에서 만든 데이터를 파워포인트의 표로 복사하여 가져오는 방식을 많은 사용자들이 선호합니다. 엑셀에서 셀 그룹을 파워포인트로 가져올 때 엑셀에서 데이터가 수정되면 동일하게 파워포인트에서도 데이터가 수정되도록 데이터를 연결할 수 있습니다.

❶ 엑셀에서 파워포인트로 가져갈 셀 그룹을 마우스로 끌어서 선택하고 [홈] 탭 → **클립보드** 그룹 → **복사**를 클릭합니다.

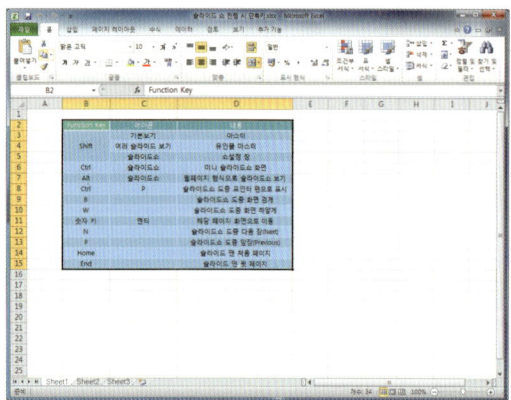

❷ 파워포인트로 돌아와서 [홈] 탭 → **클립보드** 그룹 → **붙여넣기** → **선택하여 붙여넣기**를 클릭합니다.

❸ '선택하여 붙여넣기' 대화상자가 표시되면 '연결하여 붙여넣기'를 선택하고 〈확인〉 단추를 클릭합니다.

❹ 엑셀 데이터가 연결된 상태로 붙여넣기가 됩니다. 만약 데이터를 수정하고자 할 때에는 붙여 넣은 개체를 두 번 연속 클릭하여 엑셀에서 데이터를 수정하면 파워포인트에도 바로 적용됩니다.

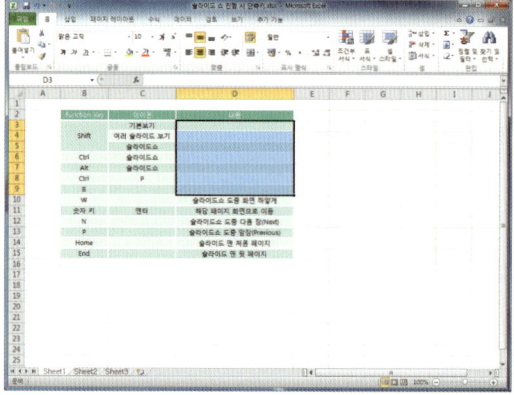

▲ 엑셀에서 데이터 수정

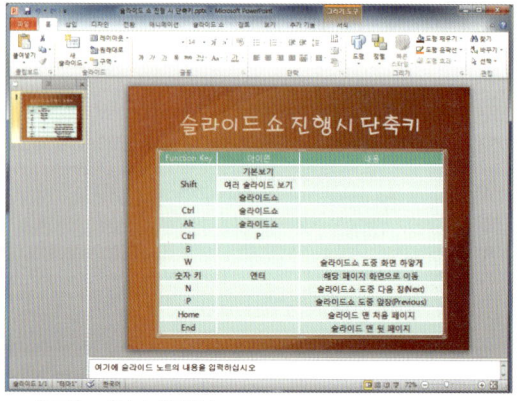

▲ 파워포인트 데이터 자동 변경

02 표에 스타일 적용하기

프레젠테이션에 표가 삽입되면 사용자가 표 스타일을 자유롭게 변경할 수 있습니다. 표에 빠른 스타일을 적용하고, 음영이나 테두리의 변경 등 표 스타일을 사용자가 마음대로 조정할 수 있는 다양한 명령들이 제공됩니다.

1. [표 도구] – [디자인] 상황별 탭 살펴보기

슬라이드에 표를 삽입하면 제목 표시줄에 [표 도구] – [디자인] 상황별 탭이 표시됩니다. [표 도구] – [디자인] 탭에는 표 스타일을 변경하거나 테두리 및 구분선을 추가 및 삭제하는 명령들이 포함되어 있습니다.

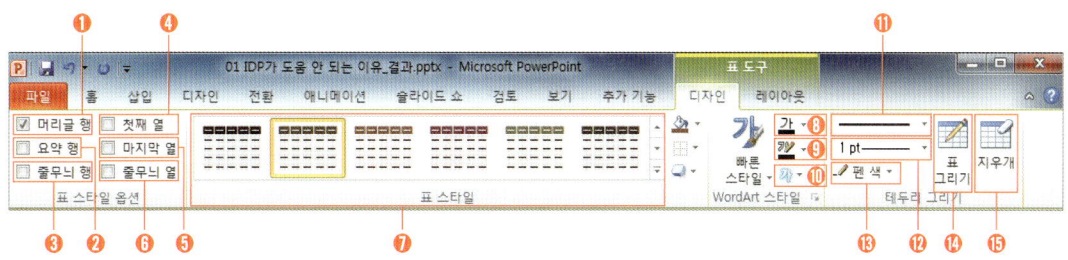

❶ **머리글 행** : 표의 머리글 행을 설정하거나 해제합니다.

❷ **요약 행** : 표의 마지막 행에 특수 서식을 표시합니다.

❸ **줄무늬 행** : 짝수 행과 홀수 행의 서식이 서로 다른 줄무늬 행을 표시합니다.

❹ **첫째 열** : 표의 첫 번째 열에 특수 서식을 표시합니다.

❺ **마지막 열** : 표의 마지막 열에 특수 서식을 표시합니다.

❻ **줄무늬 열** : 짝수 열과 홀수 열의 서식이 서로 다른 줄무늬 열을 표시합니다.

❼ **표 스타일** : 표의 표시 스타일을 선택합니다.

❽ **음영** : 선택한 텍스트 또는 단락 뒤의 배경색을 지정합니다.

❾ **테두리** : 선택한 셀 또는 텍스트의 테두리를 사용자 지정합니다.

❿ **효과** : 표의 그림자나 반사와 같은 시각 효과를 추가합니다.

⓫ **펜 스타일** : 테두리를 그리는데 사용되는 선의 스타일을 변경합니다.

⓬ **펜 두께** : 테두리를 그리는데 사용되는 선의 두께를 변경합니다.

⓭ **펜 색** : 펜 색을 변경합니다.

⓮ **표 그리기** : 표의 테두리를 그립니다.

⓯ **지우개** : 표의 테두리를 지웁니다.

2. 표 스타일 변경하기

표 스타일(또는 빠른 스타일)은 프레젠테이션의 테마 색에서 파생된 색 조합을 비롯한 다양한 서식 옵션의 조합으로, 삽입되는 표에는 표 스타일을 바로 적용할 수 있습니다. 표 스타일 그룹에는 빠른 스타일 갤러리를 통해 표 스타일 축소판 그림이 표시되며, 마우스 포인터를 스타일 축소판 그림 위에 놓으면 빠른 스타일이 표에 어떻게 적용되는지 미리 볼 수 있습니다

● 스타일 설정하기

새 표 스타일이나 다른 표 스타일을 적용하려는 표를 클릭한 후 [**표 도구**] – [**디자인**] 탭 → **표 스타일** 그룹에서 원하는 표 스타일을 클릭합니다. 좀 더 다양한 표 스타일을 보려면 **자세히** 단추(▼)를 클릭합니다.

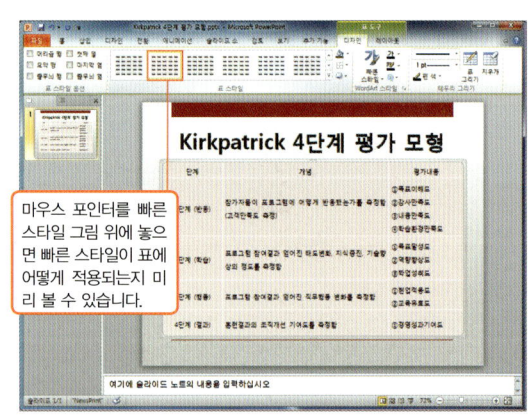

마우스 포인터를 빠른 스타일 그림 위에 놓으면 빠른 스타일이 표에 어떻게 적용되는지 미리 볼 수 있습니다.

▲ 표 스타일 설정

● 스타일 지우기

표 스타일을 지우려면 [**표 도구**] – [**디자인**] 탭 → **표 스타일** 그룹 오른쪽 **자세히** 단추(▼)를 클릭한 후 **표 지우기**를 클릭합니다.

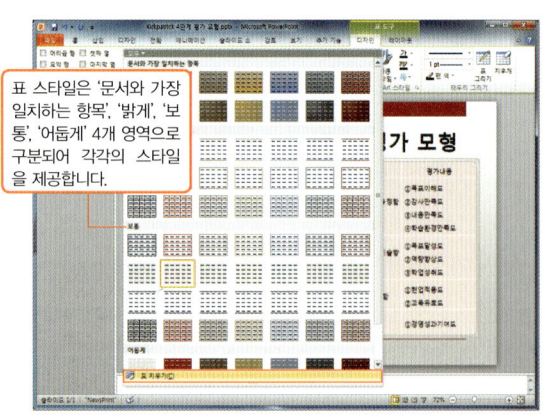

표 스타일은 '문서와 가장 일치하는 항목', '밝게', '보통', '어둡게' 4개 영역으로 구분되어 각각의 스타일을 제공합니다.

▲ 표 스타일 지우기

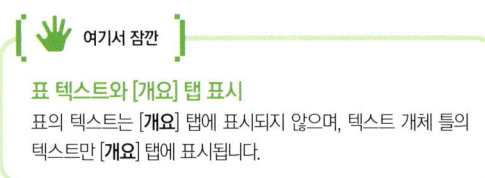

여기서 잠깐

표 텍스트와 [개요] 탭 표시

표의 텍스트는 [**개요**] 탭에 표시되지 않으며, 텍스트 개체 틀의 텍스트만 [**개요**] 탭에 표시됩니다.

3. 테두리 지정/해제하기

전체 표나 셀의 테두리를 모든 테두리, 바깥쪽 테두리, 안쪽 테두리, 위/아래/왼쪽/오른쪽 테두리 등 원하는 셀의 테두리로 자유롭게 변경하거나 테두리를 제거할 수 있습니다.

표 전체를 선택하거나 표의 셀을 마우스로 끌어서 선택한 후 [표 도구] – [디자인] 탭 → **표 스타일** 그룹 → **테두리**(▦▾)를 클릭하여 원하는 테두리 형태를 클릭하여 테두리를 지정하거나 해제합니다.

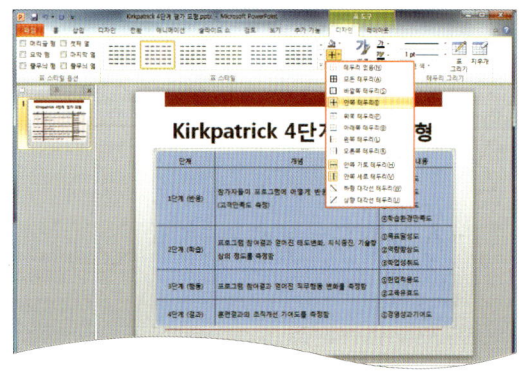

▲ 테두리 설정

> ✋ 여기서 잠깐
>
> **여러 셀을 동시에 선택**
> 여러 셀을 동시에 선택하고 '왼쪽, 오른쪽, 위쪽, 아래쪽' 테두리를 선택하면 블록으로 설정된 전체 셀의 해당 방향 테두리만 변경됩니다.

4. 효과 적용하기

전체 표나 일부 셀에 효과를 추가할 수 있으며, 셀 입체 효과나 반사, 그림자를 설정하여 표의 디자인의 질을 높일 수 있습니다.

① 표 전체를 선택하거나 표의 셀을 마우스로 끌어서 선택한 후 [표 도구] – [디자인] 탭 → **표 스타일** 그룹 → **효과**(🔲▾) → **셀 입체 효과** 선택 목록에서 원하는 입체 효과를 선택합니다.

② 표를 선택한 후 [표 도구] – [디자인] 탭 → **표 스타일** 그룹 → **효과**(🔲▾) → **반사** 선택 목록에서 원하는 반사 효과를 선택합니다.

> ✋ 여기서 잠깐
>
> **표의 효과**
> 표에 적용할 수 있는 효과는 텍스트, 도형이나 그림과는 달라서 **셀 입체 효과, 그림자, 반사** 효과는 적용할 수 있으며 **네온, 부드러운 가장자리, 3차원 회전** 등의 효과는 적용되지 않습니다.

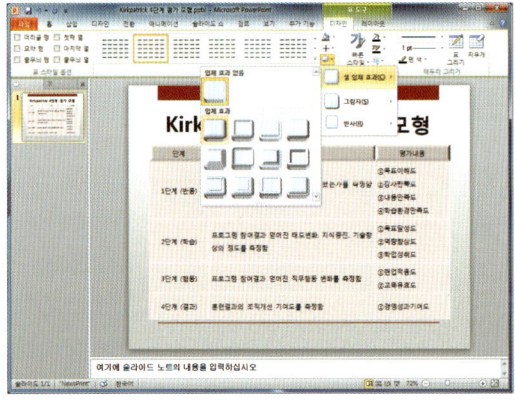

▲ 셀 입체 효과 – '둥글게'

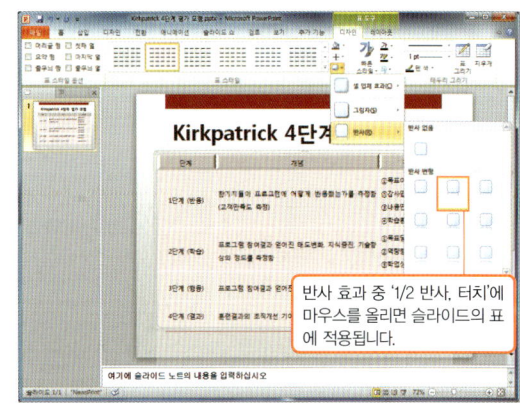

▲ 반사 효과 – '1/2 반사, 터치'

03 행,열,셀 추가/삭제/병합/분할하기

표를 작성하다 보면 행/열을 추가 및 삭제하고, 내용을 합치기 위해 셀을 병합하거나 내용을 분리하기 위해 분할하는 등 테두리를 자유롭게 조정할 수 있어야 합니다. 이러한 명령들을 확실하게 숙지하여 표를 자유롭게 편집하거나 활용해 보겠습니다.

1. [표 도구] – [레이아웃] 상황별 탭 살펴보기

슬라이드에 표를 삽입하면 제목 표시줄에 [표 도구] – [레이아웃] 상황별 탭이 표시됩니다. [표 도구] – [레이아웃] 탭은 표를 선택하거나 행 및 열을 추가/삭제하고 셀을 병합하고 크기를 조정하는 명령들이 포함되어 있습니다.

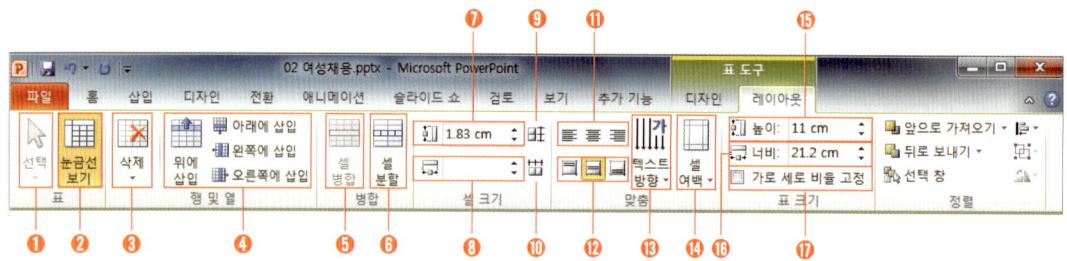

❶ **선택** : 커서가 있는 행 또는 열을 선택하거나 전체 표를 선택합니다.

❷ **눈금선 보기** : 표 안의 눈금선을 표시하거나 숨깁니다.

❸ **삭제** : 행, 열, 셀 또는 전체 표를 삭제합니다.

❹ **위/아래/왼쪽/오른쪽에 삽입** : 선택한 행 바로 위, 아래, 왼쪽, 오른쪽에 행이나 열을 추가합니다.

❺ **셀 병합** : 선택한 셀을 한 셀로 병합합니다.

❻ **셀 분할** : 선택한 셀을 여러 개의 셀로 분할합니다.

❼ **표 행 높이** : 선택한 셀의 높이를 설정합니다.

❽ **표 열 너비** : 선택한 셀의 너비를 설정합니다.

❾ **행 높이를 같게** : 선택한 행의 높이를 모두 같게 조절합니다.

❿ **열 너비를 같게** : 선택한 열의 너비를 모두 같게 조절합니다.

⓫ **텍스트 맞춤** : 텍스트를 왼쪽, 가운데, 오른쪽으로 맞춥니다.

⓬ **위쪽/가운데/아래쪽 맞춤** : 셀의 위쪽, 세로 중간, 아래쪽에 텍스트를 맞춥니다.

⑬ **텍스트 방향** : 텍스트를 세로로 쓰거나 세워 쓰거나 원하는 방향으로 회전합니다.

⑭ **셀 여백** : 선택한 셀의 여백을 지정합니다.

⑮ **높이** : 표의 높이를 설정합니다.

⑯ **너비** : 표의 너비를 설정합니다.

⑰ **가로 세로 비율 고정** : 표의 높이와 너비가 서로 비례하여 변경되도록 가로 세로 비율을 고정시킵니다.

2. 행이나 열 추가하기

표를 편집할 때 가장 많이 사용하는 명령은 행이나 열을 추가하거나 삭제하는 명령으로, 파워포인트에서는 [**표 도구**] – [**레이아웃**] 탭에서 해당 명령들을 제공하고 있습니다.

◉ 행 추가

새 행을 표시할 행의 위나 아래에 있는 표 셀을 선택한 후 [**표 도구**] – [**레이아웃**] 탭 → **행 및 열** 그룹 → 선택한 셀 위에 행을 추가하려면 **위에 삽입**을 클릭하고 선택한 셀 아래에 행을 추가하려면 **아래에 삽입**을 클릭합니다.

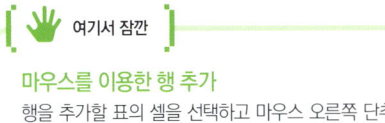
여기서 잠깐

마우스를 이용한 행 추가
행을 추가할 표의 셀을 선택하고 마우스 오른쪽 단추를 클릭하고 바로 가기 메뉴에서 **삽입 → 위에 행 삽입** 또는 **아래에 행 삽입**을 클릭합니다.

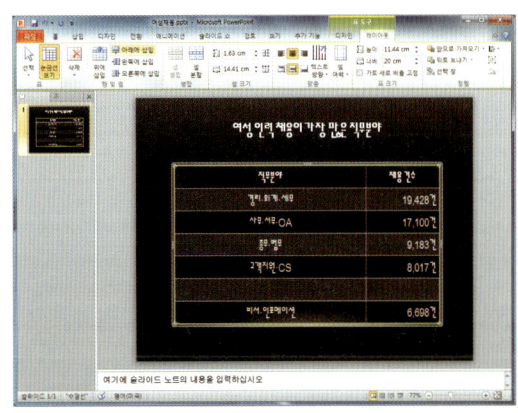
▲ 아래에 행 삽입

◉ 여러 행 추가

여러 행을 한 번에 추가하려면 기존 표에서 추가할 행 개수와 같은 수의 행을 마우스로 끌어서 선택한 후 **위에 삽입** 또는 **아래에 삽입**을 클릭합니다. 예를 들어 기존 행 2개를 선택한 후 **위에 삽입** 또는 **아래에 삽입**을 클릭하면 행 2개가 추가됩니다.

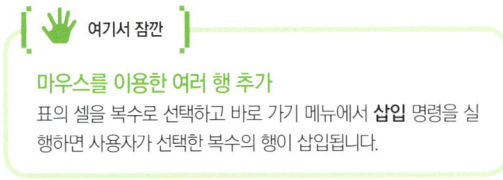
여기서 잠깐

마우스를 이용한 여러 행 추가
표의 셀을 복수로 선택하고 바로 가기 메뉴에서 **삽입** 명령을 실행하면 사용자가 선택한 복수의 행이 삽입됩니다.

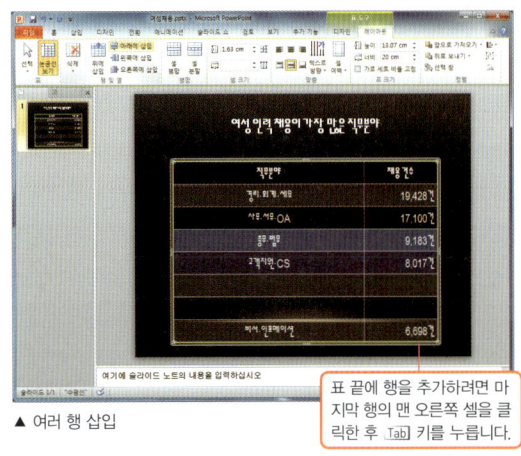
▲ 여러 행 삽입

표 끝에 행을 추가하려면 마지막 행의 맨 오른쪽 셀을 클릭한 후 Tab 키를 누릅니다.

🔵 열 추가

새 열을 표시할 위치의 열의 왼쪽이나 오른쪽에 있는 표 셀을 선택한 후 [표 도구] – [레이아웃] 탭 → **행 및 열** 그룹 → 선택한 셀의 왼쪽에 열을 추가하려면 **왼쪽에 삽입**을 클릭하고 선택한 셀의 오른쪽에 열을 추가하려면 **오른쪽에 삽입**을 클릭합니다.

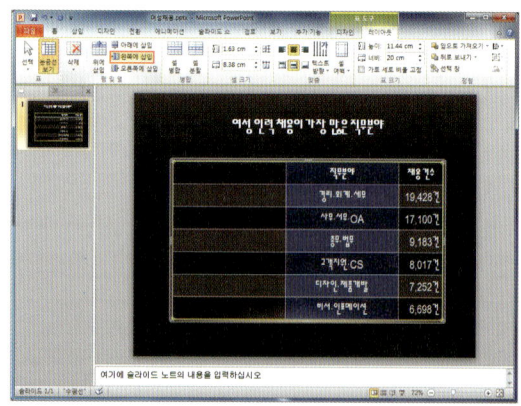

▲ 왼쪽에 열 삽입

 여기서 잠깐

마우스를 이용한 열 추가

열을 추가할 표의 셀을 선택하고 마우스 오른쪽 단추를 클릭하고 바로 가기 메뉴에서 **삽입 → 왼쪽에 열 삽입** 또는 **오른쪽에 열 삽입**을 클릭합니다.

🔵 여러 열 추가

여러 열을 한 번에 추가하려면 기존 표에서 추가할 열 개수와 같은 수의 열을 마우스로 끌어서 선택한 후 **왼쪽에 삽입** 또는 **오른쪽에 삽입**을 클릭합니다. 예를 들어 기존 열 2개를 선택한 후 **왼쪽에 삽입** 또는 **오른쪽에 삽입**을 클릭하면 열 2개가 추가됩니다.

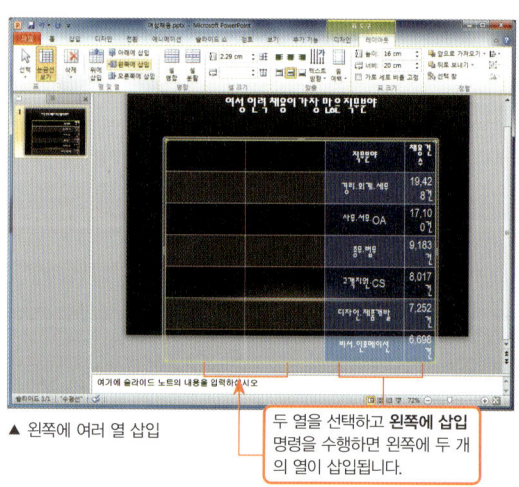

▲ 왼쪽에 여러 열 삽입

두 열을 선택하고 **왼쪽에 삽입** 명령을 수행하면 왼쪽에 두 개의 열이 삽입됩니다.

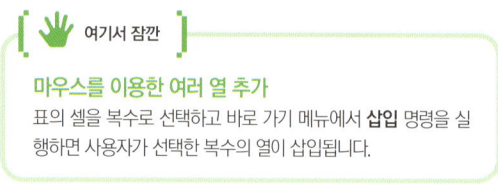 여기서 잠깐

마우스를 이용한 여러 열 추가

표의 셀을 복수로 선택하고 바로 가기 메뉴에서 **삽입** 명령을 실행하면 사용자가 선택한 복수의 열이 삽입됩니다.

3. 행이나 열 삭제하기

표를 편집할 때 위와 반대로 불필요한 행이나 열을 자유롭게 삭제할 수 있습니다. 행이나 열을 삭제할 때 셀을 잘못 선택하게 되면 유용한 데이터가 삭제될 수 있으므로 주의해야 합니다.

○ 행 삭제

행을 삭제하려면 삭제할 행의 셀을 선택한 후 [표 도구] – [레이아웃] 탭 → **행 및 열** 그룹 → **삭제**( ) → **행 삭제**를 클릭합니다.

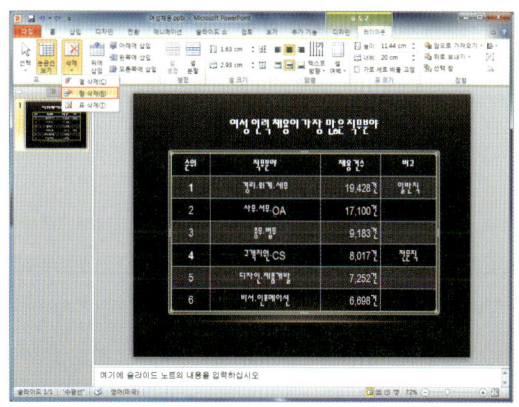

▲ 행 삭제

○ 열 삭제

열을 삭제하려면 삭제할 행의 셀을 선택한 후 [표 도구] – [레이아웃] 탭 → **행 및 열** 그룹 → **삭제**( ) → **열 삭제**를 클릭합니다.

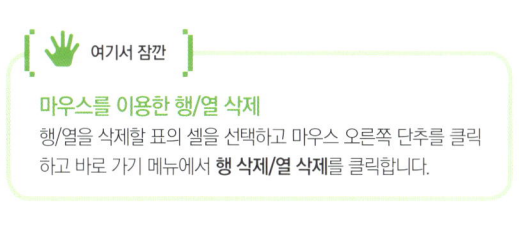

여기서 잠깐

마우스를 이용한 행/열 삭제
행/열을 삭제할 표의 셀을 선택하고 마우스 오른쪽 단추를 클릭하고 바로 가기 메뉴에서 **행 삭제/열 삭제**를 클릭합니다.

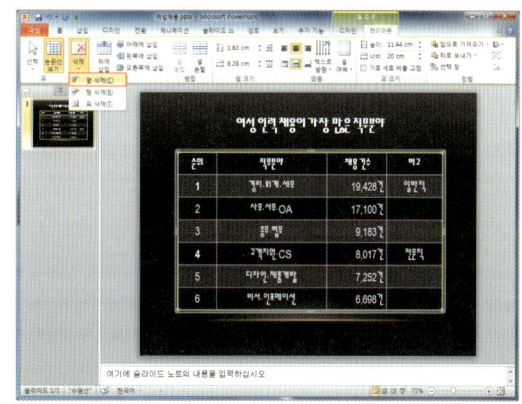

▲ 열 삭제

○ 셀/행/열 선 지우기

방법 1 셀, 행 또는 열에서 선을 지우려면 [표 도구] – [디자인] 탭 → **테두리 그리기** 그룹 → **지우개**( )를 클릭한 후 지울 선을 클릭합니다. 선 지우기를 마치면 표 범위 밖을 클릭합니다.

여기서 잠깐

표 셀의 내용 삭제
삭제할 셀 내용을 선택한 후 Delete 키를 누르면 셀의 내용은 삭제해도 셀은 삭제되지 않습니다. 셀을 삭제하려면 다른 셀과 병합하거나 행 또는 열 삭제를 실행해야 합니다.

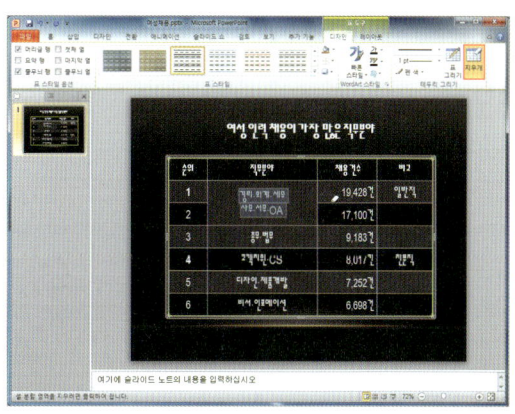

▲ 지우개 명령으로 열 지우기

방법 2 [표 도구] – [디자인] 탭 → 테두리 그리기 그룹 → **표 그리기** 명령(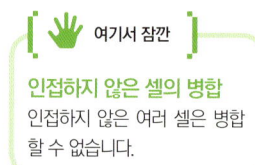)을 클릭하여 활성 상태로 유지합니다. Shift 키를 누른 채 포인터가 지우개 모양(✐)으로 바뀌면 지울 선을 클릭합니다.

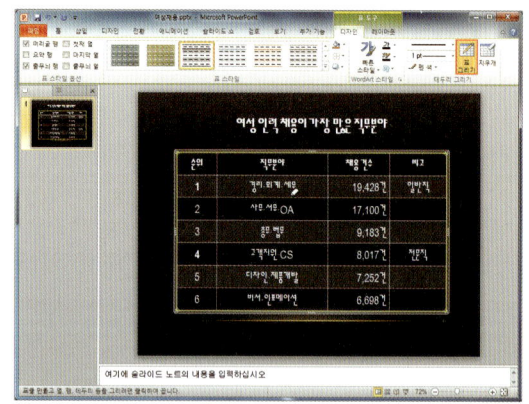

▲ 표 그리기 명령으로 열 지우기

4. 셀 병합하기

번호와 목록이 함께 있는 경우에 마지막에 합계를 내는 행은 셀을 병합하여 표시해야 하는 것처럼 경우에 따라서는 셀을 병합할 경우가 많이 발생합니다. 셀의 병합은 테두리를 지워서 병합할 수 있지만 셀을 선택한 후 셀 병합 명령을 활용하는 방법도 있습니다.

> 🖐 **여기서 잠깐**
>
> **인접하지 않은 셀의 병합**
> 인접하지 않은 여러 셀은 병합할 수 없습니다.

① **방법 1** : 같은 행 또는 열에 있는 두 개 이상의 표 셀을 하나의 셀로 병합하려면 표의 병합할 셀을 선택한 후 [표 도구] – [레이아웃] 탭 → **병합** 그룹 → **셀 병합**()을 클릭합니다.

② **방법 2** : 셀의 테두리를 지워서 표 셀을 병합할 수도 있습니다. [표 도구] – [디자인] 탭 → **테두리 그리기** 그룹 → **지우개**()를 클릭한 후 지울 셀 테두리를 클릭합니다. 작업이 마무리되면 Esc 키를 누릅니다.

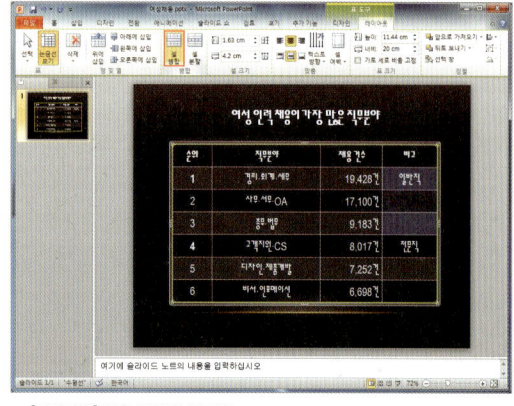

▲ [레이아웃] 탭을 이용한 셀 병합

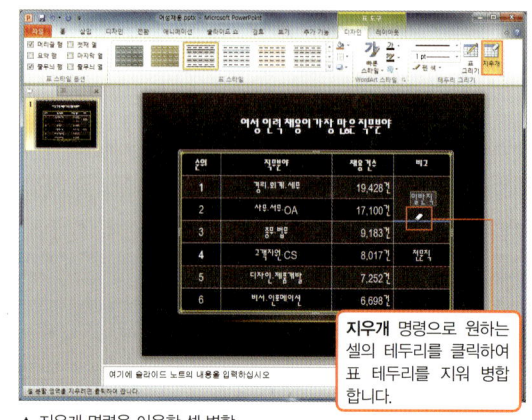

> **지우개** 명령으로 원하는 셀의 테두리를 클릭하여 표 테두리를 지워 병합합니다.

▲ 지우개 명령을 이용한 셀 병합

5. 셀 분할하기

한 셀에 너무 많은 내용이 들어 있거나 내용 상 구분이 되어야 함에도 불구하고 같은 셀에 내용이 입력되어 있는 경우 두 개 이상의 셀로 셀 분할 명령을 통해 분할할 수 있습니다.

◉ 가로 분할, 세로 분할

분할할 표의 셀을 선택한 후 [표 도구] – [레이아웃]
탭 → **병합** 그룹 → **셀 분할**(▦)을 클릭합니다. 한 셀을 세로로 나누려면 원하는 새 셀의 개수를 '열 개수' 입력 상자에 입력하고, 한 셀을 가로로 나누려면 원하는 새 셀의 개수를 '행 개수' 입력 상자에 입력합니다.

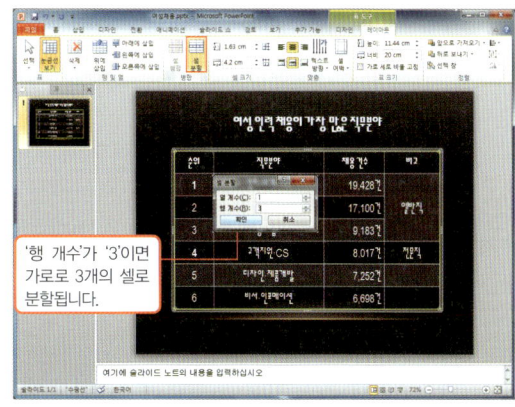

'행 개수'가 '3'이면 가로로 3개의 셀로 분할됩니다.

▲ 셀 분할

 여기서 잠깐

마우스를 이용한 셀 분할하기
분할할 표의 셀을 선택하고 마우스 오른쪽 단추를 클릭하여 바로 가기 메뉴에서 **셀 분할**을 클릭하면 '셀 분할' 대화상자가 표시됩니다.

◉ 가로/세로 분할

한 셀을 가로와 세로로 모두 나누려면 '열 개수' 입력 상자에 원하는 열의 개수를 입력한 다음 '행 개수' 입력 상자에 원하는 행의 개수를 입력합니다.

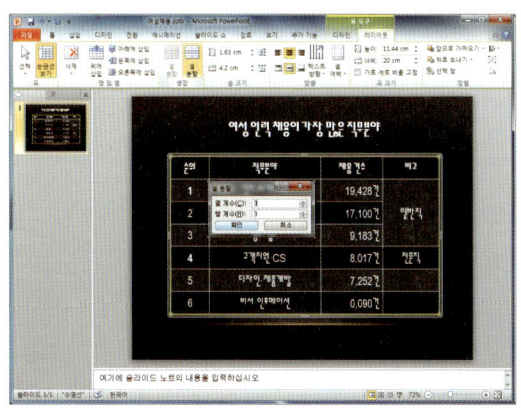

▲ 가로 세로 분할

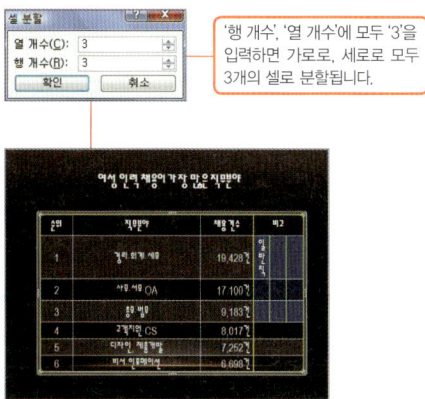

'행 개수', '열 개수'에 모두 '3'을 입력하면 가로로, 세로로 모두 3개의 셀로 분할됩니다.

행 및 열 추가/삭제/병합/분할하기

📁 **준비 파일 :** 대학 연간 등록금 현황.pptx　　📁 **완성 파일 :** 대학 연간 등록금 현황_결과.pptx

프레젠테이션의 표를 보면 시각적으로 정적인 느낌을 많이 받게 되므로 다른 개체들을 추가로 삽입하여 표의 단순하고 정적인 느낌을 보완하는 것이 필요합니다. 표를 삽입한 후 청중이 내용을 쉽게 이해하는데 도움을 줄 수 있는 시각적인 개체를 사용하여 멋진 슬라이드를 만들어보겠습니다.

항목	변경 내용		
표	열 삭제 : '5열'　　열 삽입 : '왼쪽에 삽입'　　열 너비(3열~5열) : '열 너비를 같게'		
	표 스타일 : '밝은 스타일 1'　　　　글꼴 색 : 1행 '흰색'		
	셀 입체 효과 : 2행 '낮은 수준의 경사', 3행~6행, 1열~3열 '라블렛'		
도형 삽입	'양쪽 모서리가 둥근 사각형' 그라데이션 : 중지점 1/2, 중지점 2/2(검정)(15 보기 참조)		
클립 아트 삽입	"졸업" : '파랑, 밝은 강조색 1'　　　　"동전" : '연한 파랑, 배경색 2 밝게'		

Before

After

01 **예제 파일 열기** 대학 연간 등록금 현황.pptx 파일을 두 번 연속 클릭하면 파워포인트가 실행되면서 다음 화면이 나타납니다.

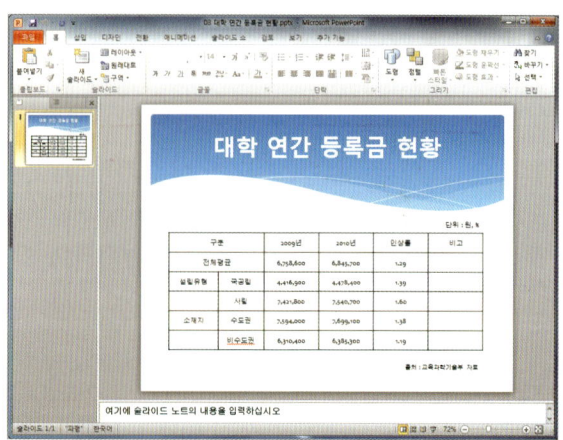

 열 삭제하기

마지막 열인 5열을 삭제하기 위해 ❶ 5열의 1행을 클릭한 후 [표 도구] − ❷ [레이아웃] 탭 → 행 및 열 그룹 → ❸ 삭제(▦) → ❹ 열 삭제를 클릭하면 '비고' 열이 삭제됩니다.

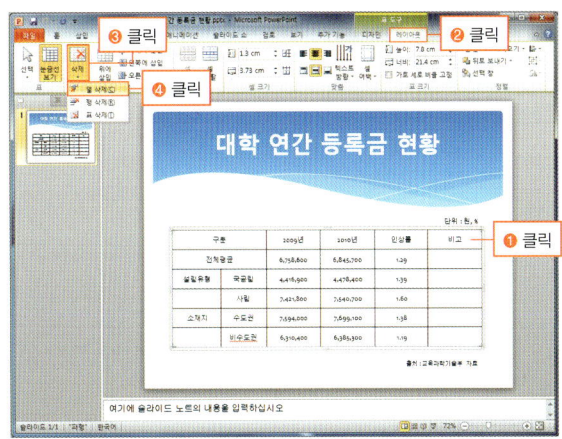

> **✋ 여기서 잠깐**
>
> **마우스를 이용한 행/열 삭제**
> 행/열을 삭제할 표의 셀을 선택하고 마우스 오른쪽 단추를 클릭하고 바로 가기 메뉴에서 **행 삭제/열 삭제**를 클릭합니다.

 열 삽입하기

왼쪽에 새 열을 삽입하기 위해 ❶ 1열의 3행을 클릭한 후 [표 도구] − [레이아웃] 탭 → 행 및 열 그룹 → ❷ 왼쪽에 삽입(▦ 왼쪽에 삽입)을 클릭합니다.

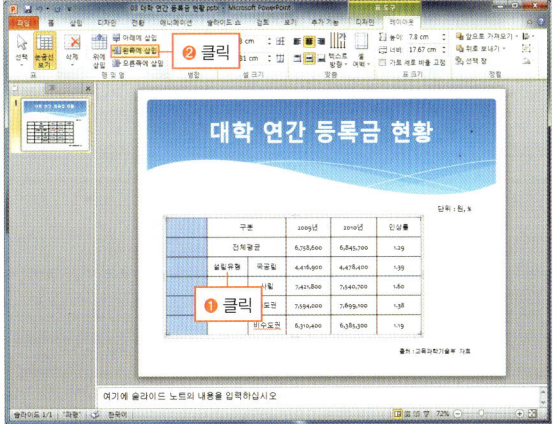

> **✋ 여기서 잠깐**
>
> **왼쪽에 열 삽입**
> 왼쪽에 새 열을 삽입하기 위해 선택한 열의 임의의 행을 클릭해도 됩니다.

04 텍스트 입력 및 크기 조정하기

그림과 같이 ❶ 삽입된 열에 텍스트를 입력하고 ❷ 표 테두리에서 크기 조정 핸들을 가리킨 다음 포인터가 ↔ 로 바뀌면 핸들을 마우스로 클릭한 채 끌어서 표의 크기를 늘립니다.

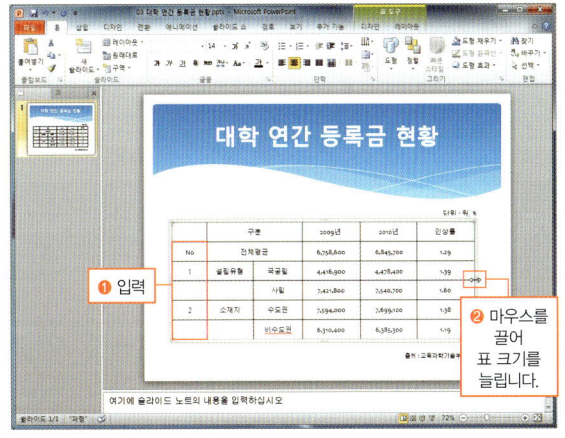

05 열 너비를 같게 조정하기

① 3열부터 5열까지 마우스로 끌어서 선택한 후 [표 도구] – ② [레이아웃] 탭 → 셀 크기 그룹 → ③ 열 너비를 같게(田)를 클릭하여 열 너비를 동일하게 조정합니다.

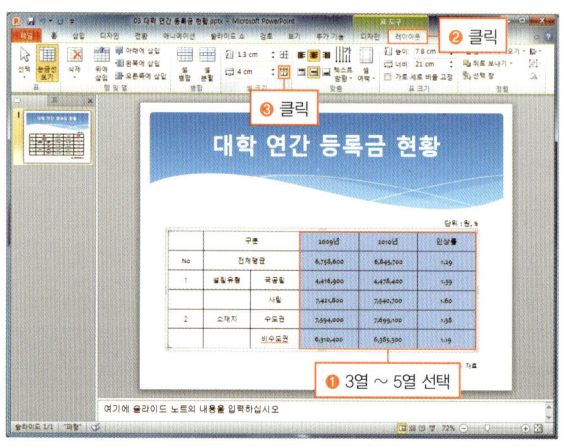

06 셀 병합하기

셀을 병합하기 위해 [표 도구] – ① [디자인] 탭 → 테두리 그리기 그룹 → ② 지우개(🖉)를 클릭한 후 마우스의 포인터 모양이 ⌀로 바뀌면 ③ 3행과 5행 아래 2열까지 테두리를 지웁니다. 작업이 완료되면 Esc 키를 누릅니다.

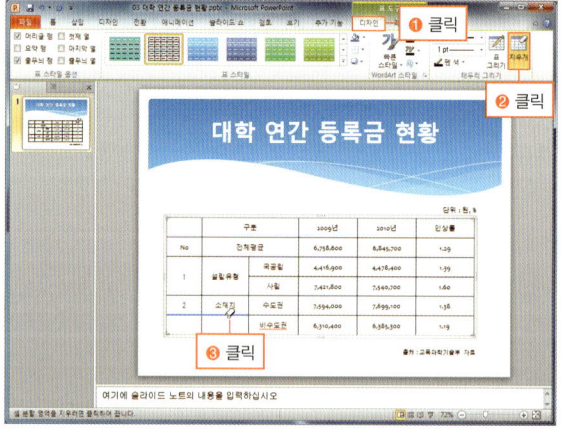

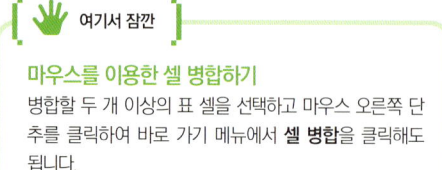

여기서 잠깐

마우스를 이용한 셀 병합하기

병합할 두 개 이상의 표 셀을 선택하고 마우스 오른쪽 단추를 클릭하여 바로 가기 메뉴에서 **셀 병합**을 클릭해도 됩니다.

07 표 스타일 적용하기

표 스타일을 설정하기 위해 ① 표를 선택한 후 [표 도구] – [디자인] 탭 → ② 표 스타일 그룹 오른쪽 자세히 단추(▽)를 클릭하여 ③ '밝은 스타일 1'을 선택합니다.

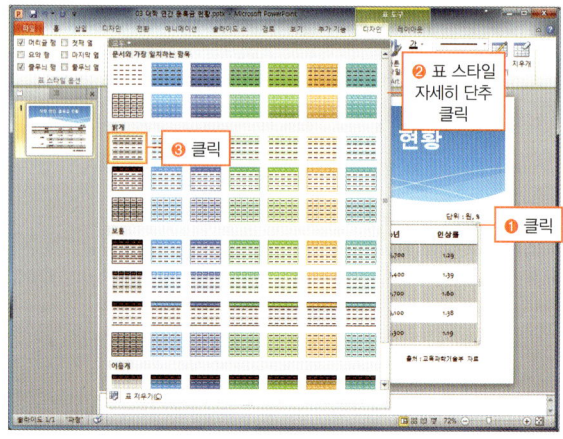

08 테두리 해제하기 ❶ 1행을 마우스로 끌어서 선택한 후 [표 도구] − [디자인] 탭 → 표 스타일 그룹 → ❷ 테두리(▦ ▾)를 클릭하여 ❸ '위쪽 테두리'를 두 번 클릭하여 테두리를 해제합니다.

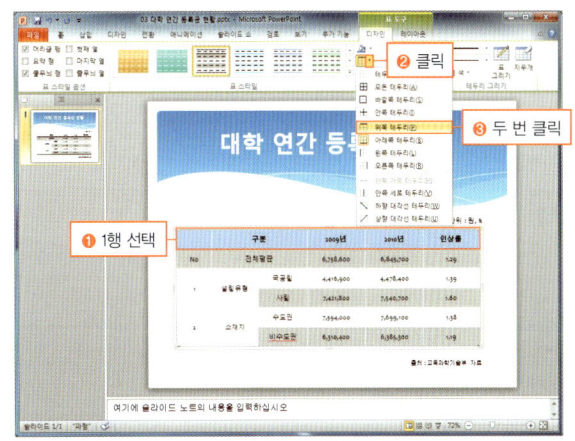

09 텍스트 색 변경하기 1행의 텍스트 색을 변경하기 위해 ❶ 1행을 선택한 후 ❷ [홈] 탭 → 글꼴 그룹 → ❸ 글꼴 색(가 ▾) → ❹ '흰색'을 선택합니다.

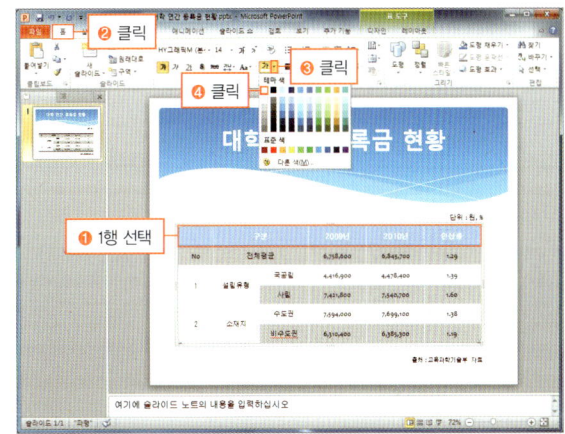

10 셀 입체 효과 적용하기(1) ❶ 2행을 마우스로 끌어서 선택한 후 [표 도구] − ❷ [디자인] 탭 → 표 스타일 그룹 → ❸ 효과(▨ ▾) → 셀 입체 효과 → ❹ '낮은 수준의 경사'를 선택합니다.

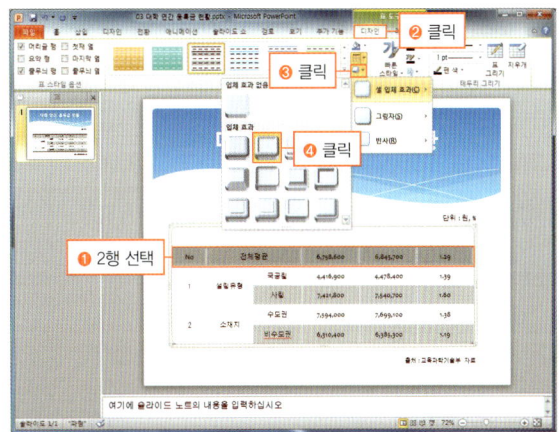

11 셀 입체 효과 적용하기(2) ❶ 3행부터 6행, 1열부터 3열까지를 마우스로 끌어서 선택한 후 [표 도구] - [디자인] 탭 → 표 스타일 그룹 → ❷ 효과( ) → 셀 입체 효과 → ❸ '리블렛'을 선택합니다.

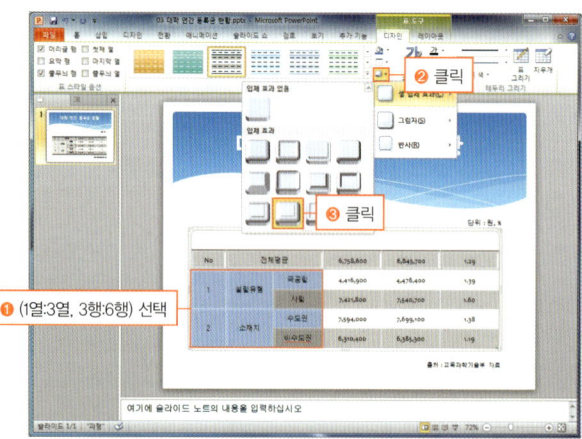

❶ (1열:3열, 3행:6행) 선택

12 도형 삽입하기 ❶ [홈] 탭 → 그리기 그룹 → ❷ 도형( ) → ❸ '양쪽 모서리가 둥근 사각형'을 선택한 후 ❹ 슬라이드 창에서 마우스를 끌어서 그림과 같이 도형을 삽입합니다.

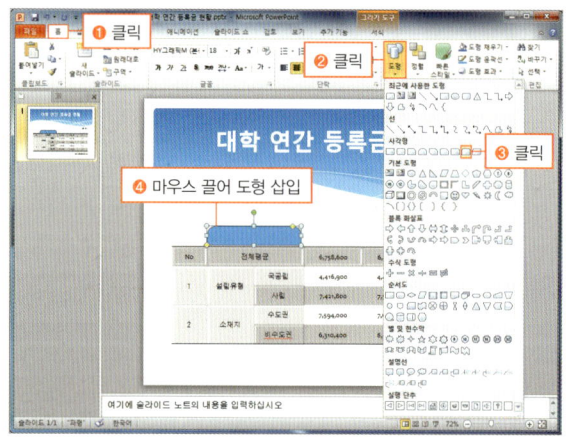

❹ 마우스 끌어 도형 삽입

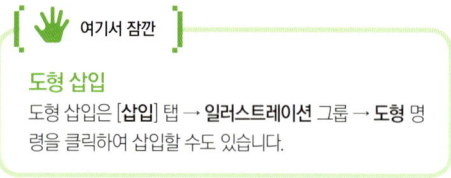

여기서 잠깐

도형 삽입
도형 삽입은 [삽입] 탭 → 일러스트레이션 그룹 → 도형 명령을 클릭하여 삽입할 수도 있습니다.

13 '도형 서식' 대화상자 표시하기 새로 삽입한 도형의 서식을 설정하기 위해 [그리기 도구] - ❶ [서식] 탭 → 도형 스타일 그룹 → ❷ 도형 채우기(도형 채우기) → 그라데이션 → ❸ 기타 그라데이션을 클릭합니다.

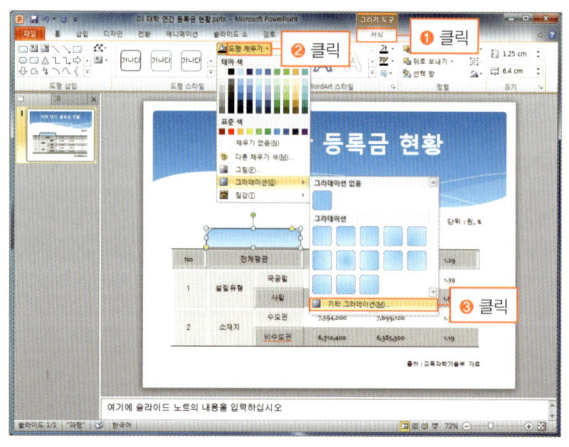

14 그라데이션 중지점 제거하기 그라데이션을 설정하기 위해 [채우기]의 '그라데이션 채우기'를 클릭하고 ❶ '중지점 2/3'를 선택한 후 ❷〈그라데이션 중지점 제거〉단추( )를 클릭하여 중지점을 제거합니다.

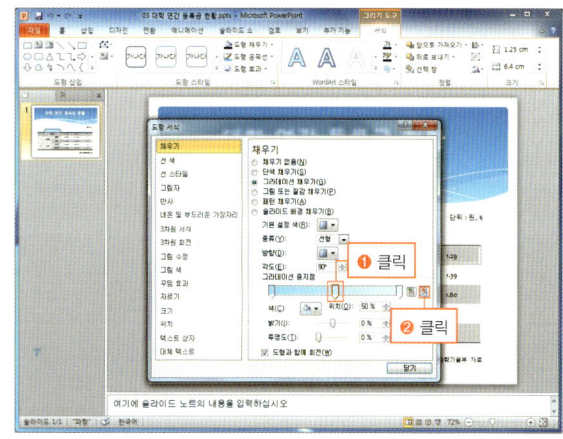

[여기서 잠깐]

중지점
중지점의 개수는 설정하고자 하는 그라데이션 효과에 따라 추가하거나 제거합니다.

15 그라데이션 적용하기 ❶ 중지점 모두 색을 '검정'으로 변경하고 아래와 같이 설정한 후 ❷〈닫기〉단추를 클릭합니다.

중지점 1/2 - 위치 : 0%,　밝기 : 20%,　투명도 : 0%
중지점 2/2 - 위치 : 100%, 밝기 : −10%, 투명도 : 0%

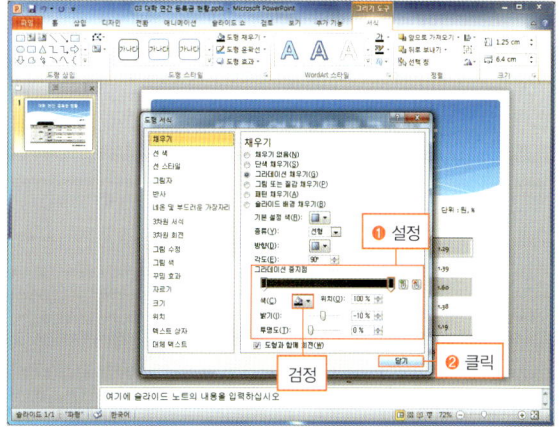

16 도형 복사 및 크기 조정하기 [홈] 탭 → **클립보드** 그룹 → **복사** → **붙여넣기** 명령 단추( )를 클릭하여 3개의 '양쪽 모서리가 둥근 사각형'을 복사하고 그림과 같이 크기와 위치를 조정합니다.

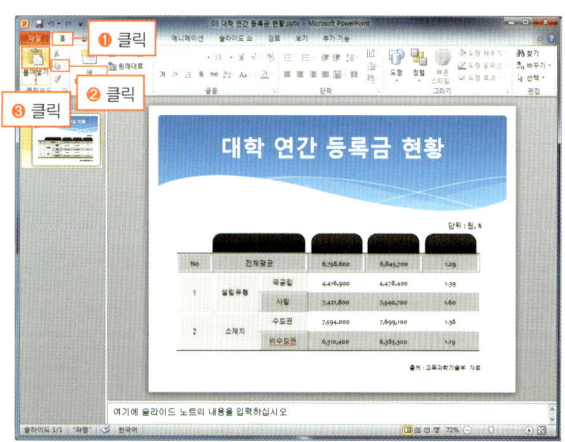

[여기서 잠깐]

도형 복사하기
간단히 복사 명령을 수행하기 위해 도형을 선택한 후 복사 수 만큼 Ctrl + 마우스 끌기해도 됩니다.

17 도형 맨 뒤로 보내기 ❶ 4개의 '양
쪽 모서리가 둥근 사각형'을 선택한
후 [홈] 탭 → **그리기** 그룹 → ❷ **정렬**() → ❸
맨 뒤로 보내기를 클릭하여 도형을 텍스트 뒤쪽
으로 보냄으로써 텍스트가 보이도록 합니다.

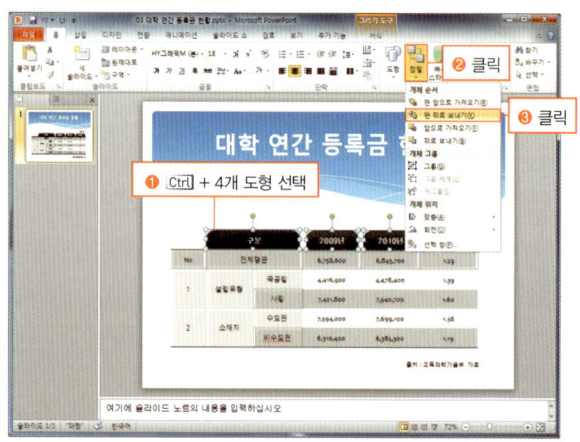

여기서 잠깐

맨 뒤로 보내기
도형을 선택한 후 마우스 오른쪽 단추를 클릭하여 바로 가
기 메뉴에서 **맨 뒤로 보내기 → 맨 뒤로 보내기**를 클릭해
도 됩니다.

18 그림 삽입하기 ❶ [삽입] 탭 → **이미**
지 그룹 → ❷ **클립 아트** 명령 단추()
를 클릭합니다. '클립 아트' 작업창이 표시되면
❸ '검색 대상'에 "졸업", "동전"을 입력하고 ❹
〈이동〉 단추를 클릭합니다. ❺ 표시되는 클립
아트 중에서 예제 그림과 동일한 클립 아트를
클릭하여 슬라이드에 삽입하고 예제와 같이 크
기를 조정하여 배열합니다.

Q 도형으로 표를 그리는 경우가 많은데 왜 그런가요?

자주 묻는 질문 ?

A 파워포인트에서는 표에 다양한 서식을 적용할 수 있는 많은 명령들을 제공하고 있음에도 불구하고 많은 사용자나 전문적
인 프레젠테이션에서는 표보다는 도형을 활용하여 표를 만들어 사용합니다.

도형을 이용해 표를 만드는 잇점

• 표 명령보다 도형 사용에 대해 확장성이 더 큼
• 직사각형 형태의 단조로움에서 벗어날 수 있음
• 테두리나 채우기 색의 변화를 통해 디자인적으로 좀 더 다양한 표현이 가능
• **복제** 명령과 **맞춤** 명령을 활용하여 손쉽게 도형으로 표를 만들 수 있음

19 배경 제거하기 ❶ 왼쪽 그림을 선택한 후 [그림 도구] − ❷ [서식] 탭 → 조정 그룹 → ❸ 배경 제거를 클릭하여 흰색 배경을 제거합니다. 마찬가지로 ❹ 오른쪽 위의 그림을 선택하고 ❺ 배경 제거를 클릭하여 흰색 배경을 제거합니다.

여기서 잠깐

배경 제거
배경 제거 명령을 클릭하면 배경 제거 핸들이 표시되며, 배경을 제외한 영역이 핸들 내로 들어오도록 핸들을 끌어서 조정합니다.

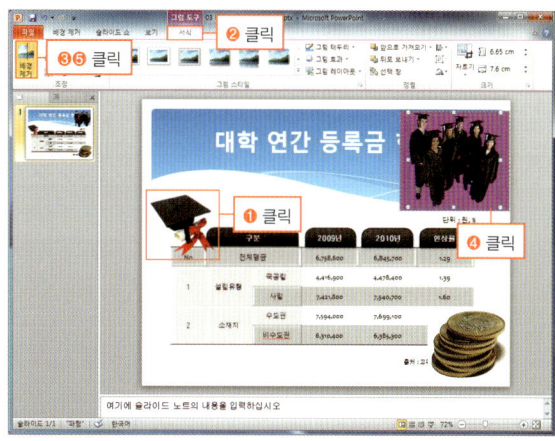

20 색 조정하기(1) 오른쪽 위 그림(사각모 쓴 사람들)이 선택된 상태에서 [그림 도구] − [서식] 탭 → 조정 그룹 → ❶ 색(색 ▾)을 클릭하여 ❷ '파랑, 밝은 강조색 1'을 선택합니다.

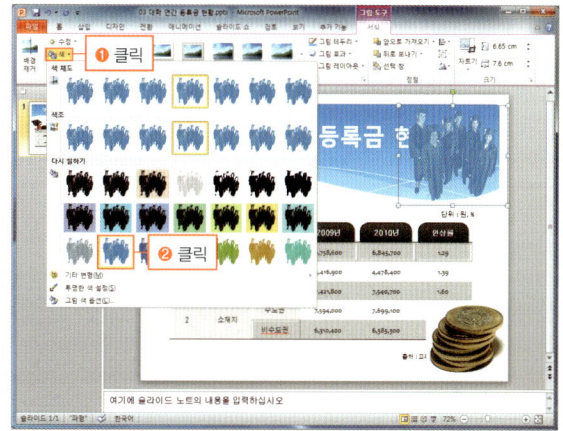

21 색 조정하기(2) ❶ 오른쪽 아래 그림(동전)을 선택한 후 [그림 도구] − [서식] 탭 → 조정 그룹 → ❷ 색(색 ▾)을 클릭하여 ❸ '연한 파랑, 배경색 2 밝게'를 선택합니다.

22 맨 뒤로 보내기 ❶❷ 오른쪽 2개의
그림을 선택한 후 ❸ [홈] 탭 → 그리
기 그룹 → ❹ 정렬( ) → ❺ 맨 뒤로 보내기를
클릭하여 텍스트가 보이도록 합니다.

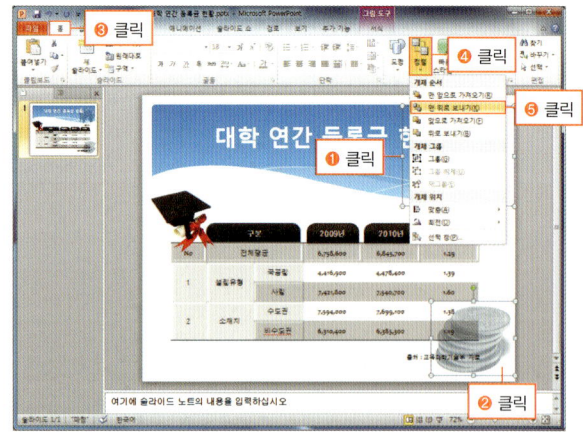

23 결과 확인하기 슬라이드가 완성되
었습니다.

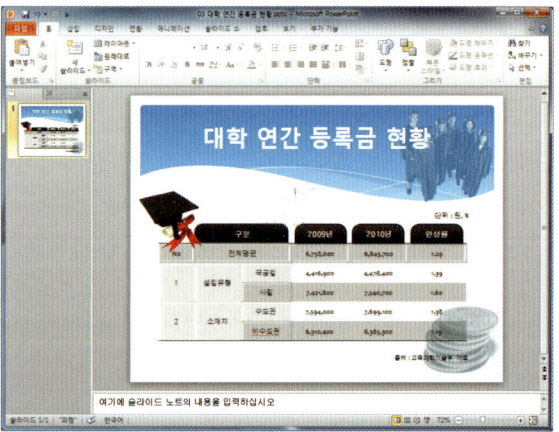

차트 삽입하고 데이터 입력하기

파워포인트에서의 차트는 엑셀 워크시트를 활용하여 삽입하며, 엑셀이나 워드의 차트를 복사하여 서식을 변경하고 시각효과를 강화하여 수준 높은 디자인을 할 수 있습니다. 차트는 데이터를 시각화하는 개체로 단순하게 구성할수록 더욱 강력한 힘을 발휘하게 됩니다.

1. 차트 삽입하기

파워포인트에서 차트를 삽입하게 되면 기본적으로 슬라이드 중앙에 위치하며, 차트를 삽입하는 방법에는 차트 명령 단추, 레이아웃을 이용하는 방법의 2가지가 있습니다.

● 차트 명령 단추를 이용한 차트 삽입하기

차트 명령 단추를 클릭하여 차트 스타일을 선택하고 표시되는 엑셀 워크시트에서 데이터를 입력하여 차트를 삽입합니다.

① 차트를 추가할 슬라이드를 선택하고 [삽입] 탭 → 일러스트레이션 그룹 → 차트()를 클릭한 후 '차트 삽입' 대화상자에서 원하는 차트 스타일을 선택하고 〈확인〉 단추를 클릭합니다.

> **✋ 여기서 잠깐**
>
> **엑셀 워크시트 표시**
> 파워포인트 2007부터 적용된 것으로 차트 스타일을 선택하면 엑셀 2010 프로그램이 실행되면서 데이터를 직접 입력할 수 있는 워크시트가 표시됩니다.

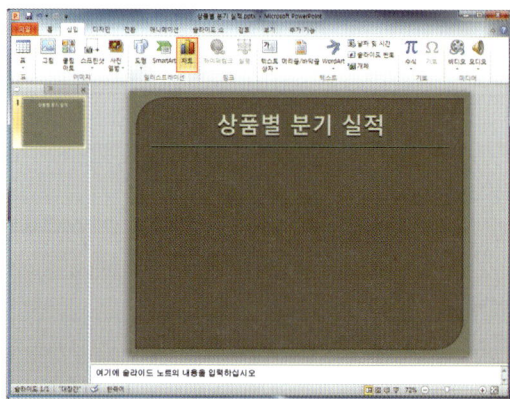

▲ 차트 명령 단추를 이용한 차트 삽입

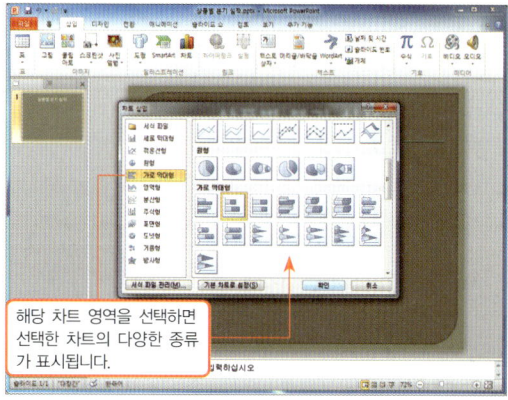

해당 차트 영역을 선택하면 선택한 차트의 다양한 종류가 표시됩니다.

▲ '차트 삽입' 대화상자

② 차트가 삽입되면서 엑셀 워크시트가 표시되는데, 파란색 선 안쪽의 셀들이 차트 데이터 영역이며 파란색 모서리(◢)를 끌어서 필요한 데이터 영역만큼 셀을 늘리거나 줄일 수 있습니다. 원하는 데이터를 입력하고 〈닫기〉 단추를 클릭하여 엑셀을 종료하면 파워포인트로 돌아오면서 입력된 데이터가 차트에 적용된 것을 볼 수 있습니다.

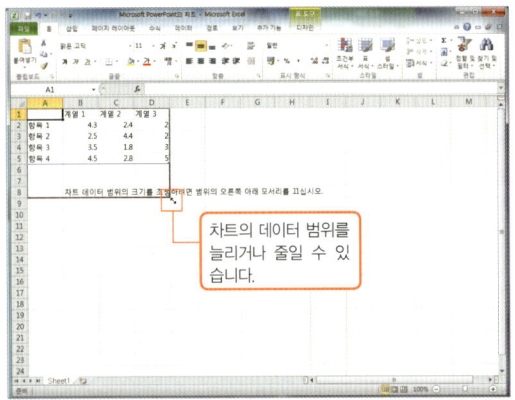

▲ 데이터 영역 설정

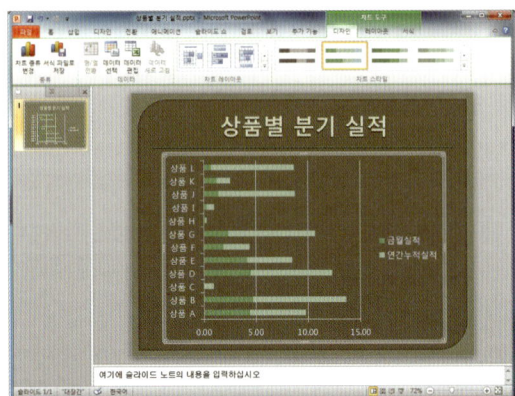

▲ 데이터로 작성한 차트

레이아웃 개체 틀을 이용한 차트 삽입하기

'제목 및 내용', '콘텐츠 2개', '비교' 등의 레이아웃에는 '차트 삽입' 아이콘(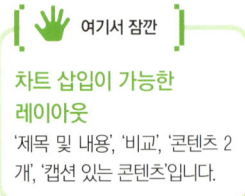)이 포함되어 있어 이 아이콘을 클릭하면 바로 '차트 삽입' 대화상자가 표시됩니다. '제목 및 내용' 레이아웃을 이용해 내용 개체 틀의 '차트 삽입' 아이콘을 클릭한 후 '차트 삽입' 대화상자에서 차트 스타일을 선택하고 〈확인〉 단추를 클릭하면 슬라이드에 차트가 삽입됩니다.

✋ 여기서 잠깐

차트 삽입이 가능한 레이아웃
'제목 및 내용', '비교', '콘텐츠 2개', '캡션 있는 콘텐츠'입니다.

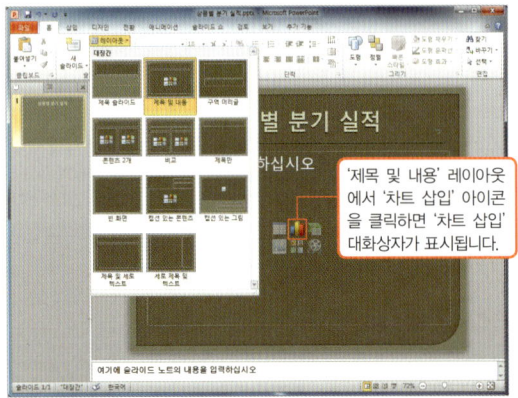

▲ '제목 및 내용' 레이아웃을 이용한 차트 삽입

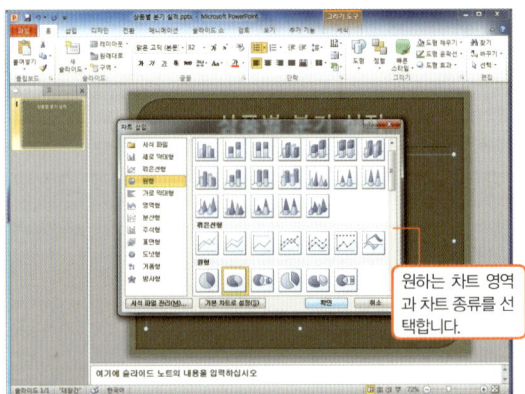

▲ '차트 삽입' 대화상자

2. 차트 이동 및 크기 조정하기

차트는 삽입과 동시에 슬라이드 중앙에 위치하는데, 원하는 위치로 차트를 옮기거나 차트의 크기를 자유롭게 조정할 수 있습니다.

● 차트 이동

이동할 차트를 선택하여 차트의 테두리에 마우스 포인터를 놓은 다음 포인터가 ✛로 바뀌면 마우스를 끌어서 원하는 위치로 차트를 이동합니다.

 여기서 잠깐

방향키 활용하기
차트를 선택한 상태에서 키보드의 방향키를 눌러 차트를 원하는 위치로 이동할 수 있습니다.

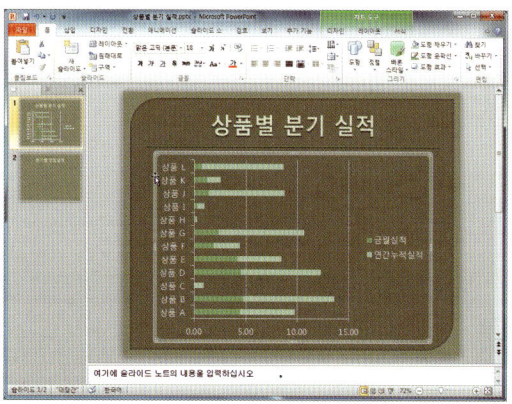

▲ 마우스를 포인터를 이용한 차트의 이동

● 차트 크기 조정

크기를 조정할 차트를 선택하여 표 테두리에서 크기 조정 핸들을 클릭한 채 마우스로 끌어서 표의 크기를 늘리거나 줄입니다.

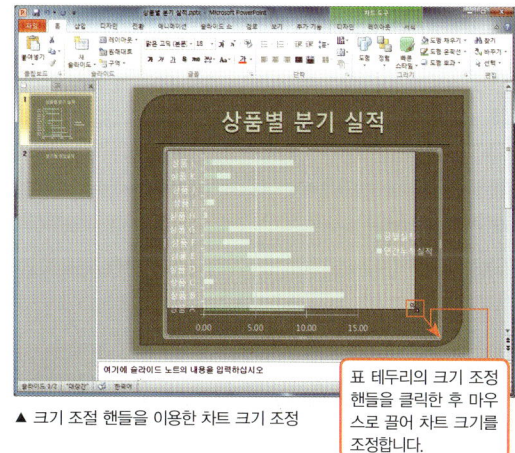

▲ 크기 조절 핸들들을 이용한 차트 크기 조정

> 표 테두리의 크기 조정 핸들을 클릭한 후 마우스로 끌어 차트 크기를 조정합니다.

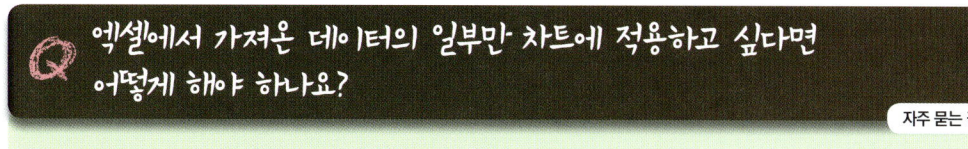

Q 엑셀에서 가져온 데이터의 일부만 차트에 적용하고 싶다면 어떻게 해야 하나요?

자주 묻는 질문 **?**

A 엑셀에서 데이터를 가져와 차트에 적용한 경우 모든 데이터뿐만 아니라 일부 데이터만 차트에 표현되도록 범위를 조정할 수 있습니다. 파워포인트에 삽입된 차트를 두 번 연속 클릭하면 엑셀 워크시트가 표시되면서 엑셀 워크시트에는 현재 차트에 적용된 데이터 영역이 파란색으로 표시됩니다. 범위를 조정하려면 영역 조정 핸들을 끌어서 원하는 영역만 표시하면 됩니다.

	A	B	C	D	E
1		계열 1	계열 2	계열 3	
2	항목 1	4.3	2.4	2	
3	항목 2	2.5	4.4	2	
4	항목 3	3.5	1.8	3	
5	항목 4	4.5	2.8	5	
6					

Sheet1

차트의 형식 선택하기

일반적으로 우리가 많이 사용하는 차트의 형식으로는 원형, 가로막대형, 세로막대형, 꺾은선형, 점 또는 영역형이 있습니다.

각 차트의 형식은 차트에서 이야기하고자 하는 메시지가 무엇인가에 따라 결정하게 되며, 해당 내용을 강조하고 요점을 전달하기에 적합한 차트를 선택해야 합니다.

메시지는 구성, 항목, 시간적 추이, 도수 분포, 상관성 중의 하나를 전달하게 되므로, 이러한 메시지의 유형에 따라 표현이 용이한 형식을 선택하면 됩니다.

아래 표에 메시지의 유형에 따라 적합한 차트 형식을 제시하였는데, 적합한 형식의 차트를 사용하여 청중들에게 알리고자 하는 내용을 명확하게 표현하기 바랍니다.

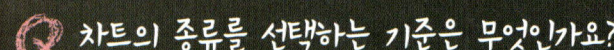

Q 차트의 종류를 선택하는 기준은 무엇인가요?

자주 묻는 질문 ?

A 차트를 활용할 경우에는 데이터의 내용을 잘 정리하여 표현할 수 있는 차트를 선택하는 것이 좋습니다. 정해진 규칙은 없지만 어떤 내용의 데이터가 어떤 차트의 유형에 맞는지 예를 들어 설명하면 다음과 같습니다.

차트의 종류	특징
꺾은선 차트	• 일정 기간에 걸쳐 일어나는 변화를 표현하는데 적합 • 주식 동향, 유가 동향, 인구(남아/여아)의 성 비율 추이 등
막대 차트	• 여러 종류의 데이터를 비교하여 분석하는데 적합 • 제품 매출 비교, 경쟁사별 실적 비교 등
원형 차트	• 전체를 100%를 기준으로 각 항목들이 차지하는 비율을 나타내고자 할 때 적합 • 분기별 제품 점유율, 자동차별 시장 점유율 등

05 차트에 디자인 적용하기

파워포인트에서 제공하는 차트의 기본 스타일은 다른 편집이 필요 없을 정도로 강력한 서식을 제공하고 있습니다. 또한 프레젠테이션의 차트 스타일, 레이아웃, 디자인을 사용자가 원하는대로 변경하여 청중의 시선을 단번에 사로잡을 수 있는 차트를 만들 수 있습니다.

1. 차트 종류 변경하기

차트의 종류는 매우 다양하여 데이터에 따라 보다 더 효과적으로 표현할 수 있습니다. 시각적 효과를 높이기 위해서는 데이터가 주는 의미에 따라 차트를 손쉽게 변경하는 것이 필요하며, 파워포인트에서는 차트 종류 변경 명령을 통해 원하는 차트로 언제든지 변경할 수 있습니다.

차트의 종류를 변경하려면 차트를 선택한 후 [**차트 도구**] – [**디자인**] 탭 → **종류** 그룹 → **차트 종류 변경**(▦)을 클릭한 후 '차트 종류 변경' 대화상자에서 변경할 차트 스타일을 선택한 후 〈확인〉 단추를 클릭합니다.

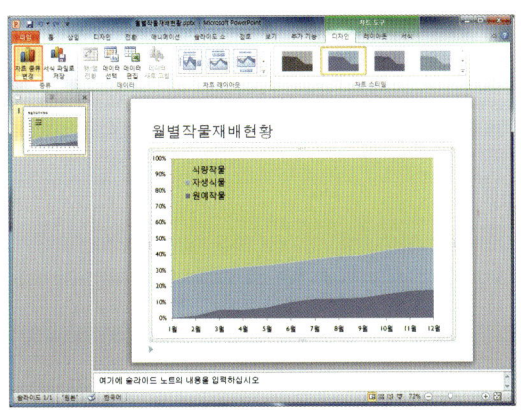

▲ 차트 종류 변경 명령

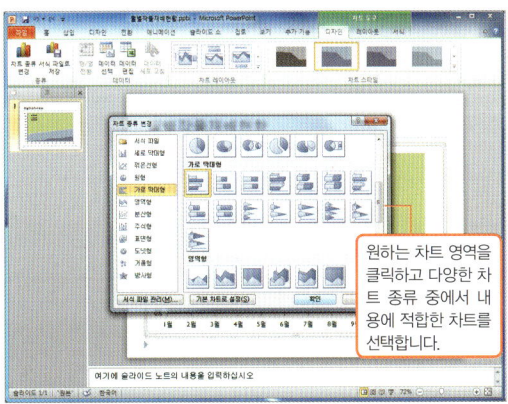

▲ '차트 종류 변경' 대화상자

 여기서 잠깐

메시지에 따른 차트 선택
차트의 종류는 메시지에 따라 다르게 표현될 수 있으므로 메시지를 강화하는 차트 종류를 선택하는 것이 가장 중요합니다. 먼저 메시지의 유형이 무엇인지를 결정하고 적합한 차트를 선택하기 바랍니다.

2. 데이터 선택 및 편집하기

파워포인트에서 차트 데이터를 입력할 경우 엑셀 프로그램이 실행되면서 엑셀에서 데이터를 입력하거나 **데이터 편집** 명령을 이용해 수정 작업을 할 수 있습니다.

데이터 값을 수정하기 위해 차트를 선택하고 [**차트 도구**] – [**디자인**] 탭 → **데이터** 그룹 → **데이터 편집** 명령 단추(📊)를 클릭하면 엑셀이 실행되면서 기본 데이터가 표시됩니다. 엑셀에 입력된 데이터 수정이 완료되어 엑셀의 〈닫기〉 단추를 클릭하면 엑셀이 닫히고 파워포인트로 돌아옵니다.

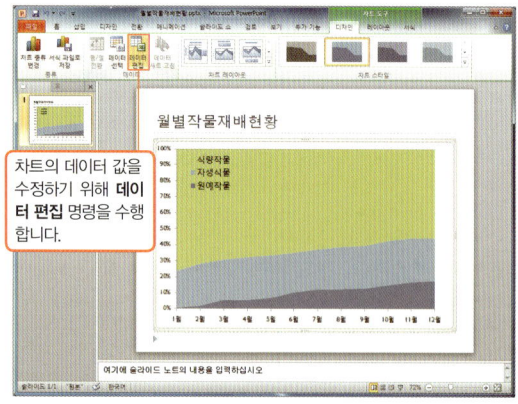

▲ 데이터 편집 명령

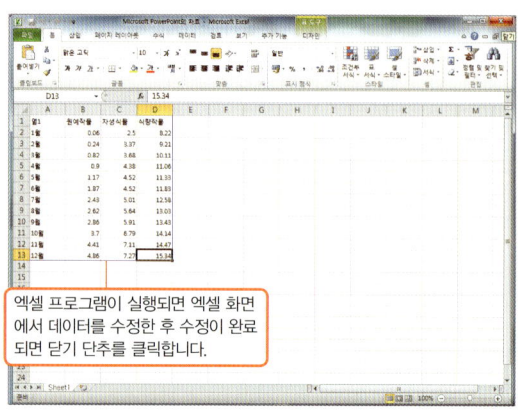

▲ 엑셀에서 데이터 수정

3. 차트 레이아웃 변경하기

차트의 형태를 유지한 상태에서 차트의 레이아웃을 쉽게 변경할 수 있는데, 차트의 레이아웃은 청중의 시선을 붙잡을 수 있는 가장 적합한 구조를 선택하는 것이 바람직합니다.

차트를 선택한 후 [**차트 도구**] – [**디자인**] 탭 → **차트 레이아웃** 그룹 오른쪽 **자세히** 단추(🔽)를 클릭하여 차트 레이아웃 선택 목록에서 원하는 차트 레이아웃을 선택합니다.

> **✋ 여기서 잠깐**
>
> **차트의 항목 수**
> 차트의 항목 수가 너무 많으면 청중들의 이해하는데 많은 시간이 소요됩니다. 따라서 가급적이면 항목의 수를 6개 이내로 하는 것이 바람직합니다.

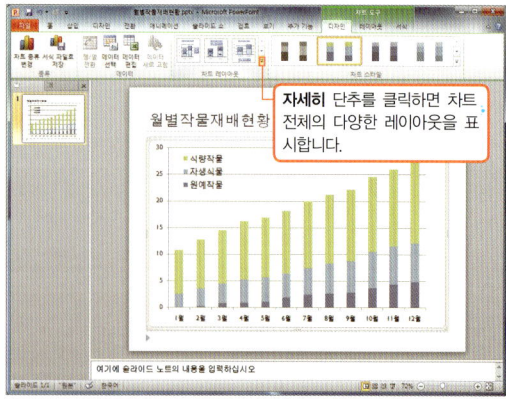

▲ 차트 레이아웃 – 자세히 단추

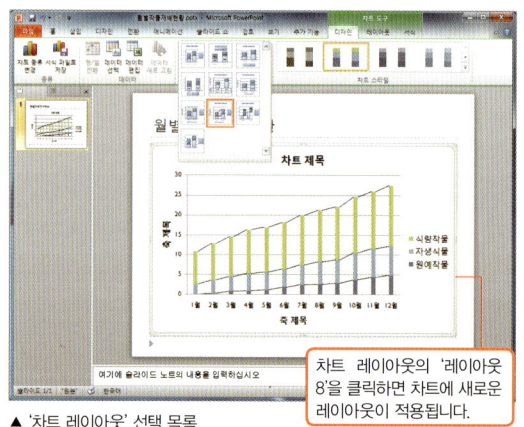

▲ '차트 레이아웃' 선택 목록

4. 차트 스타일 적용하기

여기서 잠깐

개별 항목에 스타일 적용하기
파워포인트에서는 차트 전체의 스타일뿐만 아니라 각 항목들의 스타일을 사용자가 직접 변경할 수 있습니다.

파워포인트에서는 차트에 적용할 수 있는 다양한 서식과 강력한 편집 기능을 제공하고 있으므로 슬라이드의 배경이나 청중의 선호도를 고려하여 다양한 차트 스타일을 활용할 수 있습니다.

차트를 선택한 후 [**차트 도구**] - [**디자인**] 탭 → **차트 스타일** 그룹 오른쪽 **자세히** 단추(▾)를 클릭합니다. 차트 스타일 선택 목록에서 원하는 차트 스타일을 선택하면 새로운 차트 스타일이 적용된 것을 확인할 수 있습니다.

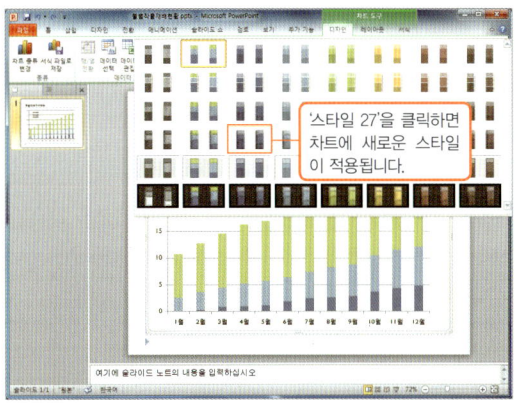

▲ 차트 스타일 - 자세히 단추

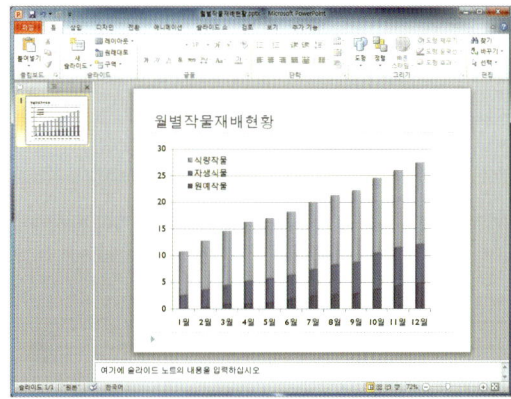

▲ 적용된 차트 스타일

차트에 디자인 적용하기

📁 **준비 파일** : 2010년 월별 만족도.pptx   📁 **완성 파일** : 2010년 월별 만족도_결과.pptx

차트에 스타일을 적용하는 것은 차트의 가독성을 높여 청중이 메시지를 구분할 수 있도록 도와
주는 것입니다. 이러한 차트 스타일은 줄무늬, 효과, 음영 등을 활용하여 차트의 시각적인 디자인
효과를 높여줄 수 있습니다.

항목	변경 내용
테마	'황혼테마'
차트 종류	'거품형' 레이아웃
차트 스타일	'스타일 26'
차트 레이아웃	'레이아웃 11', '범례 없음'
계열 "Y Value"	그라데이션 채우기(기본 설정색) : '안개'(투명도 50%), 도형 효과 : 입체 효과 '둥글게'
차트 영역 서식	패턴 채우기 : 5%　　　　　　전경색 : '주황, 강조 6, 25% 더 어둡게' 배경색 : '검정'　　　　　　　그라데이션 선(기본 설정 색) : '늦은 해질녘' 테두리 스타일 : 너비 '3pt', 겹선 종류 '삼중'
주 눈금선 서식	선 색 : '실선', 투명도 : '70%'

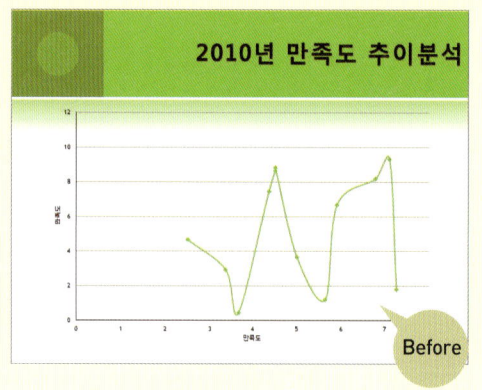

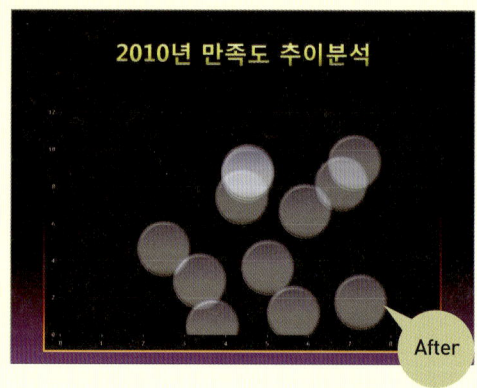

01

예제 파일 열기　**2010년 월별 만족
도.pptx** 파일을 두 번 연속 클릭하
면 파워포인트가 실행되면서 다음 화면이 나
타납니다.

✋ **여기서 잠깐**
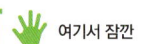

예제 화면에서는 삽입된 마스터에서 불필요한 부분을
삭제하였으므로 원본 마스터 테마와는 다소 차이가 있
습니다.

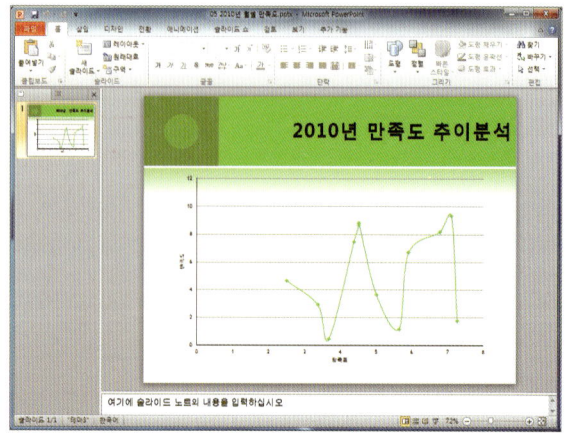

02 마스터 변경하기 슬라이드의 마스터 테마를 변경하기 위해 ❶ [디자인] 탭 → ❷ 테마 그룹 오른쪽 자세히 단추(▼)를 클릭한 후 ❸ '황혼 테마'를 선택합니다.

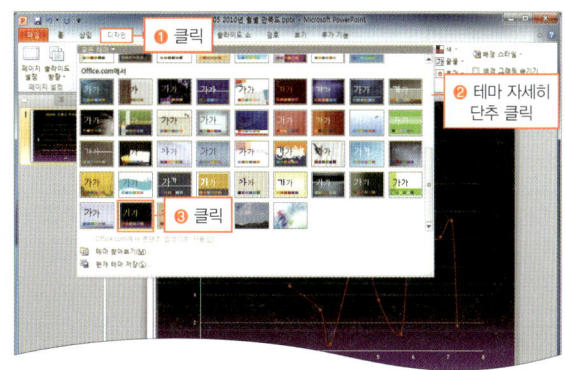

03 차트 종류 변경하기 차트의 종류를 변경하기 위해 ❶ 차트를 선택하고 [차트 도구] - ❷ [디자인] 탭 → 종류 그룹 → ❸ 차트 종류 변경 명령 단추(▦)를 클릭합니다. '차트 종류 변경' 대화상자의 ❹ [거품형] 영역을 클릭하여 ❺ '거품형' 레이아웃을 선택하고 ❻ 〈확인〉 단추를 클릭합니다.

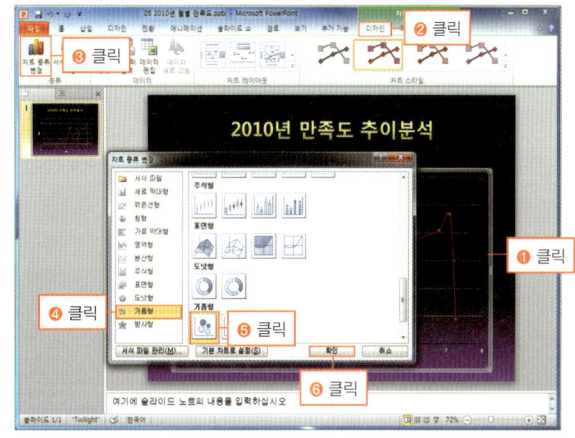

04 차트 스타일 적용하기 차트에 스타일을 설정하기 위해 [차트 도구] - [디자인] 탭 → ❶ 차트 스타일 그룹 오른쪽 자세히 단추(▼)를 클릭하고 ❷ '스타일 26'을 선택합니다.

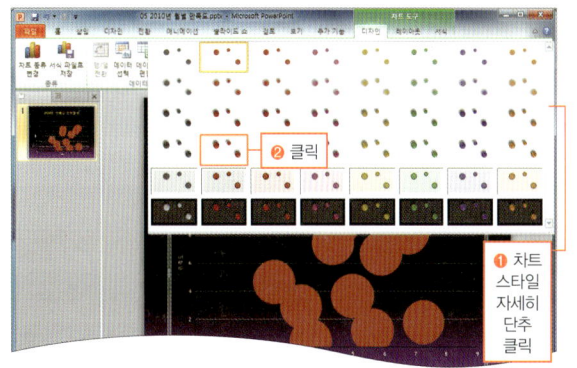

05 레이아웃 변경하기 차트의 레이아웃을 변경하기 위해 [차트 도구] - [디자인] 탭 → ❶ 차트 레이아웃 그룹 오른쪽 자세히 단추(▼)를 클릭하고 ❷ '레이아웃 11'을 선택합니다.

06 **범례 없애기** 차트의 범례 레이블을 없애기 위해 마우스로 범례를 클릭한 후 Delete 키를 눌러 범례를 삭제합니다.

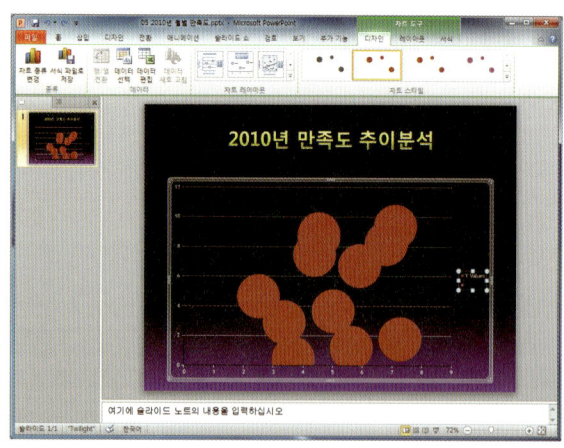

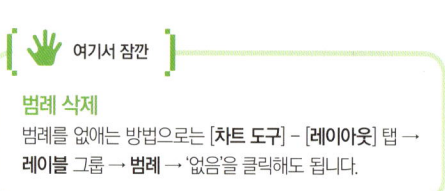

✋ **여기서 잠깐**

범례 삭제
범례를 없애는 방법으로는 [**차트 도구**] – [**레이아웃**] 탭 → **레이블** 그룹 → **범례** → '없음'을 클릭해도 됩니다.

07 **차트 요소 채우기 변경하기** ❶ 차트에서 원(계열 "Y Values")을 선택하여 두 번 연속 클릭합니다. ❷ '데이터 계열 서식' 대화상자에서 [채우기]를 선택한 후 ❸ '그라데이션 채우기' 확인란을 클릭합니다. ❹ '기본 설정 색' 목록 단추를 클릭하여 ❺ '안개'를 선택합니다.

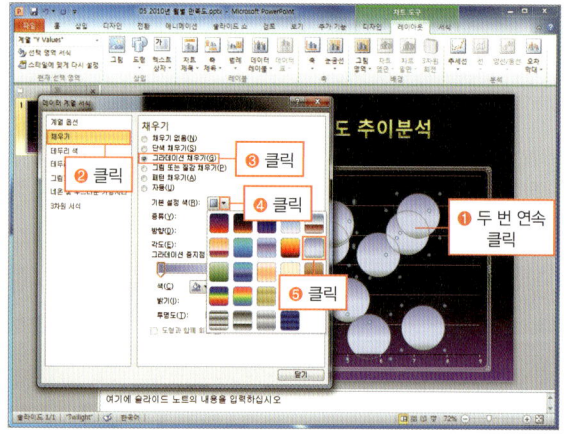

08 **투명도 조정하기** ❶ '그라데이션 중지점' 항목에서 각각의 중지점을 선택하고 투명도를 모두 "50%"로 설정한 후 ❷ 설정이 완료되면 〈닫기〉 단추를 클릭합니다.

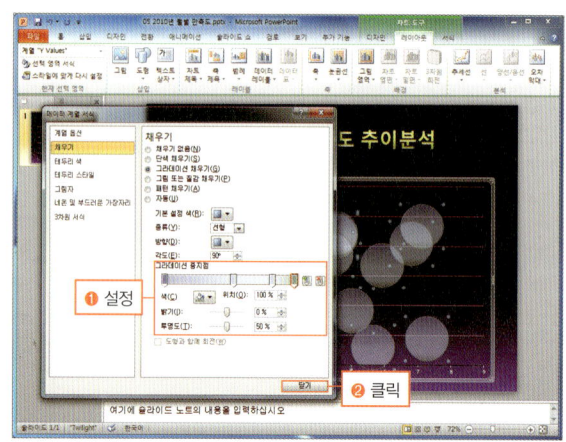

09 패턴 채우기 ❶ 차트를 두 번 연속
클릭하여 '차트 영역 서식' 대화상자
가 표시되면 ❷ [채우기] 항목의 '패턴 채우기'
확인란을 클릭한 후 ❸ 선택 목록에서 '5%'를
선택합니다. ❹ '전경색' 목록 단추를 클릭하여
❺ '주황, 강조 6, 25% 더 어둡게'를 선택하고
'배경색'은 '검정'으로 설정합니다.

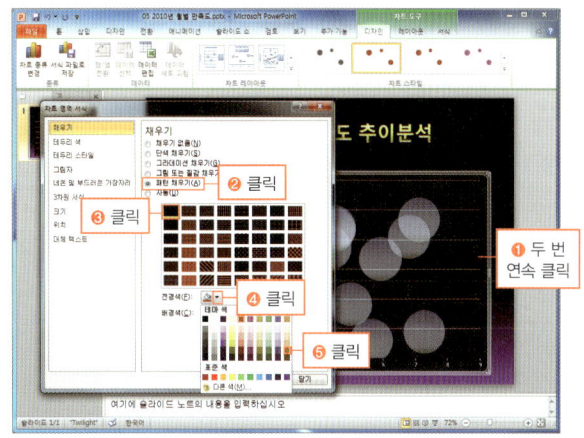

10 테두리 색 추가하기 '차트 영역 서식'
대화상자에서 ❶ [테두리 색]을 클릭
하여 ❷ '그라데이션 선' 확인란을 선택한 후 ❸
'기본 설정 색' 목록 단추를 클릭하여 ❹ '늦은
해질녘'을 선택합니다.

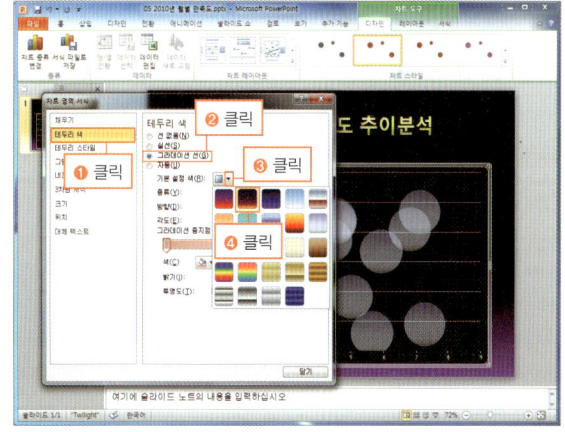

11 테두리 스타일 변경하기 '차트 영역
서식' 대화상자에서 ❶ [테두리 스타
일]을 클릭하고 ❷ 너비 '3pt', 겹선 종류 '삼중'
으로 설정한 후 ❸ 〈닫기〉 단추를 클릭합니다.

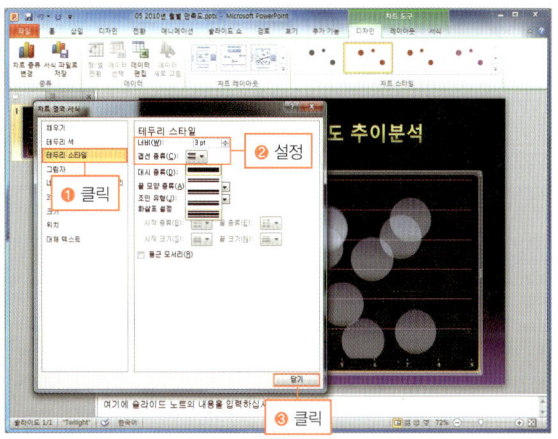

12 도형 효과 적용하기 ❶ 차트에서 계열 "Y Values"를 선택하고 [차트 도구] – ❷ [서식] 탭 → 도형 스타일 그룹 → ❸ 도형 효과(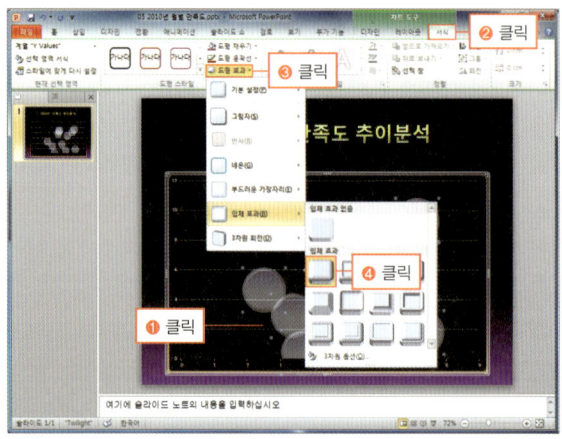 도형 효과▾) → 입체 효과 → ❹ '둥글게'를 선택합니다.

13 주 눈금선 선 색 변경하기 ❶ 차트에서 눈금선(세로 축 눈금선)을 두 번 연속 클릭하여 '주 눈금선 서식' 대화상자에서 ❷ [선 색]을 선택한 후 ❸ '실선' 확인란을 클릭합니다. ❹ 투명도를 "70%"로 입력하고 ❺ 〈닫기〉 단추를 클릭합니다.

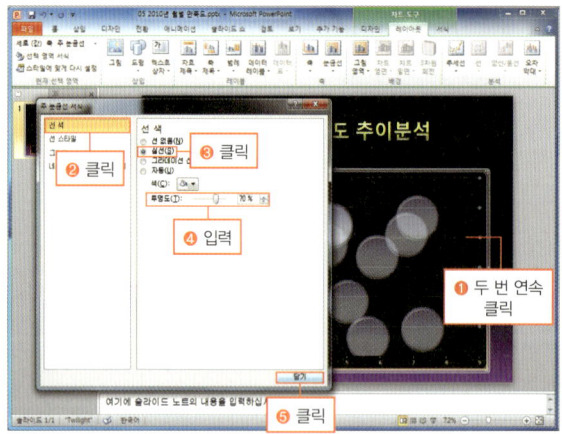

14 결과 확인하기 슬라이드가 완성되었습니다.

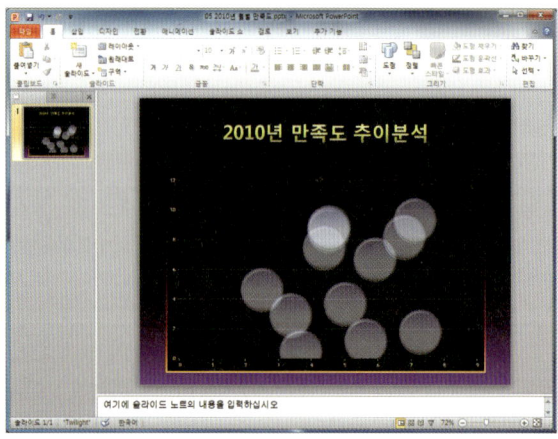

꺾은선형 차트 일부분 선 모양 바꾸기

파워포인트 2010에서 차트 계열뿐만 아니라 각 계열의 하나하나 요소 선택이 가능합니다. 따라서 요소 선택이 가능하다는 것은 각 요소의 서식을 사용자가 원하는 대로 변경할 수 있다는 것을 의미합니다. 꺾은선형 차트에서 특정 계열의 한 요소를 선택하고 원하는 선 스타일로 서식을 변경하는 방법에 대해 살펴봅니다.

❶ 차트에서 계열 "상품 B"를 선택하고 5월~6월 요소를 한 번 더 클릭한 후 마우스 오른쪽 단추를 클릭하여 바로 가기 메뉴에서 **데이터 요소 서식** 명령을 클릭합니다.

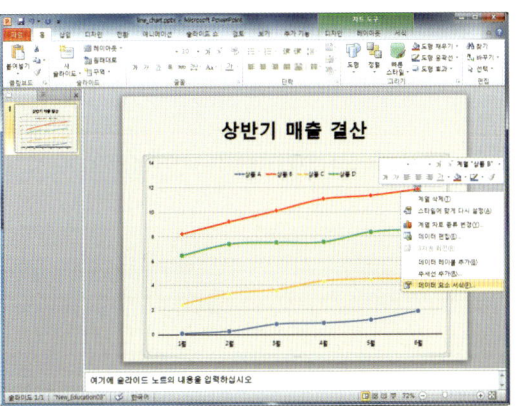

❸ '데이터 요소 서식' 대화상자에서 [선 색]을 선택하고 '색' 목록 단추를 클릭하여 '자주, 강조 4'를 선택한 후 〈닫기〉 단추를 클릭합니다.

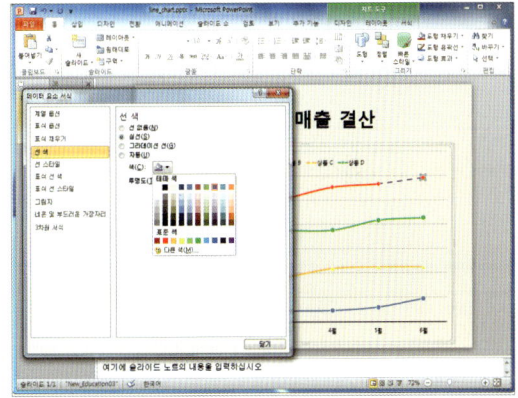

❷ '데이터 요소 서식' 대화상자에서 [선 스타일]을 선택한 후 '대시 종류' 목록 단추를 클릭하여 '파선'을 선택합니다.

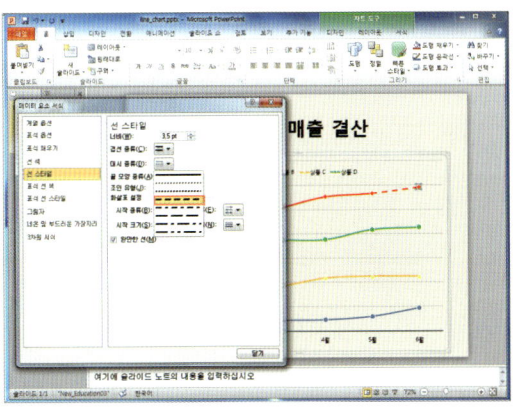

❹ 차트에서 계열 "상품 B"를 선택하면 5월~6월 요소의 '선 스타일'과 '선 색'이 변경된 것을 확인할 수 있습니다.

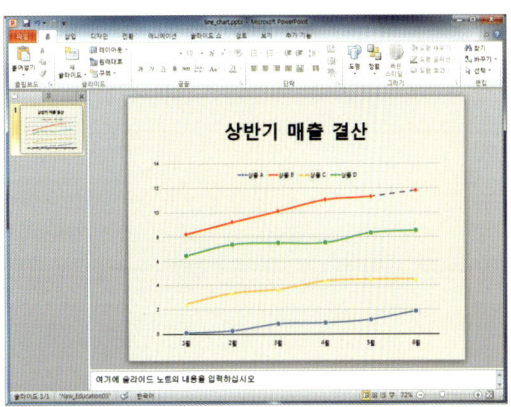

오디오 및
비디오 클립 삽입하기

올해 출시된 파워포인트 2010은 강력한 멀티미디어 편집 기능과 다양한 그래픽 효과, 입체 전환 등이 추가되어 사용자들이 쉽고 빠르게 프레젠테이션 슬라이드를 만들 수 있도록 편의기능이 대폭 보강되었습니다.

이러한 멀티미디어 효과의 대표적인 요소가 오디오와 비디오 클립입니다. 오디오 클립이나 비디오 클립을 프레젠테이션에 삽입하여 프레젠테이션을 구성하게 되면 동적임 움직임을 통해 청중의 집중을 유지하고 오래도록 기억에 남는 멋진 프레젠테이션을 할 수 있습니다.

오디오 및 비디오 클립을 삽입하고 제어하여 효과적으로 활용하는 방법에 대해서 알아보겠습니다.

오 디 오 클 립 삽 입 및 제 어

오디오 클립 삽입하기

오디오 클립 제거하기

비 디 오 클 립 삽 입 및 제 어

비디오 클립 삽입하기

프레젠테이션을 비디오로 전환하기

비디오 서식 꾸미기

비디오 클립 제거하기

Chapter

05

01 오디오 클립 삽입하기

파워포인트 2010부터는 소리 파일을 오디오 클립이라는 명칭으로 사용하게 되었으며, 이전 버전과 비교하여 크게 달라진 점은 오디오 클립을 프레젠테이션에 삽입하면 파일 링크 형태가 아닌 그림 파일과 같이 프레젠테이션 문서에 함께 저장되어 오디오 클립 파일을 별도로 가지고 다닐 필요가 없어졌다는 것입니다. 오디오 클립을 삽입하는 방법에 대해 알아보겠습니다.

1. 호환되는 오디오 파일 형식

파워포인트 2010에서 사용할 수 있는 오디오 및 비디오 파일 형식은 다음과 같습니다. 원하는 파일 형식이 표에 없는 경우에는 파워포인트 2010 이외의 프로그램, 유틸리티 또는 추가 기능을 사용하여 해당 파일 형식을 지원되는 파일 형식으로 변환하면 됩니다.

호환되는 오디오 파일 형식은 다음과 같습니다.

파일 형식	확장명	추가 정보
AIFF Audio 파일	.aiff	Audio Interchange File Format : Apple 및 Silicon Graphics(SGI) 컴퓨터에 사용되었으며, 8비트 모노럴(모노 또는 단일 채널) 형식으로 저장됩니다. 또한, 이 파일 형식은 압축되지 않으므로 파일 크기가 큽니다.
AU Audio 파일	.au	UNIX Audio : 일반적으로 UNIX 컴퓨터나 웹에서 사용할 소리 파일을 만드는 데 사용됩니다.
MIDI 파일	.mid 또는 .midi	Musical Instrument Digital Interface : 악기, 신시사이저 및 컴퓨터 간의 음악 정보 교환을 위한 표준 형식입니다.
MP3 Audio 파일	.mp3	MPEG Audio Layer 3 : MPEG Audio Layer 3을 사용하여 압축한 소리 파일입니다.
Windows Audio 파일	.wav	Wave Form : 소리를 파형으로 저장하며, 1분 길이의 소리는 다양한 요인에 따라 최소 644KB에서 최대 27MB의 저장 공간을 사용할 수 있습니다.
Windows Media 오디오 파일	.wma	Windows Media 오디오 : Microsoft에서 개발한 디지털 오디오 코딩 체계인 Microsoft Windows Media 오디오를 사용하여 압축한 소리 파일로서, 주로 녹음된 음악을 인터넷을 통해 배포하는 데 사용됩니다.

표에 나열된 파일 확장명을 갖는 오디오 파일을 사용하더라도 올바른 버전의 코덱이 설치되어 있지 않거나 파일이 사용 중인 마이크로소프트 윈도 버전에서 인식할 수 있는 형식으로 인코딩되어 있지 않으면 오디오가 제대로 재생되지 않을 수 있습니다.

2. 오디오 클립 삽입하기

슬라이드에 오디오 클립을 삽입하면 오디오 파일을 나타내는 아이콘(◀)이 표시되며, 프레젠테이션 진행 시 슬라이드가 표시될 때 오디오 클립이 자동으로 재생되거나 마우스를 클릭할 때 재생됩니다. 프레젠테이션에서 모든 슬라이드에 재생되게 하거나 미디어를 중지할 때까지 재생되도록 설정할 수 있습니다.
슬라이드에 오디오 클립을 삽입하는 방법에는 오디오 파일, 클립 아트 오디오 클립, 오디오 녹음, 화면 전환 효과음, 애니메이션 효과음으로 다섯 가지 방법이 있습니다.

● 오디오 파일

오디오 파일 명령은 마이크로소프트 윈도와 호환되는 모든 오디오 파일을 슬라이드에 삽입할 수 있습니다. 오디오 클립을 추가할 슬라이드를 선택한 후 [**삽입**] 탭 → **미디어** 그룹 → **오디오**( ) → **오디오 파일**을 클릭합니다. '오디오 삽입' 대화상자에서 추가할 오디오 파일을 선택한 후 〈삽입〉 단추를 클릭합니다.

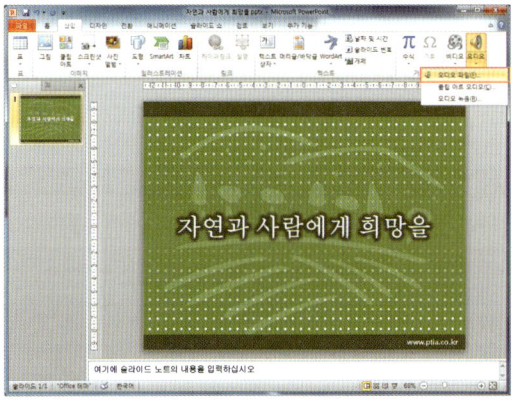

▲ 오디오 파일 명령

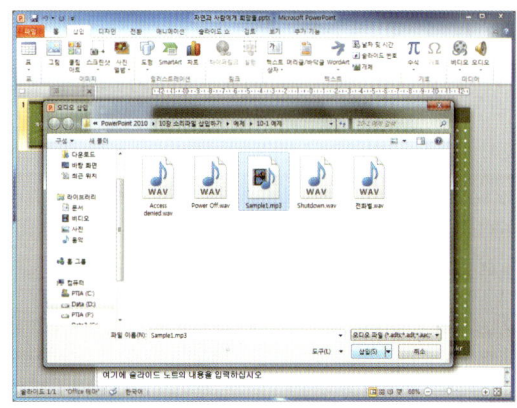

▲ '오디오 삽입' 대화상자

오디오 클립이 삽입되면 오디오 클립 아이콘(◀)을 마우스로 끌어서 원하는 위치로 이동합니다.

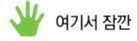 **여기서 잠깐**

오디오 클립 삽입 위치
파워포인트 슬라이드에 오디오 클립을 삽입하게 되면 슬라이드의 중앙에 오디오 클립 아이콘이 삽입되며, 오디오 클립 아이콘을 클릭하여 자유롭게 이동할 수 있습니다.

▲ 오디오 클립 위치 조정

● 화면 전환 효과음

슬라이드 쇼를 진행할 때 현재 슬라이드가 표시되거나 다음 슬라이드로 전환할 때 오디오 클립이 재생
되도록 할 수 있는데, 다만 화면 전환 시 효과음으로 사용되는 오디오 클립은 wav 파일만 사용할 수 있
습니다.

화면 전환 시 오디오 클립을 효과음으로 사용할 슬
라이드를 선택한 후 [**전환**] 탭 → **타이밍** 그룹 → **소
리**를 클릭하고 선택 목록에서 원하는 효과음을 선
택합니다.

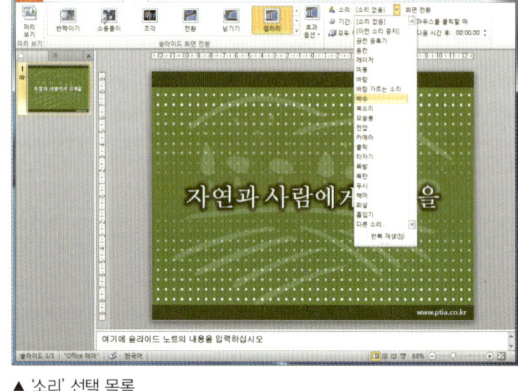

▲ '소리' 선택 목록

 여기서 잠깐

'화면 전환 없이' 효과음
화면 전환 효과음으로 오디오 클립을 사용하려면 슬라이드에
화면 전환 효과가 미리 설정되어 있는 것이 바람직합니다. 그러
나 화면 전환을 '없음'으로 설정하고 효과음만 설정하면 슬라이
드가 전환될 때 효과음만을 사용할 수 있습니다.

만약 저장된 오디오 클립을 사용하려면 [**전환**] 탭
→ **타이밍** 그룹 → **소리** → **다른 소리**를 클릭하여 컴
퓨터에 저장되어 있는 오디오 클립을 선택합니다.

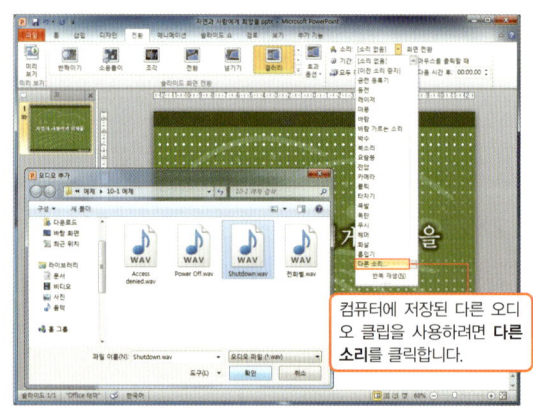

컴퓨터에 저장된 다른 오디
오 클립을 사용하려면 **다른
소리**를 클릭합니다.

▲ 오디오 클립 – 다른 소리

● 애니메이션 효과음

개체 애니메이션을 적용한 후 애니메이션 시 오디오 클립을 삽입하여 효과음으로 사용 가능하며, 다만 애
니메이션 효과음은 화면 전환 시와 마찬가지로 wav 파일만 사용할 수 있습니다.

① 애니메이션이 적용된 개체를 선택한 후 [**애니메이
션**] 탭 → **애니메이션** 그룹 오른쪽 아래에 **추가 효
과 옵션 표시** 단추( )를 클릭합니다.

▲ 애니메이션 추가 효과 옵션 표시

② 추가 효과 옵션 대화상자에서 '추가 적용' 항목의 '소리' 목록 단추(▼)를 클릭하여 원하는 효과음을 선택한 후 〈확인〉 단추를 클릭합니다.

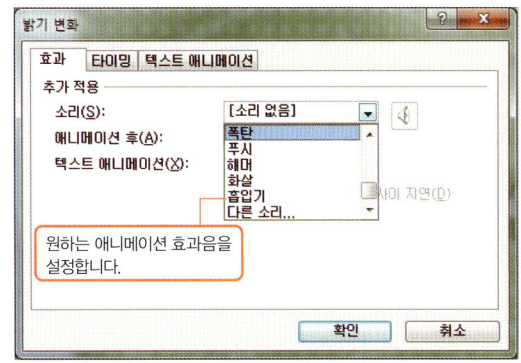

▲ 효과 옵션 선택

3. 오디오 클립 미리 보기

슬라이드에 오디오 클립을 추가하기 전에 미리 볼 수 있습니다.

'클립 아트' 작업창에서 마우스 포인터를 오디오 클립의 축소판 그림으로 이동한 후 목록 단추(▼)를 클릭하여 **미리 보기/속성**을 클릭합니다. '미리 보기/속성' 대화상자에서 재생 단추(▶)를 클릭하면 오디오 클립이 재생됩니다.

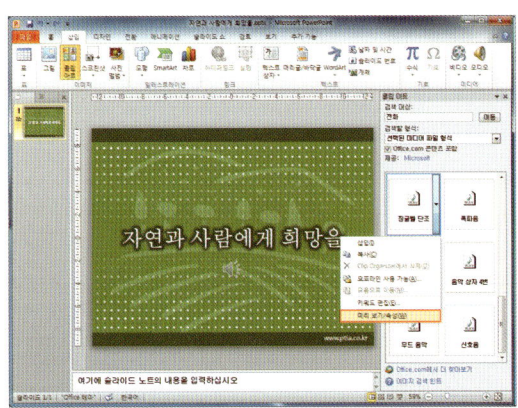

▲ 오디오 클립 미리 보기

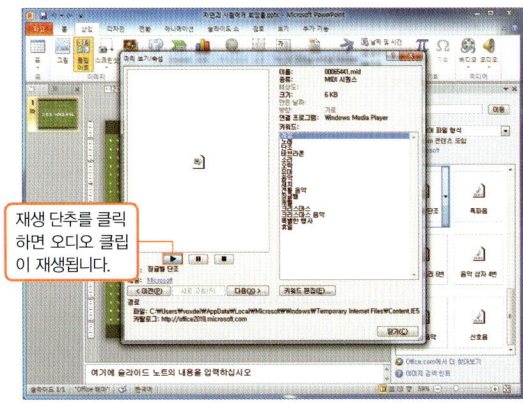

▲ '미리 보기/속성' 대화상자

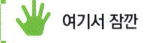 여기서 잠깐

슬라이드에서 오디오 클립 미리 보기
슬라이드에서 오디오 클립을 미리 보려면 오디오 클립 아이콘(◀)을 선택하고 아이콘 아래쪽에 오디오 컨트롤이 표시되면 재생(▶)을 클릭합니다.

02 오디오 클립 제어하기

파워포인트 2010에서 오디오 클립을 제어하기 위해 새롭게 [오디오 도구] – [재생] 탭이 상황별 탭으로 리본 메뉴에 등장하였습니다. 기존의 오디오 클립을 제어하는 수준을 넘어서 오디오 편집 기능을 대폭 강화하여 사용자의 편의를 증대하였습니다. 특히 오디오 트리밍을 통해 원하는 부분만 재생할 수 있도록 구성되어 프레젠테이션 시 오디오를 다른 프로그램에서 편집하여 사용해야 하는 불편함을 해소해 주었습니다.

1. 책갈피 추가/제거하기 `NEW 2010`

오디오 클립에 책갈피를 추가하여 원하는 시점을 표시할 수 있습니다. 책갈피는 프레젠테이션 도중에 유용하게 사용되는데, 애니메이션을 시작하거나 오디오 클립의 특정 지점을 빠르게 검색할 수 있는 장점이 있습니다

슬라이드에서 오디오 클립을 선택한 후 오디오 클립 아래쪽의 오디오 컨트롤에서 재생(▶)을 눌러 오디오가 재생되면 원하는 지점을 찾습니다. 원하는 지점에 책갈피를 표시하려면 [오디오 도구] – [재생] 탭 → 책갈피 그룹 → 책갈피 추가()를 클릭합니다. 책갈피를 제거할 때는 시간 표시 막대에서 제거할 책갈피를 찾아 클릭한 후 [오디오 도구] – [재생] 탭 → 책갈피 그룹 → 책갈피 제거(📑)를 클릭합니다.

> ✋ **여기서 잠깐**
>
> **책갈피 추가 개수**
> 비디오 클립에는 책갈피를 여러 개 추가할 수 있지만 오디오 클립에는 책갈피를 하나만 추가할 수 있습니다.

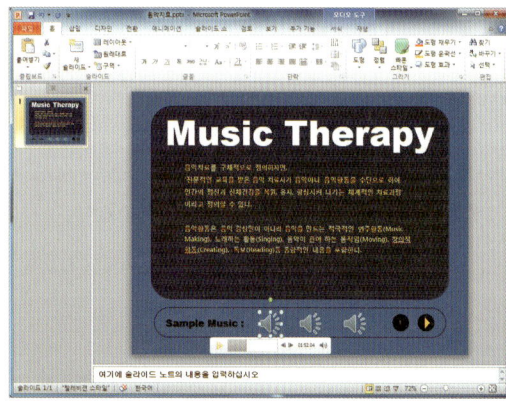

▲ 책갈피를 추가할 오디오 클립 선택

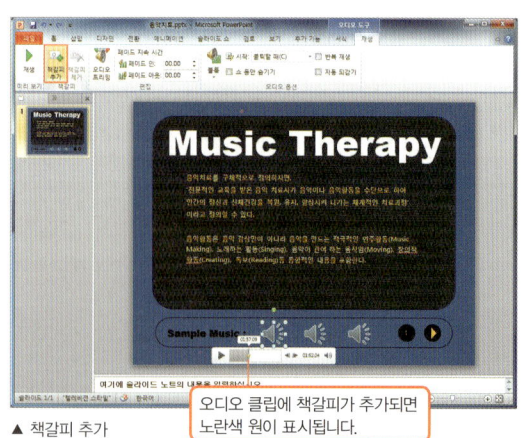

▲ 책갈피 추가

> 오디오 클립에 책갈피가 추가되면 노란색 원이 표시됩니다.

2. 오디오 클립 트리밍하기

오디오 클립의 메시지와 관계없는 주제에 대한 설명이 있거나 슬라이드 시간에 맞게 오디오 길이를 줄이려는 경우 오디오 클립을 트리밍 할 수 있으며, 각 오디오 클립의 처음과 끝을 트리밍 할 수 있습니다.

① 오디오 클립을 선택한 후 [**오디오 도구**] – [**재생**] 탭 → **편집** 그룹 → **오디오 트리밍**(📊)을 클릭합니다.

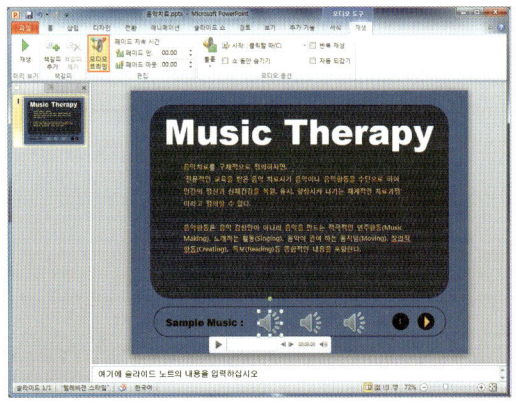
▲ 오디오 트리밍 명령

> **🖐 여기서 잠깐**
>
> **트리밍이란?**
> 타임 라인을 통해 오디오나 비디오 클립의 길이를 조절하는 기능을 의미하며, 트리밍 기능을 이용할 클립을 먼저 클릭한 후 클립의 앞이나 뒤를 마우스로 끌어 이동하면 됩니다.

② '오디오 트리밍' 대화상자에서 클립의 처음을 트리밍하려면 시작 지점을 클릭하고 화살표(📊)가 표시되면 화살표를 원하는 오디오 클립 시작 위치로 끕니다. 클립의 끝을 트리밍하려면 종료 지점을 클릭하고 화살표(📊)가 표시되면 화살표를 원하는 오디오 클립 종료 위치로 끕니다.

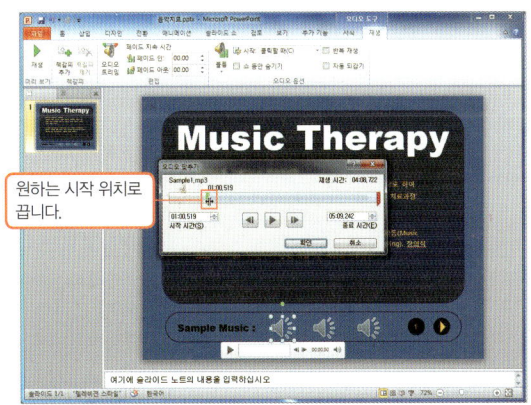
▲ 오디오 트리밍 시작 위치

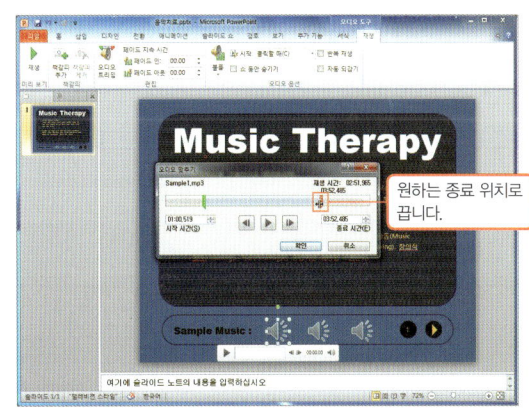
▲ 오디오 트리밍 종료 위치

> **🖐 여기서 잠깐**
>
> **미리보기 활용하기**
> 오디오 클립을 트리밍 할 경우 오디오 클립을 미리 재생하여 트리밍 시작 지점과 종료 지점을 먼저 시간으로 확인한 후 트리밍 작업을 하는 것이 훨씬 효과적입니다.

3. 페이드 인/아웃하기 `NEW 2010`

오디오 편집 시 가장 많이 사용되는 기능이 오디오 클립의 시작을 일정시간 동안 점점 커지면서 부드럽게
시작하고 마지막에 점점 작아지면서 마무리되게 하는 페이드 인/아웃 기능입니다. 이제 파워포인트에서도
페이드 인/아웃 기능을 사용할 수 있게 되었습니다.

◉ 페이드 인

페이드 인(fade-in)은 소리가 서서히 나타나도록 하
는 현상으로, 페이드 인을 설정하려면 오디오 클립
을 선택한 후 [오디오 도구] − [재생] 탭 → 편집 그룹
→ 페이드 인(페이드 인:) 입력 상자에 원하는 시간
을 입력합니다.

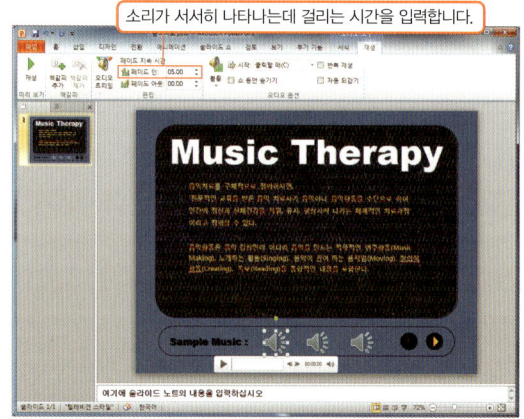

▲ 페이드 인 설정

◉ 페이드 아웃

페이드 아웃(fade-out)은 최종적으로 소리가 서서
히 없어지도록 하는 현상으로, 페이드 아웃을 설정
하려면 오디오 클립을 선택한 후 [오디오 도구] − [재
생] 탭 → 편집 그룹 → 페이드 아웃(페이드 아웃:) 입력
상자에 원하는 시간을 입력합니다.

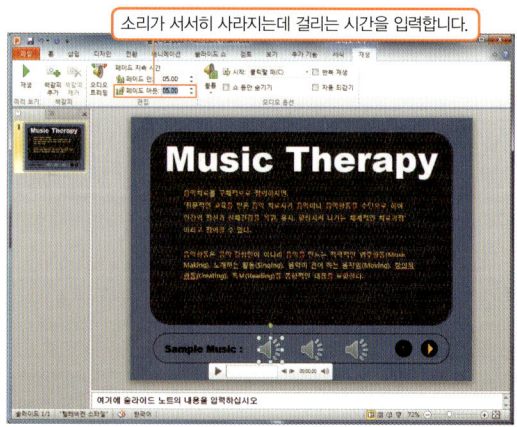

▲ 페이드 아웃 설정

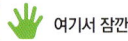 여기서 잠깐

fade in/out
비디오가 시작할 때/끝날 때 시간을 설정하는 페이드를 추가하려면 페이드 인 상자에서 위쪽/아래쪽 화살표를 클릭하여 페이드 인/아웃 시간을
늘리거나 줄여도 됩니다.

오디오 클립 제어하기

📁 **준비 파일 :** 나의 야생 이야기.pptx   📁 **완성 파일 :** 나의 야생 이야기_결과.pptx

파워포인트 2010에서 오디오 클립의 제어는 이전 버전에 비해 엄청난 발전이 있었다고 볼 수 있습니다. 특히 오디오 트리밍이나 페이드 인/아웃 기능을 통해 한층 더 세련된 오디오를 슬라이드 삽입하여 높은 효과를 거둘 수 있습니다.

항목	변경 내용
오디오 클립 삽입	(Sample1.mp3) 1번 슬라이드에 삽입 타이밍 : '나의 야생 이야기' 클릭 시 효과 시작 오디오 클립 : '쇼 동안 숨기기'
오디오 클립 삽입	(Sample2.mp3) 2번 슬라이드에 삽입 트리밍 : 시작(30초), 종료(1분) 재생 중지 : '지금부터 5 슬라이드 후' 타이밍 : '이전 효과와 함께 시작'

Before

After

01 **예제 파일 열기** 나의 야생 이야기.pptx 파일을 두 번 연속 클릭하면 파워포인트가 실행되면서 다음 화면이 나타납니다.

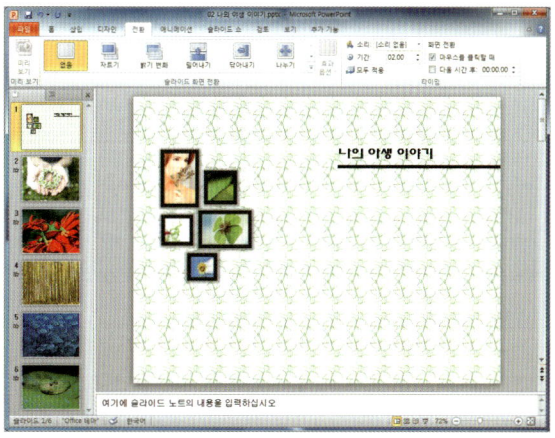

02 오디오 클립 삽입하기(1)

오디오 클립을 추가할 1번 슬라이드에서 ❶ [삽입] 탭 → 미디어 그룹 → ❷ 오디오(🔊) → ❸ 오디오 파일을 클릭합니다.

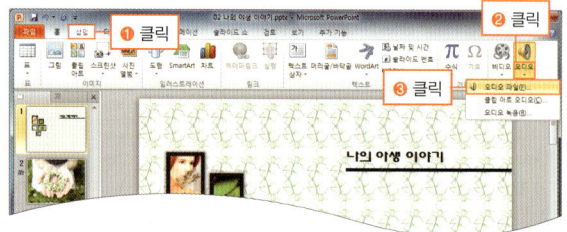

03 오디오 파일 선택하기

'오디오 삽입' 대화상자에서 ❶ 예제 폴더의 "Sample1.mp3" 파일을 선택한 후 ❷ 〈삽입〉 단추를 클릭합니다.

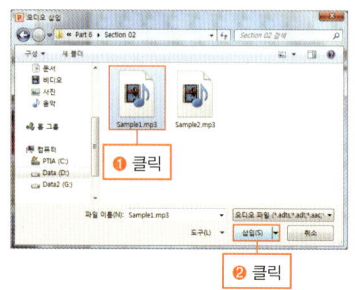

04 시작 옵션 조정하기

오디오 클립에 효과를 추가하기 위해 ❶ [애니메이션] 탭 → ❷ 애니메이션 그룹 오른쪽 아래에 추가 효과 옵션 표시 단추(🔲)를 클릭합니다. ❸ '오디오 재생' 대화상자에서 ❹ [타이밍] 탭을 클릭하고 '시작 옵션' 항목의 '다음을 클릭하면 효과 시작'을 선택하고 ❺ 목록 단추를 클릭하여 'Textbox 694 : 나의 야생 이야기'를 선택한 후 ❻ 〈확인〉 단추를 클릭합니다.

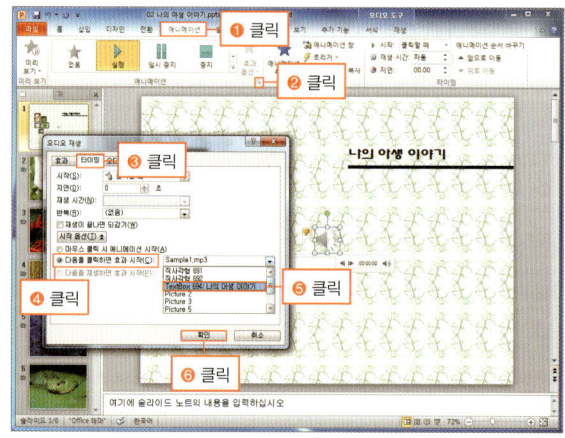

05 쇼 동안 숨기기

오디오 클립이 선택된 상태에서 쇼 하는 동안 표시되지 않도록 [오디오 도구] – ❶ [재생] 탭 → 오디오 옵션 그룹 → ❷ '쇼 동안 숨기기' 확인란을 클릭합니다.

06 오디오 클립 삽입하기(2) ❶ 2번 슬라이드를 선택한 후 ❷ [삽입] 탭 → 미디어 그룹 → ❸ 오디오(🎵) → 오디오 파일을 클릭합니다. '오디오 삽입' 대화상자에서 ❹ 예제 폴더의 "Sample2.mp3" 파일을 선택한 후 ❺ 〈삽입〉 단추를 클릭합니다.

07 오디오 트리밍하기 오디오 클립을 트리밍하기 위해 [오디오 도구] - ❶ [재생] 탭 → 편집 그룹 → ❷ 오디오 트리밍(🎵)을 클릭합니다. ❸ '오디오 트리밍' 대화상자에서 시작 지점 화살표(🔖) : 30초, 종료 지점 화살표(🔖) : 1분으로 설정하고 ❹ 〈확인〉 단추를 클릭합니다.

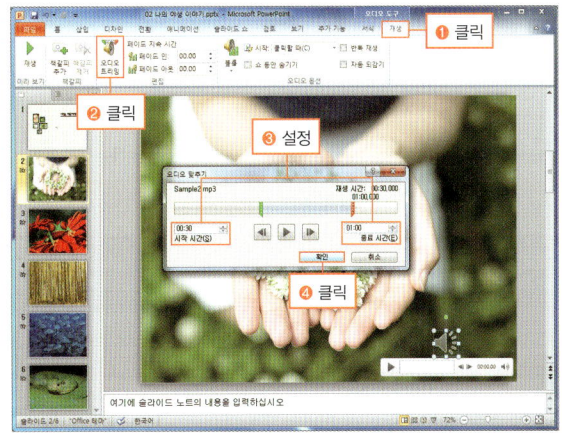

08 시작 옵션 표시하기 오디오 클립에 효과를 설정하기 위해 ❶ [애니메이션] 탭 → ❷ 애니메이션 그룹 오른쪽 아래에 추가 효과 옵션 표시 단추(📐)를 클릭합니다. ❸ '오디오 재생' 대화상자에서 '재생 중지' 항목의 '지금부터'를 클릭하여 입력 상자에 "5" 슬라이드 후로 입력하고 ❹ [타이밍] 탭을 클릭한 후 '시작' 목록 단추를 클릭하여 '이전 효과와 함께'로 설정하고 ❺ 〈확인〉 단추를 클릭합니다.

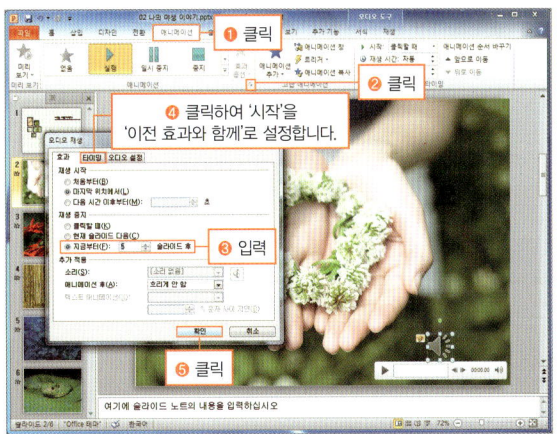

09 **결과 확인하기(1)** 슬라이드 작성이
완료되었습니다. 슬라이드 창 하단
에서 '읽기용 보기'를 클릭하면 1번 슬라이드에
오디오 클립 아이콘이 보이지 않습니다. "나의
야생 이야기" 텍스트를 클릭하면 삽입된 오디
오 클립이 재생됩니다.

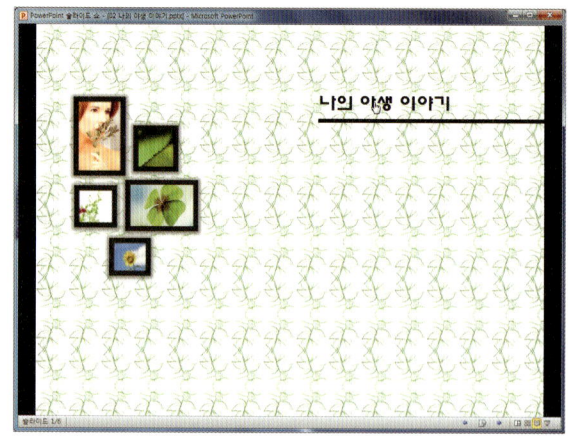

10 **결과 확인하기(2)** 마우스를 클릭하
여 다음 페이지로 이동합니다. 2번
슬라이드가 표시되면서 오디오 클립이 재생되
고 4초 후 3번 슬라이드로 전환됩니다. 이 때
오디오 클립은 끊이지 않고 계속 재생되지만
트리밍이 적용되지 않는 것을 확인할 수 있습
니다. 트리밍은 여러 슬라이드에서 실행될 때
는 적용되지 않습니다.

비디오 클립 삽입하기

파워포인트 2010부터는 동영상을 비디오 클립이라는 명칭으로 사용하게 되었으며, 이전 버전과 비교하여 크게 달라진 점은 비디오 클립 또한 오디오 클립과 같이 프레젠테이션에 저장이 된다는 것과 플래시 파일을 일반 비디오 클립과 동일한 방식으로 삽입할 수 있게 되었다는 것입니다. 비디오 클립을 삽입하는 방법에 대해 알아보겠습니다.

1. 호환되는 비디오 파일 형식

다음은 파워포인트 2010에서 사용할 수 있는 비디오 및 비디오 파일 형식입니다. 원하는 파일 형식이 표에 없는 경우에는 파워포인트 2010 이외의 프로그램, 유틸리티 또는 추가 기능을 사용하여 해당 파일 형식을 지원되는 파일 형식으로 변환하면 됩니다.

파일 형식	확장명	추가 정보
Adobe Flash Media	.swf	Flash Video : 이 파일 형식은 보통 Adobe Flash Player를 사용하여 인터넷으로 비디오를 제공하는 데 사용됩니다.
Windows Media 파일	.asf	Advanced Streaming Format : 이 파일 형식은 동기화된 멀티미디어 데이터를 저장하며, 오디오 및 비디오 콘텐츠, 이미지, 스크립트 명령을 네트워크를 통해 스트리밍하는 데 사용됩니다.
Windows Video 파일	.avi	Audio Video Interleave : Microsoft RIFF(Resource Interchange File Format) 형식으로 소리를 저장하고 그림을 이동하는 데 사용하는 멀티미디어 파일 형식입니다. 다양한 코덱을 사용하여 압축된 오디오 또는 비디오 콘텐츠를 .avi 파일로 저장할 수 있으므로 가장 일반적으로 사용하는 형식 중 하나입니다.
동영상 파일	.mpg 또는 .mpeg	Moving Picture Experts Group : Moving Picture Experts Group에서 개발한 진화된 비디오 및 오디오 압축 표준 집합으로, 특히 Video-CD 및 CD-i 미디어에 사용됩니다.
Windows Media 비디오 파일	.wmv	Windows Media 비디오 : 이 파일 형식은 Windows Media 비디오 코덱을 사용하여 오디오와 비디오를 압축함으로써 컴퓨터 하드 디스크의 저장 공간을 최소한으로 사용하는 고압축 형식입니다.
Windows Media 비디오 파일	.wma	Windows Media 비디오 : Microsoft에서 개발한 디지털 비디오 코딩 체계인 Microsoft Windows Media 비디오를 사용하여 압축한 소리 파일로서, 녹음된 음악을 주로 인터넷을 통해 배포하는 데 사용됩니다.

 여기서 잠깐

QuickTime Player
애플사가 제작한 강력한 멀티미디어 재생기입니다. 애플사의 Quick Time은 MOV 재생은 물론이며 QT, AIFF, PNG, AU, AVI,FullSGI, FLC, WAV, MIDI, BMP, PSD, GIF, JPG, Flash, MP3 포맷에 이르기까지 대부분의 멀티미디어 포맷을 재생할 수 있는 강력한 멀티미디어 플레이어입니다.

.mp4, .mov 및 .qt 형식의 비디오는 Apple QuickTime 플레이어를 설치한 경우 파워포인트에서 재생할 수 있습니다.

2. 비디오 클립 삽입하기

프레젠테이션 진행시 자동으로 재생되거나 클릭해서 실행되도록 설정할 수 있습니다. 슬라이드에 비디오 클립을 삽입하는 방법으로는 비디오 파일, 웹 사이트의 비디오, 클립 아트 비디오, 레이아웃에서 삽입하기 4가지가 있습니다.

● 비디오 파일

비디오 파일 명령은 마이크로소프트 윈도와 호환되는 모든 비디오 파일을 슬라이드에 삽입할 수 있습니다. 비디오 클립을 추가할 슬라이드를 선택한 후 [**삽입**] 탭 → **미디어** 그룹 → **비디오**( ) → **비디오 파일**을 클릭합니다. '비디오 삽입' 대화상자에서 추가할 비디오 파일을 선택한 후 〈삽입〉 단추를 클릭합니다.

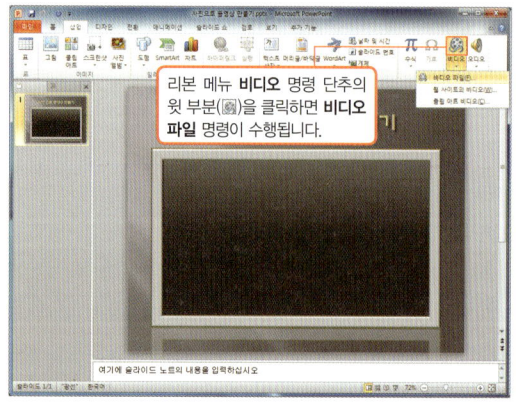

▲ 비디오 파일 명령

▲ '비디오 삽입' 대화상자

비디오 클립이 삽입되면 비디오 클립을 마우스로 끌어서 원하는 위치로 이동하고 크기 조정 핸들로 크기를 조정합니다.

> **여기서 잠깐**
>
> **가장 호환이 잘되는 wmv**
> WMV(Windows Media Video) 파일은 영상의 압축률도 높지만 파워포인트와 가장 궁합이 잘 맞습니다.

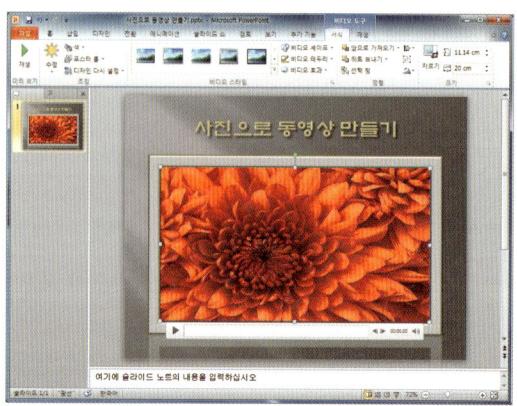

▲ 비디오 클립 위치 및 크기 조정

● 웹 사이트의 비디오

캠코더가 대중화되면서 UCC 등을 사용자가 직접 제작하거나 전문적인 자료를 YouTube와 같은 웹 사이트에 업로드 해놓는 경우가 많아졌습니다. 이렇게 웹 사이트에 위치한 동영상을 슬라이드에 연결하여 삽입할 수 있습니다.

① 브라우저에서 연결할 비디오가 포함된 YouTube 웹 사이트로 이동한 후 원하는 비디오를 찾은 다음 'Embed' 또는 '소스 코드'를 찾아 복사합니다.

▲ YouTube 웹 사이트로 이동

▲ 'Embed', '소스 코드' 찾아 복사

 여기서 잠깐

Embed 코드
만약 비디오에 Embed 또는 소스 코드가 없으면 비디오는 연결할 수 없습니다. 또한, 'Embed 코드'라고 하더라도 실제로는 비디오에 연결하는 것이지 비디오를 프레젠테이션에 포함하는 것이 아닙니다.

② 파워포인트로 돌아와서 [삽입] 탭 → 미디어 그룹 → 비디오(🎞) → 웹 사이트의 비디오를 클릭합니다. 웹 사이트에서 가져온 소스 코드를 '웹 사이트에서 가져온 비디오 삽입' 대화상자에서 Embed 코드를 붙여넣은 다음 〈삽입〉 단추를 클릭합니다.

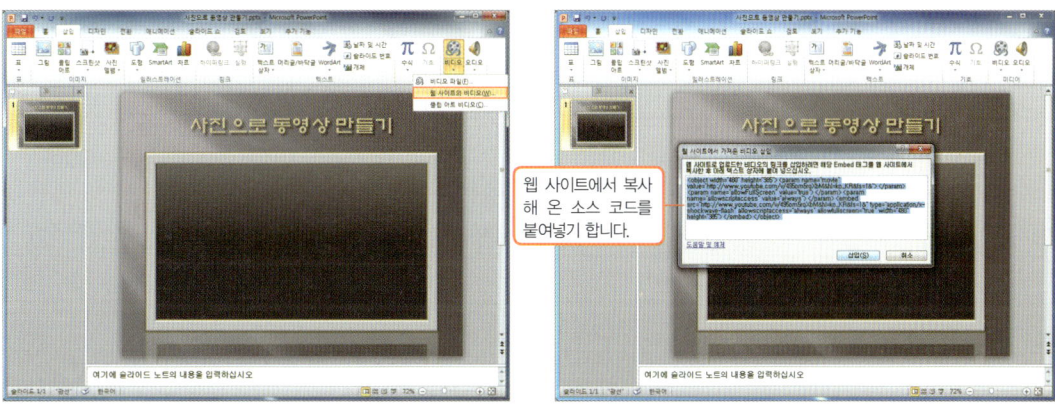

▲ 웹 사이트의 비디오 명령

▲ Embed 코드 붙여넣기

③ 비디오 클립이 슬라이드에 삽입되면 크기와 위치를 조정하여 그림과 같이 위치합니다. 읽기용 보기에서 비디오 클립이 재생되는지 확인하면 그림과 같이 YouTube에서 Embed된 비디오 클립이 재생됩니다.

▲ 비디오 클립의 위치 및 크기 조정

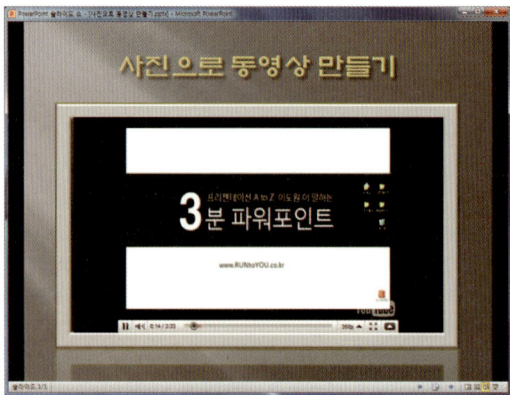
▲ YouTube에서 Embed된 비디오 클립 재생

 여기서 잠깐

인터넷 연결 상태 확인
Embed된 비디오 클립을 다른 컴퓨터에서 재생하는 경우 인터넷에 연결되어 있는지 확인해야 합니다. 인터넷에 연결되어 있지 않으면 비디오 클립은 재생되지 않습니다.

3. 비디오 클립 미리보기

슬라이드에 비디오 클립을 추가하고 슬라이드 쇼나 읽기용 보기를 실행하지 않고 비디오 클립을 미리 볼 수 있습니다. 슬라이드에서 비디오 클립을 미리 보려면 슬라이드에서 비디오 클립을 선택한 후 비디오 클립 아래 비디오 콘트롤이 표시되면 재생(▶)을 클릭합니다.

▲ 비디오 클립 재생

'읽기용 보기'를 클릭하지 않고도 비디오 콘트롤에서 재생을 클릭하여 미리 볼 수 있습니다.

4. 프레젠테이션을 비디오로 전환하기

파워포인트 2010에서는 고화질 프레젠테이션 버전을 전자 메일에 첨부하거나, 웹에 게시하거나, CD/DVD에 구워 동료나 고객에게 보내려는 경우 프레젠테이션을 비디오로 재생하도록 저장할 수 있습니다. 애니메이션과 설명이 포함된 멀티미디어 프레젠테이션을 올바르게 재생할 수 있도록 Windows Media 비디오 파일(.wmv)로 저장하여 안전하게 배포할 수 있습니다.

✋ 여기서 잠깐

슬라이드 쇼 예행 연습
프레젠테이션을 비디오로 전환하기 전에 [슬라이드 쇼] 탭 → **설정** 그룹 → **예행 연습** 명령을 실행하여 애니메이션이나 화면 전환을 먼저 점검한 후 비디오로 전환하는 것이 오류를 줄이는 방법입니다.

① 비디오 클립으로 전환할 프레젠테이션을 연 후 [**파일**] 탭 → **저장/보내기**를 클릭하고 '파일 형식'에서 '비디오 만들기'를 클릭합니다. 비디오 품질과 크기 옵션을 모두 표시하려면 비디오 만들기에서 '컴퓨터 및 HD 디스플레이', '기록된 시간 및 설명 사용 안 함'의 목록 단추를 클릭하고 원하는 옵션을 선택한 후 〈비디오 만들기〉 단추를 클릭합니다.

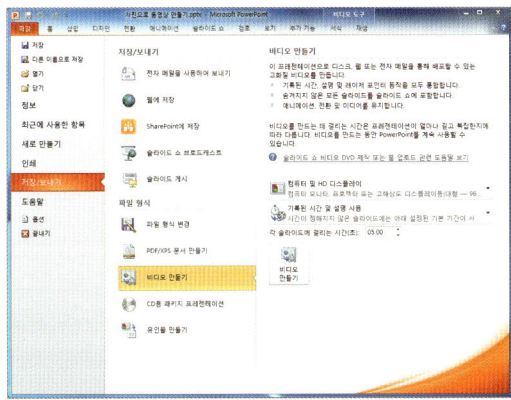

▲ 비디오 만들기

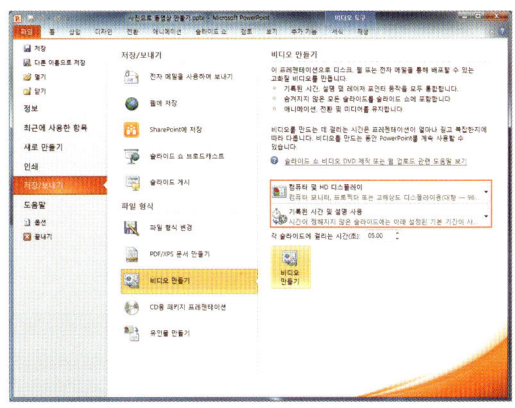

▲ 비디오 품질과 기록 시간 옵션 설정

② '파일 이름'에 비디오 파일 이름을 입력하고 해당 파일을 저장할 폴더를 찾은 후 저장을 클릭합니다. 새로 만든 비디오를 재생하기 위해 지정한 폴더 위치로 이동한 후 파일을 두 번 클릭하면 저장된 비디오 클립이 재생됩니다.

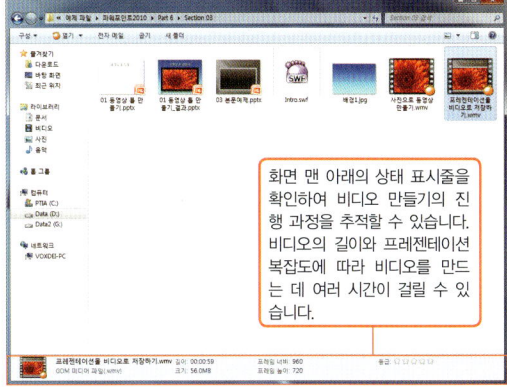

화면 맨 아래의 상태 표시줄을 확인하여 비디오 만들기의 진행 과정을 추적할 수 있습니다. 비디오의 길이와 프레젠테이션 복잡도에 따라 비디오를 만드는 데 여러 시간이 걸릴 수 있습니다.

▲ 비디오 클립 재생

✋ 여기서 잠깐

슬라이드 표시 시간
각 슬라이드는 기본적으로 5초씩 표시됩니다. 슬라이드 표시 시간을 변경하려면 각 슬라이드에 걸리는 시간(초) 오른쪽의 화살표를 클릭하여 초를 늘리거나 줄입니다.

5. 플래시 파일 삽입하기

이전 버전에서는 슬라이드에 플래시 파일을 삽입하려면 기타 컨트롤을 통해서 복잡한 과정을 거쳐 플래시 파일을 삽입할 수 있었습니다. 그러나 파워포인트 2010에서는 플래시 파일을 비디오 클립으로 구분하여 일반 비디오 클립과 마찬가지로 쉽게 슬라이드에 삽입할 수 있게 되었습니다.

비디오 클립을 추가할 슬라이드를 선택한 후 [삽입] 탭 → 미디어 그룹 → 비디오(🎬) → 비디오 파일을 클릭하여 '비디오 삽입' 대화상자의 비디오 파일 형식에서 'Adobe flash media(*.swf)'를 선택합니다.
플래시 파일이 있는 폴더에서 추가할 파일을 선택한 후 〈삽입〉 단추를 클릭합니다.

> ### ✋ 여기서 잠깐
>
> **플래시 파일**
> 비디오 클립의 형식을 'Adobe Flash Media(*.swf)'로 선택하지 않고도 비디오 파일 상태에서 폴더에 있는 플래시 파일을 선택할 수 있습니다.

▲ 비디오 파일 명령

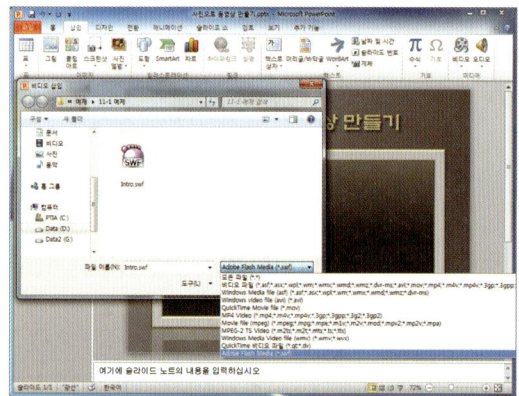

▲ 비디오 파일 형식

❓ 플래시 파일을 사용하는 이유는 무엇인가요?

자주 묻는 질문

A 플래시 파일을 많이 사용하는 가장 큰 이유는 파일 크기가 작다는 점과 파일을 크게 확장하여 사용해도 깨지지 않는다는 장점이 있기 때문입니다.

플래시 파일의 재생 방식은 스트리밍 방식이기 때문에 전체를 다 받아야 재생되는 애니메이션 GIF 보다는 재생 속도가 빠릅니다. 그리고 벡터 방식이기 때문에 그 장점을 이어받아 파일 크기가 아주 작고 액션스크립트가 들어가기 때문에 창의적인 아이디어를 활용한 다양한 이펙트와 상호작용하여 설계할 수 있습니다.

파워포인트 2010부터 간단하게 플래시 파일의 삽입할 수 있기 때문에 프레젠테이션에서 많은 활용이 있을 것으로 기대됩니다.

04 비디오 서식 꾸미기

파워포인트 2010에서는 비디오 클립의 서식 변경이 매우 자유로워서 상황별 탭인 [비디오 도구] – [서식] 탭을 활용하여 비디오 클립의 밝기 및 대비, 색을 변경합니다. 또한, 포스터 틀을 삽입하고 비디오 스타일을 변경하며, 비디오의 세이프 및 테두리를 쉽고 빠르게 변경할 수 있습니다.

1. [비디오 도구] – [서식] 탭 살펴보기 `NEW 2010`

비디오 클립의 서식을 변경할 수 있도록 **[비디오 도구]** – **[서식]** 탭은 미리 보기, 조정, 비디오 스타일 그룹에 다양한 명령을 포함하고 있습니다.

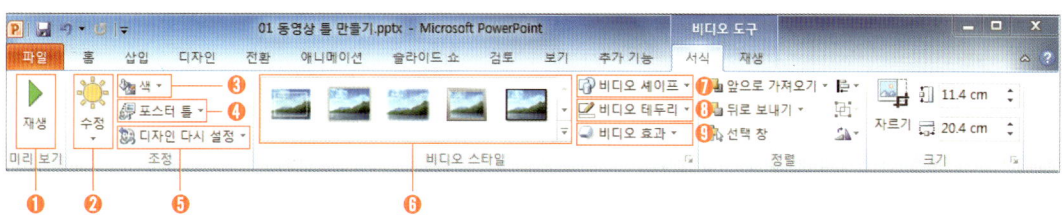

❶ 재생 : 비디오 클립을 변경한 모든 서식과 함께 미리 봅니다.

❷ 수정 : 비디오 클립의 밝기 및 대비를 변경합니다.

❸ 색 : 비디오 클립에 회색조나 세피아 톤과 같은 스타일 효과를 추가할 수 있습니다.

❹ 포스터 틀 : 비디오 클립의 미리 보기 이미지를 설정합니다.

❺ 디자인 다시 설정 : 선택한 비디오 클립에 추가된 모든 서식을 취소합니다.

❻ 비디오 스타일 : 비디오 클립의 표시 스타일을 선택합니다.

❼ 비디오 세이프 : 서식을 모두 유지한 채로 비디오 클립의 모양을 변경합니다.

❽ 비디오 테두리 : 선택한 비디오 클립의 윤곽선 색, 두께 및 선 스타일을 지정합니다.

❾ 비디오 효과 : 비디오 클립에 그림자, 네온, 반사 또는 3차원 회전과 같은 시각 효과를 적용합니다.

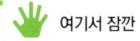 여기서 잠깐

새로운 비디오 서식 지정

[비디오 도구] – **[서식]** 탭은 이전 버전에는 없는 파워포인트 2010만의 강력한 기능이지만 비디오 클립에 너무 많은 효과들이 적용되면 너무 산만할 수 있으니 주의하여 사용해야 합니다.

2. 비디오 밝기 및 대비 변경하기

비디오의 클립의 밝기나 가장 어두운 영역과 가장 밝은 영역 간의 차이, 즉 대비를 사용자가 원하는 대로 조정할 수 있습니다.

슬라이드에서 비디오를 선택한 후 [**비디오 도구**] − [**서식**] 탭 → **조정** 그룹 → **수정** 명령 단추( )를 클릭하고 원하는 밝기 및 대비 설정을 선택하면 비디오 클립의 밝기 및 대비가 추가된 것을 확인할 수 있습니다.

> **[여기서 잠깐]**
>
> **비디오를 삽입한 슬라이드 배경**
> 비디오 클립 삽입 시 전체 화면을 비디오 클립으로 채우지 않는다면 슬라이드의 배경은 비디오 클립이 잘 보일 수 있도록 단순화하는 것이 필요합니다.

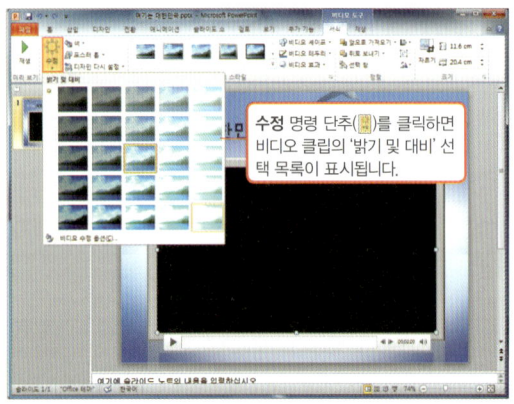

▲ 비디오 밝기 및 대비 수정

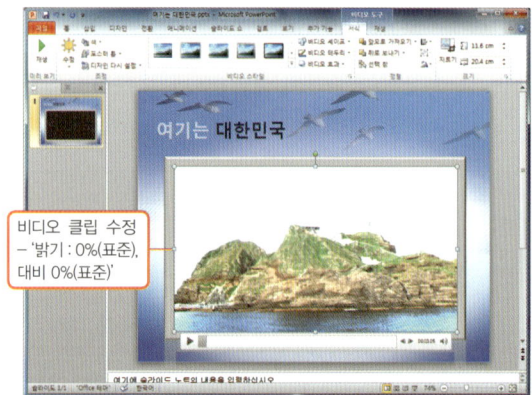

▲ 밝기 및 대비가 적용된 비디오 클립

3. 비디오 다시 칠하기

비디오 클립에 세피아 톤이나 회색조와 같이 기본 제공되는 스타일 색 효과를 적용하여 비디오를 다시 칠할 수 있는데, 화질이 떨어지거나 감성적인 면에 호소할 때 도움이 되는 기능입니다.

> **[여기서 잠깐]**
>
> **비디오 다시 칠하기 색**
> 비디오 클립에 **다른 색**이나 스타일로 **다시 칠하기**를 추가하면 이전에 설정한 다시 칠하기 색은 사라지므로 색을 중복하여 적용할 수 없습니다.

① 슬라이드에서 다시 칠할 비디오를 선택한 후 [**비디오 도구**] − [**서식**] 탭 → **조정** 그룹 → **색**( )을 클릭하고 표시되는 선택 목록에서 원하는 스타일을 선택합니다.

② 다시 칠하기 효과는 색 변형을 이용하여 적용하며, 테마 색, 표준 또는 사용자 지정 색의 변형을 비롯하여 다른 색을 보려면 **기타 변형**을 클릭합니다.

▲ 비디오 다시 칠하기

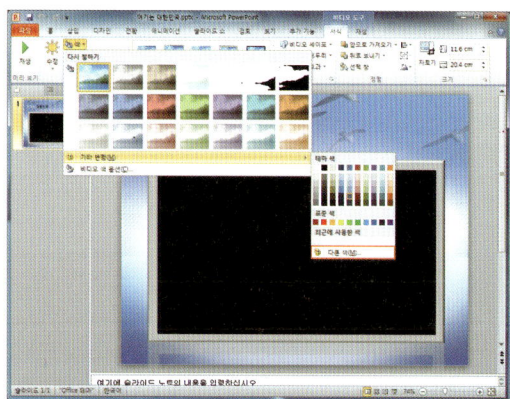

▲ 기타 변형 – 다른 색

4. 비디오에 포스터 틀 추가하기 NEW 2010

비디오 클립은 슬라이드 쇼를 시작하면서 재생되고 슬라이드에 삽입 시에는 검정색으로 표시됩니다. 검정색으로 표시된 비디오 클립에 포스터 틀을 추가 하면 비디오의 미리 보기 이미지가 표시됩니다.

여기서 잠깐

비디오 클립 배경 설명
포스터 틀을 보면서 개략적인 설명이 이루어진 이후에 비디오 클립을 상영함으로써 청중들이 어떤 부분을 중점적으로 봐야 하는지 알 수 있게 됩니다.

◉ 현재 틀

재생(▶)을 클릭하여 포스터 틀로 사용할 프레임이 표시될 때까지 비디오 클립을 재생합니다. 원하는 화 면에서 [비디오 도구] – [서식] 탭 → 조정 그룹 → 포스터 틀(포스터 틀 ▾) → 현재 틀을 클릭하면 비디오 클립 의 검정색 화면이 사라지고 포스터 틀이 표시됩니다.

▲ 포스터 틀 – 현재 틀

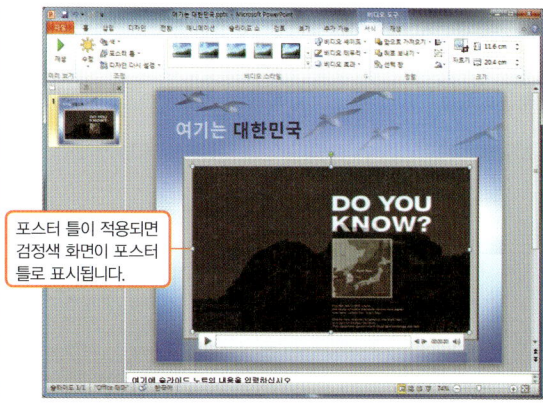

▲ 포스터 틀 적용

● 파일 이미지

비디오 클립을 선택한 후 [비디오 도구] − [서식] 탭 → 조정 그룹 → 포스터 틀
() → 파일의 이미지를 클릭합니다. '그림 삽입' 대화상자에서 원하
는 그림 파일을 선택한 후 〈삽입〉 단추를 클릭하면 그림이 포스터 틀로 적용
된 것을 확인할 수 있습니다.

 여기서 잠깐

포스터 틀 그림
포스터 틀을 그림으로 적용했다
고 하더라도 비디오 클립 원본
파일에 그림이 삽입되는 것이
아니고 파워포인트에서 재생 시
에만 화면으로 볼 수 있습니다.

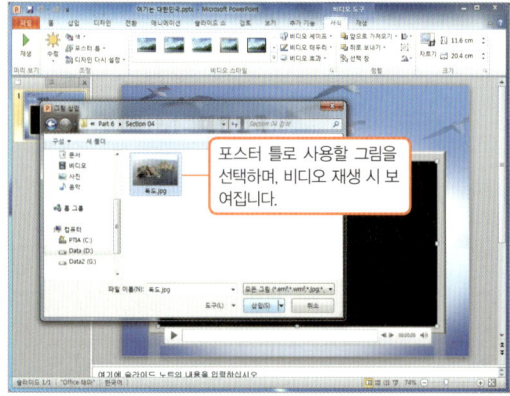

▲ 포스터 틀 − 파일의 이미지

▲ 독도 그림이 적용된 포스터 틀

5. 디자인 다시 설정하기 `NEW 2010`

비디오 클립에 다양한 서식과 스타일 적용한 후 원본의 모습을 되돌리려면 디자인 다시 설정하기를 활용
합니다. 추가된 서식을 제거하고 원본 비디오 클립으로 돌아가는 디자인 다시 설정과 디자인 및 크기를 조
정하는 방법이 있습니다.

비디오 클립을 선택한 후 [비디오 도구] − [서식] 탭 → 조정 그룹 → 디자인 다시 설정() → 디
자인 다시 설정을 클릭합니다. 비디오 클립을 원래의 모습으로 돌아오게 하거나 디자인과 함께 크기도 원래
대로 하려면 '디자인 및 크기 다시 설정'을 클릭합니다.

▲ 디자인 다시 설정

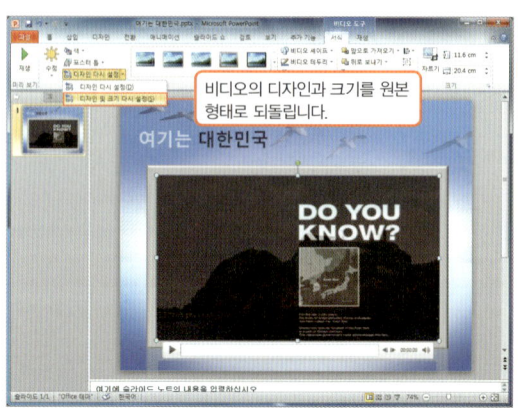

▲ 디자인 및 크기 다시 설정

6. 비디오 스타일 설정하기 `NEW 2010`

그림이나 도형, 텍스트 등과 같이 비디오 클립을 원하는 스타일로 자유롭게 변경할 수 있어서 별도로 비디오 클립 뒤에 프레임과 같은 배경을 만들지 않아도 됩니다.

비디오 클립을 선택한 후 [비디오 도구] – [서식] 탭 → **비디오 스타일** 그룹 오른쪽 **자세히** 단추(▼)를 클릭하여 선택 목록에서 원하는 스타일을 선택하면 비디오 스타일이 적용됩니다.

▲ '비디오 스타일' 선택 목록

▲ 비디오 스타일 – '회전, 흰색'

> **✋ 여기서 잠깐**
>
> **비디오 스타일 변경 방법**
> 비디오 클립을 선택하고 [비디오 도구] – [서식] 탭 → **비디오 스타일** 그룹 오른쪽 아래에 **대화상자 표시** 단추(▣)를 클릭합니다. '비디오 형식 지정' 대화상자에서 [비디오] 영역 '다시 칠하기' 항목의 '미리 설정'에서도 스타일을 변경할 수 있습니다.

7. 비디오 세이프 변경하기 `NEW 2010`

비디오 클립의 모양을 기본 제공되는 스타일과 달리 사용자가 원하는 도형의 형태로 변경해 줍니다. 비디오 클립을 여러 개 동시에 재생한다든지 디자인을 고려하여 다양한 도형의 형태로 비디오 클립의 모양을 변경하여 사용할 수 있습니다.

비디오 클립을 선택한 후 [비디오 도구] – [서식] 탭 → **비디오 스타일** 그룹 → **비디오 세이프**()를 클릭하여 원하는 스타일을 선택하면 비디오 세이프가 변경되어 적용됩니다.

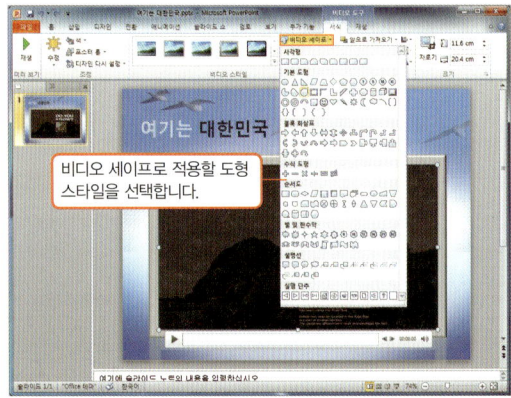

▲ 비디오 세이프 명령

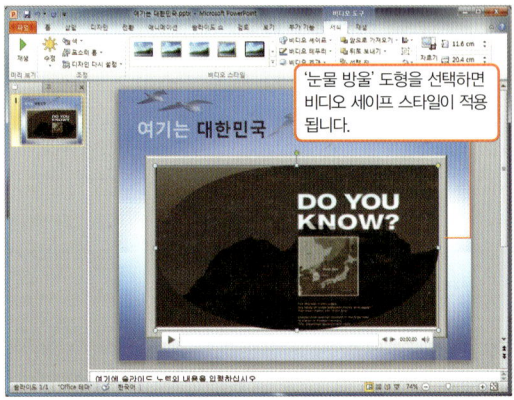

▲ 비디오 세이프·적용

8. 비디오 테두리 변경하기 NEW 2010

비디오 클립의 테두리를 추가하고 색, 선 스타일 모양 또는 선 두께를 변경하여 프레젠테이션 슬라이드에서 비디오의 틀을 만들 수 있습니다.

◉ 테두리 색 변경하기

비디오 클립을 선택한 후 [비디오 도구] – [서식] 탭 →
비디오 스타일 그룹 → 비디오 테두리(비디오 테두리 ▼)
목록 단추를 클릭하고 원하는 테두리 색을 클릭합니다.

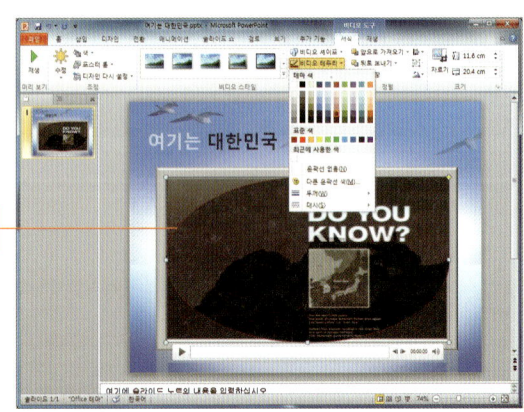

▲ 비디오 클립 – 테두리 색

 여기서 잠깐

보색의 테두리 색 사용
비디오 클립이 재생되면 테두리 색이 잘 보이지 않는 경우가 많습니다. 따라서 테두리의 굵기를 조정하거나 비디오 클립의 색상과 보색 계열의 색을 테두리에 적용하여 눈에 띄게 표현하는 것이 좋습니다.

◎ 테두리 두께 변경하기

비디오 클립을 선택한 후 [비디오 도구] – [서식] 탭 →
비디오 스타일 그룹 → 비디오 테두리(🖾 비디오 테두리 ▼)
→ 두께를 클릭하고 원하는 두께를 선택합니다.

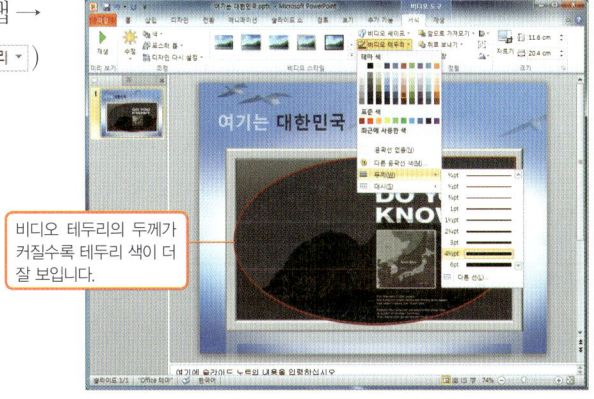

> 비디오 테두리의 두께가
> 커질수록 테두리 색이 더
> 잘 보입니다.

▲ 비디오 클립 – 테두리 두께

◎ 테두리 스타일 변경하기

비디오 클립을 선택한 후 [비디오 도구] – [서식] 탭 → 비
디오 스타일 그룹 → 비디오 테두리(🖾 비디오 테두리 ▼) →
대시를 클릭하고 원하는 테두리 스타일을 선택합니다.

 여기서 잠깐

테두리 스타일
프레젠테이션 사용 시 비디오 클립의 내용보다 화려하게 표현된
테두리가 더 눈에 띄어서는 안 되므로, 과다한 테두리 스타일이
나 색 등을 사용하지 않도록 유의해야 합니다.

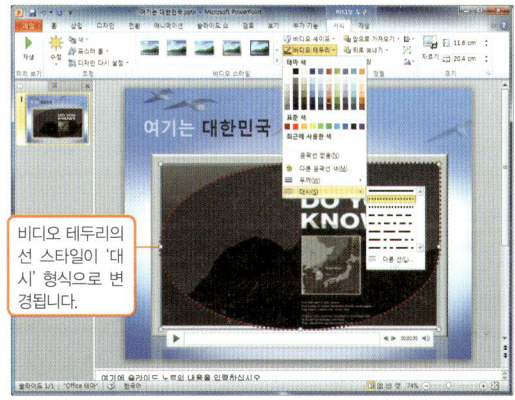

> 비디오 테두리의
> 선 스타일이 '대
> 시' 형식으로 변
> 경됩니다.

▲ 비디오 클립 – 테두리 스타일

◎ 테두리 삭제하기

비디오 클립을 선택한 후 [비디오 도구] – [서식] 탭 →
비디오 스타일 그룹 → 비디오 테두리(🖾 비디오 테두리 ▼)
→ 윤곽선 없음을 클릭합니다.

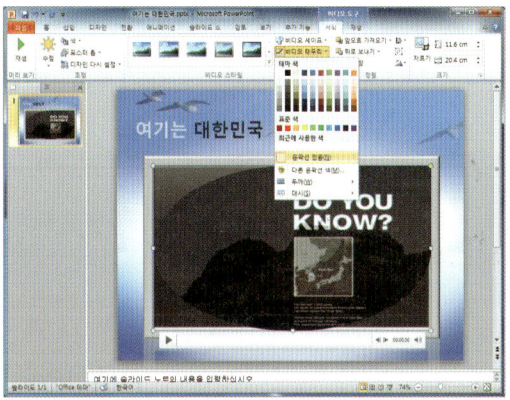

▲ 비디오 클립 – 테두리 삭제

9. 비디오에 특수 효과 추가하기 `NEW 2010`

비디오 클립에 그림자, 반사, 네온 효과, 부드러운 가장자리, 입체, 3차원 회전 등의 특수 효과를 적용할 수 있습니다. 특수 효과의 적용 방법은 그림과 도형에서 사용하는 방식과 동일하며, 특수 효과의 적용으로 슬라이드 내의 도형이나 그림 등과 스타일을 맞춰서 일관성 있게 표현할 수 있습니다.

특수 효과를 추가할 비디오 클립을 선택한 후 [**비디오 도구**] - [**서식**] 탭 → 비디오 스타일 그룹 → **비디오 효과**(🔲 비디오 효과 ▾)를 클릭합니다.

미리 설정된 효과의 조합을 적용하거나 변경하려면 기본 설정을 가리킨 다음 원하는 효과를 클릭합니다.

① **그림자** : 그림자를 가리키고 원하는 그림자를 선택합니다.
② **반사** : 반사를 가리킨 다음 원하는 옵션을 선택합니다.
③ **네온** : 네온을 가리키고 원하는 네온 변형을 선택합니다.
④ **부드러운 가장자리** : 부드러운 가장자리를 가리키고 원하는 가장자리 크기를 선택합니다.
⑤ **입체 효과** : 가장자리를 적용하거나 변경하려면 입체 효과를 가리키고 원하는 입체 효과를 선택합니다.
⑥ **3차원 회전** : 3차원 회전을 가리킨 다음 원하는 회전을 선택합니다.

> 🖐 **여기서 잠깐**
>
> **비디오 효과 제거**
> 비디오에 추가된 효과를 제거하려면 해당 효과의 메뉴 항목을 가리키고 **없음** 옵션을 클릭하면 효과가 제거됩니다. 예를 들어, 그림자 효과를 제거하려면 **그림자**를 가리킨 다음 **그림자 없음**을 클릭합니다.

▲ 비디오 효과

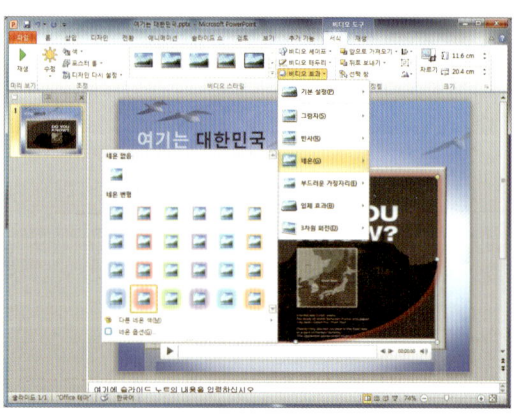

▲ 비디오 네온 효과 적용

> **Q** 64비트 파워포인트 2010에서 "온라인 비디오 클립 삽입" 옵션을 찾을 수 없는 이유는 무엇입니까?
>
> 자주 묻는 질문 **?**
>
> **A** 이 기능은 64비트 Flash Player가 없기 때문에 파워포인트 2010에서 사용할 수 없습니다. 현재 64비트 파워포인트 2010에서 이 옵션이 비활성화된 상태(회색으로 표시)로 항상 표시되도록 수정하는 작업을 진행하고 있다고 합니다.
>
> 일반인들이 많이 사용하는 32비트 컴퓨터용 파워포인트 2010에서는 Adobe Flash Player가 설치되어 있어야 이 명령을 사용할 수 있습니다.

비디오 클립 위에 개체 올려놓기

파워포인트 2010에서는 비디오 클립에 적용할 수 있는 색다른 기능들이 많습니다. 이전 버전까지 사용자 분들이 가장 안타깝게 생각했던 부분 중에 비디오 클립 위에 텍스트를 올려놓거나 그림을 올려놓았을 때 슬라이드 쇼에서 재생하게 되면 비디오 클립 뒤로 모두 숨어버려 표시가 되지 않아 아쉬움이 많았습니다. 그러나 파워포인트 2010에서는 비디오 클립 위에 삽입된 개체들을 슬라이드 쇼 재생 시 비디오 클립 위에 서 재생되도록 향상된 기능을 제공하고 있습니다.

❶ 비디오 클립 위에 텍스트 상자를 삽입하고 "안하무인형" 이라고 입력한 다음 비디오 클립 왼쪽 상단에 위치시킵니다.

❷ 현재 슬라이드에는 비디오 클립 위에 텍스트와 그림이 삽입되 어 있으므로 '읽기용 보기'에서 비디오 클립을 재생해보면 비디 오 클립이 재생되는 동안에도 텍스트와 그림은 비디오 클립 위 에 계속해서 표시됨을 확인할 수 있습니다.

응용하여 사용한다면 비디오 클립의 주요 내용을 텍스트로 입력하여 애니메이션과 함께 삽입하여 마치 자 막이 흘러가는 느낌을 줄 수도 있습니다.

05 비디오 클립 제어하기

파워포인트 2010에서 비디오 클립을 제어하기 위해 새롭게 [비디오 도구] – [재생] 탭이 상황별 탭으로 리본 메뉴에 표시됩니다. 기존의 비디오 클립을 제어하는 수준을 넘어서 비디오 편집 기능을 대폭 강화하여 사용자의 편의를 증대하였습니다. 특히 비디오 트리밍을 통해 원하는 부분만 재생할 수 있도록 구성되어 프레젠테이션 시 비디오 클립을 다른 편집 프로그램으로 편집하여 사용해야 하는 불편함을 해소해 주었습니다.

1. [비디오 도구] – [재생] 탭 살펴보기

비디오 클립의 시작과 끝을 사용자가 원하는대로 트리밍 할 수 있고 책갈피를 추가하여 원하는 시점을 표시할 수도 있으며, 페이드 인과 페이드 아웃을 적용하여 비디오 클립을 부드럽게 재생 또는 종료할 수 있습니다. 또한 이전 버전에서 비디오 제어에 관련된 명령들이 **[비디오 도구]** – **[재생]** 탭에 포함되어 있습니다.

> **여기서 잠깐**
>
> **책갈피**
> 책갈피는 사용자가 미리 기억해 놓은 지점으로, 애니메이션을 시작하거나 오디오/비디오 클립의 특정 위치로 이동하는 데 사용할 수 있습니다.

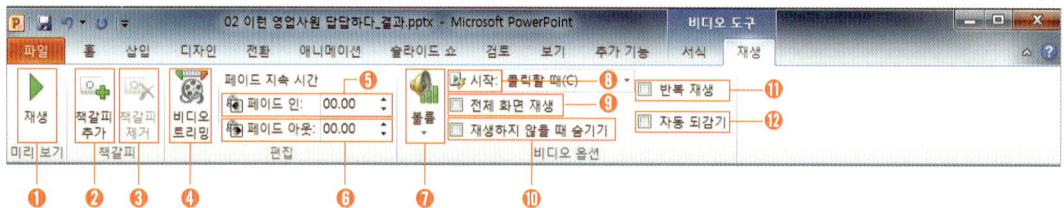

❶ **재생** : 비디오 클립을 변경한 모든 서식과 함께 미리 봅니다.

❷ **책갈피 추가** : 비디오 클립에서 현재 시간에 책갈피를 추가합니다.

❸ **책갈피 제거** : 비디오 클립에서 현재 시간에 책갈피를 제거합니다.

❹ **비디오 트리밍** : 시작 및 종료 시간을 지정하여 비디오를 트리밍합니다.

❺ **페이드 인** : 몇 초의 페이드 효과와 함께 비디오 클립을 시작합니다.

❻ **페이드 아웃** : 몇 초의 페이드 효과와 함께 비디오 클립을 종료합니다.

❼ **볼륨** : 비디오 클립의 볼륨을 변경합니다.

❽ **시작** : 비디오 클립을 자동으로 또는 클릭할 때 재생합니다.

❾ **전체 화면 재생** : 비디오 클립을 전체 화면으로 재생합니다.

❿ **재생하지 않을 때 숨기기** : 재생 중이지 않으면 비디오 클립을 숨깁니다.

⓫ **반복 재생** : 비디오 클립이 중지될 때까지 재생됩니다.

⓬ **자동 되감기** : 비디오 클립을 재생한 후에 되감습니다.

2. 책갈피 추가/제거하기

비디오 클립에 책갈피를 추가하여 원하는 시점을 표시할 수 있습니다. 책갈피는 프레젠테이션 도중에 유용하게 사용되는데, 애니메이션을 시작하거나 비디오 클립의 특정 지점을 빠르게 검색할 수 있는 장점이 있습니다

여기서 잠깐

책갈피의 표시
오디오나 비디오 클립에 책갈피를 추가하면 노란색 원(○)으로 책갈피가 추가되었음을 표시합니다. 책갈피 추가된 지점 이외의 지점을 선택하면 추가된 책갈피는 흰색 원(○)으로 표시됩니다.

● 책갈피 추가
슬라이드에서 비디오 클립을 선택한 후 비디오 클립 아래의 비디오 컨트롤에서 재생을 눌러 비디오가 재생되면 원하는 지점을 찾습니다. 원하는 지점에 책갈피를 표시하려면 [**비디오 도구**] – [**재생**] 탭 → **책갈피** 그룹 → **책갈피 추가**(▣)를 클릭합니다.

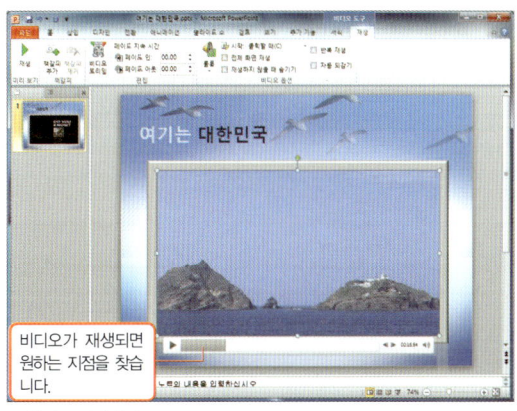

▲ 원하는 지점 찾기

▲ 책갈피 추가

● 책갈피 제거
시간 표시 막대에서 제거할 책갈피를 찾아 클릭한 후 [**비디오 도구**] – [**재생**] 탭 → **책갈피** 그룹 → **책갈피 제거**(▣)를 클릭합니다.

여기서 잠깐

책갈피 제거
책갈피를 추가해야만 명령 단추가 활성화되므로, 임의의 지점을 선택하면 책갈피를 제거할 수 없습니다.

▲ 제거할 책갈피 찾기

▲ 책갈피 제거

3. 비디오 클립 트리밍하기 `NEW 2010`

각 비디오 클립의 처음과 끝을 트리밍 할 수 있습니다. 비디오 클립의 메시지와 관계없는 주제에 대한 설명이 있거나 슬라이드 시간에 맞게 비디오 길이를 줄이려는 경우 비디오 클립을 트리밍 할 수 있습니다.

① 비디오 클립을 선택한 후 [비디오 도구] - [재생] 탭 → 편집 그룹 → 비디오 트리밍(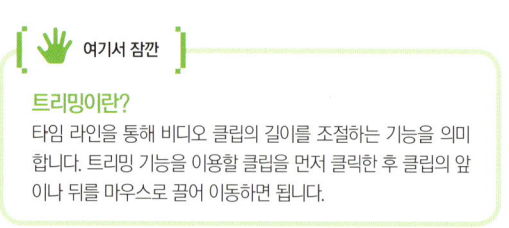)을 클릭합니다.

▲ 비디오 트리밍 명령

> **여기서 잠깐**
>
> **트리밍이란?**
> 타임 라인을 통해 비디오 클립의 길이를 조절하는 기능을 의미합니다. 트리밍 기능을 이용할 클립을 먼저 클릭한 후 클립의 앞이나 뒤를 마우스로 끌어 이동하면 됩니다.

② '비디오 트리밍' 대화상자에서 클립의 처음을 트리밍하려면 시작 지점을 클릭하고 화살표(┃)가 표시되면 화살표를 원하는 비디오 클립 시작 위치로 끌어줍니다. 클립의 끝을 트리밍하려면 종료 지점을 클릭하고 화살표(┃)가 표시되면 화살표를 원하는 비디오 클립 종료 위치로 끌어줍니다.

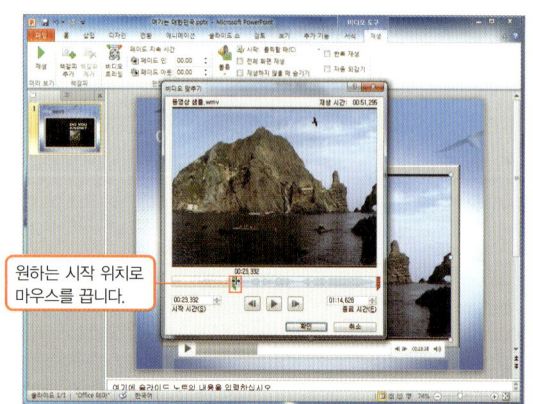

원하는 시작 위치로 마우스를 끕니다.

▲ 비디오 트리밍 시작 위치

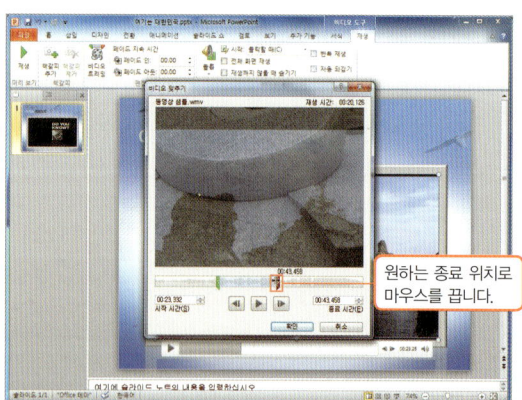

원하는 종료 위치로 마우스를 끕니다.

▲ 비디오 트리밍 종료 위치

4. 페이드 인/아웃하기 `NEW 2010`

비디오 편집 시 가장 많이 사용되는 기능이 비디오 클립의 시작을 일정시간 동안 점점 커지면서 부드럽게 시작하고 마지막에 점점 작아지면서 마무리되게 하는 페이드 인/아웃 기능입니다.

이제 파워포인트에서도 페이드 인/아웃 기능을 사용할 수 있게 되었습니다.

● 페이드 인

페이드 인을 설정하려면 비디오 클립을 선택한 후
[비디오 도구] – [재생] 탭 → 편집 그룹 → 페이
드 인(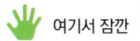) 입력 상자에 원하는 시간을 입력
합니다.

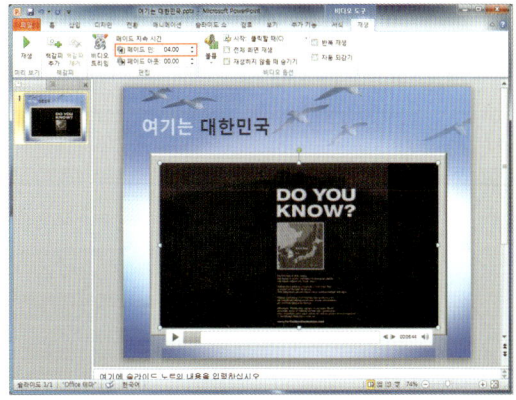

▲ 페이드 인 설정

● 페이드 아웃

페이드 아웃을 설정하려면 비디오 클립을 선택한
후 [비디오 도구] – [재생] 탭 → 편집 그룹 → 페이드
아웃(페이드 아웃:) 입력 상자에 원하는 시간을 입
력합니다.

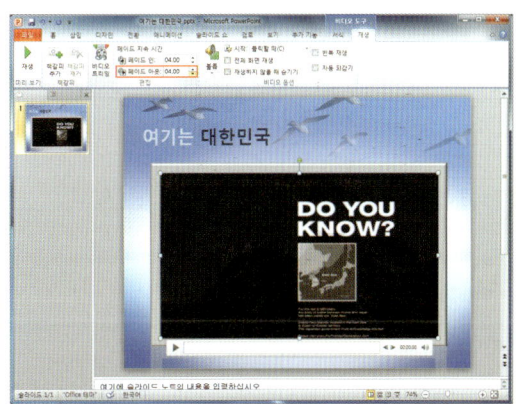

▲ 페이드 아웃 설정

> **여기서 잠깐**
>
> **페이드 인/아웃 시간**
> 비디오 클립의 상영 시간에 따라 달라질 수 있지만 일반적으로 3~4초 이내에 페이드 인/아웃이 이루어지는 것이 보편적입니다.

비디오 클립 제어하기

📁 **준비 파일** : 갈매기의 꿈.pptx　　📁 **완성 파일** : 갈매기의 꿈_결과.pptx

파워포인트 2010에서 비디오 클립의 제어 명령 중에서 비디오 트리밍 명령은 아주 유용한 기능입니다. 트리밍을 통해 원하는 영역만 재생할 수 있으므로 동영상 편집에 어려움을 겪었던 많은 사용자들에게 도움이 되는 기능입니다. 이번 예제에서 비디오 트리밍을 설정하는 방법에 대해 알아보겠습니다.

항목	변경 내용
비디오 클립 삽입	'갈매기.wmv'
비디오 트리밍	시작 지점 : '11.416'　　　　종료 지점 : '15.931'
시작 옵션	자동 실행
비디오 옵션	'전체 화면 재생', '재생하지 않을 때 숨기기', '반복 재생', '자동 되감기'

01

예제 파일 열기 **갈매기의 꿈. pptx** 파일을 두 번 연속 클릭하면 파워포인트가 실행되면서 다음 화면이 나타납니다.

02 비디오 클립 삽입하기

비디오 클립을 추가할 슬라이드에서 ❶ [삽입] 탭 → 미디어 그룹 → ❷ 비디오 명령 단추(📷)를 클릭합니다. '비디오 삽입' 대화상자에서 ❸ 예제 폴더의 "갈매기.wmv" 파일을 선택한 후 ❹ 〈삽입〉 단추를 클릭합니다.

03 비디오 트리밍하기

비디오 트리밍을 설정하기 위해 [비디오 도구] − ❶ [재생] 탭 → 편집 그룹 → ❷ 비디오 트리밍(📷)을 클릭합니다.

🖐 여기서 잠깐

비디오 트리밍

비디오 클립을 선택한 후 마우스 오른쪽 단추를 클릭하여 바로 가기 메뉴에서 **비디오 트리밍** 명령을 실행해도 됩니다.

04 트리밍 설정하기

'비디오 맞추기' 대화상자에서 ❶ 시작 지점 화살표를 (📍) "11.416", ❷ 종료 지점 화살표(📍)를 "15.931"로 설정하고 ❸ 〈확인〉 단추를 클릭합니다.

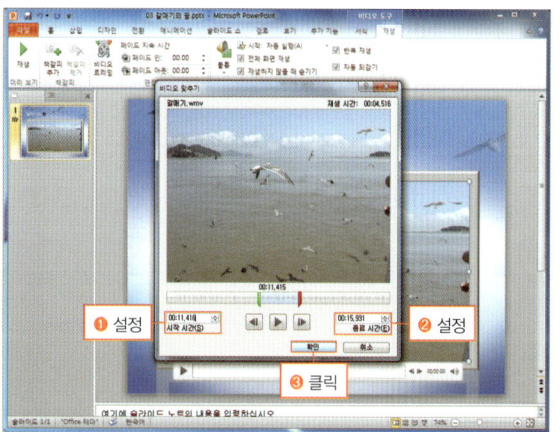

🖐 여기서 잠깐

트리밍이란?

타임 라인을 통해 비디오 클립의 길이를 조절하는 기능을 의미합니다. 트리밍 기능을 이용할 클립을 먼저 클릭한 후 클립의 앞이나 뒤를 마우스로 끌어 이동하면 됩니다.

05 시작 옵션 조정하기 비디오 클립이 선택된 상태에서 [비디오 도구] – [재생] 탭 → **비디오 옵션** 그룹 → ❶ **시작** 목록 단추를 클릭하여 ❷ '자동 실행'을 선택합니다.

06 비디오 옵션 조정하기 비디오 옵션을 설정하기 위해 [비디오 도구] – [재생] 탭 → **비디오 옵션** 그룹 → '전체 화면 재생', '재생하지 않을 때 숨기기', '반복 재생', '자동 되감기' 확인란을 모두 선택합니다.

07 결과 확인하기 슬라이드 작성이 완료되었습니다. 슬라이드 창 하단에서 읽기용 보기를 클릭하면 비디오 클립이 전체 화면으로 자동 재생되고 마우스를 클릭하거나 Esc 키를 누를 때까지 반복해서 재생됩니다.

하이퍼링크로 비디오 클립 재생하기

프레젠테이션 시 가끔 비디오 클립이 재생이 되지 않아 슬라이드 쇼를 멈추고 윈도 미디어 플레이어나 곰 플레이어와 같은 재생 프로그램으로 비디오 클립을 보여주는 경우가 있습니다. 그러므로 프레젠테이션 전에 비디오 클립의 재생 여부를 반드시 확인해야 합니다.

비디오 클립이 슬라이드 쇼에 재생이 안되는 경우 임시방편으로 비디오 클립에 하이퍼링크를 연결하여 슬라이드 쇼를 멈추지 않고 비디오 클립이 재생되도록 빠르게 전환하는 방법을 사용하기도 합니다.

❶ 하이퍼링크로 연결할 개체를 선택하고 [**삽입**] 탭 → **링크** 그룹 → **하이퍼링크** 명령 단추(🔍)를 클릭합니다. '하이퍼링크 삽입' 대화상자가 표시되면 [기존 파일/웹 페이지]에서 해당 비디오 클립을 선택하고 〈확인〉 단추를 클릭합니다.

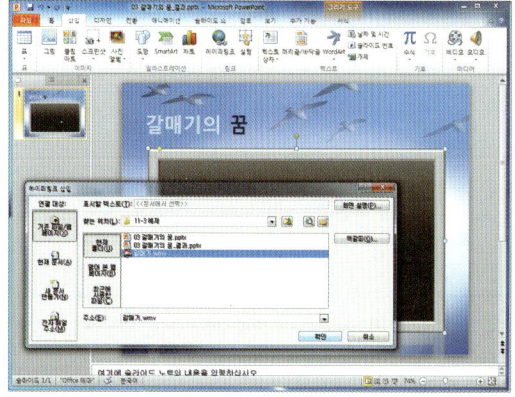

❷ 슬라이드 쇼를 실행하고 하이퍼링크로 연결된 개체를 클릭합니다. 컴퓨터에 기본 프로그램으로 설정되어 있는 비디오 클립 재생 프로그램이 실행되면 해당 비디오 클립이 재생되는데, 주의할 점은 하이퍼링크로 비디오 클립을 재생하는 경우 보안 수준을 낮춰 놓아야 재생 시 불필요한 대화상자가 표시되지 않고 비디오 클립이 재생됩니다.

Chapter **06**

애니메이션 및 슬라이드 쇼 설정하기

파워포인트에서는 메시지를 강조할 수 있는 동적인 애니메이션과 화면 전환을 쉽게 추가할 수 있으며, 개체마다 자유롭게 애니메이션을 설정하여 발표에 맞춰 화려한 효과를 보여줄 수 있습니다. 또한 파워포인트 2010에서는 청중의 시선을 사로잡을 수 있는 입체 전환 효과와 프레젠테이션 문서 없이도 원격 프레젠테이션을 할 수 있는 브로드캐스팅 기능들이 추가되었습니다. 이번 장에서는 애니메이션과 전환 효과를 추가 및 제어하고 슬라이드 쇼를 설정하는 다양한 방법에 대해 알아보겠습니다.

애 니 메 이 션 및 효 과 제 어

개체의 동적인 움직임을 표현하는 애니메이션의 종류 알아보기

개체의 세부적인 컨트롤을 위한 효과 옵션이나 타이밍 설정하기

화 면 전 환 설 정 및 하 이 퍼 링 크 연 결

슬라이드 쇼 실행 시 화면 전환 효과 설정하기

전환 효과 타이밍 설정하기

Chapter

06

01 애니메이션의 종류 및 효과 적용하기

애니메이션은 슬라이드 쇼를 실행했을 때 개체의 동적인 움직임을 표현하는 효과입니다. 개체에 애니메이션을 적용하면 중요한 내용을 강조할 수 있고 프레젠테이션의 지루함을 상쇄시키는 효과를 얻을 수 있어 많은 사용자들이 사용하는 중요한 기능입니다.

1. [애니메이션] 탭 살펴보기 NEW 2010

파워포인트 2010의 [애니메이션] 탭은 이전 버전의 사용자 지정 애니메이션 창의 명령들을 리본 메뉴로 올려서 작업 속도를 향상시켰으며, 주요 명령을 살펴보면 다음과 같습니다.

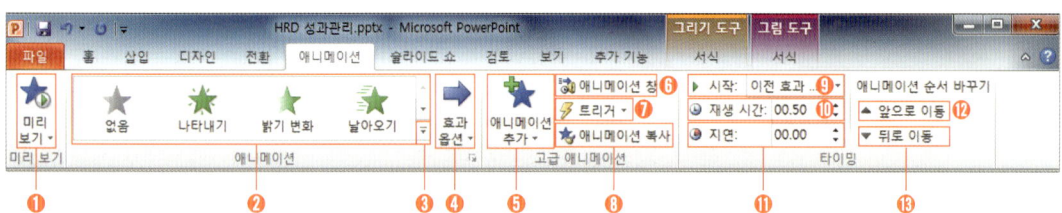

❶ **미리보기** : 현재 슬라이드에 있는 애니메이션을 미리 봅니다.

❷ **애니메이션** : 슬라이드의 개체에 적용할 애니메이션을 선택합니다.

❸ **'애니메이션' 자세히 단추** : 좀 더 다양한 애니메이션 효과를 찾아볼 수 있습니다.

❹ **효과 옵션** : 선택한 개체에 애니메이션 효과를 적용합니다.

❺ **애니메이션 추가** : 선택한 개체에 추가할 애니메이션 효과를 선택하며, 새 애니메이션은 기존 애니메이션 뒤에 적용됩니다.

❻ **애니메이션 창** : 사용자 지정 애니메이션을 만들기 위한 애니메이션 창을 표시합니다.

❼ **트리거** : 애니메이션을 위한 특수 시작 조건을 설정합니다. 도형과 같은 개체를 클릭한 후에 시작되거나 미디어 재생이 책갈피에 도착할 때 시작되도록 애니메이션을 설정할 수 있습니다.

❽ **애니메이션 복사** : 한 개체에서 애니메이션을 복사하여 다른 개체에 적용하며, 프레젠테이션의 여러 개체에 동일한 애니메이션을 적용하려면 명령을 두 번 클릭하면 됩니다.

❾ **시작** : 애니메이션의 재생 시작 시점을 선택합니다.

⑩ **재생 시간** : 애니메이션의 재생되는 총 시간을 지정합니다.

⑪ **지연** : 사용자에 의해 지정된 몇 초 후에 애니메이션을 시작합니다.

⑫ **앞으로 이동** : 현재 순서보다 먼저 시작되도록 애니메이션의 순서를 앞으로 이동합니다.

⑬ **뒤로 이동** : 현재 순서보다 나중에 시작되도록 애니메이션의 순서를 뒤로 이동합니다.

2. 애니메이션 적용하기

슬라이드에 있는 개체에 애니메이션을 적용하기 위해 애니메이션 선택 목록에서 원하는 애니메이션 스타일을 선택하여 적용합니다.

● 애니메이션 적용

애니메이션을 적용할 개체를 선택한 후 **[애니메이션]** 탭 → **애니메이션** 그룹 오른쪽 **자세히** 단추(▼)를 클릭하고 선택 목록에서 원하는 애니메이션을 선택합니다. 애니메이션이 적용되면 화면에 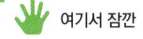와 같이 애니메이션 순서 표시가 나타납니다.

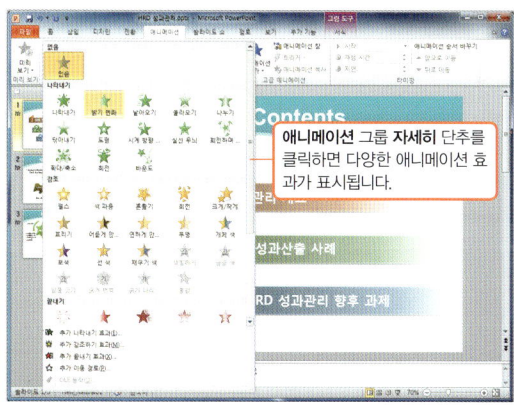

▲ 애니메이션 그룹의 자세히 단추

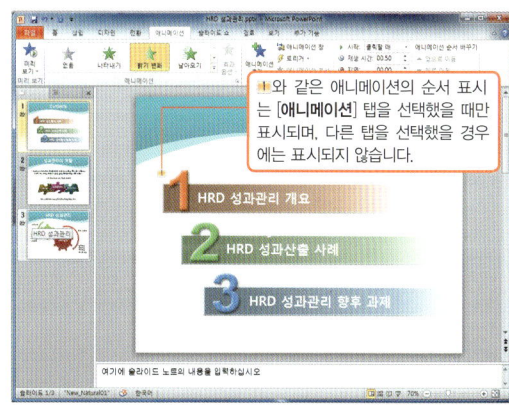

▲ 애니메이션 순서 표시

> 🖐 **여기서 잠깐**
>
> **애니메이션 순서 표시**
> 개체에 적용된 애니메이션은 순서가 반드시 연번으로 이루어지는 것은 아닙니다. 개체 애니메이션이 동시에 실행되는 경우나 마우스 클릭없이 애니메이션이 바로 나타나는 경우에는 같은 번호로 표시됩니다.

○ 애니메이션 변경

개체에 적용된 애니메이션을 변경하려면 애니메이션이 적용된 개체를 선택한 후 [애니메이션] 탭 → 애니메이션 그룹 오른쪽 **자세히** 단추(▾)를 클릭하고 변경하고자 하는 애니메이션을 선택합니다.

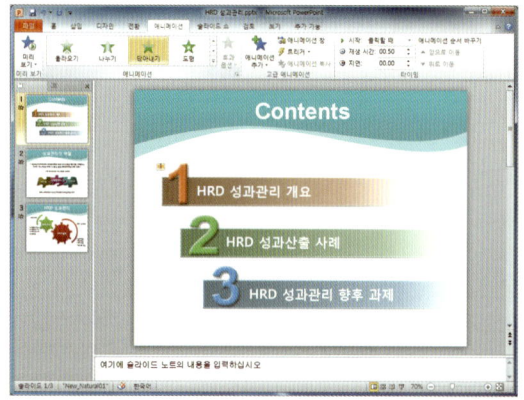

▲ 애니메이션 변경

○ 애니메이션 추가

애니메이션 추가 효과를 더 보려면 [애니메이션] 탭 → 애니메이션 그룹 오른쪽 **자세히** 단추(▾)를 클릭하고 **추가 애니메이션 효과**를 선택합니다. '효과 변경' 대화상자에서 원하는 애니메이션 스타일을 선택한 후 〈확인〉 단추를 클릭합니다.

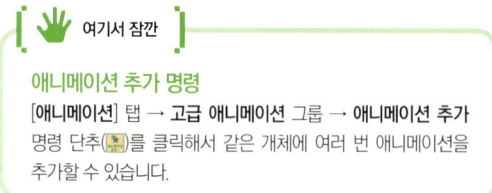

여기서 잠깐

애니메이션 추가 명령

[애니메이션] 탭 → 고급 애니메이션 그룹 → 애니메이션 추가 명령 단추(🖱)를 클릭해서 같은 개체에 여러 번 애니메이션을 추가할 수 있습니다.

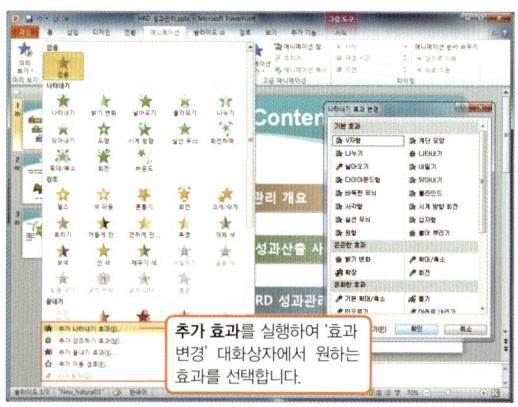

추가 효과를 실행하여 '효과 변경' 대화상자에서 원하는 효과를 선택합니다.

▲ 애니메이션 추가 효과

3. 애니메이션의 종류 살펴보기

애니메이션 효과를 적용할 개체를 선택한 후 애니메이션 효과 선택 항목을 표시하면 나타내기, 강조, 끝내기, 이동 경로의 4가지 효과가 표시됩니다.

○ 나타내기

슬라이드에 개체가 처음에는 보이지 않다가 마우스 클릭 등의 이벤트에 따라 나타나는 애니메이션 효과입니다.

◉ 끝내기

슬라이드에서 선택한 개체가 화면에 표시되다가 사라지는 애니메이션 효과입니다.

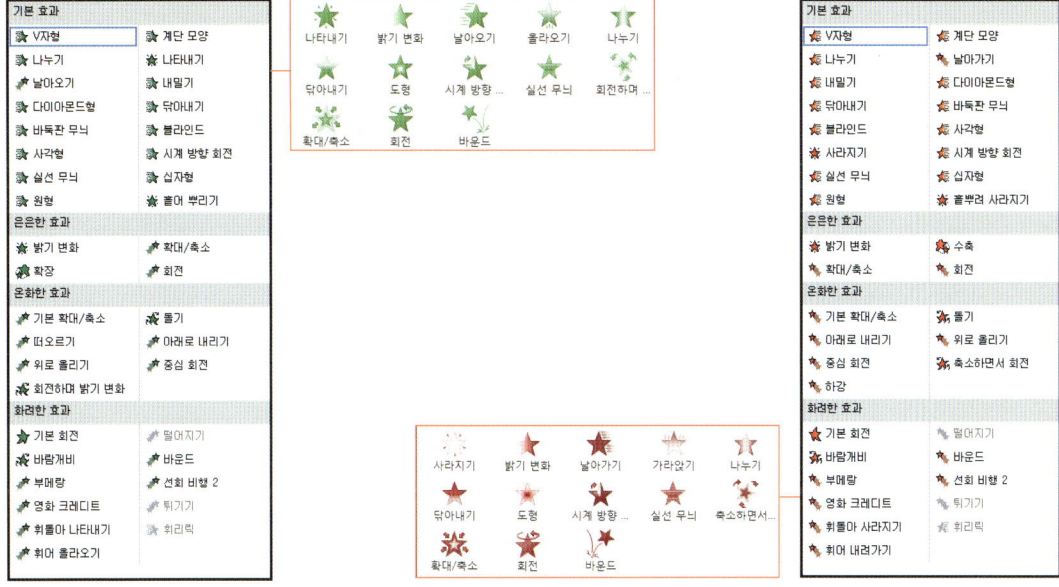

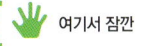

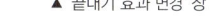

▲ '나타내기 효과 변경' 창   ▲ '끝내기 효과 변경' 창

> ✋ **여기서 잠깐**
>
> **나타내기 효과**
> 애니메이션에서 가장 기본이 되는 효과로, 발표자가 아직 발표하지 않은 부분은 미리 보여주지 않을 때나 중요 메시지를 강조할 때 사용합니다.
>
> **끝내기 효과**
> 슬라이드에 표시된 개체가 청중에게 기억되기 전에 사라지면 혼동을 줄 수 있기 때문에 끝내기 효과는 나타내기 효과와 연결하여 사용하는 것이 좋습니다.

◉ 강조

슬라이드의 선택한 개체를 깜박이거나 회전하거나 글꼴 색을 변경하는 등 강조하는 애니메이션입니다.

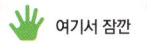

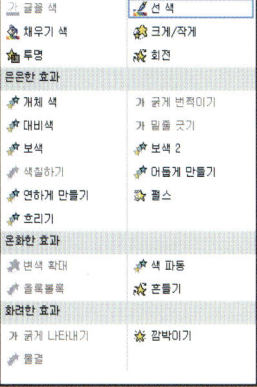

> ✋ **여기서 잠깐**
>
> **강조 효과**
> 슬라이드의 내용 중 가장 중요한 메시지를 각인시키기 위해 다시 한 번 강조할 때 주로 사용됩니다.

▲ '강조하기 효과 변경' 창

○ 이동 경로

슬라이드에서 선택한 개체가 설정되어 있는 경로나 사용자가 지정한 경로를 따라 이동하는 애니메이션 효과입니다.

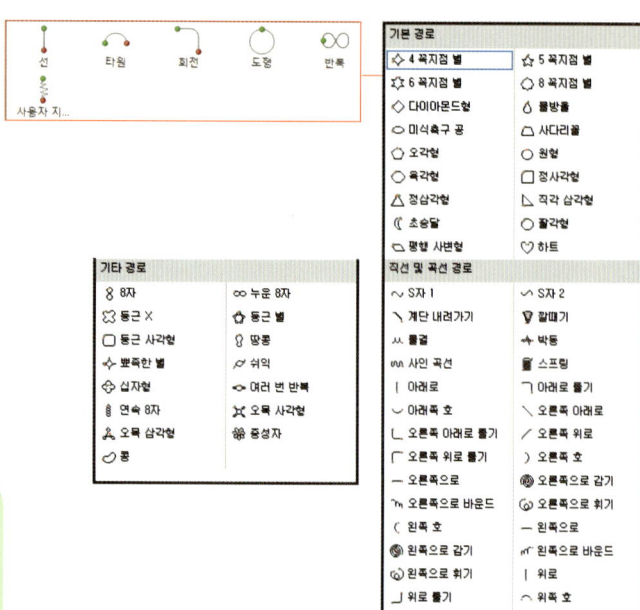

▲ '이동 경로 변경' 창

여기서 잠깐

이동 경로 효과
흐름이나 진행 방향을 표시할 때 유용하게 사용할 수 있지만 이동 경로를 잘못 사용하면 청중에게 혼란을 줄 수 있으므로 주의해서 사용하기 바랍니다.

4. 애니메이션 효과 제거하기

슬라이드에 있는 개체에 적용된 애니메이션을 쉽게 제거할 수 있습니다.

애니메이션을 제거할 개체를 선택한 후 [**애니메이션**] 탭 → **애니메이션** 그룹 오른쪽 **자세히** 단추(▼)를 클릭하고 '없음'을 선택합니다.

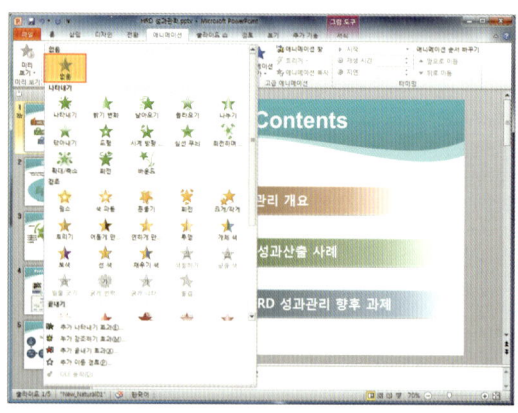

▲ 애니메이션 효과 제거

애니메이션 트릭 만들기

애니메이션은 프레젠테이션에서 정적인 흐름을 바꿔줄 수 있는 가장 강력한 기능 중에 하나입니다. 애니메이션을 잘 활용하기 위한 방법으로 대부분 다른 사용자가 작성한 애니메이션을 분석하거나 TV CF나 뉴스 진행 시 사용되는 애니메이션을 많이 따라해 보는 방법을 들 수 있습니다.

또한, 인터넷 커뮤니티에 접속하면 많은 사용자들이 다양하게 애니메이션을 적용한 프레젠테이션을 업로드 한 자료들을 볼 수 있는데, 애니메이션은 파워포인트에서 가장 창의적인 아이디어가 필요한 기능이므로 꼭 참고하기 바랍니다.

간단한 애니메이션 트릭을 하나 소개합니다.

❶ 검정색 배경에 텍스트 상자를 슬라이드의 중앙에 삽입하여 '애니메이션 따라하기'라고 입력합니다. 검정 배경에 검정 텍스트라 당연히 텍스트가 보이지 않습니다.

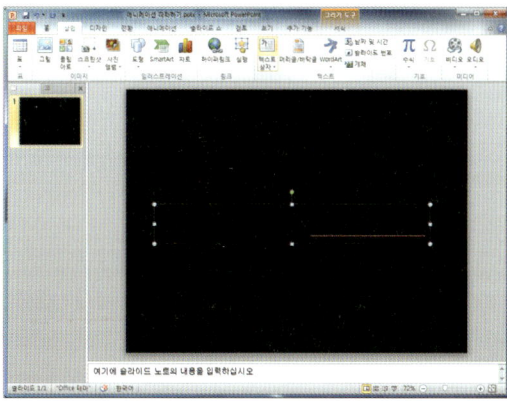

❷ 타원 도형을 삽입하고 채우기 색을 '흰색'으로 설정한 후 윤곽선을 없앱니다. 도형의 위치를 슬라이드 왼쪽 밖으로 이동한 후 타원 도형이 선택된 상태에서 [홈] 탭 → **그리기** 그룹 → **정렬** → **맨 뒤로 보내기**를 클릭합니다.

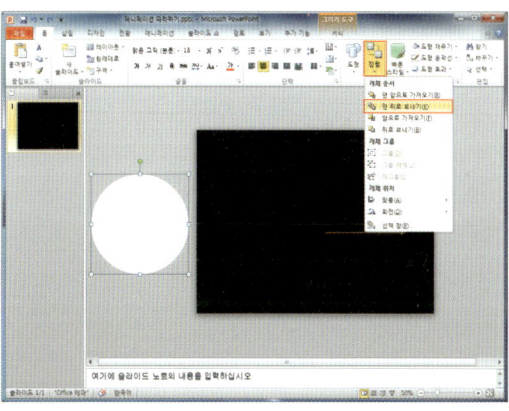

❸ 타원 도형을 선택하고 [**애니메이션**] 탭 → **애니메이션** 그룹 → **추가 이동 경로** → **오른쪽으로**를 선택하고 애니메이션 이동 경로가 표시되면 빨간색 애니메이션 조정 핸들을 클릭하고 마우스로 끌어서 슬라이드 오른쪽 밖으로 이동 경로를 늘립니다.

❹ 슬라이드 쇼를 실행하고 마우스를 클릭하면 타원 도형이 오른쪽으로 이동합니다. 흰색 타원이 오른쪽으로 지나가면서 검정색 텍스트가 화면에 나타납니다.

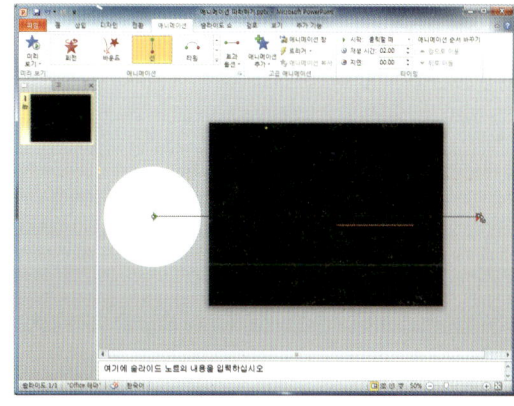

▲ 이동 경로 조정하기

▲ 완성된 애니메이션 화면

애니메이션 효과 제어하기

개체에 애니메이션을 지정한 이후에 세부적인 움직임을 컨트롤하기 위해 효과 옵션이나 타이밍을 설정할 수 있는데, 이러한 세부 옵션들의 항목은 애니메이션의 종류에 따라 조금씩 차이가 있습니다. 세부 옵션을 설정하는 방법에 대해 알아보겠습니다.

1. 효과 옵션 설정하기

효과 옵션은 각 애니메이션 효과별로 조금씩 차이가 있지만 애니메이션의 방향, 소리, 애니메이션 후의 처리 방법, 텍스트 애니메이션 등을 설정할 수 있습니다.

지정된 애니메이션에 효과를 변경하려면 [애니메이션] 탭 → 애니메이션 그룹 → 효과 옵션( )을 클릭한 후 원하는 효과를 선택합니다.

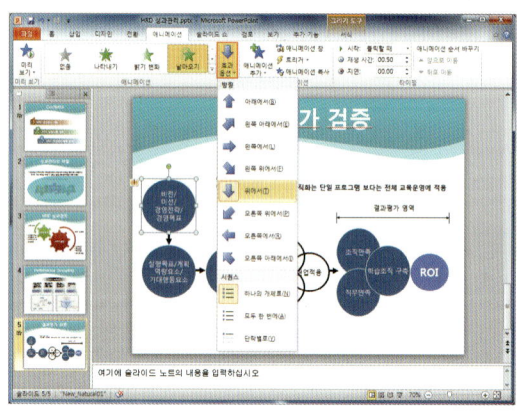

▲ 애니메이션 효과 옵션

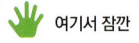 여기서 잠깐

효과 옵션 미리 보기
애니메이션을 적용하거나 효과 옵션을 변경하게 되면 해당 애니메이션 미리보기가 적용됩니다. 이것은 [애니메이션] 탭 → 미리보기 그룹 → 미리보기 명령의 목록 단추를 클릭하면 내용 조금 보기가 선택되어 있기 때문입니다.

애니메이션이 지정되면 효과 옵션 명령이 활성화되며, 효과 옵션 명령은 지정된 애니메이션의 종류에 따라 다르게 표시됩니다. 애니메이션에 따라 효과 옵션을 적절하게 조정하여 사용할 수 있는데, 예를들어 '밝기 변화'와 '날아오기'를 지정했을 때의 차이를 보면 다음과 같습니다.

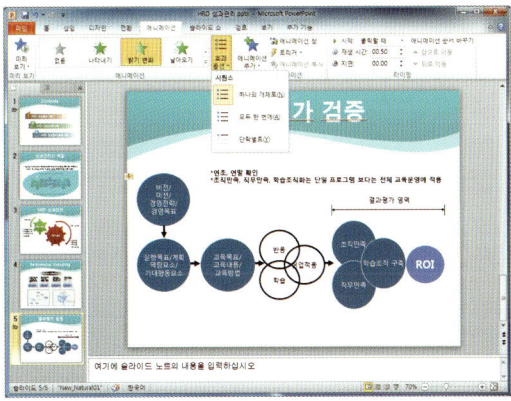

▲ '밝기 변화' 지정 시 : 시퀀스만 표시

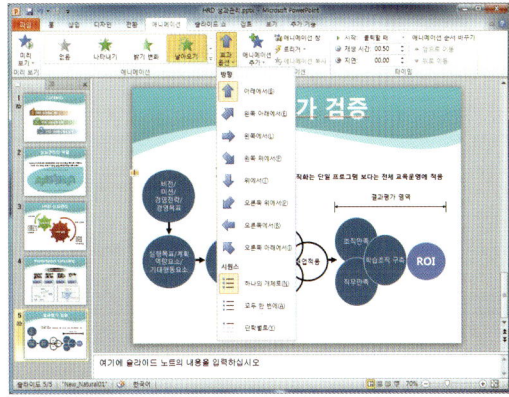

▲ '날아오기' 지정 시 : 방향 + 시퀀스 표시

세부적인 효과 옵션을 추가적으로 설정하려면 [애니메이션] 탭 → 애니메이션 그룹 오른쪽 아래에 **추가 효과 옵션 표시** 단추( )를 클릭하여 대화상자에서 추가 적용 옵션을 변경합니다.

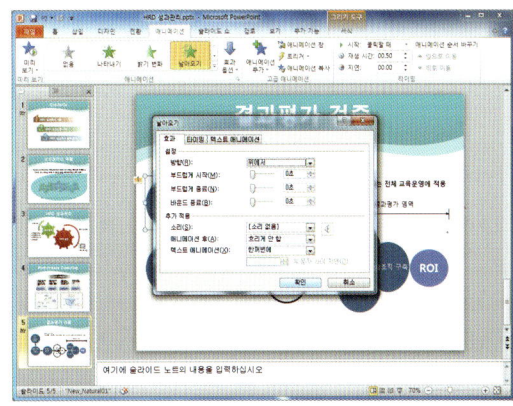

▲ 애니메이션 – 추가 효과 옵션 표시

2. 효과 옵션 대화상자

효과 옵션 대화상자는 애니메이션의 세부적인 효과를 변경할 때 사용됩니다. 효과 옵션을 세부적으로 조정하려면 [애니메이션] 탭 → 애니메이션 그룹 오른쪽 아래에 **추가 효과 옵션 표시** 단추( )를 클릭하여 표시되는 대화상자에서 옵션을 변경하며, 이러한 옵션들은 애니메이션 효과를 적용한 개체와 애니메이션의 종류에 따라 다르게 변경됩니다.

● [효과] 탭

[효과] 탭은 애니메이션의 방향, 소리, 애니메이션 후의 처리 방법, 텍스트 애니메이션 등을 설정할 수 있습니다.

 여기서 잠깐

애니메이션 후 명령
애니메이션이 실행된 이후에 개체를 다른 색상으로 변경하거나 슬라이드에서 사라지게 할 수 있습니다. 주로 텍스트에 **애니메이션 후** 명령을 이용하여 회색 계열로 변경하게 되면 현재 텍스트를 부각시키는 효과를 줄 수 있습니다.

① **방향** : 애니메이션의 진행 방향을 지정합니다.

② **소리** : 애니메이션과 함께 재생되는 효과음을 지정합니다.

③ **애니메이션 후** : 애니메이션이 끝나고 나서 개체의 색을 변화하거나 숨깁니다.

④ **텍스트 애니메이션** : 개체에 입력된 텍스트를 '한꺼번에', '단어 단위로', '문자 단위로' 애니메이션을 지정합니다.

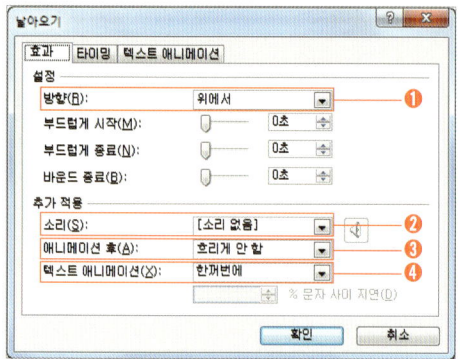

▲ [효과] 탭

○ [타이밍] 탭

[타이밍] 탭은 애니메이션의 시작, 지연, 재생 시간, 반복, 시작 옵션 등을 설정합니다.

① **시작** : 애니메이션의 시작 방법을 지정합니다.

② **지연** : 애니메이션의 시작 시간을 지연시킵니다.

③ **재생 시간** : 애니메이션이 실행되는 시간을 지정합니다.

④ **반복** : 애니메이션을 반복할 횟수를 지정합니다.

⑤ **재생이 끝나면 되감기** : 애니메이션 재생 후 작업이 완료되면 되감습니다.

⑥ **시작 옵션** : 다른 개체를 클릭하거나 마우스 클릭 시 애니메이션을 재생하도록 설정합니다.

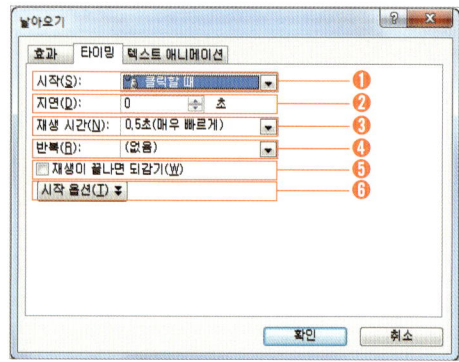

▲ [타이밍] 탭

○ [텍스트 애니메이션] 탭

[텍스트 애니메이션] 탭은 텍스트가 개체에 입력이 되어 있을 때 표시되는 상황별 탭으로, 텍스트를 일정한 단위로 재생되도록 하거나 역순으로 실행할 수 있습니다.

① **텍스트 묶는 단위** : 텍스트를 '하나의 개체'로 실행하거나 '단락별' 또는 '수준별'로 실행합니다.

② **다음 시간 후 자동 전환** : 지정된 시간이 지난 후에 애니메이션이 실행됩니다.

③ **첨부된 도형 애니메이션** : 텍스트가 입력된 도형과 함께 애니메이션이 실행됩니다.

④ **역순으로 실행** : 텍스트를 역순으로 실행합니다.

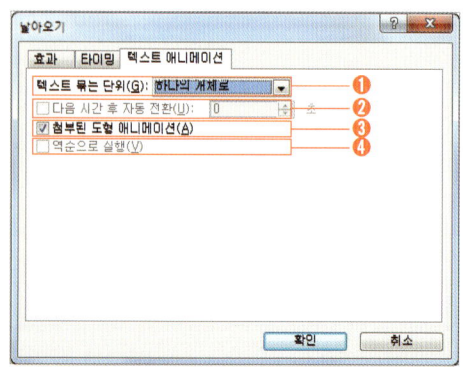

▲ [텍스트 애니메이션] 탭

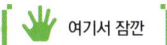
텍스트 애니메이션 종류

텍스트는 기본적으로 단락 전체가 하나의 개체처럼 애니메이션이 실행되며, 이외에 '단어 단위'나 '문자 단위'로도 애니메이션을 변경할 수 있습니다.

○ [차트 애니메이션] 탭

[차트 애니메이션] 탭은 슬라이드에 삽입된 차트에 애니메이션 효과를 지정한 경우에 표시되는 상황별 탭입니다. 차트 묶는 단위를 요소별로 지정할 수 있고 차트 배경 애니메이션을 설정할 수 있습니다.

❶ **차트 묶는 단위** : 차트의 구성 요소별로 애니메이션을 설정합니다.

❷ **차트 배경을 그리면서 애니메이션하기** : 눈금 또는 범례 등에 애니메이션 효과를 설정합니다.

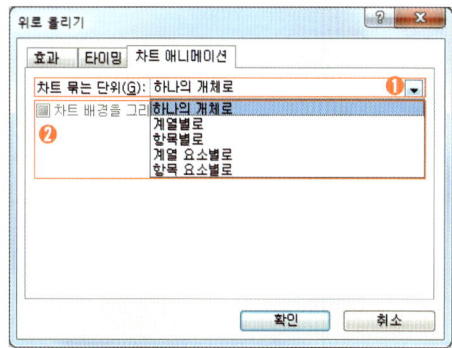

▲ [차트 애니메이션] 탭

○ [SmartArt 애니메이션] 탭

[SmartArt 애니메이션] 탭은 슬라이드에 삽입된 SmartArt에 애니메이션 효과를 지정한 경우에 표시되는 상황별 탭입니다. 그래픽 묶는 단위를 요소별로 지정할 수 있고 역순으로 실행을 설정할 수 있습니다.

❶ **그래픽 묶는 단위** : 애니메이션 효과를 적용할 SmartArt 그래픽의 구성 요소를 묶음으로 지정합니다.

❷ **역순으로** : 역순으로 애니메이션을 실행합니다.

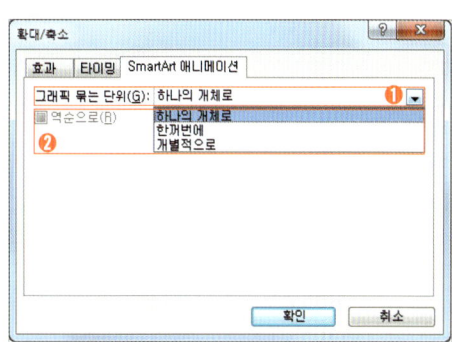

▲ [SmartArt 애니메이션] 탭

3. 애니메이션 추가하기

파워포인트의 애니메이션의 특징 중에 하나는 동일한 개체에 여러 번 애니메이션을 적용할 수 있다는 것입니다. 즉, 같은 개체에 나타내기 효과를 지정한 후 강조 및 끝내기 효과를 추가로 지정할 수 있습니다.

개체에 애니메이션을 추가하려면 애니메이션을 지정할 개체를 선택한 후 [애니메이션] 탭 → 고급 애니메이션 그룹 → 애니메이션 추가(🔽)를 클릭하고 원하는 애니메이션을 선택합니다. 애니메이션을 적용한 개체에 ② 표시가 나타나면 애니메이션이 추가된 것을 볼 수 있습니다.

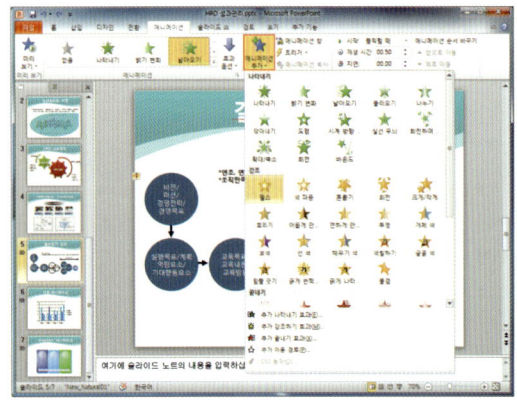

▲ 애니메이션 추가 명령

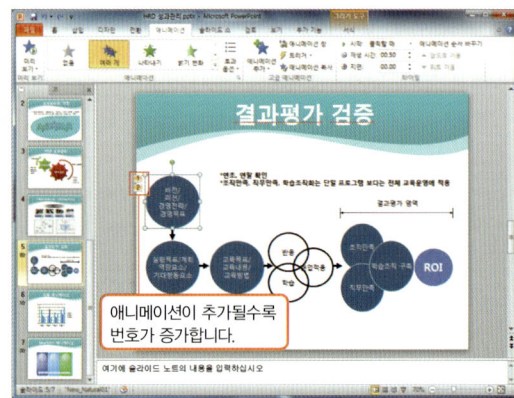

▲ 애니메이션 적용 표시

4. 애니메이션 창 표시하기

이전 버전까지는 애니메이션을 애니메이션 창에서 지정하였으나 파워포인트 2010에서는 애니메이션 창에서는 애니메이션을 직접 지정할 수 없으며, 옵션과 순서만 조정할 수 있습니다.

애니메이션 창을 표시하기 위해 [애니메이션] 탭 → 고급 애니메이션 그룹 → 애니메이션 창(🔽 애니메이션 창)을 클릭합니다. '애니메이션 창' 작업창이 표시되면 해당 애니메이션을 선택하고 오른쪽 목록 단추를 클릭하여 추가적인 옵션을 설정합니다.

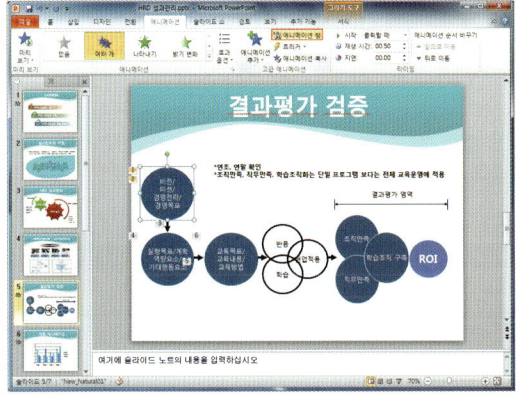

▲ 애니메이션 창 명령

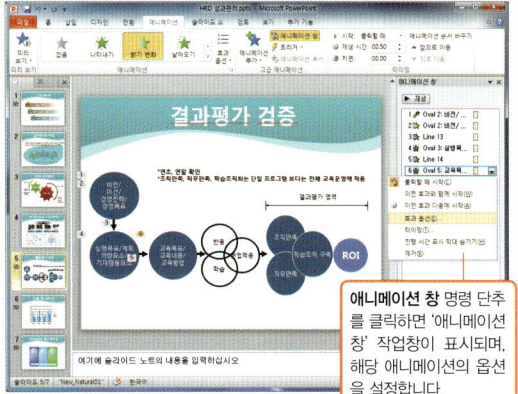

▲ '애니메이션 창' 작업창

> **애니메이션 창** 명령 단추를 클릭하면 '애니메이션 창' 작업창이 표시되며, 해당 애니메이션의 옵션을 설정합니다.

사용자 지정 애니메이션 창을 살펴보도록 합니다.

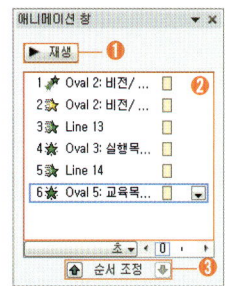

❶ **재생** : 슬라이드 창에서 개체에 적용한 애니메이션을 미리 보기 합니다.

❷ **애니메이션 목록** : 개체에 적용한 애니메이션 순서가 표시됩니다.

❸ **순서 조정** : 위, 아래 단추를 클릭해서 애니메이션 순서를 조정합니다.

✋ **여기서 잠깐**

이전 버전과 다른 점
애니메이션 창은 이전 버전에 있던 '효과 적용', '시작', '시간' 등을 지정하는 명령들이 모두 [**애니메이션**] 탭으로 이동되었습니다.

---

5. 트리거 설정하기 `NEW 2010`

애니메이션 실행을 도형을 클릭한 후에 시작하거나 미디어 재생 시 책갈피에 이르렀을 때 시작되도록 애니메이션을 설정할 수 있습니다.

⦿ 클릭할 때 재생하기

애니메이션이 지정된 개체를 선택한 후 [**애니메이션**] 탭 → **고급 애니메이션** 그룹 → **트리거**(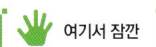) → **클릭할 때**를 선택하고 표시되는 개체 중에서 원하는 개체를 클릭합니다. 슬라이드 쇼를 실행하고 텍스트 상자에 마우스를 올려 마우스 커서가 손 모양으로 변하면 텍스트 상자를 클릭합니다. 그러면 지정된 애니메이션이 실행되는 것을 확인할 수 있습니다.

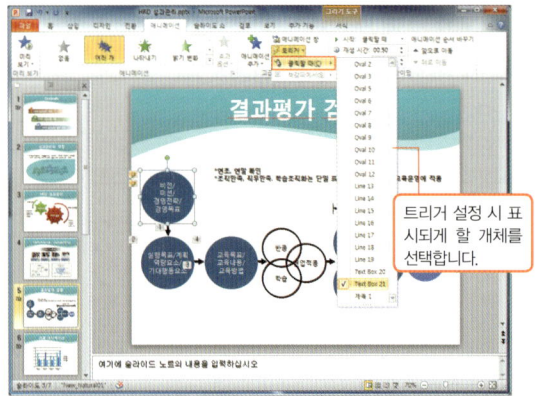

▲ 트리거 – 클릭할 때

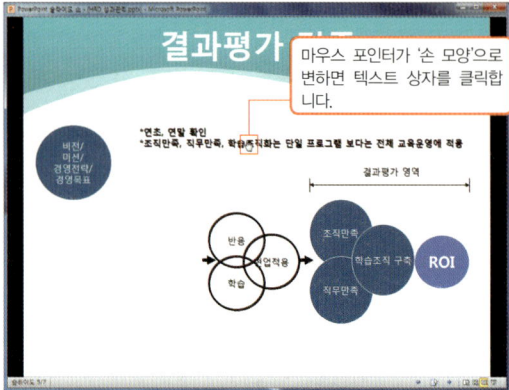

▲ 애니메이션 실행 시 화면

 여기서 잠깐

무선 마우스의 활용

트리거 설정 시 화면에서 개체를 클릭해야만 애니메이션이 실행되며, 경우에 따라 발표자가 번거롭게 이동을 해야 하는 경우도 생깁니다. 요즘은 무선 마우스나 무선 프리젠터가 발달하여 발표자가 이동하지 않고 무선으로 개체를 클릭할 수 있는 기능을 제공하고 있습니다.

책갈피에서 재생하기

비디오 클립의 책갈피에서 애니메이션을 재생하려면 애니메이션이 지정된 개체를 선택한 후 **[애니메이션]** 탭 → **고급 애니메이션** 그룹 → **트리거**(트리거) → **책갈피에서**를 선택하고 책갈피 중에서 원하는 책갈피를 클릭합니다. 슬라이드 쇼를 실행하고 비디오 클립을 재생하면 책갈피가 표시된 곳에서 지정된 애니메이션이 실행되는 것을 확인할 수 있습니다.

▲ 트리거 – 책갈피에서

▲ 애니메이션 실행 시 화면

6. 애니메이션 복사하기

여기서 잠깐

여러 개체에 애니메이션 복사
여러 개체에 애니메이션을 복제하려면 애니메이션 복사 명령을 두 번 연속 클릭하고, 애니메이션 복사 명령에서 빠져나오려면 Esc 키를 클릭합니다.

파워포인트 2010에서 새롭게 추가된 기능으로, 도형이나 텍스트 등의 개체를 서식 복사하듯이 개체에 적용된 애니메이션을 복사하여 다른 개체에 동일하게 적용할 수 있게 됨으로써 매번 애니메이션을 설정하던 불편함이 한 번에 해결되었습니다.

애니메이션이 적용된 개체를 선택한 후 [애니메이션] 탭 → **고급 애니메이션** 그룹 → **애니메이션 복사**(⭐ 애니메이션 복사)를 클릭합니다. 마우스 포인터가 ⬚ 모양일 때 슬라이드에서 애니메이션을 복사할 개체를 클릭하면 애니메이션이 복제됩니다.

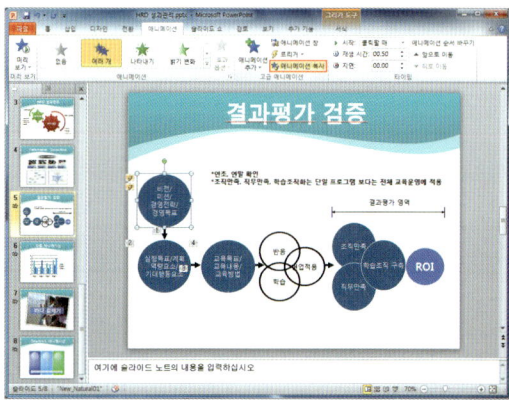

▲ 복사할 애니메이션 개체 선택

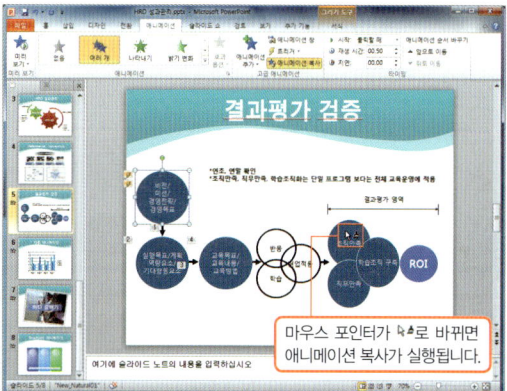

▲ 애니메이션 개체 효과 복사

7. 타이밍 조정하기

[**애니메이션**] 탭 → **타이밍** 그룹에서는 애니메이션의 시작, 재생 시간, 지연, 순서 변경 등의 명령을 수행할 수 있습니다. 개체 간의 애니메이션 진행 방법을 변경하여 사용자가 원하는대로 애니메이션을 설정합니다.

● 시작
애니메이션의 시작 방법은 '클릭할 때', '이전 효과와 함께', '이전 효과 다음에' 3가지 방법이 있습니다.

애니메이션의 시작 방법을 변경하려면 [**애니메이션**] 탭 → **타이밍** 그룹 → **시작** 목록 단추를 클릭하여 원하는 시작 방법을 선택합니다. 예를 들어 '이전 효과와 함께'로 설정하면 이전 애니메이션 효과가 실행된 후 마우스 클릭 없이 바로 이어서 애니메이션이 실행됩니다.

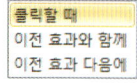

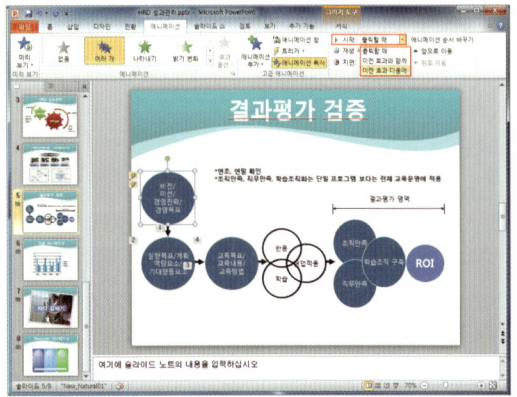

▲ 애니메이션 시작 설정

▲ '이전 효과와 함께' 적용

 여기서 잠깐

마우스 클릭없는 자동 애니메이션
슬라이드에 지정된 첫 번째 애니메이션을 '이전 효과와 함께'나 '이전 효과 다음에'로 설정하고 애니메이션이 끝나는 시간에 맞춰 화면 전환을 자동으로 설정하면 일종의 무인 프레젠테이션을 구성할 수 있습니다.

○ 재생 시간

[애니메이션] 탭 → 타이밍 그룹 → 재생 시간 입력 상자를 클릭하면 애니메이션의 실행 속도를 '빠르게', '느리게', '보통의 속도'로 지정하며, 초 단위로 입력하여 재생 시간을 변경할 수 있습니다.

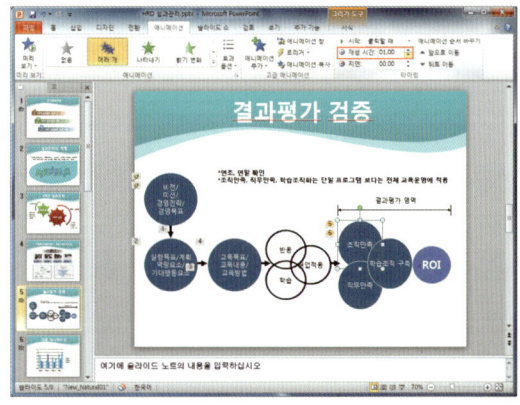

애니메이션 재생 시간 설정 ▶

○ 지연

애니메이션 시작 시간을 조정하며, 순차적으로 애니메이션을 보여줄 때 모든 개체를 이전 효과와 함께로 설정하고 각 개체마다 지연 시간을 설정하면 약간의 차이를 두면서 애니메이션을 실행할 수 있습니다.

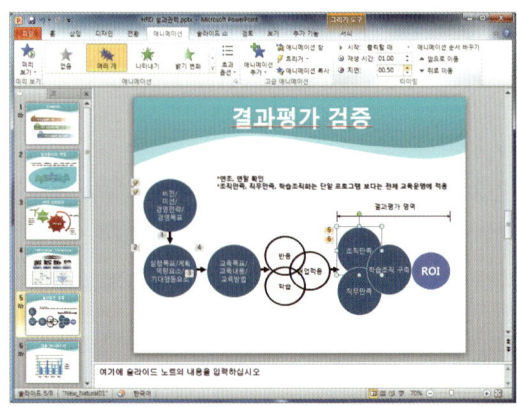

애니메이션 지연 시간 설정 ▶

◉ 애니메이션 순서 바꾸기

애니메이션의 순서를 앞으로 이동, 뒤로 이동 명령을 활용하여 조정할 수 있으며, 이 명령들은 애니메이션 창을 실행해서 동일하게 수행할 수 있습니다.

방법 1 애니메이션의 순서를 앞이나 뒤로 조정하려면 [**애니메이션**] 탭 → **타이밍** 그룹 → **앞으로 이동** 또는 **뒤로 이동**을 클릭합니다. 그림과 같이 5, 6으로 표시되던 애니메이션 순서를 '앞으로 이동' 명령을 실행하면 4, 5번으로 표시되어 애니메이션 순서가 변경됩니다.

방법 2 애니메이션 창에서도 애니메이션의 순서를 변경할 수 있습니다. 애니메이션 창을 표시하기 위해 [**애니메이션**] 탭 → **고급 애니메이션** 그룹 → **애니메이션 창**(애니메이션 창)을 클릭하면 애니메이션 창이 슬라이드 오른쪽에 표시됩니다. 하단의 '순서 조정' 항목에서 앞으로 이동(⬆)이나 뒤로 이동(⬇) 명령을 클릭하여 순서를 조정합니다.

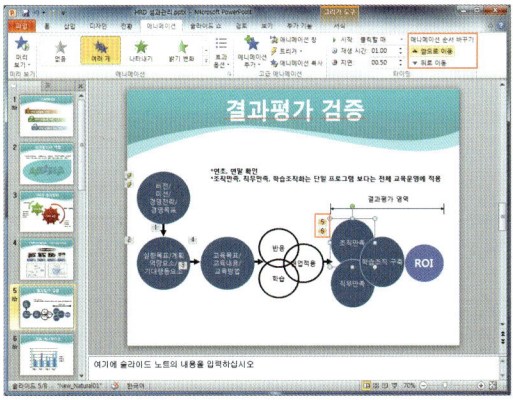
▲ 애니메이션 순서 바꾸기

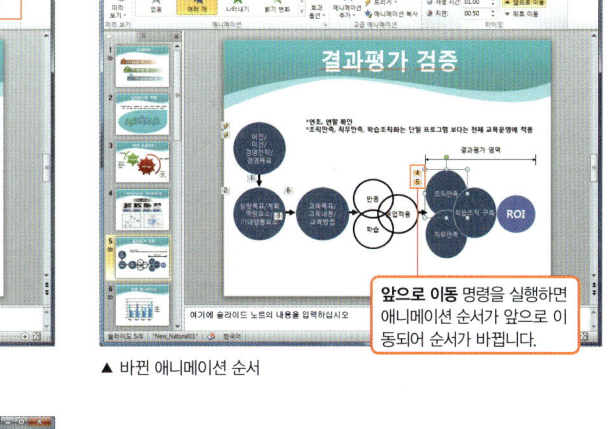
▲ 바뀐 애니메이션 순서

앞으로 이동 명령을 실행하면 애니메이션 순서가 앞으로 이동되어 순서가 바뀝니다.

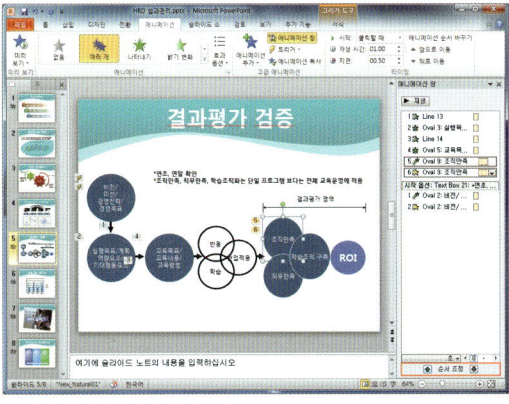
▲ 애니메이션 창에서 순서 바꾸기

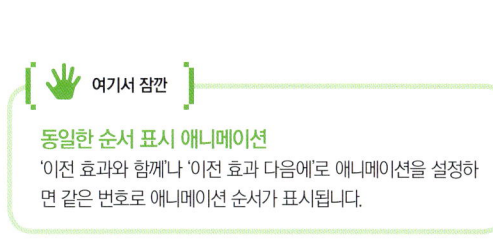

✋ **여기서 잠깐**

동일한 순서 표시 애니메이션

'이전 효과와 함께'나 '이전 효과 다음에'로 애니메이션을 설정하면 같은 번호로 애니메이션 순서가 표시됩니다.

애니메이션 효과 제어하기

📁 **준비 파일** : 인트로.pptx 📁 **완성 파일** : 인트로_결과.pptx

애니메이션은 여러 용도로 쓰일 수 있지만 특히 첫 페이지에서 인트로를 만들어 사용하는 경우도 많이 있습니다. 애니메이션은 기능을 정확하게 아는 것도 중요하지만 창의적인 아이디어를 내는 것이 더 중요합니다.

항목	변경 내용	
그림 삽입	'Bar.png', 'Star.png', 'Star2.png'	
애니메이션(Star2)	효과 : '밝기 변화'	
	재생 시간 : '00.70', 지연 시간 : '01.50'	
	반복 : '슬라이드가 끝날 때까지'	
	지연 시간 : 00.00 / 00.25 / 00.50 / 01.00 / 01.50 / 02.00 / 02.50	
애니메이션(Bar)	효과 : '닦아 내기 → 왼쪽에서'	시작 : '이전 효과 다음에'
애니메이션(Star)	효과 : '회전하며 밝기 변화'	시작 : '이전 효과 다음에', 재생 시간 : '00.70'

Before

After

01 **예제 파일 열기** **인트로.pptx** 파일을 두 번 연속 클릭하면 파워포인트가 실행되면서 다음 화면이 나타납니다.

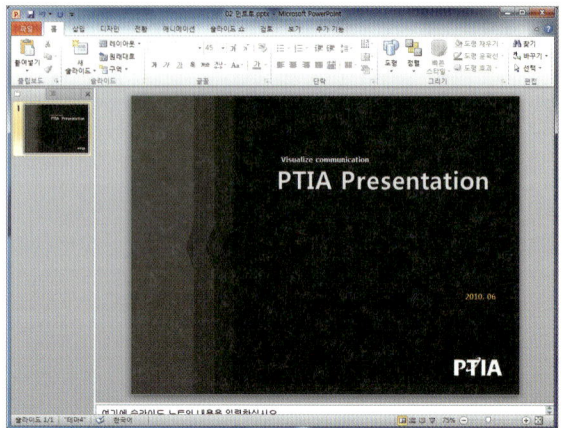

02 그림 삽입하기 애니메이션 효과를 줄 그림을 삽입하기 위해 ❶ [삽입] 탭 → **이미지** 그룹 → ❷ 그림 명령 단추(🖼)를 클릭한 후 '그림 삽입' 대화상자에서 예제 폴더의 ❸ "Bar.png"와 "Star.png, Star2.png"를 Shift 키를 누른 상태에서 선택하고 ❹ 〈삽입〉 단추를 클릭합니다.

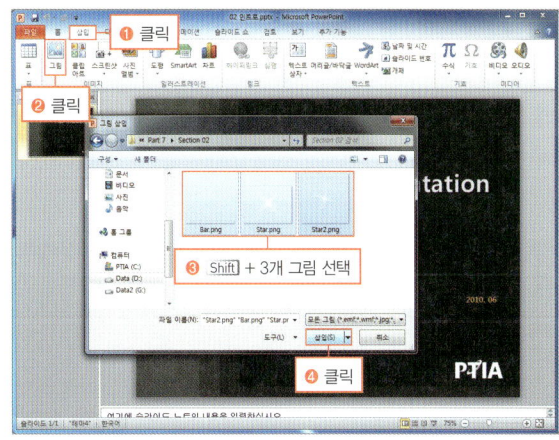

03 그림 위치 조정하기 슬라이드 중앙에 삽입된 그림을 선택한 후 마우스로 끌어서 화면과 같이 위치를 조정합니다.

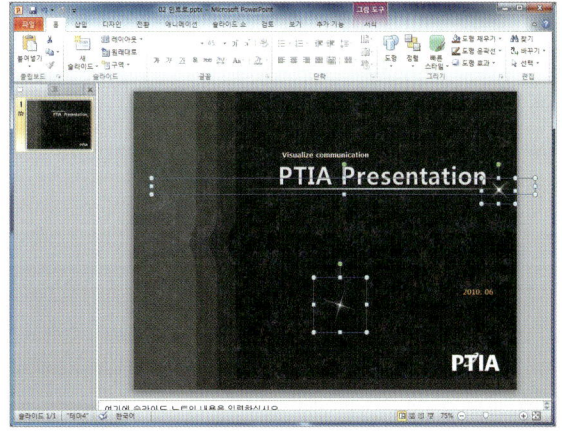

04 그림 복사하기 슬라이드 하단의 ❶ "Star2.png" 그림을 선택한 후 ❷ [홈] 탭 → **클립보드** 그룹 → ❸ 복사 명령 단추(📋)를 클릭합니다.

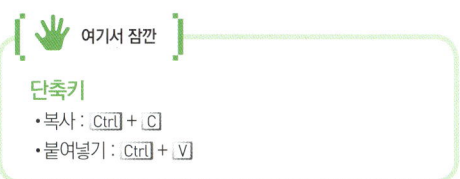

여기서 잠깐

단축키
• 복사 : Ctrl + C
• 붙여넣기 : Ctrl + V

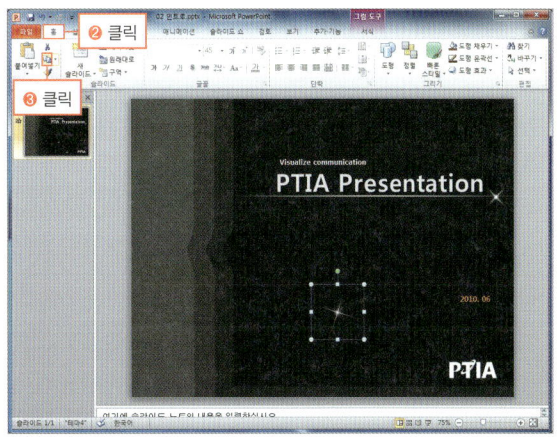

05

그림 붙여넣기 그림이 선택된 상태에서 [홈] 탭 → **클립보드** 그룹 → **붙여넣기** 명령 단추(📋)를 클릭합니다. 화면과 같이 9개를 붙여넣기 한 후 선택점을 끌어 위치와 크기를 조정하여 배열합니다.

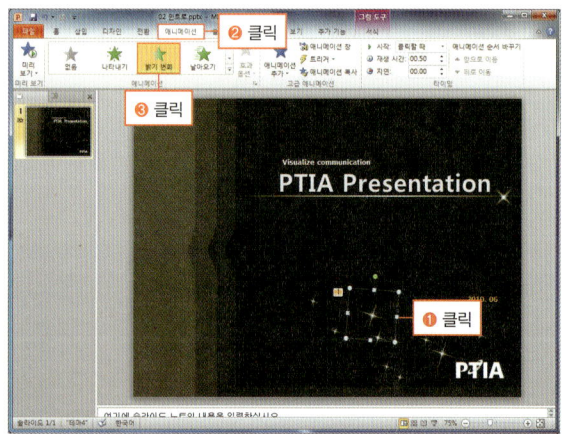

> ✋ 여기서 잠깐
>
>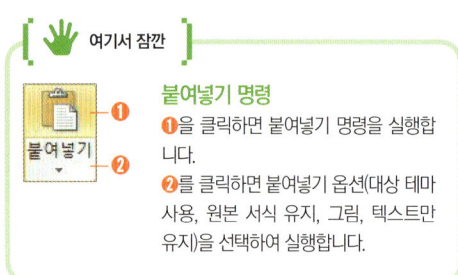
>
> **붙여넣기 명령**
> ❶을 클릭하면 붙여넣기 명령을 실행합니다.
> ❷를 클릭하면 붙여넣기 옵션(대상 테마 사용, 원본 서식 유지, 그림, 텍스트만 유지)을 선택하여 실행합니다.

06

애니메이션 지정하기(1) 슬라이드 하단의 ❶ "Star2.png" 그림을 선택한 후 ❷ [애니메이션] 탭 → 애니메이션 그룹 → ❸ 밝기 변화를 클릭합니다.

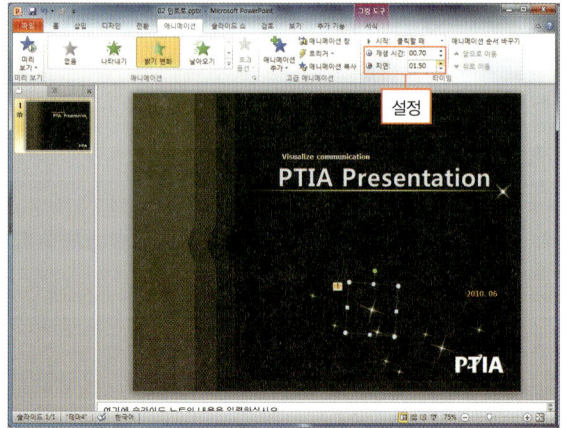

07

재생 시간 및 지연 변경하기 계속해서 [애니메이션] 탭 → **타이밍** 그룹 → **재생 시간**을 "00.70"으로 변경하고 **지연** 시간을 "01.50"으로 변경합니다.

08 반복 설정하기 [애니메이션] 탭 → ❶
애니메이션 그룹의 오른쪽 아래에 추
가 효과 옵션 표시 단추(⬚)를 클릭하여 표시
되는 '밝기 변화' 대화상자에서 ❷ [타이밍] 탭
을 클릭하고 ❸ '반복' 목록 단추를 클릭하여 ❹
'슬라이드가 끝날 때까지'로 변경한 후 ❺ 〈확
인〉 단추를 클릭합니다.

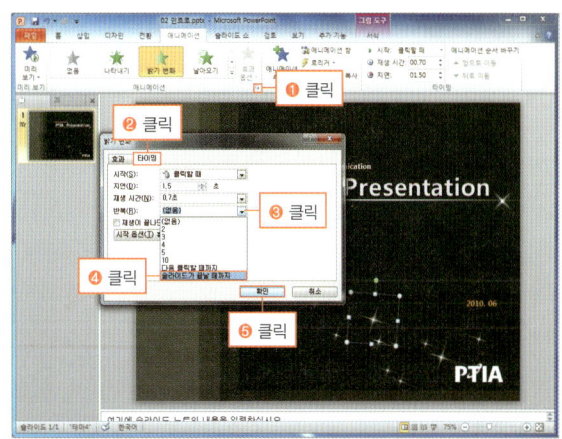

09 애니메이션 복사하기 그림을 선택
한 후 [애니메이션] 탭 → 고급 애니메
이션 그룹 → ❶ 애니메이션 복사를 두 번 연속
클릭한 후 ❷ 9개 별 그림을 각각 클릭하여 애
니메이션을 복사하고 Esc 키를 눌러 빠져나
옵니다.

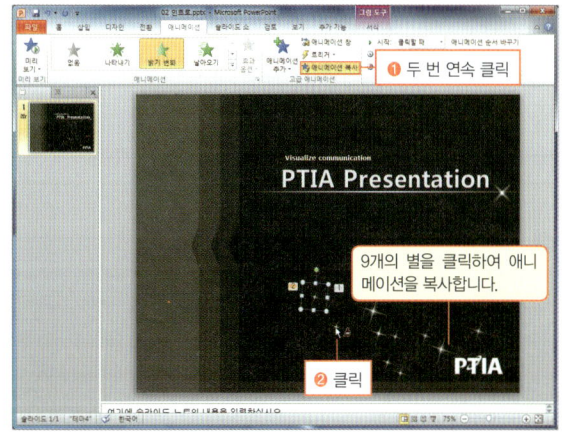

10 지연 시간 조정하기 각각의 그림의
지연 시간을 조정하기 위해 [애니메
이션] 탭 → 타이밍 그룹 → 지연 시간을 "00.00
/ 00.25 / 00.50 / 01.00 / 01.50 / 02.00 /
02.50" 등 조금씩 지연 시간을 차이가 나도록
변경합니다.

 여기서 잠깐

지연 시간 설정
지연 설정은 예제 폴더의 결과 파일을 참조하십시오. 꼭
동일하게 적용할 필요는 없으며, 임의로 지연 시간을 설정
하고 슬라이드 쇼를 통해 확인해 보십시오.

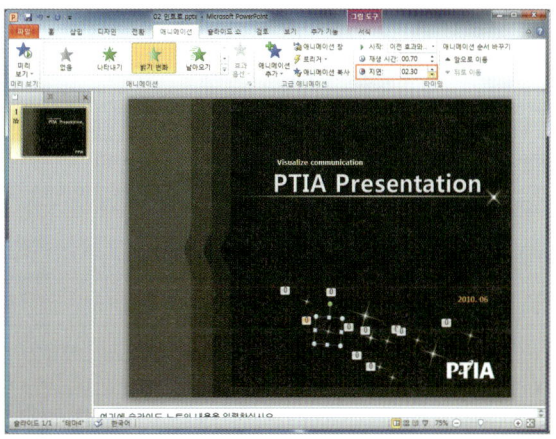

11

애니메이션 지정하기(2) ❶ 상단의 Bar 그림을 선택한 후 [애니메이션] 탭 → 애니메이션 그룹 → ❷ 닦아내기를 클릭하고 ❸ 효과 옵션(▦)을 클릭하여 ❹ '방향' 항목의 '왼쪽에서'를 선택합니다.

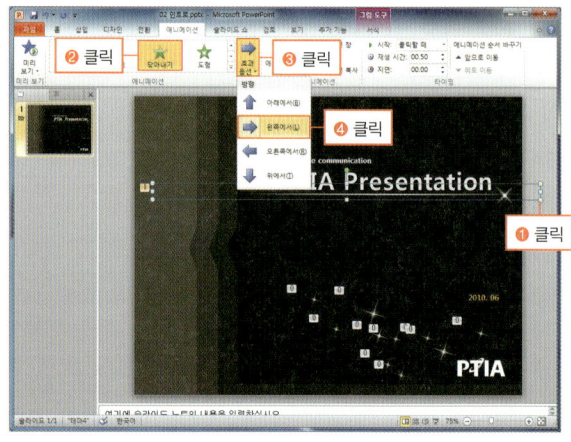

> ✋ 여기서 잠깐
>
> **닦아내기 화면 효과의 실행**
> 만약 애니메이션 그룹의 화면 보기에 '닦아내기' 효과가 표시되어 있지 않으면 [애니메이션] 그룹 오른쪽 자세히 단추(▾)를 클릭하여 '나타내기' 항목의 '닦아내기'를 선택하여 옵션을 추가하면 됩니다.

12

시작 설정하기 계속해서 [애니메이션] 탭 → 타이밍 그룹 → ❶ 시작의 목록 단추를 클릭하여 ❷ '이전 효과 다음에'를 선택합니다.

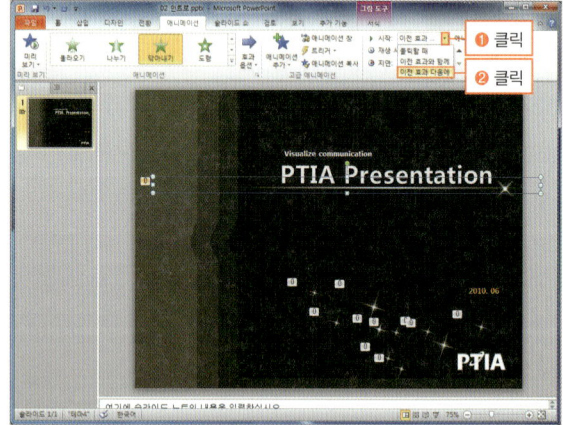

> ✋ 여기서 잠깐
>
> **무인 프레젠테이션**
> 슬라이드의 첫 번째 애니메이션을 '이전 효과와 함께', '이전 효과 다음에'로 설정한 후 애니메이션이 끝나는 시점에 화면 전환을 자동으로 설정하면 무인 프레젠테이션도 가능합니다.

13

애니메이션 지정하기(3) ❶ 오른쪽 상단의 "Star.png" 그림을 선택한 후 [애니메이션] 탭 → 애니메이션 그룹 → ❷ 회전하며 밝기 변화를 클릭하고 타이밍 그룹에서 ❸ 시작을 "이전 효과 다음에", 재생 시간을 "00.70"으로 설정합니다.

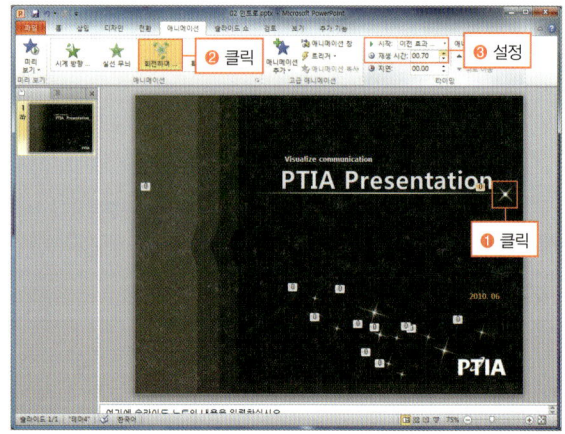

14 **결과 확인하기** 애니메이션 지정이 완료되면 슬라이드 창 하단에서 읽기용 보기를 클릭하여 슬라이드 쇼 시 개체들에 애니메이션이 지정된 것을 확인할 수 있습니다.

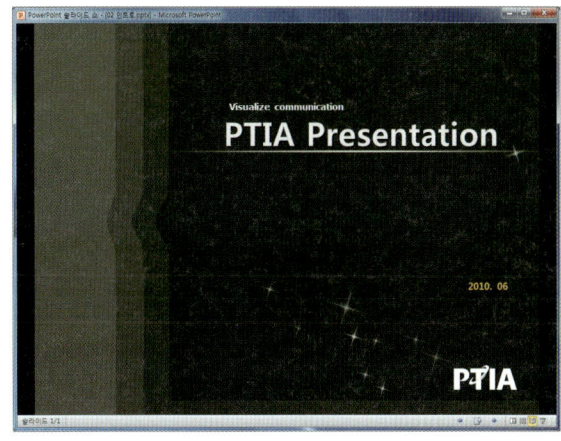

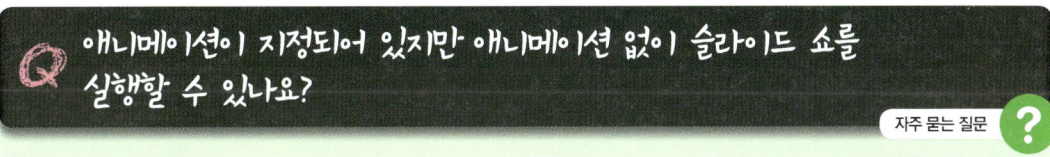

Q 애니메이션이 지정되어 있지만 애니메이션 없이 슬라이드 쇼를 실행할 수 있나요?

자주 묻는 질문

A 슬라이드 쇼에서 지정되어 있는 애니메이션을 청중에게는 보이지 않게 하고 슬라이드 쇼를 진행할 수 있도록 옵션을 제공하고 있습니다.

① **[슬라이드 쇼]** 탭 → **설정** 그룹 → **슬라이드 쇼 설정** 명령 단추를 클릭합니다.

② '쇼 설정' 대화상자에서 '표시 옵션' 항목의 '애니메이션 없이 보기' 확인란을 클릭하고 〈확인〉 단추를 클릭한 후 슬라이드 쇼를 실행하면 애니메이션 없이 슬라이드 쇼가 진행됩니다.

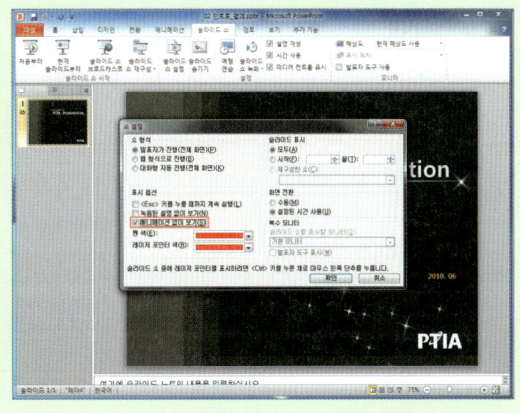

03 화면 전환 설정하기

화면 전환은 슬라이드 쇼 실행 시 현재 슬라이드가 다음 슬라이드로 바뀔 때 밋밋하게 슬라이드가 넘어가지 않고 동적인 움직임을 보이면서 넘어가도록 효과를 적용하는 명령입니다. 따라서, 화면 전환을 통해 청중들에게 슬라이드가 전환되고 내용이 바뀌는 것을 알려줄 수 있습니다. 이러한 화면 전환을 슬라이드에 적용하는 방법에 대해 알아보겠습니다.

1. [전환] 탭 살펴보기

[전환] 탭은 파워포인트 2010에서 새롭게 추가된 리본 메뉴로, 이전 버전에서는 화면 전환과 관련된 명령들은 [애니메이션] 탭에 위치하였습니다. [전환] 탭에서는 화면 전환을 설정하고 타이밍을 조절하는 명령들이 포함되어 있습니다.

> **여기서 잠깐**
>
> **이전 버전과 비교**
> 파워포인트 2007 버전에서는 화면 전환이 [애니메이션] 탭 → 슬라이드 화면 전환 그룹에 명령들이 위치되어 있습니다.

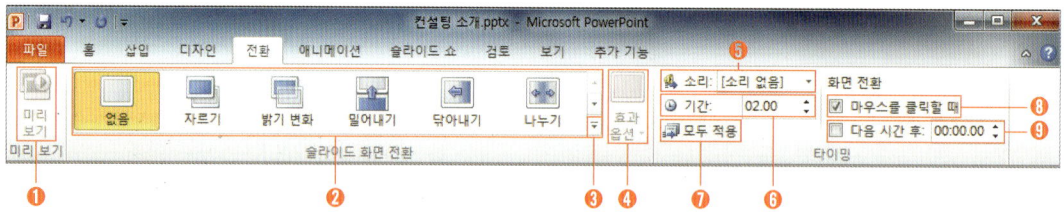

❶ **미리 보기** : 현재 슬라이드의 화면 전환을 미리 봅니다.

❷ **슬라이드 화면 전환** : 이전 슬라이드와 현재 슬라이드 간을 전환하는 동안 적용할 특수 효과를 선택합니다.

❸ **'슬라이드 화면 전환' 자세히 단추** : 좀 더 다양한 화면 전환 효과를 찾아볼 수 있습니다.

> **여기서 잠깐**
>
> **임의 효과 적용하기**
> 이전 버전까지 제공되던 슬라이드의 화면 전환을 임의대로 지정할 수 있는 명령이 아쉽게도 파워포인트 2010에서는 제공되지 않습니다.

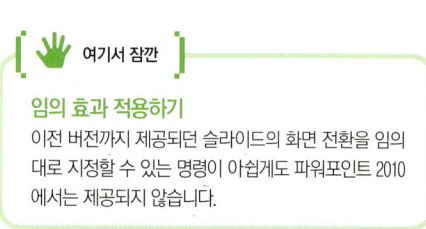

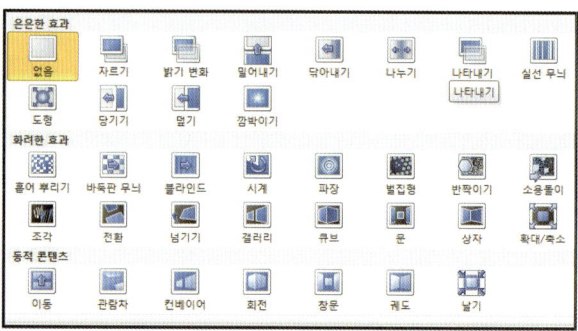

▲ '슬라이드 화면 전환' 선택 목록

❹ **효과 옵션** : 선택한 화면 전환의 방향, 색 등 전환 효과의 속성을 변경할 수 있습니다.

❺ **소리** : 이전 슬라이드와 현재 슬라이드 간을 전환하는 동안 재생할 오디오 클립을 선택합니다.

❻ **기간** : 화면 전환의 길이를 지정합니다.

❼ **모두 적용** : 현재 슬라이드에 설정한 화면 전환과 동일하게 모든 슬라이드의 전환을 설정합니다.

❽ **마우스를 클릭할 때** : 마우스를 클릭하여 다음 슬라이드로 이동하는 화면 전환을 실행합니다.

❾ **다음 시간 후** : 지정된 초 단위 시간 후에 화면 전환이 실행됩니다.

2. 화면 전환 설정하기

파워포인트 2010의 화면 전환은 놀라울 정도로 화려해졌을 뿐만 아니라 화면 전환을 원하는 슬라이드를 간단하게 전환 효과를 적용할 수 있습니다.

화면 전환을 추가할 슬라이드를 선택한 후 [**전환**] 탭 → **슬라이드 화면 전환** 그룹 오른쪽 **자세히**(▼) 단추를 클릭하고 선택 목록에서 원하는 전환 스타일을 선택합니다. [**전환**] 탭 → **미리 보기** 그룹 → **미리 보기** 명령 단추(▦)를 클릭해서 슬라이드에 적용된 전환 효과를 확인합니다.

> **✋ 여기서 잠깐**
>
> **화면 전환 잠깐 미리보기**
> 슬라이드 화면 전환 효과를 선택하면 슬라이드 창에서 화면 전환 미리보기가 자동으로 실행되어 효과를 미리 볼 수 있습니다.

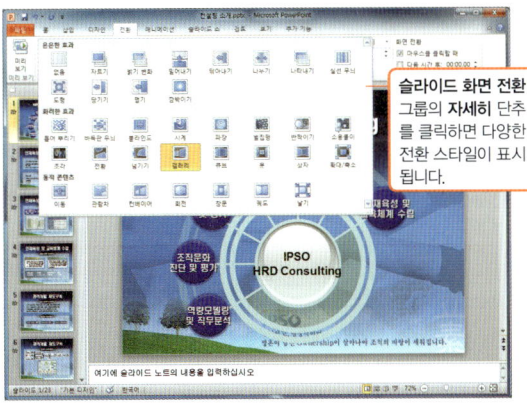

▲ 슬라이드 화면 전환 – 자세히 단추

> 슬라이드 화면 전환 그룹의 **자세히** 단추를 클릭하면 다양한 전환 스타일이 표시됩니다.

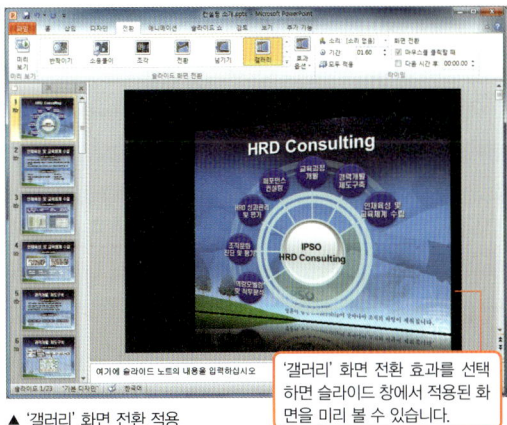

▲ '갤러리' 화면 전환 적용

> '갤러리' 화면 전환 효과를 선택하면 슬라이드 창에서 적용된 화면을 미리 볼 수 있습니다.

3. 효과 옵션 설정하기

효과 옵션은 각 전환 효과별로 조금씩 차이가 있지만 전환의 방향을 변경할 수 있습니다.

지정된 애니메이션에 효과를 변경하려면 [**전환**] 탭 → **슬라이드 화면 전환** 그룹 → **효과 옵션** 명령 단추(▥)를 클릭한 후 선택 목록에서 원하는 방향을 선택합니다.

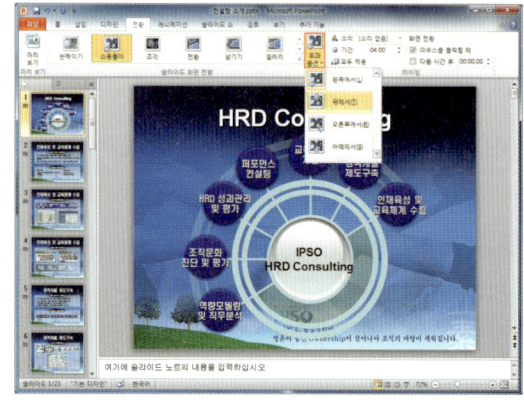

▲ 애니메이션 효과 옵션

전환이 설정되면 효과 옵션 명령이 활성화되며, 효과 옵션 명령은 설정된 전환의 종류에 따라 다르게 표시되며, 애니메이션에 따라 효과 옵션을 적절하게 조정하여 사용할 수 있습니다. 예를 들어, 닦아내기와 나누기를 지정했을 때의 차이를 보면 다음과 같습니다.

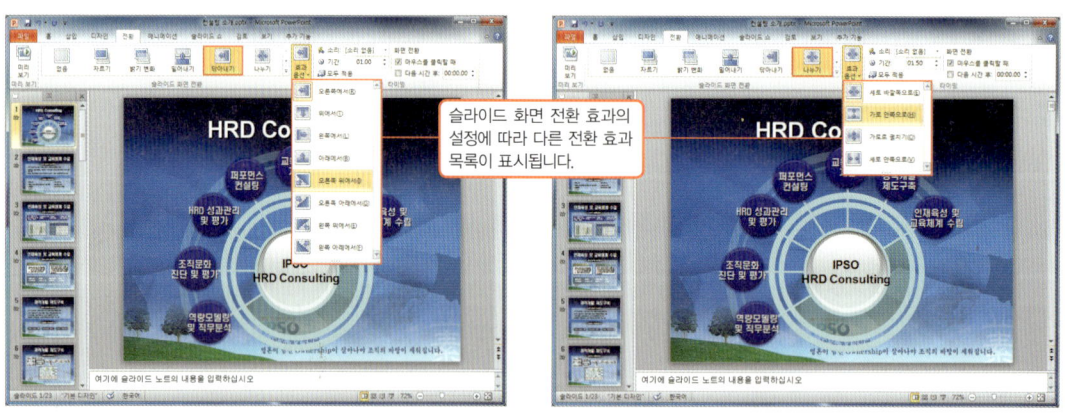

▲ 닦아내기 지정 시   ▲ 나누기 지정 시

4. 타이밍 설정하기

[**전환**] 탭 → **타이밍** 그룹에서는 화면 전환의 소리, 기간, 특정 시간에 전환 등의 명령을 수행하며, 슬라이드 전환 방법을 변경하여 사용자가 원하는대로 화면 전환을 설정할 수 있습니다.

🔵 소리
현재 슬라이드가 다음 슬라이드로 전환되는 동안 오디오 클립을 재생할 수 있습니다.

화면 전환이 적용된 슬라이드를 선택하고 [전환] 탭 → 타이밍 그룹 → 소리(소리)의 목록 단추를 이용하여 원하는 소리를 선택합니다. 선택 목록 이외의 오디오 클립을 사용하려면 [전환] 탭 → 타이밍 그룹 → 소리(소리) → 다른 소리를 클릭하고 '오디오 추가' 대화상자가 표시되면 폴더에서 원하는 오디오 클립을 선택하고 〈확인〉 단추를 클릭합니다.

 여기서 잠깐

소리 파일의 형식
슬라이드 화면 전환에 효과음으로 사용되는 오디오 클립은 확장자가 wav인 파일들만 사용할 수 있습니다.

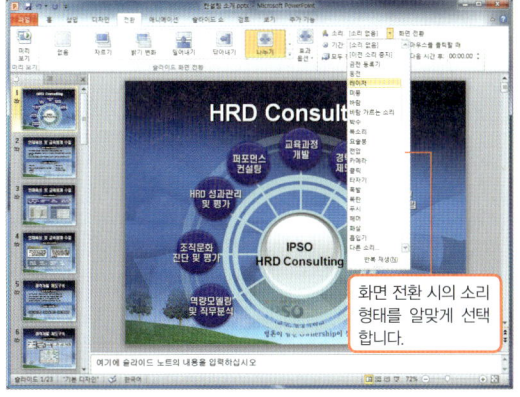

▲ 소리 효과 적용

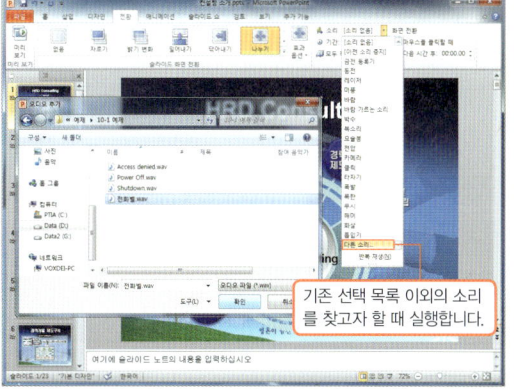

▲ 소리 – 다른 소리

○ 기간

현재 슬라이드가 다음 슬라이드로 전환하는 동안 적용된 전환 효과가 완료되는 시간을 설정합니다.

화면 전환이 적용될 슬라이드를 선택하고 [전환] 탭 → 타이밍 그룹 → 기간(기간)의 입력 상자에 원하는 시간을 초 단위로 입력합니다. [전환] 탭 → 미리 보기 그룹 → 미리 보기 명령 단추( )를 클릭해서 슬라이드에 적용된 전환 기간을 확인합니다.

 여기서 잠깐

일반적인 전환 기간
슬라이드의 화면 전환 기간은 일반적으로 '1초'로 설정되어 있으나 그 이상의 시간을 설정하면 전환 효과가 반감될 수도 있으니 사용에 주의하기 바랍니다.

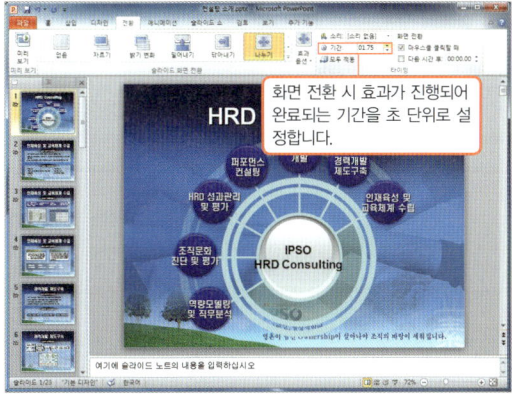

▲ 화면 전환 효과의 기간 설정

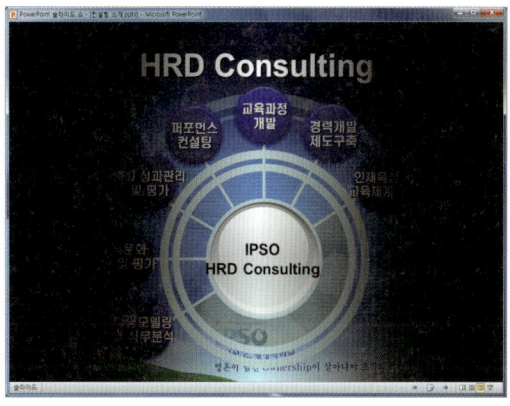

▲ 미리 보기 화면

● 모두 적용

현재 슬라이드에 설정되어 있는 전환 효과와 타이밍을 프레젠테이션 내의 모든 슬라이드에 동일하게 적용할 수 있습니다.

화면 전환이 적용된 슬라이드를 선택하고 [전환] 탭 → 타이밍 그룹 → 모두 적용 명령 단추(![모두 적용])를 클릭한 후 다른 슬라이드로 이동하여 슬라이드 쇼를 실행하면 화면 전환 효과가 동일하게 실행되는 것을 확인할 수 있습니다.

▲ 모든 슬라이드에 화면 전환 효과 적용

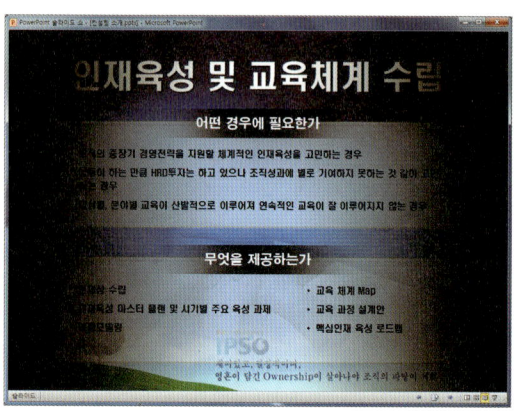

▲ 슬라이드 쇼 화면

● 화면 전환

화면 전환 시 명령은 마우스를 클릭하여 현재 슬라이드를 전환하는 방법과 특정한 시간 이후에 다음 슬라이드로 자동적으로 전환하도록 설정할 수 있습니다.

① 마우스를 클릭할 때 : 화면 전환을 설정한 슬라이드를 선택하고 [전환] 탭 → 타이밍 그룹 → 마우스를 클릭할 때 확인란을 선택합니다. 마우스로 클릭할 때는 전환 효과를 설정했을 때 기본으로 설정되는 값입니다.

▲ '마우스로 클릭할 때' 화면 전환

② **다음 시간 후** : 화면 전환을 설정한 슬라이드를 선택하고 [**전환**] 탭 → **타이밍** 그룹 → **다음 시간 후** 확인란을 선택하고 입력 상자에 초 단위로 시간을 입력합니다.

여기서 잠깐

자동 프레젠테이션 설정
슬라이드 화면 전환을 '다음 시간 후'로 설정하는 경우는 마우스 클릭없이 자동으로 슬라이드 쇼를 진행할 때 사용합니다.

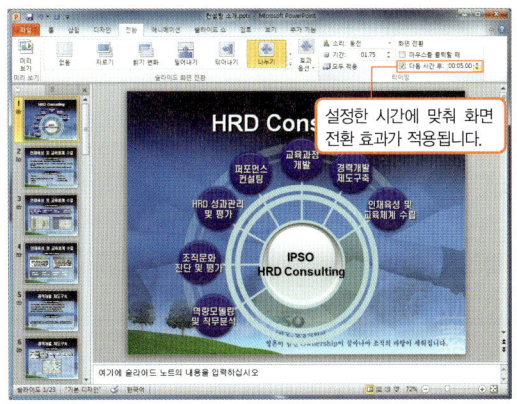

▲ '다음 시간 후' 화면 전환

5. 화면 전환 제거하기

화면 전환 효과를 제거하려면 각 슬라이드를 선택하고 다음과 같이 실행합니다.

화면 전환 효과를 제거할 슬라이드를 선택하고 [**전환**] 탭 → **슬라이드 화면 전환** 그룹 오른쪽 **자세히** 단추(▼)를 클릭하고 선택 목록에서 '없음'을 선택합니다.

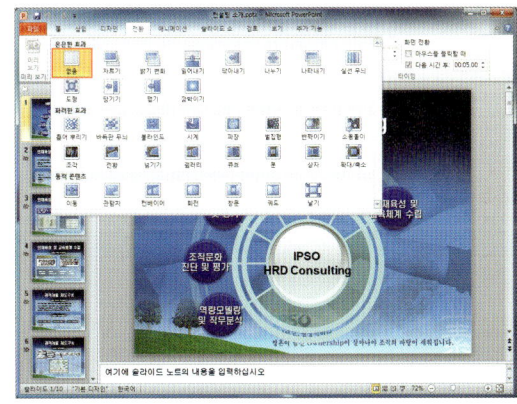

▲ 화면 전환 제거하기

화면 전환 설정하기

📁 **준비 파일** : 빈 화면을 엽니다.　　📁 **완성 파일** : 사진앨범_결과.pptx

파워포인트 2010의 화면 전환은 이전 버전에 비해 많은 개선이 있습니다. 슬라이드 개체의 수가 적고 하나 정도의 메시지만 존재한다면 애니메이션을 사용하지 않고 화면 전환만 사용해도 충분히 시각적인 효과를 얻어낼 수 있습니다. 지나치지 않은 범위 내에서 적절하게 화면 전환을 설정해 보도록 하겠습니다.

항목	변경 내용
사진 앨범 만들기	이미지 : 모든 사진 테마 : Horizon.thmx
화면 전환	1번 슬라이드 : '시계' 2번~나머지 : 임의로 설정
시간 설정	타이밍 : 4초

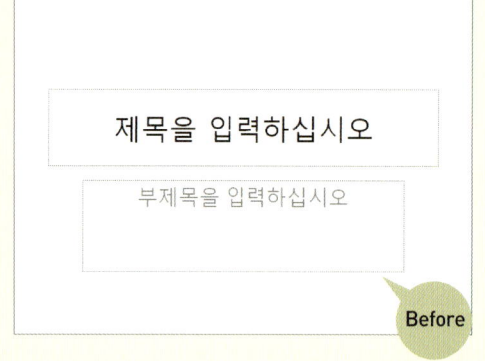

01 **파워포인트 열기** 파워포인트 빈 화면을 엽니다.

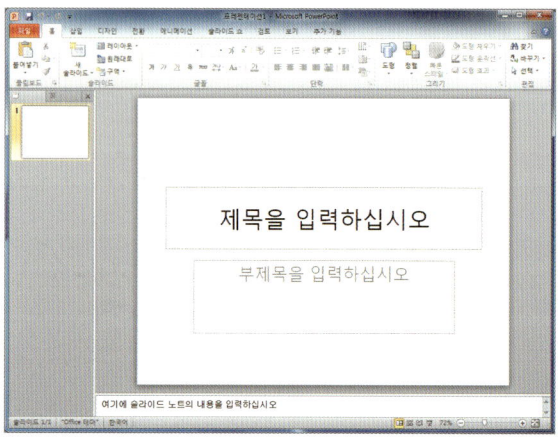

02 사진 불러오기 사진 앨범을 만들려면 ❶ [삽입] 탭 → 이미지 그룹 → ❷ 사진 앨범 명령 단추(⊞)를 클릭합니다. '사진 앨범' 대화상자에서 ❸ 〈파일/디스크〉 단추를 클릭하여 ❹ 예제 폴더에서 단축키 Ctrl + A 를 눌러 전체 사진을 선택한 후 ❺ 〈삽입〉 단추를 클릭합니다.

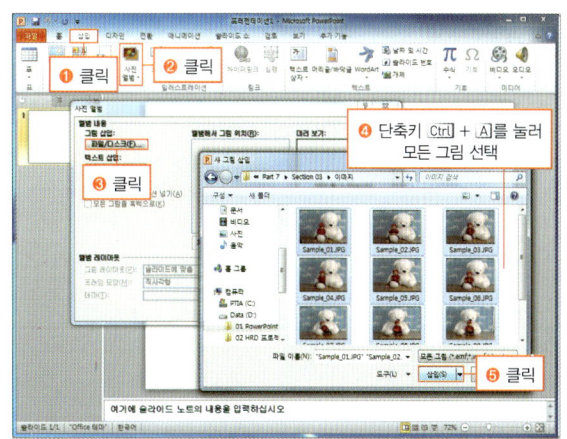

03 사진 앨범 만들기 '사진 앨범' 대화상자에서 ❶ '그림 레이아웃'은 '슬라이드에 맞춤', '테마'는 〈찾아보기〉 단추를 클릭하여 "Horizon.thmx"를 선택합니다. ❷ '사진 앨범' 대화상자에서 〈만들기〉 단추를 클릭하면 새 프레젠테이션이 열리면서 사진 앨범이 만들어집니다.

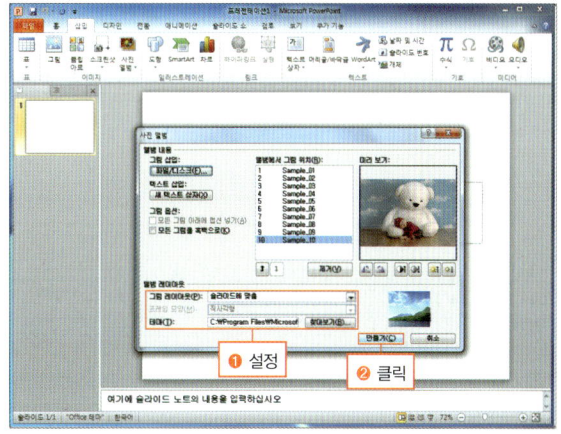

 여기서 잠깐

예제 파일
Horizen.thmx 파일이 없는 경우에는 멘토르 홈페이지 자료실에서 다운로드 받은 예제 폴더로 이동해서 테마를 선택합니다.

04 화면 전환 설정하기 각 슬라이드마다 화면 전환을 설정합니다. ❶ 1번 슬라이드를 선택하고 ❷ [전환] 탭 → ❸ 슬라이드 화면 전환 그룹 오른쪽 자세히 단추(▾)를 클릭하고 ❹ '화려한 효과' 항목의 '시계'를 선택합니다.

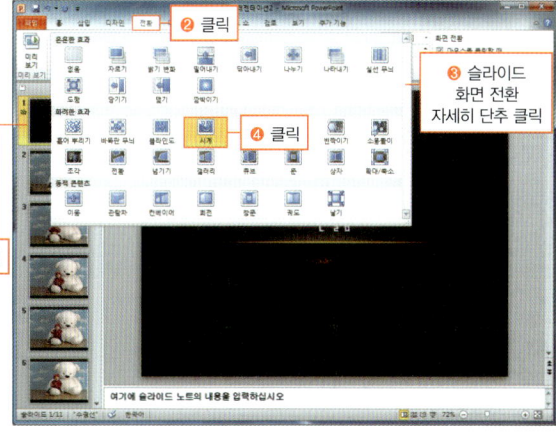

05  화면 전환 설정하기 각 슬라이드
별로 파워포인트 2010에 새롭게 추
가된 전환 효과를 위와 같은 방식으로 적용
해 봅니다.

[✋ 여기서 잠깐]

각 슬라이드별로 화면 전환 효과를 달리하는 방법은 수록
하지 않습니다. 각자 스타일에 맞게 적용해 보세요. 참고
로, 슬라이드 화면 전환 기간은 기본적으로 '1초'로 설정되
어 있으므로 적정하게 사용하여 산만하지 않도록 합니다.

06  다음 시간 후 설정하기 ❶ [슬라이
드] 탭의 슬라이드 축소판 그림을
단축키 Ctrl + A 를 눌러 모두 선택하고 [전
환] 탭 → 타이밍 그룹의 ❷ 화면 전환을 '다음 시
간 후'로 선택하고 입력 상자에 4초(00:04:00)
로 설정합니다. '마우스를 클릭할 때' 확인란
을 선택 해제하면 전체 슬라이드에 타이밍이
설정됩니다.

[✋ 여기서 잠깐]

화면 전환의 통일성
일반적으로 화면 전환은 내용의 전개에 따라 다르게 적용
할 수 있지만 일관성과 통일성이라는 전제를 고려하여 모
든 슬라이드에 동일하게 적용하는 것이 좋은 방법입니다.

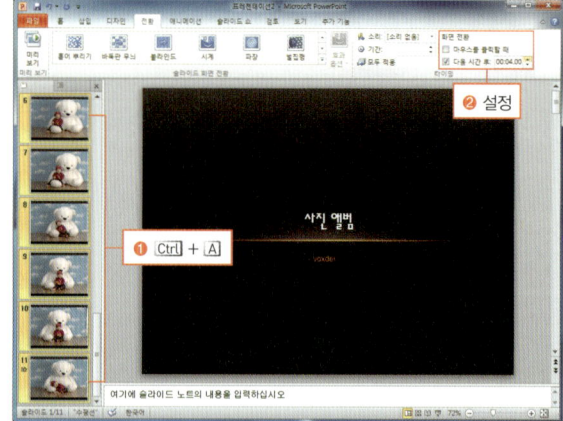

07 결과 확인하기 화면 전환 설정이 완
성되면 슬라이드 쇼 보기를 클릭하
여 화면 전환 효과를 확인합니다.

화면 전환 시간을 애니메이션에 맞춰서 설정하는 방법

애니메이션 시간을 애니메이션 창에서 일일이 확인하면서 슬라이드 화면 전환 시간을 계산하는 것은 여간 귀찮은 일이 아닙니다. 슬라이드의 모든 애니메이션이 종료되고 난 후 슬라이드 화면 전환을 클릭없이 진행하고자 할 경우에는 예행 연습 명령을 통해 리허설 하면서 전환 시간이 자동으로 입력되도록 설정합니다.

❶ 애니메이션이 모두 지정된 상태에서 [**슬라이드 쇼**] 탭 → **설정** 그룹 → **예행 연습** 명령 단추( )를 클릭합니다.

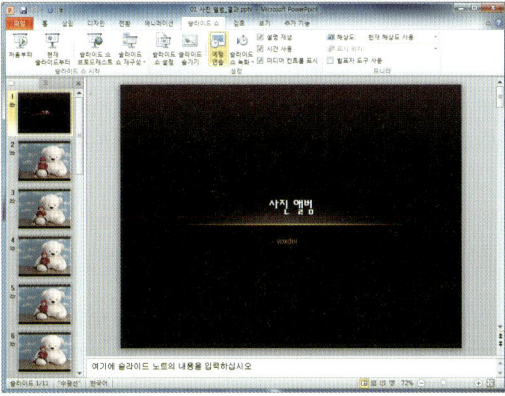

❹ 여러 슬라이드 보기로 전환되면서 각 슬라이드마다 새롭게 설정된 화면 전환 기간이 슬라이드 축소판 그림 왼쪽 아래에 표시됩니다.

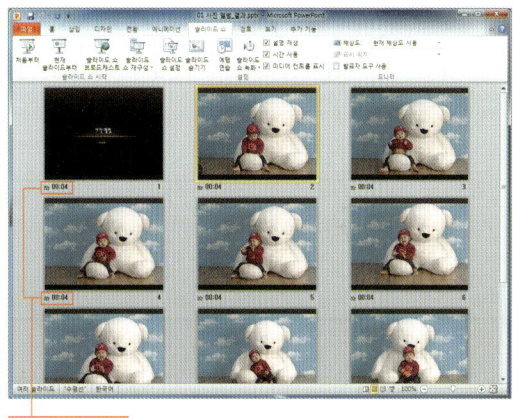

화면 전환 시간

❷ 슬라이드 쇼가 실행되면 왼쪽 상단에 '녹화' 대화상자가 표시되며, 왼쪽 화살표를 클릭하여 다음 슬라이드로 전환하면 해당 시간이 기록됩니다.

❸ 모든 슬라이드의 예행 연습이 종료되면 슬라이드 쇼를 수행하는데 걸린 시간이 표시되고 각 슬라이드 마다 소요된 시간이 자동으로 기록되면 《예》 단추를 클릭합니다.

슬라이드 쇼 설정하기

슬라이드 쇼는 실제 프레젠테이션 발표 시 사용자가 원하는 방식으로 프레젠테이션을 다양하게 진행할 수 있도록 여러 가지 기능들을 제공하고 있습니다. 슬라이드 쇼의 설정을 익혀 둔다면 좀 더 편안하게 프레젠테이션을 진행할 수 있게 됩니다.

1. 슬라이드 쇼 시작하기

슬라이드 쇼를 원하는 위치에서 시작할 수 있는데, 애니메이션이나 화면 전환을 설정하고 이를 점검할 시에는 **현재 슬라이드부터** 슬라이드 쇼를 실행하고 실제 프레젠테이션 진행 시에는 **처음부터** 시작을 합니다.

프레젠테이션의 처음부터 슬라이드 쇼를 실행하려면 [**슬라이드 쇼**] 탭 → **슬라이드 쇼 시작** 그룹 → **처음부터** 명령 단추(▣)를 클릭하고, 현재 슬라이드부터 슬라이드 쇼를 실행하려면 [**슬라이드 쇼**] 탭 → **슬라이드 쇼 시작** 그룹 → **현재 슬라이드부터** 명령 단추(▣)를 클릭합니다.

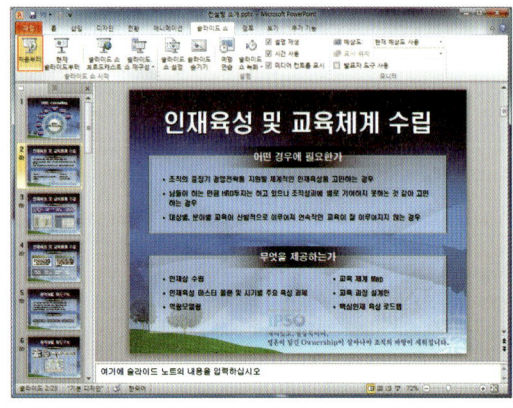

▲ '처음부터' 슬라이드 쇼 실행

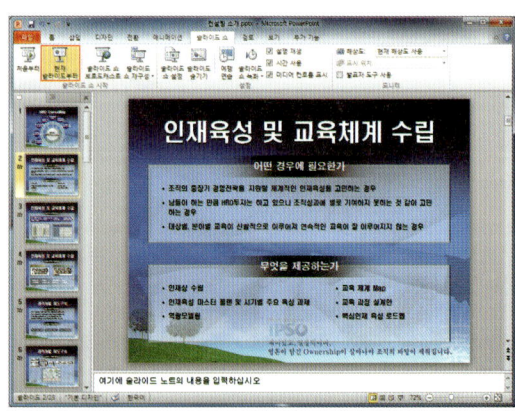

▲ '현재 슬라이드부터' 슬라이드 쇼 실행

 여기서 잠깐

슬라이드 쇼 단축키
슬라이드 쇼를 처음부터 실행하는 단축키는 F5 이고, 현재 슬라이드부터 실행하는 단축키는 Shift + F5 입니다.

2. 슬라이드 쇼 재구성하기

발표시간이 짧아져서 준비된 내용을 모두 발표할 수 없을 때, 서로 다른 그룹의 청중을 대상으로 프레젠테이션의 순서를 변경해야 할 경우에는 슬라이드 쇼 재구성을 활용하여 원본 슬라이드를 삭제 또는 변경하지 않은 상태에서 일부 슬라이드의 순서를 변경하거나 제외하고 발표를 진행할 수 있습니다.

① 슬라이드 쇼를 재구성하려면 [**슬라이드 쇼**] 탭 → **슬라이드 쇼 시작** 그룹 → **슬라이드 쇼 재구성** 명령 단추(▣)를 클릭한 후 '쇼 재구성' 대화상자가 표시되면 〈새로 만들기〉 단추를 클릭합니다.

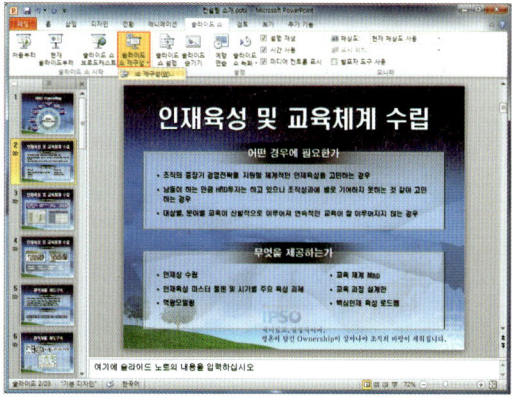

▲ 슬라이드 쇼 재구성 명령

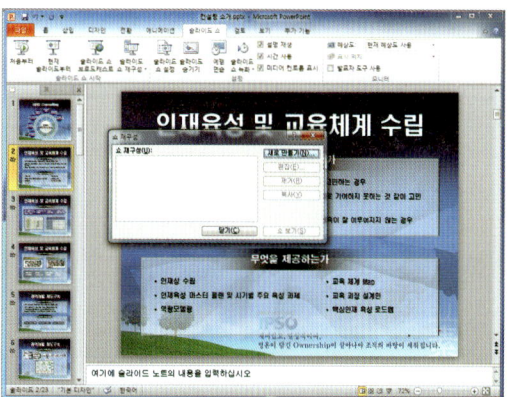

▲ 쇼 재구성 새로 만들기

② 프레젠테이션에 있는 슬라이드 아래 재구성할 슬라이드를 선택하고 〈추가〉 단추를 클릭하여 재구성한 쇼에 있는 슬라이드로 이동한 다음 '슬라이드 쇼 이름'을 입력하고 〈확인〉 단추를 클릭합니다.

③ 재구성한 슬라이드 쇼를 실행하려면 [**슬라이드 쇼**] 탭 → **슬라이드 쇼 시작** 그룹 → **슬라이드 쇼 재구성**(▣) → '재구성한 쇼 1'를 선택합니다.

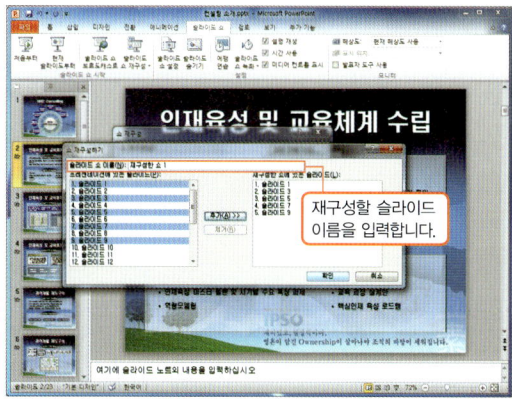

▲ 재구성할 슬라이드 선택

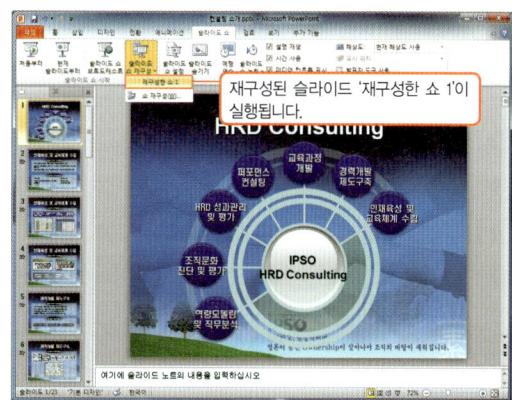

▲ 재구성한 쇼 실행

3. 슬라이드 쇼 설정하기

슬라이드 쇼 설정은 프레젠테이션 진행 시 사용할 수 있는 여러 가지 기능을 지정할 수 있습니다. 쇼 형식, 표시 옵션, 슬라이드 표시, 화면 전환, 복수 모니터 등 사용자가 원하는 방식으로 슬라이드 쇼를 진행할 수 있습니다.

슬라이드 쇼 설정을 변경하려면 [**슬라이드 쇼**] 탭 → **설정** 그룹 → **슬라이드 쇼 설정** 명령 단추(🖬)를 클릭합니다.

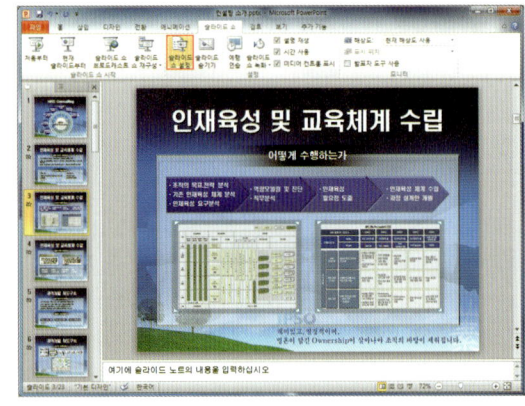

▲ 슬라이드 쇼 설정 명령

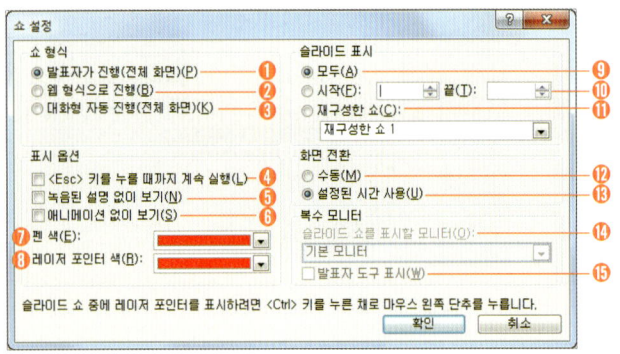

▲ '쇼 설정' 대화상자

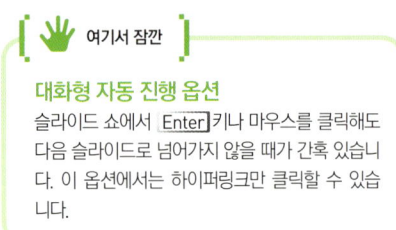

✋ 여기서 잠깐

대화형 자동 진행 옵션
슬라이드 쇼에서 Enter 키나 마우스를 클릭해도 다음 슬라이드로 넘어가지 않을 때가 간혹 있습니다. 이 옵션에서는 하이퍼링크만 클릭할 수 있습니다.

❶ **발표자가 진행(전체 화면)** : 발표자가 슬라이드 쇼를 직접 조작하면서 진행합니다.

❷ **웹 형식으로 진행** : 슬라이드 쇼를 '읽기용 보기'에서 진행합니다.

❸ **대화형 자동 진행(전체 화면)** : 하이퍼링크가 설정된 개체를 클릭하여 슬라이드 쇼를 진행합니다.

❹ Esc **키를 누를 때까지 계속 실행** : Esc 키를 누를 때까지 슬라이드 쇼를 반복 진행합니다.

❺ **녹음된 설명 없이 보기** : 슬라이드에 설명이 녹음된 경우 슬라이드 쇼에서 설명이 들리지 않습니다.

❻ **애니메이션 없이 보기** : 슬라이드에 설정된 애니메이션이 실행되지 않습니다.

❼ **펜 색** : 슬라이드 쇼에서 마우스 포인터를 펜으로 지정한 경우 펜 색을 변경합니다.

❽ **레이저 포인터 색** : 슬라이드 쇼에서 레이저 포인터를 사용하는 경우 레이저 포인터의 색을 변경합니다.

❾ **모두** : 프레젠테이션 내의 모든 슬라이드를 보여줍니다.

❿ **시작/끝** : 시작 슬라이드와 끝 슬라이드를 지정합니다.

⓫ **재구성한 쇼** : 재구성한 슬라이드 쇼로 프레젠테이션을 진행합니다.

⓬ **수동** : 발표자의 조작에 의해서 화면 전환이 실행됩니다.

⓭ **설정된 시간 사용** : 화면 전환 시간을 지정한 경우 지정된 시간 후에 화면 전환이 실행됩니다.

⓮ **슬라이드 쇼를 표시할 모니터** : 복수 모니터 사용 시 슬라이드 쇼가 표시될 모니터를 선택합니다.

⓯ **발표자 도구 표시** : 발표자 도구를 실행합니다.

4. 슬라이드 숨기기

파워포인트 프레젠테이션 내에서 일부 페이지를 삭제하지 않고도 슬라이드 쇼에 나타나지 않게 하려면 슬라이드 숨기기를 활용합니다.

슬라이드를 숨기려면 숨길 슬라이드를 선택하고 [**슬라이드 쇼**] 탭 → **설정** 그룹 → **슬라이드 숨기기** 명령 단추(⬛)를 클릭하면 개요 보기 창의 슬라이드 축소판 그림의 숫자 앞에 ⬛ 가 표시됩니다. 이 표시는 슬라이드 쇼 실행 시 이전 슬라이드에서 표시된 슬라이드를 건너뛰고 다음 슬라이드로 이동하게 됩니다.

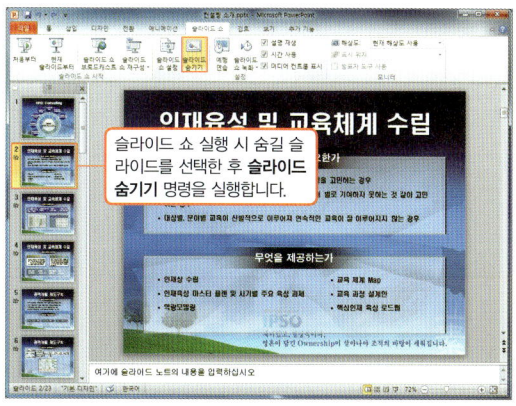

▲ 슬라이드 숨기기 명령

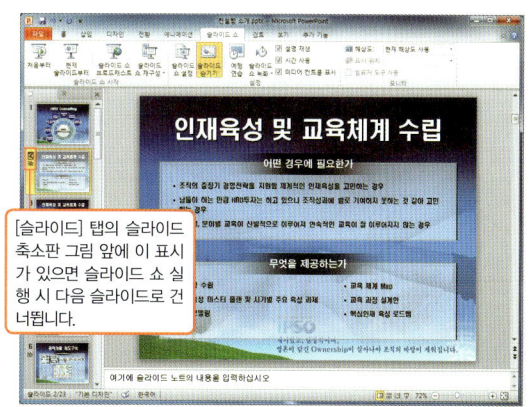

▲ 슬라이드 생략 표시

5. 예행 연습하기

프레젠테이션을 하기 전에 리허설을 하는 것은 굉장히 중요합니다. 파워포인트에서는 예행 연습을 통해 리허설 시 자신이 연습한 시간과 음성 등을 기록하여 자동으로 넘어가는 슬라이드 쇼를 만들어 줍니다. 예행 연습을 하기 위해 [**슬라이드 쇼**] 탭 → **설정** 그룹 → **예행 연습** 명령 단추(⬛)를 클릭하면 슬라이드 쇼가 실행되면서 왼쪽 상단에 '녹화' 대화상자가 표시됩니다.

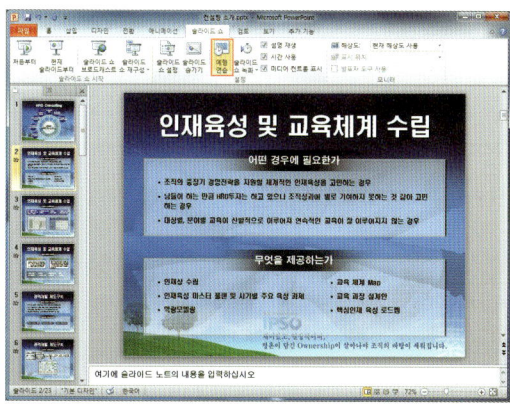

▲ 예행 연습 명령

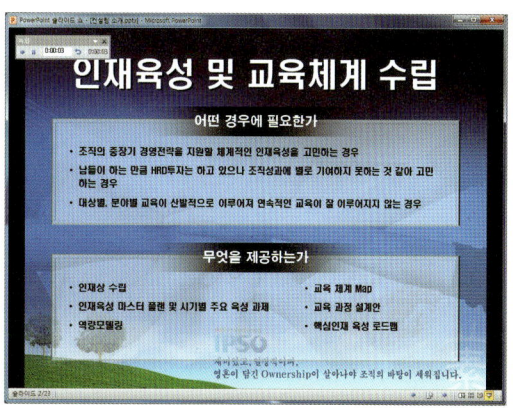

▲ 슬라이드 쇼 진행 시 '녹화' 대화상자 표시